Frederik Weinert

Die Sprache der Rechten

Frederik Weinert

Die Sprache der Rechten

Wie wir täglich manipuliert werden

Tectum Verlag

Frederik Weinert
Die Sprache der Rechten
Wie wir täglich manipuliert werden

© Tectum – ein Verlag in der Nomos Verlagsgesellschaft, Baden-Baden 2018
ISBN 978-3-8288-4045-4
E-PDF 978-3-8288-6863-2
E-Pub 978-3-8288-6864-9

Umschlaggestaltung: Tectum Verlag, unter Verwendung des Bildes
#62732251 von Michael Kappeler | www.picture-alliance.com

Druck und Bindung: FINIDR, Český Těšín
Printed in the Czech Republic

Besuchen Sie uns im Internet:
www.tectum-verlag.de

Bibliografische Informationen der Deutschen Nationalbibliothek
Die Deutsche Nationalbibliothek verzeichnet diese Publikation
in der Deutschen Nationalbibliografie; detaillierte bibliografische
Angaben sind im Internet über http://dnb.d-nb.de abrufbar.

Inhalt

Kapitel III

Kapitel IV

Kapitel V

Kapitel VI

Einleitung

Egal ob Ex-Politiker oder die Lehrerin vom Lande: Wenn's ums Thema Migration geht, kann jeder mitreden. „Deutschland schafft sich ab", fabuliert der eine, „Deutschland außer Rand und Band", krakeelt die andere. Wer die „Asylantenkeule" auspackt, ist Deutschlands neuer Superstar. Vor 1945 war das noch Adolf Hitler, dessen Reich, das sogenannte Dritte, dann aber sang- und klanglos unterging. Doch von wegen: Die Reichsbürger feiern 2018 sein Comeback, aber Nazi, nein, so will natürlich niemand mehr genannt werden. „Deutschland unser", erklingt es gebetsmühlenartig an vielen heimatlichen Stammtischen. Das wird man wohl noch sagen dürfen – oder doch nicht?

Der Absatz oben enthält viel Ironie. Vielleicht zu viel Ironie, aber ich erlaube mir das. Ich möchte Ihnen zeigen, wie gefährlich das Terrain ist. Wir lachen nämlich gerne über die teils bösen Nazi-Witze in der *heute show*. Und wenn der Ethno-Comedian Bülent Ceylan live auf der Bühne Adolf Hitler imitiert, grölt das Publikum begeistert. Doch irgendwo hört der Spaß auf. Rechtspopulisten posten ausländerfeindliche Bilder auf Facebook – und unser hilfsbereiter Nachbar von nebenan findet das auch noch gut! Bilder von sinkenden Flüchtlingsbooten, schwarze Kinder, die den Muttertag mit einer Schimpansin feiern, und gelbe Küken, die ein schwarzes Küken aus der Stadt jagen: Schrill und bunt muss es sein. Und ohne darüber nachzudenken, drücken wir auf den „Like-Button".

Unser Land ist seit der Flüchtlingskrise 2015 tief gespalten. Die Rechten erstarken, und auch der Antisemitismus nimmt wieder zu. Nicht nur in Österreich, sondern vor allem auch in Deutschland. Doch nicht immer sind es die einheimischen Rechten, die ein Problem mit den Juden haben. Der islamistisch motivierte Antisemitismus stellt unser Land ebenfalls vor große Herausforderungen. „Entzug des Bleiberechts für antisemitische Migranten gefordert", titelt die *Jüdische Allgemeine* am 9. April 2018[1]. Die Lage ist also verquer. Die Rechtspopulisten, die antisemitisch denken, machen meist auch gegen Flüchtlinge Stimmung. Und die in Deutschland lebenden Juden lehnen antisemitische Flüchtlinge ab – und natürlich auch die antisemitischen Deutschen oder Österreicher. Die Migranten finden sich im Kreuzfeuer, und es besteht die Gefahr, dass einige von uns schmutzige Wäsche waschen, indem alle Migranten unter Generalverdacht gestellt werden. Egal ob früher die Juden oder heute die „Asylanten": Den anderen wird der Schwarze Peter zugeschoben. Dabei sind wir doch eigentlich so politisch korrekt, oder nicht?

Springerstiefel und Glatze – all das ist passé. Die Rechtspopulisten sind schlaue Verführer. Doch sind die Rechtswähler wirklich alle dumm? Sind die Linken die Bewahrer der Demokratie? Wer so denkt, macht es sich zu einfach. In meinem Buch lasse ich für einen kurzen Moment alle Scheuklappen fallen. Ich fasse die Argumentation und die Gedankengänge der Rechten in einfache Worte. Ich zeige Empathie und versetze mich in die Lage vieler Bürger, die mit der deutschen Politik hadern. Ich wechsle hier und da den Blickwinkel. Das ist unbequem, aber notwendig. Mein Buch soll Aufklärungsarbeit leisten. Es ist wichtig, es ist sogar spannend, sich in die Gedanken der Rechtspopulisten „einzufühlen". Doch nicht nur das: Das Buch ist eine Möglichkeit, der deutschen Vergangenheitsbewältigung einen Debattenanstoß zu geben. Über die Nazivergangenheit zu sprechen, ist eine ganz wichtige Möglichkeit, um sich ihr zu stellen und sie zu verarbeiten. Ob wir die „braune Zeit" jemals bewältigen können, dürfte in den nächsten Jahren ein dramatisches Experiment darstellen.

Die sozialen Medien sind Popkultur und politisches Instrument zugleich. Egal ob Katzenvideos, Horrorclowns oder brutale Hetze gegen Minderheiten – alles, was effektvoll inszeniert ist, klickt sich in die Herzen der User. Da kenne ich beispielsweise diese nette junge

Frau, die sich hauptberuflich um Menschen mit Behinderung kümmert. Vor sozialen Berufen habe ich sehr viel Achtung. Doch dann habe ich gesehen, wie diese junge Frau gegen „Asylanten" Stimmung macht. Pauschalurteile finde ich immer schwierig. Nicht alle Flüchtlinge sind kriminell, und nicht alle Rechtswähler sind Nazis. Klischees machen die Welt allerdings einfacher.

In der Sozialen Arbeit geht man mittlerweile davon aus, dass von sprachlichen Diskriminierungen Gewalt ausgeht. Diese Gewalt – selbst wenn es „nur" sprachliche Gewalt ist – kann letztlich sogar die Ursache für psychische und physische Verletzungen sein. Den Rassismus im eigenen Sprachgebrauch aufzudecken, hat also ein stark präventives Moment. Natürlich kann es uns passieren, dass wir sprachliche Diskriminierung ausüben, ohne eine rassistische Absicht zu haben. Das Lesen dieses Buches ist eine Möglichkeit, die eigenen Sinne zu schärfen. Beim Schreiben habe ich gemerkt, wie viele rassistische Klischees mir selbst bekannt sind. Sind wir alle – bewusst oder unbewusst – Teil eines diskriminierenden Systems?

Auf den Titelseiten der Zeitungen lesen wir fast nur von Sex-Skandalen, Attentaten und irgendwelchen politischen Verfehlungen. *Bad news are good news.* Viele Menschen genießen das, denn sie sind zu Medienvoyeuren geworden. Doch es gibt eine ganz wunderbare Nachricht: „Humor ist der Regenschirm der Weisen." Das sagte Erich Kästner. Es ist schön, mit Humor durchs Leben zu gehen – und manchmal hilft nur noch Galgenhumor. Mein Buch ist eine unterhaltsame Lektüre. Sie werden viele Zeilen genießen, Sie werden vielleicht auch mal lachen, aber Sie werden sich hoffentlich auch mal über einige Passagen ärgern. Mein Buch ist vergleichbar mit einem großen Buffet: Suchen Sie sich das heraus, was Sie am meisten anspricht.

Ich habe mein Buch ohne Moralkeule geschrieben. Mir war das sehr wichtig, weil ich im Gegensatz zu vielen Politikern weiß, dass der erhobene Zeigefinger nicht hilfreich ist. Sicherlich, gewisse Regeln der Political Correctness sollten eingehalten werden. Das ist einerseits wichtig, um Respekt zu zeigen. Andererseits tappen wir dann auch nicht in politische Fettnäpfchen. Aber es gibt auch die „übertriebene" politische Korrektheit. Und sehr viele Deutsche fremdeln damit. Die Erklärung ist einfach: Die Regeln der politischen Korrektheit gibt es nicht in Buchform, sondern als ungeschriebenes Gesetz. Das kann irritierend sein.

Ich habe in diesem Buch die Probe aufs Exempel gemacht. Sie werden feststellen, dass ich an manchen Stellen Tabus breche – oder vielleicht auch nicht. Denn die Regeln der politischen Korrektheit sind mehr als schwammig und subjektiv auslegbar. Jeder Mensch interpretiert politische Korrektheit und die Missachtung der Regeln auf unterschiedliche Weise. In bildhaften Worten zeige ich, welche Macht unsere Sprache hat. Die Rechtspopulisten brechen ganz bewusst sprachliche Tabus – und punkten damit nicht nur bei den Flüchtlingsgegnern. Wie viel „rechts sein" ist heute erlaubt? Werden wir täglich manipuliert?

Als promovierter Medienexperte und Spezialist für politische Kommunikation möchte ich die Antworten auf diese Fragen mit Ihnen gemeinsam angehen – durchaus provokant und jederzeit meinungsstark.

1 Blut, wilde Tiere und Horrorclowns

Manege frei im Medienzirkus

Die Ruhe vor dem Sturm, ein Rauschen im Blätterwald und plötzlich der Sturm der Entrüstung. In Entenhausen zwitschern es die Vögel bereits von den Dächern: Donald ärgert sich mal wieder über eine Lügengeschichte im „Entenhausener Kurier". Wenn er doch nur genug Geld hätte, denkt sich Donald. Dann würde er seine eigenen Nachrichten schreiben. „Fake News", schimpft Donald und stapft mit einem lauten „Quak-Quak-Quak" von dannen. Im Bademantel und ganz alleine. Donald Trump schreckt hoch. Im Weißen Haus geht das Licht an. Nur ein Alptraum, weiß der 45. Präsident der Vereinigten Staaten. Denn erst gestern ließ Trump durch seinen Sprecher Sean Spicer verkünden: „Ich glaube nicht, dass der Präsident einen Bademantel besitzt; ganz bestimmt trägt er keinen."[2] Doch die sozialen Medien sind grausam. Findige User posten auf Twitter Bilder von Donald Trump in jungen Jahren, „wie er auf Betten liegt, mal mit Frau, mal ohne, aber immer: im Bademantel", schreibt die Zeitung „Die Welt" im Februar 2017.[3]

Ironie des Schicksals, dürften sich viele denken, ist es doch gerade der Kurznachrichtendienst Twitter (engl.: Gezwitscher, zwitschern), den der exzentrische Milliardär mit der Fönfrisur über alles liebt. Und den er nutzt, um sich über die angeblich verlogenen amerikanischen Medien auszulassen. Gerüchten zufolge immer um halb sieben abends, im Bademantel und ganz alleine. Donald Trump twittert über „Fake News" und „Fake News Media" und meint damit beispielsweise *CNN* und die *New York Times*. Trump hat Narrenfreiheit. 2016 kurz vor den Präsidentschaftswahlen war das noch anders. Trumps Berater erteilten ihm ein Twitter-Verbot. Und sogar der damalige Amtsinhaber Barack Obama spottete: „Wenn jemand nicht mit einem Twitter-Konto umgehen kann, kann er nicht mit den Atomcodes umgehen."[4] Dennoch war es Donald Trump, der zuletzt lachte. Oder vielmehr grinste. Und so schreibt der Milliardär nun via Social Media seine eigenen Nachrichten. Ungefiltert. Selbst die Anerkennung Jerusalems als Israels Hauptstadt erfolgt Ende 2017 über Trumps Twitter-Account. Ein positiver Nebeneffekt: Der Mann jenseits der 70 verkauft sich modern und bürgernah. Auch ohne Internetführerschein.

2 Wer hat Angst vorm schwarzen Mann?

Böse Nafris, faule Neger und der ewige Jude

„Wer hat Angst vorm schwarzen Mann?", ruft eine blonde Schülerin. „Niemand", brüllen 25 Mädchen und beginnen zu kichern. „Wenn er aber kommt?", fragt die Schülerin. „Dann laufen wir davon", rufen die anderen Mädchen. Sie schauen sich aufgeregt an und können kaum stillhalten. Plötzlich ertönt eine Trillerpfeife. Die Mädchen rennen um ihr Leben, die Schülerin stürmt auf sie zu und möchte sie fangen. Die kleinste Berührung genügt. Die gefangenen Mädchen werden zu Fängerinnen, bis alle Mädchen gefangen sind.

Es ist ein harmloses Kinderspiel. Oder doch nicht? Wer es mit der politischen Korrektheit genau nimmt, nennt das Spiel lieber anders, zum Beispiel „Wer hat Angst vorm weißen Hai?". Dass ein einzelnes Wort Macht besitzt, wird deutlich, wenn es ausgetauscht wird. „Wer hat Angst vorm ewigen Juden?" würde gar nicht gehen. Und „Wer hat Angst vorm roten Indianer?" wäre fast schon wieder originell und witzig. Vor allem bei Jungs, die sowieso gerne Cowboy und Indianer spielen.

Brisant verhält es sich mit dem Wort Negerkuss. Der Negerkuss ist eine süße Köstlichkeit aus weißer Schaummasse mit Schokoladenüberzug. Die Süßspeise ist geblieben, doch den Namen gibt es nicht mehr. Stattdessen hat sich der Begriff Schokokuss eingebürgert, um nicht Gefahr zu laufen, eine rassistische Gesinnung zu haben. Ein Mitarbeiter des Reisekonzerns Thomas Cook bekam das deutlich zu spüren. Er bestellte 2016 einen Negerkuss in der Kantine des Unternehmens. Thomas Cook schickte dem Mitarbeiter daraufhin eine fristlose Kündigung. Doch der Mann ging in Berufung und gewann vor dem Arbeitsgericht Frankfurt.[5] Einen säuerlichen Beigeschmack hatte die Negerkussaffäre allerdings: Bei der Kantinenmitarbeiterin handelte es sich um eine Frau aus Kamerun. Ob der Mann vielleicht einfach nur einen Kuss wollte?

Der „Schokoladenkuss mit Migrationshintergrund" ist also ein heißes Pflaster. Da wäre ein „Neger" als Getränk zur Abkühlung nicht schlecht. Und wer ganz gefährlich leben möchte, bestellt als liebliche Nachspeise noch einen „Neger im Schlafrock". Doch Gustav Gutsprech ist wohlerzogen. Er ordert dann doch lieber das alt bewährte Colaweizen (ugs.: Neger) und als Nachspeise einen hellhäutigen Vanillepudding. Damit löst er am Nachbartisch nämlich keinen #Aufschrei aus.

Wer das Wort „Neger" nicht verwendet, möchte Respekt zeigen. In Niederbayern wurde 2017 der „Negerball" in „Megaball" umbenannt.[6] Auch am Bodensee entstand eine Debatte über das „Negerbad", wie einige Schwaben den Strandabschnitt bei Manzell und Fischbach umgangssprachlich nennen.[7] Oftmals sind es jedoch nicht die Menschen mit schwarzer Hautfarbe, die sich für eine Namensänderung einsetzen, sondern politisch engagierte Bürger.

Weißer Neger, wunderbarer Neger

Wenn aus der Isar ein weißer Neger steigt, dann ist das schon was Besonderes. Wirklich unheimlich wird es jedoch, wenn das eigene Kind vom besagten weißen Neger singt – zur Melodie des bekannten Kinderliedes *Der Mond ist aufgegangen*. In der ersten Strophe des Liedes von Matthias Claudius heißt es: „Und aus dem Nebel steiget der weiße Nebel wunderbar." Die Sprachforscher Axel Hacke und Michael Sowa haben 2004 herausgefunden, dass einige Kinder den Text falsch verstehen, nämlich so: „Und aus der Isar steiget der weiße Neger Wumbaba."[8] Kinder interpretieren Lautgestalten oft auf ihre eigene kreative und unschuldige Weise.

Wenn kleine Kinder von weißen Negern singen, die es ja eigentlich gar nicht gibt, können wir darüber eigentlich nur schmunzeln. „Ein bisschen Spaß muss sein", sang schon Roberto Blanco voller Lebensfreude. Roberto Blanco ist sichtlich kein weißer Neger, für einen Politiker aber ein wunderbarer Neger: Am 31. August 2015 diskutiert Frank Plasberg in seiner Talkshow *hart aber fair* mit seinen Gästen über die Flüchtlingskrise und die Integration von Einwanderern. Plötzlich wirft CSU-Innenminister Joachim Herrmann in die Runde: „Roberto Blanco war immer ein wunderbarer Neger." Moderator Frank Plasberg reagiert mit einem „Holla", die Internetgemeinde ist deutlich kritischer. Das böse N-Wort löst auf Twitter und Facebook Empörung aus, „schließlich ist Neger eine abwertende und rassistische Bezeichnung für Schwarze"[9], schreibt das Nachrichtenmagazin *Spiegel Online* einen Tag später.

Ohne die sozialen Medien durften sich die deutschen Politiker vor vielen Jahren wahrlich mehr erlauben. 1962 soll Heinrich Lübke bei einem Staatsbesuch in Liberia die Anwesenden mit den Worten „Sehr geehrte Damen und Herren, liebe Neger" begrüßt haben. Zu dieser Zeit war auch noch das Lied *Zehn kleine Negerlein* salonfähig. Das Lied hat meist zehn Strophen, in denen jeweils ein Negerlein stirbt oder verschwindet. Die deutsche Band *Die Toten Hosen* machte daraus 1996 den Hit *Zehn kleine Jägermeister*, der sich auf den gleichnamigen Kräuterlikör bezieht. Spätestens seit den 1990ern gilt die Bezeichnung „Neger" als stark diskriminierend. Entsprechend ist das Wort im Duden verbucht.

„Neger" ist im deutschsprachigen Raum tatsächlich auch ein Nachname. 2015 sorgt der Mainzer Thomas Neger mit seinem Firmenlogo für Aufregung. „In Anlehnung an dessen Nachnamen zeigt es einen schwarzen Dachdecker mit dicken Lippen und großen Ohrringen"[10], schreibt *Die Welt* im April 2015. Sogar die *Washington Post* berichtet über den Mainzer Dachdecker. 5.000 Facebook-User demonstrieren gegen das Logo. Doch das „kleine Negerlein" auf dem Logo hat die Debatten überlebt und riskiert noch heute eine dicke Lippe.

Vom Negerlein zum „Neger Light"

Trotz Terrorgefahr sind Marokko und Tunesien noch immer beliebte Urlaubsländer. Die Touristen werden in den Hotels verwöhnt und laben sich an exotischen Speisen. In Hotelrezensionen schwärmen die Deutschen und Österreicher vom tollen Personal – solange es dort bleibt und nicht die Grenzen überquert, versteht sich. Die Flüchtlingskrise 2015 hat Europa verändert und erreichte Ende 2015 ihren medialen Höhepunkt in der Silvesternacht von Köln.

Zu Beginn der Flüchtlingswelle gibt sich die deutsche Regierung weltoffen und die Medien spielen fleißig mit. Schnell kommt Kritik auf, sogar von einer gleichgeschalteten Presse ist die Rede. Die von vielen Deutschen als zu flüchtlingsfreundlich empfundene Berichterstattung der großen Medien führt sogar beinahe zum Urlaubsabbruch eines sehr anerkannten Journalisten. Giovanni di Lorenzo, der Chefredakteur der *Zeit*, befindet sich gerade in den Ferien, als er den Leitartikel „Jeder Flüchtling ist eine Bereicherung" seines eigenen Blatts als zu missionarisch empfindet. Auf Facebook ändern Tausende User ihr Titelbild in „Refugees Welcome", um ein Zeichen für Toleranz zu setzen. Doch schnell wird klar, dass es zwei gegensätzliche Lager gibt. Die Asylkritiker attackieren die „Gutmenschen". Die wiederum stellen die „besorgten Bürger" in die rechte Ecke und an den Pranger in den sozialen Medien. Deutschland spaltet sich.

Völkischen Deutschbürgern ist die Medienschelte natürlich nicht neu. Egal ob im Dritten Reich oder heute – mit der „Lügenpresse" haben rechte Zeitgenossen einen prima Sündenbock gefunden. Die Nationalsozialisten gingen damals von einem Weltjudentum aus, das die Presse steuert. Heute glauben viele Menschen, dass die Regierungen und Weltkonzerne entscheiden, was in den Nachrichten steht. Die „Patriotischen Europäer gegen die Islamisierung des Abendlandes" (kurz: Pegida) skandieren seit ein paar Jahren „Lügenpresse, Lügenpresse, Lügenpresse", um auf die unliebsame Berichterstattung aufmerksam zu machen.

Auf einer Pegida-Demo in Dresden kommt es 2015 zu einem Eklat, als plötzlich das „Lügenpresse-Mobil" des Springer-Verlags auffährt. Eine Idee – für manche peinlich, für andere wiederum genial – der Werbeagentur Jung von Matt, um mit dem Slogan „Die ganze Lügenpresse aus einer Hand" den iKiosk des Berliner Verlagshauses (verlegt u. a. die *Bildzeitung* und *Die Welt*) zu bewerben. „Die hohle Nummer mit dem Lügenpresse-Laster ist zum Fremdschämen"[11], schreibt der Onlinebranchendienst *Meedia* bissig. Das Wort „Lügenpresse" wurde 2014 übrigens zum Unwort des Jahres gewählt, eben weil es laut Jury an das Denken im Dritten Reich anknüpft und die Medien auch heute noch pauschal diffamiert.

Einer pauschalen Diffamierung bedienten sich auch schon die Nazis. Die Juden waren an allem schuld – und das war für die meisten auch gut so. Im Wilden Westen waren es die Rothäute und später dann die „Neger". Heutzutage mögen wir Deutschen die Juden wieder und die „Neger" sowieso. Und wenn wir von „Negern" als Schwarzen oder Afroamerikanern sprechen, gibt es auch keinen Ärger. Doch je heller der Afrikaner wird, desto kritischer wird der Deutsche. Und schon gibt es seit 2015 ein neues N-Wort, nämlich den „Nafri". Provokateur Jan Böhmermann stichelte direkt via Twitter: „Was ist eigentlich der Unterschied zwischen Nafri und Neger?" Die überspitzte Antwort: Nafris sind Nordafrikaner und quasi die Light-Form von „Neger". Mit den zusätzlichen Eigenschaften Terrorismus und IS-Ideologie.

Ein Nafri kommt selten allein

Seit der Silvesternacht von Köln wird die Legende erzählt, dass Nordafrikaner im deutschsprachigen Raum meist in Gruppen auftauchen. Nordafrikaner werden zu Nafris, sobald sie die deutschen Grenzen passieren. Nafri hat übrigens nichts mit der populären Afri-Cola zu tun – obwohl „Afri" tatsächlich auf die afrikanische Cola-Bohne anspielt.

Polizisten aus Nordrhein-Westfalen entwickelten die interne Bezeichnung „Nafri", um „Nordafrikanische Intensivtäter" im Funkverkehr abzukürzen. Dass der Begriff überhaupt bekannt wurde, war ein Zufall. Die Kölner Polizei twitterte in der Silvesternacht: „Am HBF werden derzeit mehrere Hundert Nafris überprüft." Selbstverständlich griffen die Grünen direkt zur Moralkeule und sprachen von einer „herabwürdigenden Gruppenbezeichnung". Dass die Grünen und die Polizei in diesem Leben keine Freunde mehr werden, zeigte sich 2017 erneut. Nach den Krawallen von Hamburg attackierten die Grünen den harschen Umgang der Polizei mit den Linksautonomen und anderen Demonstranten.

Der 31. Dezember 2015 verändert die mediale Berichterstattung und die gesellschaftliche Wahrnehmung der Flüchtlingswelle völlig. Die Silvesternacht von Köln geht als Skandalnacht in die deutsche Geschichte ein. Viele junge Frauen werden in dieser Nacht von großen Gruppen nordafrikanischer Menschen umzingelt, sexuell angegangen und ausgeraubt. Alleine 513 Sexualdelikte werden bei der Staatsanwaltschaft Köln zur Anzeige gebracht.[12] Dunkelziffer unbekannt. Politik und Polizei spielen die Vorfälle zunächst herunter, berichten von einer „ruhigen Neujahrsnacht". Vermutlich in der Hoffnung, die Vorfälle auszusitzen. Eine Taktik, die einst Helmut Kohl erfand und die von seiner politischen Ziehtochter Angela Merkel perfektioniert wurde.

Dabei wäre es für die jungen Frauen eigentlich ziemlich einfach gewesen, den nordafrikanischen Grapschern aus dem Weg zu gehen.

Seit der Silvesternacht von Köln gilt nämlich die lapidare Faustregel: Berührt Dich eine Nafri-Hand, halte einfach eine Armlänge Abstand! Die Oberbürgermeisterin der Stadt Köln gab Frauen nach der Silvesternacht nämlich den Tipp, sie sollten zu Fremden eine Armlänge Abstand halten. „Das ist für die Opfer, die von allen Seiten umzingelt wurden, der reine Hohn"[13], urteilte die *FAZ* eine Woche nach der Silvesternacht von Köln über Henriette Rekers Vorschlag.

Ex-Wetterfrosch Jörg Kachelmann war schon 2012 der Meinung, dass sich Frauen gerne als Opfer inszenieren. Die Situation war allerdings eine ganz andere. Kachelmann wurde 2010 von seiner Ex-Freundin mit dem Vorwurf der Vergewaltigung angezeigt und 2016 freigesprochen. 2012 sagte Kachelmann in einem *Spiegel*-Interview: „Das ist das Opfer-Abo, das Frauen haben. Frauen sind immer Opfer, selbst wenn sie Täterinnen wurden."[14] Das Wort wurde im Januar 2013 zum Unwort des Jahres 2012 gewählt.

Henriette Reker gibt den in der Silvesternacht belästigten Frauen also eine Art Mitschuld, da diese in der Silvesternacht keine Armlänge Abstand zu den Männergruppen hielten. Die Empfehlung „erinnert an das unselige Argumentationsmuster, nach einer Vergewaltigung der vergewaltigten Frau eine Mitschuld zu geben"[15], kritisiert die Journalistin Ursula Scheer in der *FAZ*. Auf Twitter entsteht ein regelrechter Shitstorm unter dem Hashtag *#einearmlaenge*. Ähnlich war das 2013, als unter dem Hashtag *#aufschrei* eine heiße Sexismus-Debatte entbrannte. Auslöser war der FDP-Politiker Rainer Brüderle, der die Journalistin Laura Himmelreich verbal anging: „Sie können ein Dirndl auch ausfüllen"[16], soll Brüderle im Januar 2012 in Herrenwitz-Manier in einer Hotelbar gesagt haben – in Anspielung auf Himmelreichs Busen. Ein Jahr später machte die Journalistin den Vorfall selbst publik, was FDP-Alphatier Wolfgang Kubicki als „Tabubruch" bezeichnete.

„Fucken" und das Protokoll der Schande

Einige Tage nach der Silvesternacht von Köln taucht ein ominöser „Sex-Spickzettel" auf. Aufgelistet sind billige Anmachsprüche wie „Ich will fucken", „Ich will dich küssen" und „Große Brüste" in den Sprachen Deutsch und Arabisch. Für viele Menschen ist der Zettel der Beweis, dass die Übergriffe von langer Hand geplant waren. Die *Bildzeitung* spricht von einem Vokabelzettel, „um Frauen sexuell zu belästigen und einzuschüchtern".[17]

Der Zettel ist echt. Polizisten finden ihn bei zwei Tatverdächtigen aus Nordafrika. Einer von ihnen behauptet im Gespräch mit *Spiegel TV*, den Zettel selbst nur auf dem Boden gefunden zu haben.[18] Für die Flüchtlingsgegner ist der anrüchige Schmierzettel ein gefundenes Fressen, zumal das kuriose Fundstück sehr anschaulich und authentisch wirkt. Unzählige Laienjournalisten veröffentlichen daraufhin ein Bild des Zettels auf ihren asylkritischen Blogs. Meist tendenziös, um den naiven „Gutmenschen" die Augen zu öffnen. So mancher versuchte sogar, richtig viel Aufmerksamkeit aus der Grapsch-Aktion der Nafris zu ziehen. Horst Wenzel, selbst ernannter Flirtcoach, startete einen Flirtkurs für Flüchtlinge. Vielleicht wollte er tatsächlich helfen. Doch die Internetuser sind mal wieder gnadenlos. „Wenn ich verfolgt werde und in ein anderes Land flüchte, habe ich andere Sorgen als zu flirten"[19], kommentiert User Django einen *Welt*-Bericht über Wenzels Crashkurs.

Einige Tage nach der Silvesternacht von Köln veröffentlicht die Polizei das sogenannte „Protokoll der Schande"[20], wie die Medien den kompletten Polizeibericht unisono bezeichnen. Das 27-seitige Protokoll umfasst die Anzeigen und Straftaten sowie die Art und Weise der sexuellen Belästigungen. Das Polizeiprotokoll ist authentisch, weil die sexuellen Vergehen aus der Sicht der Opfer beschrieben werden. „Wurden von einer Gruppe Nordafrikaner umzingelt. Dann in Schritt, Busen und in die Hose gefasst", lautet ein relativ harmloser Vorfall. Intimer wird es im folgenden Beispiel: „Versucht,

Finger in Scheide zu stecken, an Brust und Gesäß gefasst." In Strumpf-hosen gekleidete Frauen hatten meist mehr Glück: „Bei allen ver-sucht, Finger in Scheide einzuführen, misslang wg. Strumpfhose." Doch die Täter kommen trotzdem auf ihre Kosten. Sie entwenden, oft mithilfe des längst bewährten Antanztricks, Bargeld, Handys und gerne auch Ausweise.

Gefährliche Vorurteile

Echt fett war eine Comedy-Sendung des ORF, die bis 2007 produziert wurde. Gedreht wurde meistens in Wien mit versteckter Kamera. Auf witzige und teilweise politisch inkorrekte Weise wurden gewöhnli-che Passanten in skurrile Situationen gebracht.

In einer Folge sucht eine ältere Dame ein Lernspiel für ihre drei-jährige Enkelin. Der als Verkäufer getarnte Schauspieler führt die Dame zu den Brettspielen und fischt ein fiktives Spiel aus dem Regal. „Ganz neu haben wir das reinbekommen, das heißt ,Jüdische Neger-kriege'", sagt der Komiker. Die Dame ist sichtlich schockiert. In dem vermeintlichen Spiel des Jahres geht es auch um die „speziellen Cha-raktereigenschaften" von Minderheiten, meint der Komiker. Spätes-tens da wiegelt die Dame endgültig ab und verlässt das Geschäft. Die Zuschauer der Sendung lachen – nicht nur über die geschockte Reak-tion der Dame, sondern vor allem über die Unverfrorenheit des Ver-käufers, der ein politisch inkorrektes Brettspiel in höchsten Tönen anpreist. Bitterböse Witze sind populär und sorgen für hohe Ein-schaltquoten.

So makaber die Szene klingt, so deutlich zeigt sie das Spiel mit der politischen Unkorrektheit als Stilmittel auf. Werden Grenzen über-schritten, finden viele das lustig – und andere daneben. Besonders schwarzer Humor polarisiert, in diesem Fall wortwörtlich und im übertragenen Sinne. Doch Humor zeigt auch gesellschaftliche Tabu-grenzen auf und ist deshalb wichtig. Der ORF zeigt in der Sendung auf freche Weise, dass rassistische Denkweisen ein No-Go sind. Verbotene Früchte schmecken jedoch süß, weshalb Tabubrüche oft als witzig empfunden werden. Wenn der ehemalige Late-Night-Talker Harald Schmidt den jüdischen Ethnolekt persifliert und das Publikum mit einem geschockten und dennoch amüsierten „Ho, ho, ho" reagiert, zeigt das die Zerrissenheit. Einerseits ist es witzig, andererseits aufgrund der deutschen Vergangenheit irgendwie verboten, darüber zu lachen. Über was wir Deutschen lachen dürfen, wissen die meisten schon gar nicht mehr. Man will ja keinen Ärger bekommen.

Asylanten machen Dreck. Nordafrikaner sind Grapscher. Und in Berlin lebende Araber produzieren Kopftuchmädchen, wie Thilo Sarrazin einst im *Lettre International* medienwirksam fabulierte.[21] Die Deutschen hingegen sind fleißig und pünktlich. Das lehrt uns schon die Werbung, die nicht nur eine Appellfunktion hat, sondern durchaus meinungsbildend wirkt. Deutlich wird dies in einem Spot der Lufthansa aus dem Jahr 2013. Ein französischer Fluggast beschwert sich in verschiedenen Situationen über die Korrektheit, den Perfektionismus und die Pünktlichkeit der Deutschen. Am Ende des Spots resümiert er dann aber glücklich: „Fantastique!" In Wahrheit ist der Franzose nämlich begeistert von uns Deutschen. Ein Internetuser stänkert in der Kommentarfunktion des Videos auf YouTube: „Bald sind es die Deutschen und die Ortsfremden mit Migrationshintergrund, bloß ohne die Tugenden."[22] Obwohl der Lufthansa-Spot nichts mit der Flüchtlingskrise zu tun hat, wird hier ein Zusammenhang hergestellt.

Doch zurück zu Thilo Sarrazin. Von 2002 bis 2009 war er Finanzsenator in Berlin. Sein Buch *Deutschland schafft sich ab* ist ein Bestseller. Thilo Sarrazins Aussagen zur Migration polarisierten und beseitigten alle Zweifel über dessen politische Gesinnung. Das ging sogar so weit, dass Thilo Sarrazin aus der SPD ausgeschlossen werden sollte. Doch dazu kam es nie. In einem Interview aus dem Jahr 2010 sagte Sarrazin: „Alle Juden teilen ein bestimmtes Gen."[23] Die Medien machten daraus eiskalt das medienwirksame Wort „Juden-

Gen", obwohl Sarrazin es nicht auf diese Weise benutzt hatte. Und auch der Zentralrat der Juden mischte sich direkt ein, sprach von einem „Rassenwahn, den das Judentum nicht teilt". Wer anderen Ethnien bestimmte und meist negative Eigenschaften zuschreibt, begibt sich ins Kreuzfeuer.

Typisch Jude, typisch Asylant?

In der Zeit des Dritten Reiches war es einfach, Juden auf der Straße zu erkennen: Juden waren angewiesen, einen gelben Stern auf der Kleidung zu tragen, den Judenstern. Eingeführt wurde das Kennzeichen 1941. Die Nazis veröffentlichten sogar kleine Handbücher, um die jüdischen Merkmale bildlich zu erklären. Juden haben eine gebogene Nase und eine ganz besondere Kopfform: den animalischen Langschädel – so zumindest steht es in den Nazi-Büchern.

Tier-Verbildlichungen sind seit Jahrhunderten beliebt, um fremdartigen Völkern ein abstoßendes Gesicht zu geben. Bekannt ist die Tiermetapher „Judensau", die schon seit dem Mittelalter existiert. Auf den mittelalterlichen Bildern sind Juden zu sehen, die wie Ferkel an den Zitzen einer Sau saugen. Auf diese Weise wird auf vielen Bildern und Judensau-Skulpturen eine Intimität zwischen Jude und Sau angedeutet. Eine Perversion, die laut Tora selbstverständlich verboten ist. „Wer einem Vieh beiwohnt, der soll des Todes sterben", steht im zweiten Buch Mose 22,18. Durch die Darstellung der Judensau wurden die Juden über viele Jahrhunderte entmenschlicht. Hinzu kamen weitere vermeintliche Eigenschaften wie Geldgier und Wucherei. Das hat sich in das deutsche Bewusstsein eingebrannt.

Für Adolf Hitler und Joseph Goebbels war es damals sehr leicht, den Juden als minderwertige und dennoch gefährliche Rasse darzustellen. Die Medien waren gleichgeschaltet, es gab kein Internet, und das Kino war relativ neu und sehr populär. 1940 erscheint der Kinofilm *Der ewige Jude* in den deutschen Kinos. Das Bild des ewigen

Juden ist nicht neu, sondern existierte schon im 19. Jahrhundert. Die Legende eines Juden, der seit Jahrhunderten umherwandert – bis zum Jüngsten Tag. Das hat natürlich etwas Gruseliges. Die deutsche Bevölkerung ist damals also schon ideologisch eingeschworen, als der Film des ewigen Juden in die Kinos kommt. Es ist jedoch kein Spielfilm, sondern vielmehr ein Dokumentarfilm in aufklärerischer Mission. Die Juden werden als ein Volk präsentiert, das sich bestens auf Verstellung versteht und sich nach außen nicht zu erkennen gibt. Der Film zeigt Originalaufnahmen aus den polnischen Ghettos, damit der Zuschauer erkennt, wie unzivilisiert die Juden eigentlich leben, bevor sie sich an das vermeintlich zivilisierte Deutschland anpassen. Thilo Sarrazin knüpfte mit seiner „Juden-Gen"-Äußerung an diese Vorurteile an und kassierte den Rassenwahn-Spruch vom Zentralrat der Juden zu Recht.

Ab 1941 erhalten die Juden in Deutschland keine Seife und Rasierseife mehr, damit der „Judenbart" wuchert. Es gelingt den Nazis, den Juden als abstoßend zu inszenieren. Nicht nur im Kino, sondern auch in der echten Welt. Irgendwann ist es sogar verboten, dass deutsche Kinder mit Judenkindern spielen. Noch heute ist „Judenkind" eine Beleidigung unter Teenagern, wie verschiedene Internetquellen beweisen. In Süddeutschland existierte lange Zeit der Begriff „Judenfurz" für bestimmte Feuerwerksartikel, das sind die Teppiche mit vielen kleinen verbundenen Böllern. Ebenso rauchten Teenager den „Judenstrick", eine Pflanze, deren Äste innen hohl sind. Heute sind es die Väter, die ihren Kindern noch immer stolz davon berichten. In einem Internetforum fragt ein User: „Mein Vater hat mir erzählt, dass er, als er 13 war, Judenstrick geraucht hat. Wie geht das?"[24] „Schmeckt nicht besonders", antwortet ein anderer. Die Mehrheit stimmt zu und das Thema ist erledigt.

Die Flüchtlinge haben es in der heutigen Zeit einfacher und schwieriger zugleich. Grund sind vor allem die sozialen Medien. Die Internetuser haben ganz verschiedene Meinungen. Auf Facebook sehen wir Flüchtlinge als hilfsbereite Gäste, dann als hinterhältige Verge-

waltiger, dann wieder als fleißige und soziale Mitmenschen und letztendlich als rücksichtslose Dreckspatzen. Welches Bild stimmt also?
Und sind es wirklich nur Männer, die nach Deutschland flüchten?
Es ist ein warmer Spätsommernachmittag im Jahr 2015. Klaus
macht eine gemütliche Schifffahrt auf der Donau in Passau. Die nie-
derbayerische Dreiflüssestadt ist zu diesem Zeitpunkt der Hauptan-
laufpunkt für neue Flüchtlinge. Die Grenze zu Österreich ist schließlich gleich um die Ecke. Klaus genehmigt sich ein kaltes Weißbier
mit leckerer Schaumkrone. Er blickt in die Ferne, genießt den Fahrt-
wind und die warme Sonne auf seiner Nase. Plötzlich hört er einen
Schuss aus der Ferne. Es folgen weitere Schüsse. „Das sind bestimmt
die Flüchtlinge", denkt sich Klaus und zückt sein neues iPhone. Klaus
loggt sich bei Facebook ein und berichtet von dem Schusswechsel.
„Scheiß Asylanten beschießen sich in Passau", ätzt Klaus. Die Likes
trudeln im Minutentakt ein. Viele Menschen teilen seinen Beitrag
sogar und sind sich einig, dass das genau so passiert ist.

Einen Tag später berichtet die *Passauer Neue Presse* von dem Vorfall[25], allerdings ganz anders: Ein Jäger gab die Schüsse bei der Enten-
jagd ab. Alles harmlos. Das war's. Die Überschrift des Artikels „Wie
Schüsse zum Schnellschuss werden" provoziert die Systemkritiker
zusätzlich. Bei Klaus und vielen anderen brennen die Sicherungen
durch. „Die Lügenpresse mal wieder", ist sich Klaus samt Gefolg-
schaft sicher. Die Heimatzeitung treibt es mit einem ironischen Kommentar zum Artikel auf die Spitze: „Wir von der Lügenpresse." Dort
kommentiert die Journalistin Laura Lugbauer: „Im Netz verbreiten
sich Nachrichten häufig nach dem Stille-Post-Prinzip."[26]

Doch auch die etablierten Medien bedienen sich oft bei Nachrichtenagenturen oder anderen Medien und verzerren die Realität. Ereignisse werden ausgeschmückt, oft werden auch viele Sachen bewusst
weggelassen. Nicht nur Medienwissenschaftler wissen das, sondern
mittlerweile auch die meisten Menschen da draußen. Das Volk ist
nämlich umtriebiger, als es den Medien- und Meinungsmachern
manchmal lieb ist.

Für leichtgläubige Gemüter ist es ein wahrer Segen, dass der vermeintlich glaubwürdige Nachbar von nebenan auf Facebook eigenständig berichtet oder sogar flüchtlings- und medienkritische Blogs ins Leben ruft – quasi Nischenmedien und Gegenmedien zu den ach so bösen Qualitätsmedien. Besonders beliebt sind Augenzeugenberichte. User laden „Beweisbilder" hoch: Bilder von verdreckten Zugabteilen, Fotos einer zusammengeschlagenen Frau oder Bilder von Flüchtlingen, auf denen nur Männer zu sehen sind. Es entsteht eine Social-Media-Realität, die rasch zur User-Realität und weitererzählt wird.

Flüchtlinge und Asylbewerber heißen vereinfacht „Asylanten", denn dieses Wort ist sowieso schon negativ besetzt. Flüchtlingshasser sind sich einig: „Asylanten" lassen ihren Müll liegen, sie sind Wirtschaftsflüchtlinge und wollen Sozialleistungen kassieren. Sie nehmen den Deutschen die Arbeitsplätze weg, obwohl die „Asylanten" doch eigentlich faul sind. Sie vergewaltigen deutsche Mädchen, erheben Anspruch auf Wohnraum und bestehlen die Deutschen auf ihren traditionellen Heimatfesten. „Asylanten" kommen angeblich nur nach Deutschland, um Terroranschläge zu planen und auszuführen. Sie sind gewalttätig und unzivilisiert. Die Probleme, die in ihren Ländern zu Kriegen und Armut geführt haben, bringen sie mit nach Deutschland. Das ist das Bild der Flüchtlinge in Deutschland. Nicht alle denken so. Doch diejenigen, die so denken, haben diese Informationen oftmals von Freunden oder der Familie erhalten – oder aus dem Internet. Es ist in der heutigen Zeit eben nicht einfach, die richtigen Inhalte zu filtern. Fake News lauern überall. Den richtigen Riecher für die Wahrheit zu haben, ist so anspruchsvoll wie eine olympische Disziplin. Wer lange durchhält, trägt die Fackel bis ins Ziel. Doch natürlich ist es viel einfacher, damit ein Flüchtlingsheim zu entzünden.

3 Fake News mitten ins Herz

Promis als mediale Gladiatoren

Ein junges Pärchen betritt mitten in der Nacht eine verlassene Tiefgarage. Der Mann tastet seine Hosentaschen ab, sucht hektisch seinen Schlüssel. Die Frau benutzt ihr Handy als Taschenlampe und fuchtelt damit wild durch die Gegend, fühlt sich sichtlich unwohl in der Dunkelheit. Auf einmal springt etwas auf sie zu. Die junge Frau leuchtet mit ihrem Handy geradeaus, erblickt eine ekelhafte Fratze mit Beil in der Hand. Was wie aus einem billigen Horrorfilm klingt, ist bittere Realität. Die junge Frau reagiert richtig, zieht der Fratzenfigur mit der Handtasche eins über und verschwindet mit ihrem Mann im Nirgendwo. Nach kurzer Zeit startet aus der Ferne der Motor eines Autos. Die Fratze liegt immer noch am Boden und ächzt. Die Verkleidung als Horrorclown ging nach hinten los.

Die Horrorclowns waren der Trend des Jahres 2016. Einer kam auf die unsägliche Idee, sich als gruseliger Clown zu verkleiden und Menschen zu erschrecken. Vor laufender Kamera. Ein makabrer Streich. Die YouTube-Generation spricht hier von einem „Prank". Schnell gab es unzählige Trittbrettfahrer. Plötzlich hatte man das Gefühl, jederzeit und überall von einem Horrorclown überrascht werden zu können. Sicher, es gab echte Vorfälle. Echte Menschen, die von den fiesen Fratzen überfallen und verfolgt wurden. Echte Horrorclowns, die eine aufs Maul bekamen, weil manche so mutig waren und den Spieß einfach umdrehten. Die Schadenfreude im Netz war natürlich gigantisch. Man hasste die fiesen Clowns, doch irgendwie liebte man sie auch – denn sie sorgten für eine hollywoodreife Unterhaltung.

Doch viele Meldungen über die grässlichen Horrorclowns waren schlichtweg falsch. Es gibt seit einigen Jahren tatsächlich Internetseiten, auf denen eigene Nachrichten erstellt werden können, die täuschend echt aussehen. Vor allem, wenn die Nachrichten dann via Facebook geteilt und von anderen Usern weiterverbreitet werden. Eines dieser Portale ist *24aktuelles.com*. Dort ist beispielsweise zu lesen, dass Cannabis bereits Anfang 2017 legalisiert worden sei, Obama den Kontakt zu Außerirdischen bestätigt habe und Säuglingen nach der Geburt ein Mikrochip implantiert werde. Solche Internet-Falschmeldungen werden „Hoax" genannt. Das kommt aus dem Englischen und bedeutet Scherz. Die sozialen Medien sind voll von diesen Hoaxes. Es gibt Nachrichten über angebliche Gewinnspiele von Audi oder Media Markt, bei denen die User teure Luxusschlitten oder Smartphones gewinnen können. Abertausende fallen darauf rein und machen solche Fakes erst richtig groß. Die hoffnungsvollen Glücksritter sind dann natürlich enttäuscht, dass sie mal wieder nichts gewonnen haben. Schuld ist dann natürlich Facebook und nicht der Mensch hinter dem Computer oder Smartphone.

Die ganzen Facebook-Gewinnspiele sind sowieso die Rubbellose der neuen Generation. Wer jetzt meint, auf Facebook keinen monetären Einsatz zu bezahlen, belügt sich selbst. Wir geben unsere Daten preis und machen kostenlose Werbung für die ganzen Unternehmen, die uns tolle Gewinne versprechen. Das ist Bauernfängerei. Doch es ist einfach zu erklären: Die Menschen möchten bewusst und unbewusst belogen werden, sofern die kleinste Chance besteht, endlich mal so richtig abzusahnen. 2008 war Online-Poker angesagt, heute ist es Multi-Level-Marketing (MLM). Bei dieser Form des Network-Marketings geht es darum, oftmals minderwertige Produkte für sehr viel Geld zu verkaufen. Reich werden aber nur die Menschen, die andere Mitglieder anwerben, um an deren Umsätzen mitzuverdienen. Oft sind die Menschen auf Facebook nur nett zueinander, um neue Klienten für ihre MLM-Challenges zu gewinnen.

Nachrichten über hinterhältige Horrorclowns, asoziale Asylanten und in Deutschland lebende ISIS-Fanatiker lenken die Menschen vom grauen Alltag ab – und noch viel wichtiger: Es entsteht ein seltsames Gemeinschaftsgefühl in den sozialen Medien. Menschen, die sich gar nicht kennen, rotten sich in Gruppen zusammen, sozialisieren sich und schimpfen, motzen und jammern. Andere motzen wiederum dagegen, es fallen die ersten Beleidigungen, und schon gibt es den berüchtigten Shitstorm. Man gewinnt den Eindruck, als möchten viele Menschen den Falschmeldungen ganz bewusst Glauben schenken. „Fängt der Glaube da an, wo das Wissen aufhört?"[27], fragt der Theologe Peter Kliemann in seinem Buch *Glauben ist menschlich*. Möchten die User also an bestimmte Fake News glauben, weil sie vieles andere in der Welt nicht verstehen? Nachweisbar bekommen Skandalgeschichten und eklige Videos die meisten Klicks im Web. Die friedliche Fraktion schaut sich hingegen lieber witzige Katzenvideos und drollige Babyclips an. Der User kann also selbst entscheiden, ob er Süßes oder Saures will. Ganz nach dem Motto: „Sag mir, was du klickst, und ich sage dir, wer du bist."

Amok. Terror. Sex.

„Mann tötet Ehefrau. Zuvor spielte er noch Lotto." In der Boulevardpresse sind solche Überschriften immer wieder zu lesen. Die Überschrift suggeriert: Auch der normale Nachbar von nebenan könnte ein Mörder sein. Erst spielt er harmlos Lotto, dann bringt er seine Frau um. Die Medien spielen mit der Angst der Menschen. Und auch mit der Neugierde, die eigenen Grenzen auszutesten. Horrorfilme machen das vor, denn dort passieren (hoffentlich nur) Dinge, die im eigenen Umfeld unüblich sind. Ähnlich ist es mit den ganzen Schock-Nachrichten in den Medien. Terror in Barcelona, Vergewaltigungen in Deutschland, Trump droht der Welt und irgendwer läuft mal wieder Amok. Man hat den Eindruck, dass früher alles besser war. Der deutsche Michel allerdings sitzt abgesichert in seinem Schrebergarten, fährt einen dicken SUV-Panzer auf der Straße und ärgert sich über den ganzen Terror auf der Welt, ohne damit jemals konfrontiert worden zu sein.

Die Erklärung ist einfach: Der Mensch geht meist vom Schlechten aus. In der Psychologie wird dieses Phänomen als Negativitätsbias bezeichnet. Faktoren, die der Mensch in seiner Umgebung als negativ bewertet, werden besonders stark empfunden. Positiv bewertete Faktoren hingegen werden eher schwach wahrgenommen. Die Realität erleben die Menschen also unterschiedlich durch ganz eigene Filter. Oft entscheiden auch persönliche Erfahrungen darüber, ob wir etwas als gut oder schlecht bewerten. Menschen, die Angst vor Autobahnen haben, nehmen Nachrichten über schwere Autounfälle auf Autobahnen besonders stark wahr und fühlen sich in ihren Ängsten bestätigt. Ein besonderer Menschenschlag wiederum reagiert sensibilisiert auf Nachrichten, in denen es um sexuelle Übergriffe und Vergewaltigungen geht. Die Rede ist von den „besorgten Bürgern". Viele von ihnen vermuten in solchen Fällen gleich, dass es sich um einen Asylbewerber handeln könnte, der keinen Respekt vor deutschen Frauen hat.

Vergewaltigungen sind in Deutschland aber eigentlich nichts Neues. Neu ist jedoch, dass viele die Täterschaft mittlerweile eingrenzen zu können glauben. Aus Hobbytrainern, die von der Wohnzimmercouch aus die deutsche Nationalmannschaft trainieren, sind Hobbykriminologen geworden. „Dat wa sicher wieda ein Asylant", ist dann das Fazit des bierseligen Fachgutachtens. „Prost", ruft der selbst ernannte Scharfrichter aus der Runde und macht die gedankliche Guillotine schon einmal einsatzbereit. So einfach kann es sein. Zumindest würden sich das viele wünschen. Glücklicherweise sind die Zeiten vorbei, in denen Fremde mit Fackeln aus der Stadt gejagt wurden. Heute allerdings sind es Brandanschläge. Die radikalen Rechten fackeln nicht lange.

Der mediale Umgang mit den Flüchtlingen sorgt dafür, dass Neiddebatten entstehen. Nicht nur, weil die Medien lange Zeit pro Regierung berichtet haben. Viele Nachrichten werden einfach falsch verstanden und interpretiert, weil sie nicht in das eigene Weltbild passen. Eine Aussage spaltet Deutschland ganz besonders: „Wir schaffen das", sagt Angela Merkel 2015. Was von vielen Medien sehr wohlwollend aufgenommen wird, kritisieren die deutschen Flüchtlingsgegner massiv. In den sozialen Medien kursiert direkt eine Fotomontage von Angela Merkel. Zu sehen ist die Bundeskanzlerin in Zwangsjacke, umzingelt von mehreren Pflegerinnen. Aus Merkels Mund entspringt eine Sprechblase: „Wir schaffen das. Wir schaffen das. Wir schaffen das." Die mehrfache Wiederholung des Satzes suggeriert eine geistige Erkrankung der mächtigsten Frau Deutschlands. Der Musiker Cypress Hill formulierte es 1993 in seinem gleichnamigen Song wie folgt: „Insane in the brain." Viele Deutsche sehen Angela Merkel wohl auf diese Weise.

Im Laufe der Flüchtlingskrise entstehen viele Blogs und politisch motivierte Webseiten im Internet. Heutzutage ist das sehr einfach. Plattformen wie *Wordpress* und *Blog.de* bieten einfache Baukastensysteme an mit Webspace und vorgefertigten Designs. Jeder kann Journalist sein, jeder will Journalist sein. Es entstehen unzählige Nischenmedien, die sich als ehrliche Gegenmedien zu den etablierten Massenmedien sehen wollen. Systemkritiker vertrauen folglich eher den Nischenmedien, zumal diese systemkritische Nachrichten veröffentlichen. Dazu gehören auch Berichte über vergewaltigende Asylbewerber in ganz Deutschland. Solche „Nachrichten" werden dann auf Facebook & Co. weiterverbreitet. Schnell entstehen Gerüchte. Sie werden zu Halbwahrheiten und irgendwann zur weitläufig akzeptierten Wahrheit. Oder sind die Flüchtlinge in Wirklichkeit gar nicht so schlimm?

Einige von ihnen sind wirklich schwarze Schafe. Was provokant klingt, belegen mittlerweile sogar die deutschen Qualitätszeitungen. Anfangs war das nicht so. Die Nationalität der Vergewaltiger stand zunächst meist nicht in den Gazetten. Viele Leser beschwerten sich darüber und spekulierten, dass wohl mal wieder ein Flüchtling geschützt wird – weil es die Regierung so verlangt. Seit dem Jahr 2017 ist das anders. Die Medien geben sich plötzlich vermeintlich objektiv. Immer öfter werden also die Nationalitäten genannt, und immer öfter ist beispielsweise von afghanischen Flüchtlingen oder Asylbewerbern aus Eritrea die Rede. Zu lesen sind Nachrichten von Flüchtlingen, die in Schwimmbädern onanieren oder gemeinschaftlich Frauen willenlos machen, um sich danach an ihnen zu vergehen. Wenn allerdings der alteingesessene Albert im Dorf einen kriminellen Schabernack treibt, ist in der Zeitung natürlich nur von einem „Täter" die Rede.

Ende 2017 taucht eine interessante Studie auf. Eine offizielle Statistik besagt, dass in den ersten sechs Monaten des Jahres 2017 fast 50 Prozent mehr Vergewaltigungen angezeigt worden sind als im Vorjahreszeitraum. „Die Zahl der Taten, die Zuwanderern zugeordnet wurden, stieg sogar um 91 Prozent auf 126", zitiert die *Passauer Neue Presse* Bayerns Innenminister Joachim Herrmann.[28] Unter dem Internet-Artikel erscheinen knapp 100 Leserkommentare. Ein User schreibt: „126 Leben wurden durch zugewanderte Vergewaltiger ZUSÄTZLICH zerstört, in Bayern alleine! Jetzt sind wir alle wieder die bösen deutschen Nazis." Mit der Nazikeule offensiv umzugehen, ist raffiniert. Denn auf diese Weise begibt sich der User in die Opferrolle – eine beliebte Taktik in der nationalistischen Szene. Interessant: Berichte über kriminelle Asylbewerber sind für viele Menschen keine Fake News. Positive Berichte über Asylbewerber hingegen unterliegen der Gleichschaltung der Medien durch den Staat, um das Bild der Neuankömmlinge zu verbessern – so zumindest hört man es an den deutschen Stammtischen.

Gleichschaltung und Aufdeckung

Wer meint, dass das Wort „Gleichschaltung" aus dem Nationalsozialismus kommt, liegt falsch. Das Wort stammt aus der Elektrotechnik und wurde von den Nazis lediglich übernommen. Im Sinne der Gleichschaltung wurden die Medien an die nationalsozialistische Weltanschauung angeglichen. Seit einigen Jahren verwenden viele Deutsche das Wort „Gleichschaltung", um die Lügenpresse zu beschreiben. Viele unzufriedene Bürger deuten also an, dass Zeitungen wie die *Süddeutsche Zeitung* oder *FAZ* vom Staat gelenkt werden. Die Massenmedien werden nicht als vierte Gewalt gesehen, sondern als Konstrukt zur bewussten Manipulation der Bevölkerung.

2007 ist die ehemalige Nachrichtensprecherin Eva Herman zu Gast in der Sendung *Johannes B. Kerner*. Beichtvater Kerner nimmt sich die blonde Sünderin zur Brust. Eva Herman hat es an diesem Abend nicht einfach, weil sie mit Pseudo-Experten wie Magarete Schreinemakers, Senta Berger und Mario Barth über das Dritte Reich diskutieren muss. Auslöser der Diskussion ist Eva Hermans Romantisierung der Nazi-Zeit sowie die Aussage: „Aber es sind auch Autobahnen damals gebaut worden und wir fahren heute drauf." In der heftigen Medienschelte sieht sich Herman als Opfer einer „gleichgeschalteten Presse". Tatsächlich wird Eva Herman von Johannes B. Kerner vorgeführt und schließlich aus der Sendung geworfen. Die Quote ist an diesem Abend gigantisch. Und nur darum geht es.

Einige Jahre später bekräftigt Eva Herman ihre Sichtweise der gleichgeschalteten Presse in einem Interview mit der Agentur Sven Hermann Consulting. Es fällt erneut der Begriff „Gleichschaltung".[29] Eva Herman rät, alternative Medien im Internet zu nutzen. Hiermit mein sie Blogs und unabhängige News-Seiten. Auf YouTube erhält die erfahrene Medienfrau sehr viel Zuspruch. Viele Menschen vertrauen den Internetquellen – oder auch den Quellen, die systemkritisch sind und in ihrer Wortwahl vermeintlich „mutig".

Die Medien in Österreich sind wahrlich nicht auf den Mund gefallen. Vor allem die Regenbogenpresse der Österreicher ist nicht gerade zimperlich. Vorreiter ist die *Neue Kronen Zeitung*, auch genannt *Krone*. Sie ist die auflagenstärkste Boulevardzeitung in Österreich und hat den Ruf, tendenziös zu berichten. Genau das ist allerdings auch das Geheimrezept, das den Erfolg von Boulevardzeitungen ausmacht. Während sich die deutsche *Bildzeitung* zumindest anfangs pro Asyl positioniert, macht das Ösi-Pendant Stimmung gegen die Flüchtlinge. Das kommt nicht nur in Österreich an, sondern auch in Deutschland. Die Deutschen sehnen sich auf einmal nach dem Mut der österreichischen Politik. Wir wollen einen Sebastian Kurz. Zumindest wäre das mal eine Erfrischung.

Schonungslose Berichte über sexgeile Afghanen, kriminelle Syrer und geldgierige Marokkaner ziehen eben und sind für viele Leser eine Genugtuung. Sie geben den Flüchtlingsgegnern das Gefühl, dass die ganze Schweinerei endlich mal aufgedeckt wird. Das nennt sich dann investigativer Journalismus – sofern die Behauptungen überhaupt wahr sind. Oft sind es auch Halbwahrheiten und bestimmte Blickwinkel. Im Oktober schreibt die *Krone* über eine österreichische Familie, die in Tirol neue Freizeittickets kaufen wollte, aber keinen Familienpass dabei hatte. Im Artikel heißt es eingangs: „Wer annimmt, es geht hier um Asylbewerber, liegt falsch."[30] Ebenso schreibt der Redakteur, die Familie sei „unvermummt" anwesend gewesen und habe dennoch keine Tickets lösen dürfen. Das ist natürlich eine fiese Anspielung auf die in Burka gekleideten Flüchtlingsfrauen und die Flüchtlinge im Allgemeinen, die ohne Pass in Österreich aufgenommen und mit Geld und Dienstleistungen versorgt werden. Der Presserat in Österreich kritisierte den Artikel als unzulässige Pauschalverunglimpfung und Diskriminierung.

Immer gleich ein Nazi

„Wir wünschen keine Asylanten als Kundschaft in unserem Ladenlokal!"[31] Was wie ein Gag klingt, ist Realität im bayerischen Töging im Herbst 2017. Bei dem Satz werden dunkle Erinnerungen wach. „Kauft nicht bei Juden!", fordern die Nazis nämlich am 1. April 1933. Die „Asylanten" sind anscheinend die, die Markenklamotten auf die Theke werfen und statt Barzahlung in gebrochenem Deutsch „Caritas, Caritas" antworten. Das zumindest ist in den Tiefen des Internets zu lesen. Und wenn man möchte, kann man es aus Bequemlichkeit auch glauben. Doch es gibt auch Mahner. „Vor 80 Jahren hingen noch Plakate mit ‚Juden sind hier unerwünscht' in den Schaufenstern. Anscheinend haben manche Menschen nichts daraus gelernt", kommentiert ein User die Online-Berichterstattung der *Passauer Neuen Presse* über den Fall aus Töging.[32] Doch diese Meinung ist eine Ausnahme. Ein anderer antwortet nämlich: „Die afrikanischen Knäste sind leer, alle Insassen sind hier." Beim Durchscrollen der Kommentare darf der Leser entscheiden, ob er sich zur Versüßung der Unterhaltung Popcorn holt oder angeekelt von den verbalen Ergüssen die Kloschüssel knutscht. Beides wäre verständlich.

Es sind Situationen wie oben, in denen „Asylanten" nicht nur mit Juden verglichen werden, sondern auch Deutsche mit Nazis. „Das wird man wohl noch sagen dürfen, ohne gleich ein Nazi zu sein", ist eine beliebte Stammtischparole. Es sind jene Aussagen, bei denen der Deutsche mit einem Bein im Gefängnis sitzt und mit dem anderen sein Kreuzchen bei der AfD oder so ähnlich macht. Das zumindest vermuten die lupenreinen Demokraten der etablierten Großparteien. Doch was ist schon ein lupenreiner Demokrat, nachdem man weiß, dass Gerhard Schröder einst Putin so benannte. Und eigentlich ist es ja auch demokratisch, die eigene Meinung kundzutun, ohne direkt an den Pranger gestellt zu werden. In Österreich ist das – wieder einmal – ein bisschen einfacher. Und dort trauen sich auch die Promis, endlich mal Tacheles zu reden. So zum Beispiel der

Ösi-Komiker Manfred Tisal. In einem Interview im September 2017 fragt Tisal: „ Warum wird heute jeder, der rechts steht, gleich als Nazi bezeichnet? Nur weil man seine Meinung hat, das ist doch schlimm!"[33]

Das Asylanten-Verbot in Töging zeigt aber vor allem auch, dass Fake News nicht unbedingt von den Medien gestreut werden, sondern von mündigen Bürgern. Die Ladeninhaberin, die das Verbot aussprach, beklagt gegenüber der Lokalzeitung viele Diebstähle in jüngerer Zeit. Täter seien stets Asylbewerber, ist sich die Frau sicher. Für die Asylkritiker ist das ein gefundenes Fressen, und die Nachricht wird als „so passiert" wohlwollend zur Kenntnis genommen. Die Asylversteher hingegen betrachten die Nachricht als Hetze und demzufolge die Botschaft der Ladenbesitzerin als Fake News. Einen Beweis gibt es nicht, und so darf jeder mal wieder für sich entscheiden, was er glaubt. Klischeedenken macht die schwer verdauliche Welt des deutschen Michels überhaupt erst greifbar. Wer fremdenfeindlich pauschalisiert, tut allerdings nicht einfach eine harmlose Meinung kund – auch wenn es natürlich so manchen Flüchtling mit krimineller Energie gibt. Doch auch unter den „tugendhaften Deutschen" versteckt sich der ein oder andere Wolf im Schafspelz. Oftmals entscheidet eben der Blickwinkel, wer den Schwarzen Peter zugeschoben bekommt, egal ob er Manfred oder Mohammed heißt.

Es gibt natürlich auch Fake News, die ganz bewusst der Unterhaltung dienen. Die Rede ist vom *Postillon*. Der *Postillon* ist eine deutschsprachige Satireseite, die aktuelle Ereignisse im Nachrichtenstil auf die Schippe nimmt. Häufig sind die Nachrichten so gut geschrieben, dass sie echt sein könnten. Immer wieder fallen Menschen auf die witzigen Fake News rein – und machen sich in den sozialen Medien zum Gespött. Die Artikel werden so oft in den sozialen Medien geteilt, dass das Satireblatt eine größere Reichweite hat als viele etablierte Zeitungen. Besonders Nazi-News werden vom *Postillon* gerne durch den Kakao gezogen.[34]

„Mann hasst Flüchtlinge, weil es ihretwegen plötzlich so viele Nazis gibt", lautet eine Headline.[35] In der Überschrift eines weiteren

Artikels heißt es: „Nazis rächen sich an Flüchtlingen, indem sie nach Syrien fliehen."[36] Und mit „Studie: Abschiebung von Nazis würde Staatskasse um Milliarden entlasten"[37] provoziert der *Postillon* so richtig. Natürlich persifliert die Satireseite auch seichte Kost: „Imagekorrektur: Düsseldorf benennt sich in Düsselstadt um."[38] Humor und Witz lieben die Menschen. Und sie erzählen es weiter. Erst dadurch kommt es im Internet zu vielen Klicks. Das ist auch die Gemeinsamkeit von Horror-News und Witz-News: Menschen wollen Kurioses. Dinge, die eklig sind und bei denen wir doch irgendwie hinschauen müssen. Niemand möchte von einem Flüchtling mit Beil im Zug attackiert werden. Doch wir wollen es lesen – mit allen Details. Egal ob „fake" oder „real": Krass und brutal muss es sein.

4 Fiese Hates und Clickbaits

Der Kick vom Klick
auf Facebook & Co.

„SPD ätzt gegen Seehofers Islam-Vorstoß", titelt die „Bild-zeitung" am 17. März 2018.[39] „Skandal, Skandal", denkt sich der Leser, jongliert sein heißes Frühstücksei eifrig zum Esstisch und kippt den arabischen Kaffee in seinen DFB-Fanbecher. Mit glänzenden Kinderaugen öffnet er die Zeitung und ist enttäuscht. Denn die alte Tante SPD will lieber kuscheln. „In-die-Fresse"-Nahles[40] gibt sich sanft wie ein Lämmchen: „Seehofer glaubt wohl, damit im Bayern-Wahlkampf punkten zu können."[41] Doch was war überhaupt geschehen? Horst Seehofer, von der Wahrneh-mung her mehr Heimat- als Innenminister, sagte in sei-nem ersten Interview nach der Amtsübernahme: „Der Islam gehört nicht zu Deutschland."[42] Die „Bildzeitung" startete natürlich direkt eine Online-Umfrage. Über 100.000 User nahmen teil – und 84 Prozent stimmten ihrem Heimat-Horst zu.[43]

Viele Leser überfliegen die Zeitungen und Websites. Schmissige Schlag-zeilen und bunte Bilder machen Lust auf mehr. In dieser Hinsicht hat die *Bildzeitung* die besten Journalisten, auch wenn viele Deutsche das anders sehen. Das macht den Erfolg aus, denn die *Bildzeitung* pola-risiert. Genauso wie der FC Bayern München im Fußball und die Alternative für Deutschland auf der politischen Bühne. Jeder erin-nert sich an die Headline der *Bildzeitung*, als Joseph Kardinal Ratzin-ger 2005 zum Papst gewählt wurde: „Wir sind Papst!" Die Schlagzeile hat sogar ihren eigenen Wikipedia-Eintrag und avancierte zum geflü-gelten Wort.[44] Auch in der Werbesprache gilt die Schlagzeile neben dem Slogan als wichtigstes Element. Oft haben große Medienhäuser Spezialisten, die sich nur um die Headlines kümmern.

Manchmal gibt es Trends schon seit vielen Jahrzehnten. Doch erst irgendwann wird das Kind beim Namen genannt und der Trend nun als Trend erkannt. Fake News gab es schon immer irgendwie, das hat aber niemanden interessiert, weil es dafür keinen sexy Begriff gab. Genauso ist es mit den Überschriften, die zum Lesen oder Anklicken anregen sollen. In der heutigen Popkultur des Internets sind es natürlich die Klicks. Und so haben im Jahr 2017 viele User für sich erkannt, dass sich ein Trend zum „Clickbaiting" abzeichnet. Zugegeben, dieser Begriff klingt genauso sexy wie Fake News und fasst ein komplexes Thema in einem Wort zusammen. Und Anglizismen sind in der Medienwelt sowieso angesagt, was viele Sprachpuristen überaus ärgert.

Ein Clickbait ist ein Köder, den die Medien auswerfen, um zum Klicken zu animieren. Hierbei wird allerdings insinuiert, dass die Zeitungshäuser die Überschriften ganz bewusst dramatisch oder nebulös formulieren, um die Leser heiß zu machen. Nicht zu vergessen: Jeder Klick bringt Geld, denn die Medien finanzieren sich durch Werbebanner auf ihren Websites. Besonders spannend ist es, das Gebaren der Medien und User auf Facebook zu beobachten. Wer die Zeitungen in den sozialen Medien abonniert, erhält regelmäßig die neuesten Schlagzeilen aus aller Welt – oder zumindest einen externen Link zum Artikel. Verraten wird so wenig wie möglich, damit der Klick tatsächlich erfolgt. Die User werden geradezu wütend und beschweren sich in den Kommentaren über diese Praxis. Irgendwann taucht dann ein barmherziger Samariter auf, der den Artikel anklickt und den Inhalt des Artikels in die Kommentarspalte kopiert. Es genügt oftmals also der Blick in die Kommentare, um den Artikel oder die wichtigsten Passagen zu lesen.

Für diese Klickköder gibt es unzählige Beispiele. Nicht nur Trash-Seiten verführen die User, sondern auch Mediendienste, die sich als seriös bezeichnen. *Focus Online* beschreibt sich gerne als investigativ und faktentreu. Helmut Markwort war bis 2010 der Chef-redakteur des Nachrichtenmagazins. Sein Werbespruch „Fakten, Fakten, Fakten" ist noch heute populär und wurde in einer Karikatur zu „Ficken, Ficken, Ficken" umgeformt und im Satiremagazin *Titanic* veröffentlicht.[45] Betrachtet man aber die Facebook-Aktivitäten des Auftritts von *Focus Online*, würde genauso gut „Clickbaiting, Clickbaiting, Clickbaiting" passen.

Alufolie und Nudelsieb

„Genial einfach: Mit diesem Trick habt ihr nie wieder schlechten Internet-Empfang", geistert es 2015 durch die sozialen Medien. Auslöser des ach so tollen Tricks ist die Facebook-Seite von *Focus Online*.[46] Verraten wird auf Facebook natürlich nichts. Die User müssen den Link anklicken, um auf die Website zu gelangen. Doch der Artikel ist dort nicht zu finden. Stattdessen öffnet sich ein unprofessionelles Erklär-Video, untermalt von unpassender Rockmusik. Zu sehen ist eine Frau, deren Gesicht verdeckt ist – doch der tiefe Ausschnitt ist sichtbar und lädt die männlichen Zuschauer zum Tagträumen ein. Die Frau im Video schnappt sich ein Nudelsieb aus Metall und schneidet ein Loch in die Metallmaschen. Dann befestigt sie im Rhythmus zur Gitarrenmusik Alufolie am Sieb. Nun wird ein Surfstick durch das Loch gesteckt und per USB-Kabel mit dem Computer verbunden. Das präparierte Sieb wird ans Fenster gestellt und in Richtung Sendemast ausgerichtet. „Fertig!", heißt es in weißer Schrift.

Angebliche Tricks wie diese werden oft als „Lifehack" bezeichnet. Lifehacks sind Kniffe, die sehr ungewöhnliche Lösungsansätze bieten. Jeder von uns kann also ein kleiner „MacGyver" sein und sich seinen eigenen Lifehack basteln. Die Frage ist nur: Wer würde den Link anklicken, wenn er vorher wüsste, dass er sein Nudelsieb zerschneiden muss? Vermutlich jeder! Keineswegs aber, weil das Prinzip plausibel klingt, sondern weil es skurril und sensationell ist. Nicht grundlos schauen sich viele Menschen auf YouTube die sogenannten „Pranks" an. Pranks sind rabiate Streiche an Freunden und Fremden, die gefilmt und öffentlich auf YouTube zur Schau gestellt werden. Die Ideen sind oft simpel: Ein YouTuber bestreicht den Sitz seiner Toilette mit Sekundenkleber. Sobald das Opfer Platz nimmt, klebt dessen Hintern schlagartig fest. Der Gefilmte beginnt schmerzerfüllt zu schreien und böse zu fluchen. Die Community findet das witzig und kommentiert schadenfroh „lol" und „rofl". Dieses deutschsprachige Video hat drei Millionen Klicks.[47]

Im *Focus*-Video kommt zwar niemand zu Schaden, doch die User werden ganz schön an der Nase herumgeführt und alle paar Monate immer wieder mit dem unsäglichen Nudelsieb-Video konfrontiert. Bis sie den Link endlich anklicken. Und viel wichtiger: den Werbebanner unterhalb des Videos anklicken, damit Geld in die Kassen gespült wird. Das Vorgehen ist perfide. *Focus Online* postet den Artikel innerhalb von zwei Jahren über zehnmal und verkauft ihn den Usern immer wieder als brandneu. Die anderen Burda-Ableger springen auf den lukrativen Zug auf – unter anderem die *Bunte*, *Chip* und *Elle*. Der medienkritische Dienst *Bildblog.de* spekuliert, dass Burda „allein mit diesem Artikel einige Hunderttausend Klicks eingefahren"[48] hat. Und Klicks bedeuten Geld. Das wissen nicht nur Medienprofis, sondern auch Jugendliche, die via YouTube und Blogs ihre eigene Medienkarriere starten und irgendwann zu Influencern werden. YouTube-Videos werden monetarisiert und die Kanalbetreiber erhalten Geld pro Klick. Das funktioniert, weil Werbung vorgeschaltet wird.

Doch das Nudelsieb-Beispiel ist kein Einzelfall. *Focus Online* veröffentlicht via Facebook auch andere Artikel mehrfach. Das ist zunächst nicht verwerflich. Vielmehr geht es darum, auf welche Weise die User auf eine falsche Fährte gelockt werden. Besonders schlimm ist es, wenn Menschen mit Behinderung instrumentalisiert werden. Zu sehen ist das unzensierte Foto eines Mädchens mit Down-Syndrom. Die Überschrift lautet: „Dieser Besuch im Freizeitpark wurde für ein

Mädchen mit Down-Syndrom zum absoluten Horror." Auch dieser Artikel wird via Facebook publiziert, was *Focus Online* die Möglichkeit bietet, den Artikel mit eigenen Worten zu dramatisieren. Und das macht das Nachrichtenmagazin mal wieder sehr geschickt. Das Social-Media-Team teasert den Artikel folgendermaßen an: „WAS von diesem Mädchen verlangt wurde, ist einfach nur schrecklich!"[49]

Der Facebook-User spekuliert nun natürlich, was das behinderte Mädchen Schlimmes machen musste. Schließlich klingt der Satz äußerst dramatisch, wofür nicht zuletzt die Großschreibung von „WAS" und das Ausrufezeichen am Ende des Satzes sorgen. Wurde das Mädchen vielleicht erniedrigt? Musste das Mädchen das Doppelte bezahlen, weil es das Down-Syndrom hat? War das Mädchen eine Attraktion für die gesunden Menschen? Wurde es ausgelacht? Nach diesen Gedankengängen ist man als Leser natürlich so wild auf den Artikel, dass er unbedingt geöffnet werden muss. Doch prompt folgt die Enttäuschung. Bei dem Foto handelt es sich um ein Symbolbild. Aber vielleicht folgt der Knaller ja doch noch. Das erhoffte Skandalerlebnis will sich jedoch nicht so recht einstellen. Schnell stellt sich heraus, dass ein Familienvater ein ermäßigtes Ticket für seine behinderte Tochter kaufen wollte. Das ließ der Freizeitpark jedoch nicht durchgehen. Das Mädchen hätte hierfür vorstellig werden müssen. Sicher, das Verhalten des Parks war unsensibel, weshalb auch eine Entschuldigung folgte. Dennoch postete *Focus* den Fall wieder und wieder. Dabei war die Geschichte nicht mal selbst recherchiert, sondern lediglich von der englischen Yellow Press abgeschrieben.

Es wäre jedoch zu einfach, den bösen, bösen *Focus* als Täter hinzustellen und die naive Leserschaft als Opfer einer miesen Tour. Selbstverständlich lechzen viele Menschen nach Skandalen und Kuriositäten. Der Wirbelsturm „Irma" war 2017 am Ende doch nicht so schlimm wie erwartet. Die Bilder aus den USA waren also nicht so krass wie erhofft, auch wenn die *Bildzeitung* titelte: „DAS MONSTER IST DA!" Die Personifizierung des Sturms unterstellt der Natur eine böse Absicht, die Menschheit zu zerstören. Die Realität wird völlig verdreht, sind es doch die Menschen selbst, die ihre Kippen, ihren Dreck und sonstigen Unrat mitten in der Natur entsorgen. Die Boulevardmedien machen es jedoch geschickt, ein Gemeinschaftsgefühl zu erzeugen und sich als Anwalt der kleinen Leute aufzuspielen. Im Grunde leicht durchschaubar, funktioniert aber.

Ich sehe dumme Menschen

Ein kleines Kind läuft durch die Gegend. Es wirkt verstört, braucht einen Psychiater. Der will wissen, was dem Kind fehlt. Irgendwann sagt es: „Ich sehe tote Menschen." Klingt nach Gänsehaut, ist mittlerweile aber ein alter Schinken. Die Rede ist vom damaligen Hollywood-Blockbuster *The Sixth Sense*. Tote Menschen sehen wir zwar nicht als wandelnde Geister im Alltag, jedoch in den Nachrichten und mit Glück auch bei einem schweren Verkehrsunfall. Was makaber klingt, ist bittere Realität. Deutschland ist schon lange nicht mehr das Land der Dichter und Denker, sondern das Land der Gaffer. Polizisten, Feuerwehrleute und Notärzte sind froh, wenn so etwas wie eine Rettungsgasse überhaupt noch existiert. Teilweise werden die Rettungskräfte durch gaffende Menschen so stark behindert, dass eine Versorgung der Verunglückten kaum noch möglich ist.

Gaffer-Artikel sind der Medientrend 2017. Gar nicht mal, weil die Medien dieses Thema ausschlachten, sondern vielmehr, weil die Internethorde bei diesem Thema abgeht wie Schmidts Katze. Das Schimpfen und Anprangern ist durch die Anonymität des Internets sehr einfach. Wobei die Anonymität eher vermeintlich ist, denn die hinterlassene IP-Adresse ist eine digitale Fußspur, die von erfahrenen Fährtenlesern durchaus zurückverfolgt werden kann. Während die Gaffer-Hetze durchaus plausibel und irgendwie auch salonfähig ist, gilt das für den Umgang mit den Flüchtlingen nicht. Wer in den sozialen Medien androht, die „Asylanten" zu vergasen oder Unterkünfte anzuzünden, zieht schnell den Kürzeren – und landet vor Gericht. Eine neue Strategie der Rechtspopulisten ist es, die Asyl-Animositäten suggestiv zu formulieren, indem die Vergasung, Erschießung oder Sonstiges lediglich angedeutet wird.

Medien und Häme

So mancher Storch bringt Kinder, und so manch anderer Storch erschießt sie lieber. Natürlich nur im Notfall. Und außerdem gar nicht selbst, sondern durch Polizisten. Und eigentlich war es auch gar nicht so gemeint, aber irgendwie doch. Es ist noch gar nicht so lange her, da forderten Teile der AfD den Schießbefehl gegen Flüchtlinge an der deutschen Grenze. AfD-Frau Beatrix von Storch leierte das Ganze dann nochmal medienwirksam über Facebook an. Dafür erntete sie Lob und Kritik. Und viele User hatten auch Fragen, wer denn so alles erschossen werden darf. Ein Kommentator fragt treudoof: „Wollt ihr etwa Frauen mit Kindern an der grünen Wiese den Zutritt mit Waffengewalt verhindern?"[50] Beatrix von Storch antwortet lapidar mit einem „Ja".[51] Der Skandal ist perfekt. Doch das alles war natürlich nur ein Unfall. Beatrix von Storch war lediglich von ihrer Computermaus „abgerutscht". Das bisschen Hetzen ist doch halb so wild, sagt mein Mann – um den bekannten Ohrwurm *Das bisschen Haushalt … sagt mein Mann* von Johanna von Koczian mal wieder ins Gedächtnis zu rufen.

Im rechten Spektrum sind Ausreden dieser Art seit vielen Jahren üblich. Vor allem dann, wenn es um den Hitlergruß geht. Dieser Gruß existiert seit 1926 und galt innerhalb der NSDAP als verbindlich. Die Symbolik hatte Adolf Hitler von Benito Mussolini übernommen, der sich wiederum am Römischen Gruß orientiert hatte. Am 2. Mai 2008 hob der Münchner NPD-Stadtrat Karl Richter während seiner Vereidigung die Hand zum Hitlergruß. Die CSU zeigte ihn an. Doch Richter erklärte, sein Arm sei „mit nachlassender Konzentration nach vorne gekippt".[52] Kurios ist ein Fall aus Vöhringen. Ein 22-jähriger Mann hob seine Hand auf einem NPD-Bezirksparteitag zum Hitlergruß. Vor Gericht erklärte der Mann, er habe lediglich eine Art Karateschläge in die Luft gehauen. Solche Kuriositäten erhöhen den Nachrichtenwert eines Ereignisses. Nazi-Geschichten sind für die Medien immer ein Gewinn. Und auch alles, was mit der Alternative für Deutschland zu tun hat, ist für die Journalisten spannend.

Richtig dämlich stellte sich SPD-Spitzenkandidat Martin Schulz im Wahlkampf 2017 an – und das zwei Wochen vor der Bundestagswahl. Der von sich überzeugte Sozialdemokrat tappte in die „Selfie-Falle", wie einige Medien im September 2017 titelten. Seit dem Einzug des Smartphones ist es trendy, sich mit Prominenten ablichten zu lassen. Und umgekehrt machen die Promis ihren Fans eine Freude, indem sie gemeinsam in die Handykamera grinsen. Politiker sammeln damit meistens Pluspunkte, denn Selfies sind bürgernah. Dumm nur, wenn man sich mit dem politischen Gegner ablichten lässt, ohne es zu merken. Und noch dümmer ist es, wenn es sich bei dem „Fan" nicht um ein kuscheliges CDU-Mitglied handelt, sondern um eine hinterhältige Sirene der Alternative für Deutschland.

Mit ihrer süßen Stimme lockte die schöne Mariana den SPD-Odysseus „mit den Haaren im Gesicht"[53] also in die Falle. Mariana wer? Mariana Harder-Kühnel war die AfD-Spitzenkandidatin für Hessen. Blind vor Begierde ließ sich Martin Schulz mit ihr ablichten – denn er wusste nicht, wen er da auf einmal neben sich hatte. Schulz posierte mit seinem einstudierten Selfie-Gesicht. Mariana Harder-Kühnel ging direkt online und postete das Foto auf Twitter. Dazu die Worte: „Schnappschuss aus #Wiesbaden. Noch erkennt Martin Schulz mich nicht."[54] Die geplante Aktion war der Dauerbrenner in den Boulevardmedien. Mal wieder wirkte Schulz ganz und gar nicht wie ein Elder Statesman, sondern tatsächlich wie „der Mann aus Würselen", wie der einstige Schummeldoktor Karl-Theodor zu Guttenberg als fleißiger Wahlkämpfer der CSU spottete.[55]

Öffentliche Demütigungen sind nicht neu. Politiker inszenieren

sich als Alphatiere und schicken ihre Mitarbeiter auf die Schlacht-
bank. Das sorgt für Lacher und lenkt von politischen Themen ab.
Auch Schäuble kann Trump. Im Herbst 2010 stellt Wolfgang Schäuble
(CDU) seinen Pressesprecher Michael Offer bloß.[56] Der „Giftzwerg
auf Rollen", so kommentieren viele User den Finanzminister auf You-
Tube, unterbricht eine Pressekonferenz, weil Offer vergaß, eine wichtige Grafik an die anwesenden Journalisten zu verteilen. 20 Minuten später rollt Wolfgang Schäuble grinsend und kopfschüttelnd in
die Manege, genießt sichtlich das Blitzlichtgewitter und fragt die
Journalisten: „Kann mir mal einer den Offer herholen?" Irgendwann
tritt Michael Offer in den Presseraum und verteilt die Infoblätter wie
ein kleiner Schuljunge vor dem Klassenreferat. „Zeigen Sie mir mal,
was Sie verteilen lassen", spottet Oberlehrer Schäuble ins Mikrofon.
Immer wieder grinst er ins Plenum und labt sich am Lachen der Pres-
severtreter.[57] Schäuble weiß, dass die Pressekonferenz von unzähligen Kameras begleitet wird. Einen Tag später interessiert sich niemand mehr für Schäubles Grafiken und Zahlen, sondern nur noch
für Michael Offer. Der konnte nicht vergessen, dass er sich während
der Pressekonferenz wie im falschen Film fühlte. Und so kündigt
Michael Offer seinen Job[58], während Wolfgang Schäuble noch heute
erhaben über den roten Teppich des Reichstages schwebt. Und das
sogar als Bundestagspräsident.

Vom Fisch zum Haifisch

Fische fressen Würmer und hängen plötzlich am Haken des Anglers.
Dieser zieht den Fisch langsam zu sich und führt ihn beinahe wie eine
Marionette. Der Mensch kontrolliert das Tier und fühlt sich erhaben.
„So a dummer Fisch", murmelt der Angler, nippt an seinem Kaffee,
beißt in seinen erkalteten Cheeseburger und blickt auf das nackte
Seite-1-Mädchen der mitgebrachten Klatschzeitung. „So a geile Sau",
denkt er sich, blättert weiter und liest etwas von einer Frau, die über

das Internet von einem Heiratsschwindler über den Tisch gezogen wurde. Der Angler schüttelt den Kopf, erschlägt den Fisch und zündet sich eine Zigarette an.

Dumm sind immer die anderen. Die Opfer, die sich in den Medien zum Affen machen. Politiker, die vom politischen Gegner gedemütigt werden. Das Mädchen von nebenan, dem auf YouTube die Haare abgeschnitten werden, ohne dass das Mädchen es merkt. Und natürlich die ganzen Blöden, die irgendwelchen Internetbetrügereien auf den Leim gehen. Eine Oma überweist viele Tausend Euro an eine falsche Enkelin. Wie kann so etwas passieren? Und ein alleinstehender Mann wird von einer hübschen Unbekannten kontaktiert, die im Ausland festsitzt. Der Mann gibt ihr das Geld – und hört nie wieder etwas von seiner Cyber-Aphrodite. Das sind die Geschichten, die wir lesen wollen. Persönliche Schicksale von echten Menschen. Finanzieller Schaden und Tränen. Wir genießen das Leid der anderen und geben dafür sogar Geld aus.

So erschreckend der Film „Matrix" ist, so wahr ist die Botschaft. Denn vielleicht ist die Welt gar nicht so real, wie sie anmutet, sondern inszeniert. Wie Fische in einem bunten Aquarium schwirren wir durch die Medienwelt, saugen hier und da mal was auf. Die Medien, Konzerne und Politiker streuen ab und an Futter ins Aquarium. So sind wir Fische immer satt, zufrieden und berauscht von den Leckereien. Der Fisch im Aquarium fühlt sich jedoch wie ein Haifisch, der glaubt, das Gewässer zu kontrollieren. Bis der Haifisch irgendwann an die Oberfläche gelangt und Schnappatmung bekommt. Fühlen sich mehrere Menschen wie Fische oder manipulierte Handpuppen, schließen sie sich irgendwann in Gruppen zusammen, um das unsägliche System mit seinen Marionettenspielern anzugreifen. Der Fisch wird zum Haifisch, und der Wutbürger ist geboren.

5 Brennende Autos und viele Mythen

Die Linken G20-Krawalle von Hamburg

Zwei vermummte Männer rennen hektisch durch die Gassen. Einer von ihnen hält einen Gegenstand in der Hand, beschützt ihn wie sein eigenes Baby. „Weiter, weiter, weiter", ruft der andere. Die beiden Männer biegen ab, hasten in eine breite Straße innerhalb eines Wohnviertels. Dort stehen viele Autos herum, Menschen sind keine zu sehen. Hinter einer Gardine linst eine ältere Frau durch das Fenster. Sie wirkt ängstlich. Plötzlich schlagen die Männer die Scheibe eines roten Autos ein, werfen den Gegenstand auf den Beifahrersitz. Rauch steigt auf, die Männer rennen weg, schreien „Hey, hey, hey" und verschwinden irgendwo im Nirgendwo. Hier endet das Video, das ein paar Leute von einem Balkon aus filmen und auf Facebook stellen.

Ähnliche Clips gingen auch auf YouTube viral und wurden tausendfach geteilt.[59] Doch viele User waren enttäuscht und wollten einfach nur wissen: Ist das Auto wie so viele andere nun in Flammen aufgegangen oder nicht?

> *In treibenden Nachen*
> *Schifft Eintracht und Lust,*
> *Und Freyheit und Lachen*
> *Erleichtern die Brust.*

Friedrich von Hagedorn schrieb diese Zeilen 1747 nieder. In jenem Gedicht preist der deutsche Dichter die Flüsse Elbe und Alster – und die Hansestadt Hamburg. Doch im Jahr 2017 war Hamburg die Stadt der brennenden Autos und der Mittelpunkt roher Gewalt. Nach langer Zeit standen nun auch mal die Linksextremisten im Vordergrund. „Endlich", dachten sich viele Menschen in Deutschland – vor allem die Rechten.

Am 7. und 8. Juli 2017 fand der G-20-Gipfel in Hamburg statt. Dieser Gipfel war das zwölfte Treffen der 20 wichtigsten Industrieländer. Schon im Vorfeld kam es immer wieder zu Brandanschlägen – meistens waren Polizeifahrzeuge der Hamburger Polizei betroffen. In den Medien war in dem Zusammenhang oft von Linksautonomen die Rede. Was sich der Ottonormalverbraucher darunter vorstellt, ist gar nicht so klar. Vermutlich vorrangig Männer, die einheitlich schwarz gekleidet und vermummt sind. Die in Gruppen durch die Straßen ziehen, herumpöbeln und Autos anzünden, die systemkritisch denken und eben deshalb so gefährlich sind. Klingt so, als würde man diese Linksautonomen sofort erkennen. Doch das ist nicht so. Linksextremisten und Rechtsextremisten sind oftmals sogar gleich gekleidet.

Vermummte Männer in schwarzer Kleidung rennen also am 7. und 8. Juli 2017 durch Hamburg-Altona. Stressen herum und zünden Autos an. Plötzlich teilen sich die Linksautonomen auf, verstecken sich hinter Büschen und ziehen sich dort um. Kaum zu glauben: Plötzlich sind die Krawallmacher nicht wiederzuerkennen. Sie tragen bunte Kleidung, Jeans und muten absolut harmlos an. Auf einmal laufen sie ganz unbeschwert durch die Straßen, schunkeln hin und her und wirken frei. Auch über solche Szenarien existieren verwackelte Handyvideos, die sich schnell in den sozialen Medien verbreiteten. Die Internetuser zeigten sich schockiert – und wirklich jeder wollte diese Videos sehen, weil das Sozialverhalten der Linksautonomen so befremdlich und ekelerregend war. Und Ekel kommt in den Medien und beim Publikum halt immer gut.

Stark kritisiert wurde die Hamburger Polizei. Obwohl die Beamten vor und während des G-20-Gipfels über 400.000 Überstunden ableisteten. Kritik kam auf, weil die Polizei viel zu spät eingriff. Teilweise hatten die Hamburger Bürger das Gefühl, dass komplette Straßen von Linksautonomen kontrolliert wurden. Es entstanden linksideologische Enklaven, in denen Recht und Ordnung auf die bisherige Weise nicht mehr galten. Kritik kam aber auch auf, weil viele – vor allem Politiker der Grünen – den Polizeieinsatz als zu gewalttätig empfanden, besonders gegen ganz normale Bürger, die irgendwie zum falschen Zeitpunkt am falschen Ort waren. So oder so entstanden in diesen zwei Tagen viele Schockbilder, die in die eine oder auch in die andere Richtung ausgelegt werden konnten. Es kam das Gefühl auf, dass es vielen wichtigen Machern gar nicht mehr um das Schicksal der Verletzten ging, sondern nur noch um Auflagen, Quoten, Ideologien und darum, den politischen Gegner in die Pfanne zu hauen und medial ausbluten zu lassen.

Militantes Deutschland? Das war einmal!

Deutschland ist sehr um seine Außendarstellung bemüht. Vielleicht nicht auf dem Ballermann, vielleicht auch nicht auf den Autobahnen – doch in politischen Angelegenheiten möchte die deutsche Regierung handzahm und politisch korrekt wirken. Deutschland will der Welt zeigen, nichts mehr mit dem alten Nazi-Deutschland zu tun zu haben. Deutschland zeigt sich „entnazifiziert", multikulturell und alles andere als militant. Die Deutschlandfahnen werden nur noch zur Fußballweltmeisterschaft aus der guten Stube rausgeholt. Und selbst dann landet man schnell wieder in der Nazischiene. Die Grüne Jugend fordert die deutschen Fußballfans auf: „Fahnen runter!"[60] Patriotismus sei Nationalismus. Die Grüne Jugend spricht von „Party-Patriotismus"[61] und zeigt Schubladendenken. Denn Fußballfans mit Deutschlandfahnen werden in die rechte Ecke gestellt.

Das klingt verschwurbelt, bringt den Grünen aber Presse. Und wer keine Inhalte liefern kann, entfacht halt mal eben einen kleinen Skandal. Die Medien freuen sich. Und die Bürger auch, denn sie haben etwas zu lästern.

Kaum jemand traut sich, einfach so in seinem Garten eine Deutschlandfahne zu hissen. Oder eine Schwarz-Rot-Gold-Fahne an seinem Auto anzubringen – ohne Bezug zur EM oder WM wohlgemerkt. Wer das macht, wird schnell als AfD-Wähler abgestempelt. Auch wenn nicht alle Wähler der AfD rechts denken. Der Umgang mit dem Dritten Reich und Adolf Hitler zeigt generell, dass sich Deutschland noch immer schuldig fühlt. Doch wer oder was ist Deutschland eigentlich? Oft wird vergessen, dass fast ein Drittel der Deutschen gar nicht wählen geht. Viele deutsche Bürger fühlen sich bevormundet: „Du bist Deutschland, so wie ich es Dir sage."

Die „Erbschuld" ist eine Fantasie der Rechten, mit der sich viele junge Menschen ködern lassen. Wir erinnern uns an das Jahr 2003. Damals versuchte der CDU-Abgeordnete Martin Hohmann – jetzt Mitglied der AfD – die Kollektivschuld der Deutschen zu relativieren. Das ging schief. Das lag vor allem daran, dass Hohmann versuchte, auch die bolschewistischen Juden als „Tätervolk" ins Spiel zu bringen. Es folgte der Parteiausschluss aus der CDU. Und 2017 das Comeback. Denn Martin Hohmann zog für die hessische AfD in den Bundestag ein. Das hat irgendwie ein „Gschmäckle" – zumal antisemitische Äußerungen in der Bewerbung ganz gut kommen, um im nationalistischen Spektrum Fuß zu fassen. Doch wer Martin Hohmann verteufelt, macht es sich zu einfach. Tatsächlich leidet Deutschland noch immer unter dem Image, ein Tätervolk zu sein. Deutschland darf keine Atomwaffen haben – möchte vielleicht auch gar keine haben. Deutschland sollte auch möglichst viele Flüchtlinge aufnehmen. Das bringt Bonuspunkte in der NATO. Wenn Ungarn oder Österreich hingegen die Grenzen dicht machen, ist das kein Problem. Im Gegenteil: Vom Großteil der deutschen Bevölkerung wird das nämlich gefeiert.

Die deutsche Geschichte hat sehr viel mit der „stundenlangen Anarchie" von Hamburg zu tun. „Lange schauen die Beamten nur zu", schrieben verschiedene Medien.[62] Man hatte das Gefühl, die Polizei wolle die linksextremen Krawalle aussitzen. Das war einerseits vernünftig, weil die Polizisten die primäre Aufgabe hatten, den Gipfel zu schützen. Andererseits unterschätzte die Politik wohl die Krawallmacher. Man ging anscheinend nur von ein paar ideologisch verblendeten Systemkritikern aus, die hier und da mal eine Flasche durch die Gegend werfen oder irgendwelche Parolen schreien könnten. Und vielleicht wollte das zuständige Innenministerium zunächst auch keine unnötige direkte Konfrontation eingehen, um die Autonomen nicht unnötig zu provozieren. Doch der wahre Grund ist ein anderer.

Im heutigen Medienzeitalter, das Jahr für Jahr rasanter wird, sind die Kameras überall. Damit sind nicht einmal Überwachungskameras an öffentlich Plätzen gemeint, die von der CDU mehr und mehr gefordert und installiert werden, sondern Fernsehteams und vor allem „Leserreporter". Diesen Begriff erfand die *Bildzeitung* vor einigen Jahren, um ihre Leser zu animieren, skurrile Handyfotos einzuschicken. Heute braucht es diese Aufforderung nicht mehr. Die Menschen fotografieren und filmen alles, sogar sterbende Menschen. Ende September 2017 filmte ein Gaffer einen sterbenden Motorradfahrer in Heidenheim. Zunächst berichteten die Regionalzeitungen, dann die *Bildzeitung* – die den Vorfall zum Skandal machte, obwohl dem Springerblatt solche menschlichen Abgründe sowieso am liebsten sind, schließlich ist es das, was gelesen wird.

In China und Nordkorea sind soziale Medien mehr oder weniger tabu. Die Medien sind staatlich reguliert. Im Fernsehen wird das gezeigt, was die Menschen glauben sollen. Es entsteht eine Medienrealität, die der Bevölkerung immer und immer wieder eingeimpft wird. In Deutschland ist das natürlich nicht ganz so krass, doch in unserer Demokratie, die viele für eine Scheindemokratie halten, haben die Medien eine unglaubliche Macht. Damit sind jedoch nicht nur die Massenmedien gemeint, sondern auch die sozialen Medien, die maßgeblich von uns allen geprägt werden. Was wir hochladen, kann mit ein wenig Glück von hunderttausend anderen Menschen angeschaut werden. Das passt der deutschen Regierung gar nicht. Verhält sich die Politik nämlich falsch, landet alles direkt in den Medien und auf Facebook. Das schürt Unruhe in der Bevölkerung, die ja eigentlich ruhig gehalten werden soll. Und in Sachen G-20-Gipfel mit deutscher Ausrichtung wäre das brandgefährlich.

Attackiert die Polizei die eigene Bevölkerung, kommt das immer schlecht. Wir kennen es aus anderen Ländern beim Anblick solche Fernsehbilder – beispielsweise aus Frankreich, als Randalierer am Nationalfeiertag 2017 fast 900 Autos in Brand stecken. Bei solchen Bildern tauchen viele Fragen auf: Kommt es in Frankreich irgendwann zu einem Bürgerkrieg? Hat die Regierung das Land nicht im Griff? Ist die Bevölkerung unglücklich? Sind solche Revolten vielleicht auch ein Vorbild für die deutsche Bevölkerung? Und noch schlimmer ist es, wenn solche Revolten in Deutschland entstehen, denn dann taucht eine weitere Frage auf: Geht die deutsche Polizei gezielt gegen Systemkritiker vor so wie „damals" die Sturmabteilung (SA) als Schlägertruppe der NSDAP? Ist Deutschland doch wieder militant?

Ein solches Imageproblem möchte die deutsche Regierung natürlich vermeiden. Deutschland hat kein Problem mit Rechts- oder Linksextremismus, und die unzähligen Flüchtlinge sind auch alle wunderbar integriert. „Von wegen", widerspricht die deutsche Mittelschicht, die plötzlich ihre Privilegien davonschwimmen sieht. Und viele der sozial Benachteiligten, die jeden Cent zweimal umdrehen müssen, machen euphorisch mit. Die Wut auf die Regierung und alles Neue und Fremde wächst, was sich vor allem in den sozialen Medien widerspiegelt. Hier entstehen immer wieder neue Brandherde. Das peitscht sich hoch, bis sich Gleichgesinnte entscheiden, aus der virtuellen Welt herauszutreten und das Zepter des stolzen Deutschen in die Hand zu nehmen. Die Linksextremen sind gar nicht mal deutschlandkritisch, sondern Hasser des Systems. Links- und Rechtsextremisten sind sich manchmal gar nicht so unähnlich: „Ihre strukturelle Gemeinsamkeit besteht [...] im Kampf gegen eine offene, pluralistische Gesellschaft."[63]

Linke Parolen sind allerdings salonfähig. Will heißen: Schimpft die Antifa gegen den Staat, interessiert das keine Sau. Macht das ein Bürger des rechten Flügels, wandert er in den Bau – oder wird zumindest an den Pranger gestellt. Ein weiteres Problem ist, dass es in der Welt anerkannt ist, gegen rechtsextreme Gruppen zu kämpfen. Attackiert die Polizei hingegen linkspolitische Ideologen, erinnert das Ganze doch wieder an das Dritte Reich, als die linkspolitischen Systemkritiker – die ja völlig zu Recht die NSDAP kritisierten – ausgeschaltet wurden. Linke Ideologie wird zumeist mit positiven Überzeugungen wie Sozialismus und Gleichheit assoziiert. Im Endeffekt war es nun doch ganz gut, dass die unzähligen Gaffer die brennenden Autos und kriminellen Auswüchse der Linksautonomen gefilmt haben. Denn diese Videos landeten umgehend auf Facebook und machten viele User wütend. Das knallharte Eingreifen der Polizei wurde von fast allen verstanden. Sogar die Spezialeinheit GSG9 war im Einsatz. Insgesamt wurden knapp 200 Polizisten verletzt, teilweise schwer. Das verdeutlicht, dass die Linksextremen durchaus Gewaltpotenzial haben.

Schikanierte Journalisten und falsche Nazis

Für den Rechtsextremismus in Deutschland gibt es viele Spielarten. Spannend ist es immer dann, wenn sich die Rechtsextremisten gar nicht als solche sehen. Und wenn deren Bewegung eigentlich ganz harmlos klingt. Die NPD steht für eine extrem nationale Denke, das weiß man. Doch nur wenige kennen die „Identitäre Bewegung". Sie entstand in Frankreich und etablierte sich auch in anderen europäischen Staaten. In Deutschland gewann die Bewegung an Popularität, als Thilo Sarrazin den Bestseller *Deutschland schafft sich ab* veröffentlichte. Rasch entstand eine Facebook-Gruppe, die auf regen Zuspruch stieß. Facebook-Gruppen sind heutzutage ein gängiges Mittel, um politischen Einstellungen ein offizielles Gesicht zu geben. Das liegt auch daran, dass solche virtuellen Gruppen schnell wachsen und dementsprechend ernst genommen werden. Immer mehr Menschen schließen sich an, werden durch subtile Botschaften geradezu rekrutiert.

Die Identitäre Bewegung (IB) tickt in Sachen Islamisierung des Abendlandes ähnlich wie die Pegida. Bei der IB zeigt sich das allerdings weniger deutlich, da sie deutlich subtiler vorgeht. Der geringe Bekanntheitsgrad hat in diesem Fall einen großen Vorteil, wird die IB in der Öffentlichkeit doch weniger „rechts" wahrgenommen. Sie ist mit dem rechten Spektrum gut vernetzt, jedoch weniger offensichtlich. Auch wenn sie beim Otto Normalverbraucher nicht sonderlich bekannt ist, reagieren Linksextreme äußerst allergisch auf sie. Nicht selten wird Gewalt angewendet, um Mitglieder der IB in die Schranken zu weisen.

In den sozialen Medien ist es seit einigen Jahren ein Trend, andere Menschen auf Facebook oder Twitter zu „spotten". Hiermit ist gemeint, dass man andere Menschen – die man oftmals gar nicht kennt – irgendwo entdeckt und via Social Media identifiziert. Klingt erschreckend, doch die Idee war eigentlich zunächst ganz harmlos und eher eine plakative „Dating-Masche". Es entstanden Facebook-Seiten wie *Spotted München* oder *Spotted Hamburg*. Wurde ein hübscher Kerl oder eine fesche Lady entdeckt, durfte man die Beschreibung auf der Seite anonym online stellen. Mit ein bisschen Glück meldete sich der oder die Angebetete dann namentlich oder wurde von Freunden markiert.

Mittlerweile wird der harmlose Quatsch in der links- und rechtsextremen Szene genutzt, um Andersdenkende zu lokalisieren. Wird ein bekannter Rechtsextremer also irgendwo gesichtet, kann es vorkommen, dass die Antifa den politischen Feind „spottet", um ihn mit vereinten Kräften aufzusuchen – vielleicht sogar auf gewalttätige Weise heimzusuchen. Die linksautonome Gewaltorgie kann dabei auch die Falschen treffen. Doch nicht immer geschieht das unabsichtlich, sondern anscheinend aus purer Schadenfreude oder anderen skurrilen Motiven.

Eine hübsche Blondine schlendert durch die Hamburger Innenstadt. Sie trägt eine blaue Mütze und eine dicke Sonnenbrille. Plötzlich wird sie fotografiert. Eine Stunde später wird sie von gewaltbereiten Linken attackiert. Sie flüchtet in ein Café, möchte durch den Hinterausgang verschwinden. Doch es gibt kein Entkommen, denn sie ist umzingelt von vermummten Linksextremen. Die Frau ist Kanadierin und eine bekannte YouTuberin. Wie also kommt es zu dem Vorfall? Oder ist es eine Verwechslung? Die Blondine heißt Lauren Southern und hat fast 400.000 Abonnenten auf YouTube. *Getting Stalked at #G20* lautet ihr Upload-Video zu dem Vorfall.[64] Das Video hat über 300.000 Klicks, was die enorme Reichweite von Social-Media-Stars verdeutlicht. Eine kurze Recherche zeigt schnell auf, dass Lauren Southern der Identitären Bewegung nahesteht. Ihr Upload-Video ist auch als Einladung zu verstehen, sich lautstark gegen die Antifa zu äußern. Der Vorfall ist allerdings tatsächlich als Eklat zu verstehen, weil die Hetzjagd gegen Lauren Southern vom deutschen Weblog „Störungsmelder" initiiert wurde. Störungsmelder ist ein Informationsmedium gegen Rechtsextremismus. Die Zielgruppe sind Jugendliche. Das Medium ist populär, da sich unter anderem *Zeit Online* daran beteiligt sowie viele Promis.

Links-Aktivist Sören Kohlhuber war für die Hetzkampagne verantwortlich. Kohlhuber fotografierte Lauren Southern und stellte das Bild in verschiedene soziale Medien. Schnell entwickelte sich ein Antifa-Ticker mit einem regelmäßigen Update, wo sich die Kanadierin denn nun gerade aufhält. Fotografiert wurde allerdings nicht nur Lauren Southern, sondern auch die Journalisten Luke Rudkowski, Max Bachmann und Tim Pool. Die Linksextremisten haben Lauren Southern und die drei „Kameraden" für Anhänger der Nazi-

Szene gehalten. Während es Hinweise gibt, dass Lauren Southern eindeutig der rechten Szene zugewiesen werden kann, ist das bei den drei Männern nicht der Fall. Problematisch ist in erster Linie, dass es sich bei den drei Männern nach eigenen Angaben um Journalisten handelt. Wohlgemerkt: Der Beruf Journalist ist nicht geschützt. Jeder simple Blogger darf sich so nennen.

Natürlich möchte Lauren Southern mit ihrer Anwesenheit in Hamburg provozieren. Sie berichtet vom G-20-Gipfel und trägt ein T-Shirt der Identitären Bewegung. Die Hetze hat jedoch ein Nachspiel für Sören Kohlhuber. „Die Verharmlosung oder Rechtfertigung von Gewalt ist nicht mit einer Mitarbeit beim Störungsmelder vereinbar", erklärt *Zeit Online*[65]. Mit diesen Worten ist Sören Kohlhuber nicht mehr Autor beim „Störungsmelder", während sich Lauren Southern im Internet als Opfer linker Gewalt und attraktive Märtyrerin feiern lässt. Die Hetze gegen Rechtsextreme birgt die Gefahr, sie stark zu machen. Jemanden als Nazi zu bezeichnen, ist zu plump. Und macht es den Rechten einfach, die Anschuldigung zu widerlegen. „Wie es in den Wald hineinruft, so schallt es heraus", lautet ein Sprichwort. So ergeht es auch dem Linksaktivisten Sören Kohlhuber. Nach dem Vorfall wird er nämlich selbst bedroht und jammert darüber lauthals in seinem privaten Blog.

Mythen und Verschwörungen

Der türkische Geheimdienst sorgte dafür, dass unliebsame Journalisten nicht für die G-20-Berichterstattung in Hamburg zugelassen wurden. Kein Wunder, denn Berlin ist mittlerweile so etwas wie Klein-Ankara und Hamburg soll irgendwann das neutürkische Istanbul werden. So zumindest fabuliert es die rechte Szene in Deutschland – und viele Deutsche springen auf den ausländerfeindlichen Orientexpress auf. Mit Facebook & Co. haben Gerüchte den perfekten Nährboden, um zu sprießen und buntes Denken zu verdrängen. Außergewöhnliche

Vorfälle wie Terroranschläge und Krawalle sind oftmals Auslöser für skurrile Erklärungsversuche.

An jedem Gerücht ist oftmals auch ein Funken Wahrheit dran. Vor Beginn des G-20-Gipfels wird neun Journalisten die Akkreditierung entzogen. Regierungssprecher Steffen Seibert spricht von „Sicherheitsbedenken". Für den Grünen-Realo Cem Özdemir ist es ein „unglaublicher Vorgang". Fakt ist, dass das Gerücht gar nicht mal wie sonst so oft über dubiose Blogs verbreitet wird, sondern sogar die ARD über einen Zusammenhang mit dem türkischen Geheimdienst berichtet. Auf der schwarzen Liste sind zwei Journalisten, die im Oktober 2014 in der Türkei festgenommen wurden. In Deutschland hatten die Journalisten nie Probleme mit der Akkreditierung. Dass es plötzlich eine schwarze Liste gibt, erweckt den Verdacht, dass die Informationen aus einer externen Quelle stammen.

Pikant ist, dass die deutsche Regierung den Ausschluss der Journalisten mit Sicherheitsbedenken begründet, ohne Details zu nennen. Ebenso werden die Betroffenen nicht über die Gründe des Entzugs informiert. Die Einflussnahme anderer Staaten auf Deutschland bestärkt die Verschwörungstheoretiker, die davon ausgehen, dass die deutsche Regierung nach wie vor von den „Alliierten" und anderen Mächten gelenkt wird und somit nicht autonom ist. In diesem Fall könnte sogar etwas dran sein, da es nach wie vor keine beruhigende Erklärung gibt.

„Wie der Vater, so der Sohn", heißt es im Volksmund. Während des G-20-Gipfels in Hamburg entsteht in den sozialen Medien das Gerücht, dass Ralf Stegners Sohn ein linksextremer Autonomer ist. Das Gerücht ist deshalb so beliebt und erfolgreich, weil tatsächlich ein Foto im Internet zu finden ist, auf dem der Stegner-Sohn vermummt durch die Gassen streift. Nur die markante „Stegner-Nase" ragt aus der Vermummung, was dem Bild eine gewisse Würze verleiht. Wieder ist es die Identitäre Bewegung, die auf ihrer Facebook-Seite schreibt: „Dass Stegner Junior anscheinend tief in linksextreme Strukturen verstrickt ist, zeigt auch sein Auftreten am Rande der Demo: Sonnenbrille, Vermummung, schwarze Kleidung."[66] Ein Kommentator ergänzt: „Schon gehört? Der Sohn von Stegner Ralle soll von der Polizei in Gewahrsam genommen worden sein, nachdem er mehrere Polizisten angegriffen hat." Hinzugefügt wird ein toter Beweislink, der ins Nirwana führt.

Die Taktik dahinter ist eindeutig: Engagiert sich der Sohn eines doch recht prominenten SPD-Politikers im linksextremistischen Spektrum, wird eine Symbiose von Regierung und Linksextremismus suggeriert. Da ist es nicht fern zu der Annahme, dass die Regierung – 2017 ist die SPD schließlich Regierungspartei auf Bundesebene – die Antifa als eigene „Schlägertruppe" instrumentalisiert. Der Rechtsextremismus sieht sich hingegen als ehrlich und völkisch. Seit dem fulminanten Wahlergebnis der AfD bei der Bundestagswahl 2017 fühlen sich die Nationalen offiziell gewählt, um in Deutschland politisch „aufzuräumen". Die rechtspopulistische AfD möchte salonfähig sein und den Linksextremismus als hinterhältig und als ein Instrument der Altparteien entlarven. Es scheint zu gelingen.

So wird die AfD zur Volkspartei

Rechts ist also gut, links ist böse – das ist die einfache Darstellung der AfD. Und die Regierungsparteien tappen in die Falle und benehmen sich wie ein Elefant im Porzellanladen. Auch die Medien machen die AfD bei jeder Gelegenheit zum Thema. Wer über die AfD spricht, macht sie groß. Was auch bedeutet: Egal ob die Medien die AfD niedermachen oder hochheben, all das macht sie stark. Denn wer eine hohe Medienpräsenz hat, wird in der Bevölkerung als wichtig wahrgenommen. Das zeigen Beispiele aus der Welt der Stars und Sternchen. Viele C-Promis leben sogar davon, irgendwo aufzutreten und dabei fotografiert zu werden. Die Wichtigkeit steigt, was Trash-Promis wie Gina-Lisa Lohfink und Daniela Katzenberger immer wieder aufs Neue beweisen. Sie fahren damit gut und verdienen viel Geld.

Ein bisschen trashig zu sein, ist in der Welt von heute eher von Vorteil. Das Publikum möchte nämlich seichte Kost.

Nach der Bundestagswahl 2017 wird der Scherbenhaufen der Großparteien erst so richtig deutlich. Auch wenn die SPD eigentlich gar nicht mehr als Großpartei zu bezeichnen ist. In vielen Regionen liegt sie mittlerweile hinter der AfD. Es kann sogar sein, dass die AfD die Sozialdemokraten in Bayern bald überholt. SPD und Union machen sich gegenseitig Vorwürfe, für den Wahlerfolg der Rechten verantwortlich zu sein, ohne dabei Selbstkritik oder Demut erkennen zu lassen. 60 Prozent der AfD-Wähler machen ihr Kreuz aus Protest. Die SPD verkauft sich als Opfer der Großen Koalition und flüchtet sich als Retter der Demokratie in die Opposition. Doch Pech gehabt! Dank FDP-Sunnyboy Christian Lindner geht dieser Plan nämlich nicht auf. Nach dem Jamaika-Aus macht Martin Schulz eine Kehrtwendung – wie der verlorene Sohn, der reumütig zurückkommt und wieder mit Mutti sprechen will. Die Union sieht sich als Siegermacht. Die deutlichen Stimmenverluste werden runtergespielt. Vor allem im Bundestagswahlkampf 2017 zerfleischen sich Union und SPD so richtig. Wie so oft freut sich der Dritte: in diesem Fall die AfD. Dennoch kommt es 2018 erneut zur Großen Koalition, die so groß gar nicht mehr ist. Angela Merkel wird nur knapp zur Bundeskanzlerin gewählt. Mehr als 30 Abgeordnete aus den eigenen Reihen „verweigern Angela Merkel ihre Stimme."[67] Die SPD muss zwar wieder mit der Union das Bett teilen – doch sie sahnt als Mitgift immerhin sechs Ministerien ab.

Es ist die Uneinsichtigkeit und Selbstgerechtigkeit der großen Parteien, über die sich viele Bürger maßlos ärgern. Viele Menschen empfinden die AfD als volksnahe Partei, die sich auch mal traut, Tacheles zu reden. Die Linkspartei ist nicht mehr die bevorzugte Protestpartei des kleinen Mannes. Je weniger die SPD und die Union kritikfähig sind, desto stärker werden die Deutschnationalen. Seit dem Bundesparteitag im Dezember 2017 ist die SPD am Boden. Aus Angst vor Neuwahlen entscheiden sich die Mitglieder im März 2018 für eine erneute Große Koalition. Martin Schulz ist Geschichte – mit jedem Tag verblasst dieser Name mehr und mehr. Die AfD hat nun große Chancen, die völlig zerrissene SPD als Volkspartei abzulösen. Denn Angst ist der Nährboden des Rechtsextremismus, aber auch des Linksextremismus.

KAPITEL II

1 Nazi-Schlümpfe und Reichsbürger

Die besten Verschwörungstheorien in den sozialen Medien

Es ist sechs Uhr morgens. Irgendwo in der Ferne kräht ein Hahn. Die ersten Sonnenstrahlen küssen erst den Kirchturm und dann die anderen Hausdächer. Nicht selten beginnt ein typischer Mittwochmorgen auf diese Weise im idyllischen Mittelfranken in Bayern. Die ersten Berufstätigen gehen ihrer Arbeit nach. Und so duftet es wunderbar aus den Backstuben, die Zeitungsausträger werfen die letzten Zeitungen in die Briefkästen und die Krankenschwestern beginnen ihren Dienst in der Klinik. Doch die Idylle trügt. Etwas abseits huschen schwer bewaffnete Polizisten durch das Morgengrauen. Sie gehören zum SEK und sind kaum zu erkennen. Der Einsatz scheint brisant zu sein, denn die Beamten tragen eine kugelsichere Weste und einen ballistischen Helm. Einer von ihnen wird am Donnerstag – also einen Tag später – tot sein.

Zur gleichen Zeit und ganz in der Nähe: Ein Mann mittleren Alters läuft in seiner Wohnung hektisch hin und her. Immer wieder tastet er sich ab, so als würde er überprüfen, dass er auch wirklich alles dabei hat. Der Mann schaut in den Spiegel und wirkt entschlossen. Wie ein Reh spürt er die nahende Gefahr – das SEK. Der Mann sieht sich als Opfer, glaubt, sich schützen zu müssen. Auch er ist bis auf die Zähne bewaffnet. Das ist einfach, denn der Mann ist Jäger. Menschenjäger, wie er in einigen Minuten zeigen wird.

Plötzlich hört der Mann Geräusche im Treppenhaus. Irgendjemand dringt ein. Es ist das Sondereinsatzkommando der Polizei. Es gibt einen Schusswechsel. Zunächst feuert der Mann von seiner Wohnung aus auf die Polizisten, später geht das Geballere im Treppenhaus weiter. Ein SEK-Polizist wird von drei Kugeln getroffen. Einen Kopfschuss wehrt der ballistische Helm des Polizisten noch ab. Zwei weitere Projektile treffen ihn an ungeschützten Stellen. Trotz Notoperation im Krankenhaus verstirbt der Polizist einen Tag später. Immerhin: Der Täter kann überwältigt werden. Letztlich ist das aber nur ein kleiner Trost.

Der Täter ist nicht irgendwer. Der Täter ist ein „Reichsbürger". Reichsbürger leben ideologisch in der Vergangenheit. Hätten sie eine Zeitmaschine, würden sie wohl zurück ins Dritte Reich reisen und Adolf Hitler doch noch zum Endsieg führen. Doch leider zeigt das Beispiel aus Mittelfranken, dass Reichsbürger nicht als Spinner belächelt werden dürfen. Sie sind gefährlich und erkennen den deutschen Staat mit all seinen Institutionen und Gesetzen nicht an. Im Internet gibt es viele Anleitungen, wie jeder von uns zum Reichsbürger werden kann und warum Deutschland nicht souverän ist. Wer von einer ganz bestimmten Sache überzeugt ist, findet im Internet Mitstreiter. Die sozialen Medien, das ist auch Gehirnwäsche 2.0.

2 „Angela Hitler" und ihre Reichsbürger

Das Dritte Reich ist wieder da

Viele ältere Menschen in Deutschland nutzen noch immer kein Internet. Doch neugierig sind sie trotzdem. Das Klischee der sensationslustigen Oma, die aus dem Fenster die ganze Nachbarschaft beobachtet, dürfte wohl jedem bekannt sein. Menschen in dem Alter brauchen Hilfe. So mancher Student ist so lieb und besorgt der Oma von nebenan ab und zu Einkäufe oder fährt sie zum Arzt. Unter den deutschen Senioren gibt es allerdings auch viele ewig Gestrige, die ganz andere Dienstleistungen wünschen.

Dass das Deutsche Reich von damals vielleicht doch noch existieren könnte, macht die eh schon neugierige Oma noch neugieriger. Doch ohne Internet kommt sie an die Beweise nicht ran. Zum Glück gibt es die moderne Jugend. Und so findet die Generation ohne Internet schon bald einen pfiffigen Jüngling, der ihr Ausdrucke mit wilden Theorien vorbeibringt. Die mögliche Existenz des Dritten Reiches im Hier und Jetzt ist nämlich viel spannender als die eh gleichgeschaltete Lektüre des Lesezirkels. Und so entsteht ein Kreis der Mehrwissenden. Schnell fühlen sie sich wie Gelehrte in einem Meer von Unwissen. Nur sie kennen die wahrste Wahrheit über Deutschland. Und dass die Alliierten Deutschland noch immer kontrollieren, weil Deutschland ja eigentlich gar nicht souverän ist.

Geheime Nazi-Kolonie hinter dem Mond

In Wirklichkeit waren die Nazis bereits 1945 technisch so fortschrittlich, dass sich einige von ihnen mit Raumkapseln auf den Mond flüchten konnten. Die Amis haben das bislang nicht gecheckt, weil die „Mondnazis" auf der dunklen Seite des Mondes leben, also quasi hinter dem Mond. Was total hanebüchen klingt, haben deutsche Filmemacher vor einigen Jahren tatsächlich cineastisch in Szene gesetzt. *Iron Sky* heißt der Film aus dem Jahr 2012, für den Stars wie Götz Otto und Julia Dietze ihren Namen hergaben. Irgendwie war der Film mit den Weltraumnazis für viele Fans ein Flop. Doch die Botschaft ist beachtlich: Nazis auf der Seite der dunklen Macht und ideologisch „hinter dem Mond" lebend. Wer also ein bisschen nachdenkt, kann in dem Trash-Film beinahe einen kleinen Bildungsauftrag erkennen.

Nazi-Kolonien gibt es allerdings wirklich. In Deutschland und mitten unter uns. Viele Menschen leben gedanklich noch immer im Deutschen Reich. Sie sind die Hüter der „guten alten Zeit" und nennen sich Reichsbürger. Was nach skurrilen Querulanten klingt, die ein bisschen den deutschen Staat aufmischen, hat einen ernsten Hintergrund. Reichsbürger halten die Bundesrepublik Deutschland für einen Unrechtsstaat. Sie glauben nicht daran, dass das Deutsche Reich untergegangen ist. Sie behaupten, die BRD sei illegal entstanden. In ihrem Denken gelten noch immer die Grenzen von 1937. Reichsbürger stellen das komplette System der BRD infrage. Besonders gefährlich: Sie erkennen weder Ordnungshüter noch die deutsche Verwaltung an. Amtliche Bescheide – beispielsweise die Abführung der Rundfunkgebühren – werden nicht anerkannt. Dem Grundgesetz, Behörden und Gerichten wird die Legitimität abgesprochen. Innerhalb dieses Logikmodells ist es folglich erlaubt, sich gegen Polizisten mit aller Gewalt zu wehren, weil diese einem illegalen und nicht legitimen System angehören. Reichsbürger sehen die Polizei also als Systemfeind, während Polizisten ihrerseits Reichsbürger als Systemfeinde betrachten. Eskalation ist damit vorprogrammiert.

Die Reichsbürger unterstellen dem Normalo, selbst hinter dem Mond zu leben, sei doch das mit der Gründung der Bundesrepublik alles nur eine Lüge. Umgekehrt glaubt der Normalo, die Reichsbürger seien hinter dem Mond daheim, ist doch Deutschland ein souveränes Land, in dem es uns im Vergleich zu vielen anderen Ländern auf der Welt sehr gut geht. Immerhin leben wir in einer Demokratie, dürfen Parlamente wählen und reisen, wohin wir möchten. Woher genau kommt also der Glaube, dass Deutschland nicht souverän ist und das Deutsche Reich noch immer existiert? Wer belügt uns? Und warum?

Die gewichtigste Grundannahme der Reichsbürger ist, dass Deutschland noch immer von den Alliierten besetzt sei und sich nach wie vor im Kriegszustand befinde. Begründet wird das unter anderem damit, dass der amerikanische Einfluss in Deutschland besonders stark sei, vor allem was Bräuche, Musik und die Sprache angeht. Ebenso behaupten Reichsbürger, dass es die Deutschen auch deshalb nicht wagen, eigene Kinder in die Welt zu setzen. Die irre Logik: Deutschland trägt die Züge eines besetzten Landes, dessen Zukunft von nichtdeutschen Interessen bestimmt wird. Auch der Holocaust spielt eine wichtige Rolle, gehen die Reichsbürger doch davon aus, dass den Deutschen ganz bewusst eine ewige Schuld eingeredet werden soll. Vor allem die US-Amerikaner sollen deshalb eine ganz besondere Macht über Deutschland haben. Die Reichsbürger glauben, dass wir deshalb auch auf ganz legale Weise von der NSA ausspioniert werden dürfen.

Die Metapher mit den Kolonien ist passend. Denn Reichsbürger existieren in sektenartigen Verbänden, konkurrieren teilweise untereinander und sind deshalb heterogen. Die Tendenz zur Militanz hat in den letzten Jahren zugenommen. Durch viele Internetseiten und Blogs, die angebliche Beweise für die Besetzung Deutschlands und die Ungültigkeit des Grundgesetzes liefern, fühlt sich die Jüngerschaft in ihrer Denke mehr und mehr bestätigt. Qualitätsmedien werden als manipuliert geächtet. Reichsbürger konzipieren entsprechend ganz gezielt eigene News-Seiten im Internet, um „Gegenmedien" anzubieten, die nicht dem Joch der US-Amerikaner unterworfen sind.

In Deutschland gibt es rund 16.000 dieser Reichsbürger.[68] Als rechtsextrem eingestuft werden allerdings nicht einmal zehn Prozent von ihnen. Knapp 1.000 Reichsbürger besitzen Waffen. Es gibt Berichte, dass die Reichsbürger sogar eine eigene Armee planen. Genauso gefährlich wie die Waffennarren sind aber auch die Geschäftemacher. Zu hohen Verkaufspreisen werden falsche Dokumente im Internet angeboten wie beispielsweise „Reichspersonenausweise". Den Käufern wird glaubhaft gemacht, dass diese Ausweise dazu befähigen, sich vor Gebührenbescheiden und Gerichtsurteilen zu drücken. Innerhalb der Reichskolonien entstehen „Reichsregierungen", die miteinander konkurrieren und sich teilweise bekämpfen. Die Reichsregierungen finanzieren sich durch „Reichssteuern", die wohl den kirchlichen Steuern und Kollekten ähneln dürften.

„Propagandaminister" Xavier Naidoo?

Die Reichsbürgerbewegung lebt von der Mundpropaganda. Effektiv sind die Vernetzungen und Bekanntmachungen in den sozialen Medien. Die größte Aufmerksamkeit erzielen die Reichsbürger allerdings durch die herkömmlichen Massenmedien wie Tageszeitungen oder Nachrichtenmagazine. Möglichst positiv in Erscheinung zu treten, ist für die Reichsfetischisten gar nicht so einfach – es sei denn, man hat einen prominenten Fürsprecher, den die Medien lieben.

Homophob. Esoterisch. Religiös fanatisch. „All das bin ich genauso wenig wie rechtspopulistisch"[69], sagt Popstar Xavier Naidoo im März 2015 im *stern*. Zwei Jahre später steht das Interview erneut im Mittelpunkt. Denn 2017 veröffentlicht Xavier Naidoo mit den Söhnen Mannheims den Song *Marionetten*. Die Medien nehmen den Song als antisemitisch und rechtspopulistisch wahr. Ebenso deutet er eine

Nähe zu verschiedenen Verschwörungstheorien an: Er bezeichnet die deutschen Bürger als Marionetten und die politischen Vertreter als Puppenspieler. In dem Song wird mehrfach zur Gewalt aufgerufen: „Alles wird vergeben, wenn ihr einsichtig seid, sonst sorgt der wütende Bauer mit der Forke dafür, dass ihr einsichtig seid. Mit dem Zweiten sieht man besser."[70] Eine Forke ist ein gabelartiges Werkzeug. Der Textauszug deutet Gewalt gegen Politiker an. „Mit dem Zweiten sieht man besser" ist der Slogan des ZDF. Die Zeile ist jedoch nicht nur ein medienkritischer Seitenhieb auf den staatlich finanzierten Sender, sondern auch die Andeutung, mit der Forke eins der beiden Augen auszustechen.

Xavier Naidoo ist für tiefsinnige und sehr intelligente Texte bekannt. Ihn als populistischen Spinner abzutun, ist schlichtweg falsch. Der Sänger spricht mit seinem Text vielen Menschen aus der Seele. Denn tatsächlich entsteht der Eindruck, dass Wut und Zorn im deutschen Volk immer lauter werden. Momentan zeigt sich das „nur" am Erstarken der AfD. In einigen Jahren wird es in Deutschland vermutlich Revolten geben. Die Schere zwischen Arm und Reich geht immer weiter auseinander. Politiker wie Altbundeskanzler Gerhard Schröder, der sich seit Ende 2017 in Russland eine goldene Nase verdient, bestätigen das Image des gierigen Politikers. Andere SPD-Politiker glänzen mit Kinderpornos (Sebastian Edathy) und Missbrauch (Linus Förster). Wie es solche Politiker in Landes- und Bundesparlamente schaffen, erschließt sich dem fleißigen Bürger irgendwann nicht mehr. Zumal viele Menschen vor Gericht einen Promibonus erkennen möchten. Nicht umsonst taucht in Xavier Naidoos *Marionetten* das Wort Babylon auf. Die Hure Babylon wird in der Offenbarung des Johannes erwähnt. Sie ist in der Bibel ein Ort der Hurerei und Sünde. Hat Xavier Naidoo also wirklich in allen Punkten unrecht?

Problematisch war nicht nur die Veröffentlichung des Songs, sondern Xavier Naidoos öffentliches Wirken in den Jahren zuvor. Im August 2014 fragte Naidoo bei einem Auftritt: „Ist Deutschland noch besetzt?"[71] Und im Interview mit dem *stern* 2015 bekräftigte der Sänger diese rhetorische Frage: „Nein, es ist keine Verschwörungstheorie. Der Historiker Prof. Dr. Josef Foschepoth ist den geheimen Vereinbarungen zwischen den Amerikanern und der Bundesregierung nachgegangen. Sie existieren wirklich. Danach dürfen die Amerikaner uns überwachen."[72] Xavier Naidoo legte am Tag der Deutschen Einheit 2014 auch einen Auftritt bei einer Versammlung der Reichsbürger in Berlin hin. Dort bezeichnete er die Erzählungen über den 11. September indirekt als Unwahrheit.[73] Das Medienecho war verheerend. „Naidoos Weg in die rechte Ecke", titelte die *Frankfurter Rundschau* am 1. Juni 2015.[74] „Er predigt, Deutschland sei besetzt und die USA stecke hinter 9/11", heißt es weiter im Artikel. Tatsächlich ist es ein Merkmal vieler Verschwörungstheoretiker, dass sie geradezu missionarisch vorgehen, um ihre Ansichten an den Mann zu bringen. Der Vergleich mit dem Prediger scheint passend, zumal Xavier Naidoo in seinen Liedern oftmals christliche Botschaften verarbeitet.

Künstler genießen immer einen Sonderstatus. Skandale sind nicht unbedingt schädlich, sondern verleihen Glamour. Wer polarisiert, hat die Nase vorn. Wir erinnern uns an den harmlosen Deutschrapper Jan Delay, der vor einigen Jahren Heino als Nazi bezeichnete. Danach war Jan Delay nicht mehr harmlos – ein Pluspunkt als Rapper. Und auch Heino kam der Skandal sehr gelegen, weil er 2014 seine eigenen Hits als Rocknummern neu interpretierte. In Lederjacke und mit einem Zepter mit Totenköpfen. „Heino, der Rocker – cool oder peinlich?"[75], titelte *t-online.de* in einem Artikel. Künstler sind ähnlich wie Politiker abhängig von medialer Aufmerksamkeit. In die Gazetten schafft es derjenige, der Botschaften überspitzt darstellt und damit provoziert. Xavier Naidoo ist das auf beeindruckende Weise gelungen. Spinner hin oder her: Wer über sechs Millionen Tonträger verkauft, hat vermutlich kein Imageproblem. Obwohl es Xavier Naidoo sicherlich unangenehm war, dass die NPD 2014 ungefragt mit ihm warb. Doch für Naidoos Wahrnehmung in der Öffentlichkeit war das kein Problem. Die schwarze Hautfarbe ist wie ein Schutzschild, suggeriert sie doch multikulturelle Vielfalt.

Hitlers Vermächtnis

Es klingt wie in einem Agententhriller. Ein altgedienter Nazi schmuggelt Adolf Hitlers Sperma über die Grenze, hält es Jahre lang frisch. Eva Brauns Schwester wird als Leihmutter auserkoren. Am 20. April 1954 wird das Baby geboren. Das belegen Unterlagen des russischen KGB. Das Kind wird erwachsen und legt eine erstaunliche Politkarriere in Deutschland hin. Heute heißt es, dass die Frau offiziell am 17. Juli 1954 zur Welt kam. Ja, richtig, Angela Merkel ist Adolf Hitlers Tochter. So steht es brühwarm im Internet.[76] Mit Beweisbildern und Geheimdienstdokumenten.

Einige User kommentieren den Artikel: „Das ist überhaupt nicht so abwegig." Und ein anderer schreibt schnippisch: „Euer Führer hat sein ganzes Leben lang nichts anderes hochbekommen als den rechten Arm."[77] In dem Artikel werden natürlich Beweise angeführt, warum es zur Vertauschung der Geburtsdaten kam. Schlimm ist gar nicht mal, dass solche Gerüchte auf irgendwelchen Internetseiten erscheinen. Schlimm ist, dass Artikel wie dieser auf Facebook tausendfach von Freunden und Bekannten weiterverbreitet werden. Wer das Niveau Deutschlands beobachten will, schaut nachmittags nicht RTL, sondern lässt sich in den sozialen Medien berieseln. Für alle, die sich nicht entscheiden können, hier die langweilige Wahrheit: Angela Merkel ist nicht Adolf Hitlers Tochter.

Hitlers Brut regiert also nicht Deutschland. Der Führer starb kinderlos im Bunker. Vielleicht. Denn es soll Beweise geben, dass es Adolf Hitler gelang, nach Argentinien zu flüchten. Auch in Brasilien soll er Spuren hinterlassen haben. Doch das sind olle Kamellen. Viel spannender ist die Annahme, dass Adolf Hitler in die Antarktis geflohen ist. Und dann gibt es noch die Hohlwelttheoretiker. Sie glauben, dass unsere Erde innen hohl und von riesigen Menschen besiedelt ist, die sehr alt werden. Genauso gibt es Theorien, dass Adolf Hitler jüdischer Abstammung war. So blödsinnig diese Spinnereien klingen, hat der Führer den Deutschen ein Vermächtnis hinterlassen: einen Geist der Vergangenheit, Gegenwart und Zukunft.

Das klingt wie im Weihnachtsmärchen, erinnert aber eher an Halloween. Deutschland wird seine Vergangenheit nicht los. „Und das ist auch gut so", sagen viele Politiker. Der Holocaust an den Juden ist ein historisches Mahnmal, das die Deutschen warnen soll: „Das darf nie wieder passieren!" Damit Hitlers Gräueltaten nicht vergessen werden, steht in Berlin das Holocaust-Denkmal – auch bekannt als „Denkmal der Schande".[78] So zumindest nannte AfD-Rechtsaußen Björn „Bernd" Höcke das Denkmal und trat mit dieser Formulierung in die Fußstapfen von Martin Walser. Walser sprach 1998 in Bezug auf den Holocaust von einer „Dauerpräsentation unserer Schande" und „Moralkeule".[79] Über 70 Jahre nach dem Krieg versteht es vor allem die jüngere Generation nicht, warum der Holocaust an den Juden, Homosexuellen und Menschen mit Behinderung noch immer ein Teil unserer Erinnerungskultur sein muss. Im Gegenteil: Das Dritte Reich mit seinen Gräueltaten fasziniert die Deutschen wie schon lange nicht mehr. Gelacht und gewiehert wird nämlich gerne über Nazi-Witze. Oliver Welkes *heute show* im ZDF lebt ja quasi nur noch von Deutschlands schmutziger Vergangenheit und den Auswüchsen der AfD. Früher lachten die Leute über Sex-Gepläkel à la *Eis am Stiel*, jetzt über den niemals sterbenden Comedy-Star Adi Hitler. Ohne den Rassenwahn und die Kriegstreiberei des Geistesgestörten mit dem modischen Quadratbärtchen hätten wir heute im Fernsehen weitaus weniger zu lachen.

3 Der Tanz der Nazi-Schlümpfe

Judenhass im Kinderfernsehen?

*Ein schwarzer Mann packt sich ein weißes Bettlaken. Er
befindet sich in einem Gefängnis. Neben dem Schwarzen
steht ein Weißer mit Hakenkreuz-Tattoo. Der Schwarze
zieht sich das Bettlaken über den Kopf – wie ein Hütchen,
das an den Ku-Klux-Klan erinnert. „Wir hassen heute ein
paar Nigger", motzt der Schwarze mit verstellter Stimme.
Es ist eine Parodie. Und die funktioniert. Der Weiße
beginnt zu schmunzeln und wirkt zugänglich.*

Es ist eine bekannte Szene aus dem Film *American History X* mit
Hollywoodstar Edward Norton, der übrigens den weißen Nazi Derek
spielt. Der Ku-Klux-Klan gilt als Albtraum der heutigen Multikulti-
Mentalität westlicher Demokratien. Zuhause ist der Klan in den USA
– vor allem in den Südstaaten. Er ist ein Geheimbund und hat deshalb etwas Mystisches. Alles was mystisch und verboten ist, ist auch
irgendwie sexy. Aus diesem Grund wird Adolf Hitler auch noch Jahrzehnte in unseren Köpfen sein. Hitler ist noch heute ein Faszinosum.
Dieser Satz ist gefährlich. Und er war es schon 1988, als der damalige
Bundestagspräsident Philipp Jenninger (CDU) eine Rede über das
„Faszinosum Hitler" hielt.[80] Die hier gesetzten Anführungszeichen
waren in der Rede damals nicht erkennbar. Deshalb wurde Jenninger vorgeworfen, die Rede ohne innere Distanz gehalten zu haben.[81]

   Die Sache mit Hitler und dem ganzen Naziübel führt oftmals zu
einer übertriebenen Sensibilisierung in Sachen Political Correctness.
Zumindest einerseits, weil sich viele Deutsche in ihrer Meinungsfreiheit eingeschränkt fühlen. Andererseits ist es wichtig, manchmal
ganz genau hinzuschauen und hinzuhören, ob manche Bilder und
Sätze nicht doch irgendwie „naziverdächtig" sind. Vor allem dann,
wenn der braune Sumpf einen Weg findet, in das heimische Kinder-

zimmer zu gelangen und dem Fernseher zu entsteigen – ähnlich wie in dem Horrorschocker *The Ring*, als ein Dämon aus dem Fernsehgerät ins Wohnzimmer kriecht.

The Ring of Fire

In den 1990er Jahren sind wir Kinder immer besonders früh aufgestanden. Ganz freiwillig und vor allem am Sonntagmorgen. Wir schlichen uns auf Zehenspitzen am Schlafzimmer der Eltern vorbei. Es war vielleicht sieben Uhr. Im Wohnzimmer angekommen, machten wir es uns vor dem alten Röhrenfernseher bequem. Ganz nah, damit wir den Fernseher nicht so laut stellen mussten. Wir machten das Gerät an und zappten durch die Sender, bis wir unsere Lieblingssendung gefunden hatten: *Die Schlümpfe*. Und alle Figuren wirkten so vertraut. Da war Schlaubi, der Besserwisser. Und da die süße Schlumpfine mit ihrer blonden Mähne. Den bösen Gargamel mochten wir gar nicht, der hatte nämlich so eine komische Hakennase und war irgendwie hässlich.

Die Schlümpfe gibt es auch heute noch. Natürlich sind die blauen Frechdachse jetzt viel hübscher und optisch aufgepimpt. Mit den alten Kinderserien von damals lassen sich die Kids von heute nicht mehr abspeisen. Alles muss bunter sein. Zu den Serien gibt es Apps für das Smartphone und Klingeltöne. Doch die Schlümpfe sind trotzdem Schlümpfe geblieben. Heute in 3D, früher etwas verpixelt. Die erste richtige Schlümpfe-Fernsehserie wurde von 1981 bis 1989 produziert. Ein Hype entstand auch in den Jahren danach, als die Serien wiederholt im Fernsehen gezeigt wurden und begehrte Figuren in die Überraschungseier kamen.

Dass Kinder die Schlümpfe lieben, ist keine Überraschung. Die Schlümpfe leben in Schlumpfhausen im Verwunschenen Land. „Wenn ihr lieb seid, könnt ihr vielleicht sogar ein paar Schlümpfe sehen", sagt der Sprecher im Intro aus dem Off. Und die Vorstellung ist natürlich schön, bei einem Spaziergang im Wald tatsächlich mal auf die liebenswerten blauen Geschöpfe zu treffen. Die Schlümpfe werden in der Serie ausnahmslos positiv dargestellt. Gargamel, der böse Zauberer, möchte die Schlümpfe allerdings gemeinsam mit seiner fiesen Katze Azrael vernichten. Das klingt eigentlich alles so, dass die Serie zumindest aus Sicht der Schlümpfe pädagogisch wertvoll ist und die Kinder motiviert, besonders lieb zu den Eltern zu sein.

Sie tanzen und feiern ringförmig um ein großes Lagerfeuer und tragen weiße Kapuzen. Sind wir in Schlumpfhausen oder etwa Zeuge einer Zeremonie des Ku-Klux-Klans? Beides ist korrekt, wenngleich diese Parallele vielleicht nur Zufall ist. Schließlich tanzen auch Indianer gerne um das Feuer. Das ist aus europäischer Sicht vielleicht ein bisschen heidnisch, aber nicht weiter schlimm. Und die weißen Kapuzen – es sind ja eher Hütchen – der Schlümpfe muten nicht besonders bedrohlich an, sondern eher süß und putzig. Tatsächlich gibt es viele Menschen, die in den Schlümpfen eine antisemitische Rasse sehen. Bei genauerem Hinsehen ist diese eigentlich abstruse Theorie gar nicht so abwegig. Ähnlich wie in Kriminalfällen werden zunächst Indizien gesammelt. Wenn es genug Indizien für ein Motiv gibt, rückt der mutmaßliche Täter mehr und mehr in den Fokus der Ermittlungen. Die Frage ist also auch hier, ob es noch mehr Beweise gibt, die aus den blauen Schlümpfen tatsächlich braune Nazi-Schlümpfe machen.

Arisches Blau und die „Judenkatze"

In der nationalsozialistischen Rassenideologie waren Mischehen verboten. Deutsche Männer durften also nur deutsche Frauen heiraten, damit die Kinder ebenso „rein" waren. Das deutsche Volk erklärten die Nazis zu einem Vertreter der arischen Rasse. Die Arier wurden als vollkommene Rasse verstanden, die allen anderen Rassen überlegen war. Vor allem den Juden, die als Untermenschen abgetan wurden. Den echten Deutschen wurden sogar Arierausweise ausgestellt. Die Juden hingegen wurden geächtet. Es war also das Ziel der Nazis, die angebliche Reinheit und Qualität der arischen Rasse zu bewahren. Es gab sogar ein Werk zum Nachschlagen: *Das Buch vom Mann* erklärte mit Zeichnungen das Idealbild des Ariers. Wer blond, blauäugig, tatkräftig und treu war, passte perfekt in die arische Kultur. Die Treue bezog sich übrigens weniger auf die Beziehung zu einer Frau, sondern auf die Treue zum Vaterland.

2014 stolpert ein Waschmittelkonzern in das Arier-Fettnäpfchen. Die Waschmittelmarke Ariel wirbt mit 83 plus 5 Waschladungen. Auf der riesigen Verpackung ist das Trikot der deutschen Fußballnationalmannschaft abgebildet. Eigentlich eine originelle Idee, weil 2014 das Jahr der Weltmeisterschaft ist. Nicht so schlau ist dagegen, als Trikotnummer die 88 zu wählen. Denn die 88 steht in der Nazi-Szene für „Heil Hitler", ist doch das „H" der achte Buchstabe im deutschen Alphabet. Auf Twitter erscheint sofort eine Fotomontage. Aus Ariel wird Arier. „Damit werden auch braune Hemden wieder blütenweiß", spottet ein User.[82]

Ein paar Monate später hätte ZDF-Moderator Jochen Breyer das „arische Waschpulver" brauchen können. Der ZDF-Shootingstar trat im Oktober 2014 in einem braunen Hemd auf. Das löste natürlich einen Mega-Skandal aus. Allerdings gar nicht mal, weil Breyer auf einmal als moderner Nazi durchging, sondern weil sich das ZDF für das braune Hemd tatsächlich entschuldigte. Innerhalb weniger Minuten kommentierten 1.600 Menschen die Entschuldigung des ZDF auf Facebook. Die meisten regten sich über die Entschuldigung auf. Das zeigt wieder mal: Den meisten Deutschen ist diese zu kleinlich ausgelegte Political Correctness mittlerweile einfach „too much".

Egal ob ganz in Weiß oder ganz in Blau – wenn Zeichentrickfiguren in einer Serie alle die gleiche Hautfarbe haben, könnten diese Figuren natürlich alle reinrassig sein. Die Schlümpfe sind demnach reinrassig blau. Bei den Simpsons kommt allerdings niemand auf die Idee, dass die witzigen Comic-Akteure aus Springfield arisch gelb sind. Auch das lässt sich erklären. Viele Verschwörungstheoretiker sind der Meinung, dass das Blau für den Himmel der Götter steht und die Arier von diesem entsandt wurden. Die Schlümpfe sehen also alle mehr oder weniger gleich aus und unterscheiden sich lediglich durch ihre Eigenschaften. Nur Papa Schlumpf trägt als Anführer eine rote Mütze. „So wie hochrangige KKK-Funktionäre", heißt es in diversen Internetforen. Schlumpfine ist die einzige Frau im „schlumpfigen Nazi-Camp" und möglicherweise das Äquivalent zu Eva Braun. Schlumpfine hat keine besonderen Weisungsbefugnisse, was das Klischee der Frau im Dritten Reich bedient.

Selbst wenn die Schlümpfe arisch sind: Das Ganze macht nur Sinn, wenn irgendwo in der Serie Juden oder Anspielungen auf das Judentum auftauchen. Die Verschwörungskünstler sehen in Gargamel die Verbildlichung des prototypischen Juden. Festgemacht wird das an der riesigen Hakennase, die im Dritten Reich als Merkmal des Juden galt. Gargamels Katze heißt Azrael, was ähnlich wie Israel klingt. Außerdem ist Azrael im Islam der Engel des Todes und gilt auch in der jüdischen Mythologie als belegt. Es hat jedoch den Anschein, dass das „Verschwörungssyndrom" bei vielen Menschen pathologisch ist. Denn wieder andere meinen, dass die Schlümpfe eindeutig Kommunisten sind. Und Kommunisten haben mit dem Ariergesäusel herzlich wenig zu tun. Also was denn nun?

Papa Marx und die Schlümpfe unter uns

Schlümpfe haben kein Geld und keinen Besitz. Sie führen ihre Rollen aus, ohne zu murren. Was in Sachen Kindererziehung vorbildlich klingt, erregt im Internet die Gemüter. „Das sind doch Kommunisten", heißt es mit dem Verweis auf das Kollektiv der Schlümpfe, das ohne Religion auskommt. Papa Schlumpf ist in der Farbe Rot gekleidet. Rot gilt als Symbolfarbe des Kommunismus. Außerdem trägt der Papa Schlumpf einen weißen „Marx-Bart". Karl Marx war der Begründer des Marxismus und veröffentlichte gemeinsam mit Friedrich Engels wegweisende kommunistische Schriften. Im kommunistischen China existierte die Ein-Kind-Politik. Familien durften also nur ein Kind haben. Bei den Schlümpfen gibt es auch nur ein Baby, nämlich Babyschlumpf. Auch das soll ein Beweis für die kommunistische Propaganda in der beliebten Kinderserie sein.

Hört sich ja fast so an, als wenn sich die Eltern dann überraschen lassen dürfen, ob ihr Kind nach dem Ansehen der Serie ein Rechts- oder Linksextremist wird. Auch in anderen Serien lassen sich anstoß-erregende Dinge finden, die zwar mit Extremismus nichts zu tun haben, aber schlichtweg kurios sind. Im September 2017 nimmt das Streamingportal Netflix eine brandneue Folge der Serie *Biene Maja* aus dem Programm. Eine Frau entdeckte in der Serie einen schemenhaften Penis, der an einen Baum gemalt war. Ein Schelm, wer Böses dabei denkt.

Das erinnert ein wenig an den Film *Fight Club*. Hauptdarsteller Brad Pitt arbeitet als Filmvorführer in einem Kino und klebt Pornobilder in Zeichentrickfilme, die für eine Millisekunde zu sehen sind. Bestimmt hat der Biene-Maja-Autor *Fight Club* gesehen und wollte Brad Pitt ein wenig nacheifern. Auch das ist eine spontane Verschwörungstheorie. So einfach geht das nämlich. Und erfindet man seine eigene Verschwörungstheorie, stellt sich ein seltsames Überlegenheitsgefühl ein. Frei nach dem Motto: „Ich sehe etwas, was du nicht siehst – ätsch, bätsch!" Wer eine neue Verschwörungstheorie zu bieten hat, macht sich außerdem interessant. Im Internet kann jeder mit Kuriositäten zum Superstar werden.

Die Schlümpfe sind aber vielleicht gar keine Fabelwesen. Wenn man ganz lieb ist, sieht man sie nämlich ganz genau – zumindest in der virtuellen Welt. Stellen wir uns das blaue Facebook einfach als modernes Schlumpfhausen vor. Da gibt es Schlaubi Schlumpf, den Besserwisser. Schlaubi fängt nämlich immer wieder einen Shitstorm an und will es danach nicht gewesen sein. Schlumpfine stellt laufend halbnackte Bilder von sich auf Facebook. Sie posiert vor dem Spiegel im Fitnessstudio und blickt lasziv in die Kamera. Muffi Schlumpf ist ein richtiger Griesgram. Er postet ausschließlich negative Sachen auf Facebook wie „Ich hasse das heiße Wetter". Beauty Schlumpf setzt sich immer in Szene und grinst perfekt gestylt in die Handylinse. Cristiano Ronaldo wäre ein prominenter Abklatsch des Beauty Schlumpfes. Das alles zeigt nämlich: Die Comic-Schlümpfe sind ein Spiegel der Gesellschaft. Verschiedene Charaktere werden im Fernsehen überspitzt dargestellt. Wer in den Schlümpfen kleine fiese Nazis oder systemkritische Kommunisten erkennt, hat vielleicht selbst ein Problem. Oder durfte als Kind keine Schlümpfe sehen.

4 Putins Todeskinder und die Unwettermacher

Morde, Untote und Mundtote

Ältere Fotografien üben auf viele Menschen etwas Magisches aus. Oft ist die Fotoqualität von damals so schlecht, dass eben genau das noch mystischer wirkt. Ähnlich wie in Horrorfilmen wie „Sinister", wo alte Filmaufnahmen durch die Unschärfe noch gruseliger wirken. Unheimliche Entdeckungen der dritten Art kommen auch in der Realität vor. Es gibt Menschen, die alltägliche Bilder hochladen, auf denen im Hintergrund angeblich ein Geist zu sehen ist. Regelmäßig ist davon sogar in den Boulevardmedien zu lesen: „Ist auf diesem Foto der Geist eines Toten zu sehen?", könnte eine solche Überschrift lauten. Die Leser spekulieren dann eifrig, ob wirklich ein Geist zu sehen ist – oder ob es sich vielleicht nur um einen Schatten handelt. Um Fakten geht es meist nur wenig, und dennoch sind solche Banalitäten ein beliebter Zeitvertreib. Es ist wie so oft: Die Leser glauben das, was sie glauben wollen.

Momentan kursiert ein angsteinflößendes Bild im Internet. Auf Fotos des Ersten und Zweiten Weltkriegs ist ein mysteriöser Mann zu sehen. Obwohl zwischen den beiden Bildern rechnerisch über 20 Jahre liegen müssen, ist er nicht gealtert. Auf dem einen Foto trägt der Mann mit der spitzen Nase eine Soldatenkappe. Auf dem zweiten Foto hat er eine Fliegermütze auf. Die Nackenhaare stellen sich dann auf, wenn es einem dämmert, dass dieser Mann heute der Befehlshaber einer Weltmacht ist. Dass ein Mensch nicht altert, kennen wir schon vom „Ewigen Juden". Doch anscheinend gibt es das ewige Leben à la Graf Dracula auch im Kommunismus. Die Rede ist vom ewigen Putin.

Verschwörungstheoretiker gehen davon aus, dass es Wladimir Putin schon immer gab und für immer geben wird. Putin soll also unsterblich sein. Viele Menschen glauben, dass er eine mystische Kreatur ist, die seit Tausenden von Jahren auf diesem Planeten lebt.

Sogar die britischen Boulevardmedien berichten darüber, allerdings eher auf genüssliche Art und Weise. Witzig anzuschauen sind die Bilder des ewigen Putin von damals und heute tatsächlich. Denn die Ähnlichkeiten sind frappierend.[83] Doch egal ob lupenreiner Demokrat oder allmächtiger Vampir: Wladimir Putin ist eine schillernde Persönlichkeit, um den sich viele Mythen und Geheimnisse ranken. Immer wieder soll er sich in die westliche Politik eingemischt haben, laut Verschwörungsfans stets auf zerstörerische Weise.

Blutrünstige Telepathie und radikale Bots

Regelmäßig tauchen in irgendwelchen Fantasy-Serien übersinnliche Figuren mit telekinetischen Fähigkeiten auf. Ein fieser Gedanke genügt und der Gegner blutet aus den Ohren oder aus der Nase. Oftmals funktioniert das auch trotz meilenweiter Entfernung zum Opfer. Der fiese Gedankenschlag kann also nicht zurückverfolgt werden. Was für viele Kriminelle wie ein feuchter Traum sein dürfte, ist in Russland bittere Realität.

Das zumindest behaupten die Trolle im Internet. Trolle sind Internetuser, die Spaß daran haben, andere User aufzumischen. Oftmals werden irgendwelche Nebelkerzen geworfen, damit die User an die Decke gehen. Provokation ist im Internet an der Tagesordnung. Deshalb gilt die etablierte Redewendung: „Don't feed the troll!" Und so haben die Internet-Trolle die Theorie in die Welt gesetzt, dass in Sibirien eine Station existiert, in der Kinder mit telekinetischen Fähigkeiten ausgebildet werden. Solche Kinder werden auch Indigo-Kinder genannt. Ein Begriff, der in der Esoterik Anwendung findet und deshalb sehr populär ist. Allerdings sind Indigo-Kinder hier positive

Wesen, die ganz besondere psychische und spirituelle Eigenschaften haben.

Die sibirischen Kinder sind allerdings Todeskinder. Sie können ihre übersinnlichen Fähigkeiten einsetzen, um Menschen zu töten. Sogar Menschen in Deutschland. Werden Mordfälle in der Bundesrepublik also nicht aufgeklärt, stecken vermutlich Putins Kinder dahinter. Tatsächlich glauben viele Menschen diesen Unsinn. Solche Theorien sind allerdings auch ein Zeichen, dass Russland ein großer Einfluss auf Westeuropa zugeschrieben wird. Verschwörungstheorien, die sozusagen hyperbolisch sind, haben Symbolcharakter – ähnlich wie die Gleichnisse in der Bibel. Denn tatsächlich gibt es eine Theorie über die Macht der Russen, die deutlich plausibler ist. Vielleicht ist sie sogar wahr.

Der Bundestagswahlkampf 2017 mit dem Höhepunkt der Bundestagswahl im September ist historisch. Zum ersten Mal zieht die Alternative für Deutschland in den Deutschen Bundestag ein. Und das sogar als drittstärkste Kraft hinter der SPD und vor der FDP. Historisch ist allerdings nicht nur das Ergebnis, sondern auch die Art und Weise des Stimmenfangs. Die AfD hat nicht viel Geld und muss improvisieren. Über Facebook, Twitter und verschiedene Newsletter verbreitet die AfD ihr Wahlprogramm – sofern man die ausländerfeindlichen Parolen überhaupt so nennen darf. Schließlich sprechen viele Experten im Zusammenhang mit der echten Nazi-Partei NSDAP immer von Propaganda. Die AfD hat allerdings so viele Stimmen geholt, dass man sie nicht in die autokratische Schiene stecken darf. Die Partei ist demokratisch legitimiert. Wer alle AfD-Wähler pauschal als Nazis bezeichnet, beleidigt viele Wähler, was wiederum noch mehr Wähler aus der Reserve lockt. Es gibt durchaus viele Menschen in Deutschland, die Angela Merkel und der „Sprachpolizei" ganz bewusst eins auswischen möchten. Das gelingt, indem die AfD gewählt wird.

Wladimir Putin möchte eine starke AfD. Denn die AfD hat viel Verständnis für Russland. Im Wahlprogramm steht: „Die AfD tritt für die Beendigung der Sanktionspolitik ein. Die wirtschaftliche Zusammenarbeit mit Russland sollte vielmehr vertieft werden." AfD-Spitzenkandidat Alexander Gauland preist Russland sogar als „christliches Bollwerk".[84] Die AfD stellt sich bewusst gegen die Amerikanisierung Deutschlands und sieht in Russland einen starken Verbündeten.

Eine Schützenhilfe der Russen im Wahlkampf 2017 würde also Sinn machen. Die sozialen Medien sind ideal, weil sich Botschaften rasch verbreiten, ohne dass der Absender überprüft wird. Es sind also die User selbst, die eine Botschaft erst wichtig machen, indem sie die Botschaft in ihrem Netzwerk teilen. Es entsteht eine dynamische Kettenreaktion. Sie wird wie eine Kerosinspur entzündet und endet in einer heftigen Explosion. So funktioniert geistige Brandstiftung. Die Theorie, dass die Russen der AfD in Sachen Propaganda ein bisschen unter die Arme gegriffen haben, kommt der AfD gelegen. Frei nach dem Musiker *Shaggy* kann Alexander Gauland dann frei von Sünde behaupten: „It wasn't me!"

Die Medien berichten in diesem Zusammenhang von „russischen AfD-Bots". Das englische Wort „Bot" kommt von „Robot". Bots sind automatisierte Mechaniken im Internet. Es gibt Chat-Bots, die Gespräche führen können, und natürlich Bots, die ganz automatisch Nachrichten in den sozialen Medien verbreiten – vor allem im sozialen Netzwerk Twitter. Dies soll auch vor der Bundestagswahl im großen Stil passiert sein. „Wenn die großen Parteien an der Macht bleiben, dann gibt es in 5 Jahren Bürgerkrieg", lautet ein Tweet. Die AfD-Bots hinterlegen jeden Tweet mit den Hashtags #*wahlbetrug* und #*afdwaehlen*. Wird ein Tweet weiterverbreitet, nennt sich das „retweeten". Die *Bildzeitung* schreibt am 24. September 2017: „Hunderte der retweetenden Accounts stammen aus Russland, haben russische Nennnamen und bestehen aus einer zufällig erscheinenden Kombination von Buchstaben und Zahlen."[85] Die russlandfreundliche Nachrichtenseite *sputniknews.com* sprach selbstverständlich von „Panikmache" und „Feindbildpflege". Egal ob Hirngespinst oder Realität: Die „russischen AfD-Bots" haben noch heute weitreichende Auswirkungen auf das Mediennutzungsverhalten vieler AfD-Sympathisanten.

Gefangen in der eigenen Filterblase

Schon vor rund 20 Jahren kam man als Internetuser kaum an dem Wort „Cookies" vorbei. Was das genau war, wusste man als Neuling nicht wirklich. Auf jeden Fall waren diese Cookies keine süßen Kekse, sondern irgendetwas Schlimmes. Cookies sind Daten von einer Website, die besucht wurde. Diese Daten werden dann auf dem Computer abgespeichert und oftmals für gezielte Werbung genutzt. Sucht ein Lehrer also nach heißen Dessous für seine Freundin im Internet, geht das gerne mal nach hinten los. Denn auf einmal tauchen die erotischen Werbeanzeigen auch auf Facebook und anderen Webseiten auf. Und falls der Lehrer gerade zufällig via Beamer einen Vortrag über Medienkompetenz hält, fangen die Schüler an zu grinsen und zu kichern – während der Lehrer rot anläuft.

In den sozialen Medien hat sich das Prinzip der Cookies weiterentwickelt. Egal ob Facebook, Twitter oder YouTube: Wer alle Inhalte sehen oder kommentieren möchte, braucht einen vollwertigen Account. Für die Anmeldung reicht eine E-Mail-Adresse oder Handynummer. Die Social-Media-Portale merken sich, welche Inhalte gesehen und angeklickt werden. Das System meint also irgendwann zu wissen, was dem User gefällt. Manche User interessieren sich für Katzenvideos, andere für Computerspiele und viele auch für Extremismus und Verschwörungstheorien. Das muss gar nicht mal schlecht sein, denn es ist wichtig, die Welt zu verstehen.

Das Wissen über Verschwörungstheorien sowie Rechts- und Linksextremismus schärft die eigenen Sinne. Das kann daran liegen, dass einige Internetgerüchte einen wahren Kern haben. Es kann aber auch daran liegen, dass es ein Mythos ist, der Linksextremismus sei im Vergleich zum Rechtsextremismus harmlos. Gefährlich wird es allerdings dann, wenn sich die eigene Weltansicht nicht mehr ändert und die politischen Ansichten verbohrt sind. Wer sich also nur noch für Verschwörungstheorien oder irgendwelche extremistischen Ideologien interessiert, kommt da vielleicht gar nicht mehr raus – und hat sich damit abgefunden, überall in der Welt das Schlechte zu sehen.

Die sozialen Medien helfen da fleißig mit. Wer sich nur für rechtsextremistische Texte, Botschaften und Videos interessiert, bekommt solche Inhalte auch in Zukunft vom entsprechenden sozialen Netzwerk vorgeschlagen. Das Prinzip nennt sich „Filterblase" oder auf Englisch „Information Bubble". Der Grund ist simpel: Facebook und YouTube verdienen sehr viel Geld mit geschalteter Werbung. Es ist also in deren Sinne, dass der User möglichst viel Zeit auf den sozialen Plattformen verbringt. Aus diesem Grund werden den Usern die Inhalte vorgeschlagen, die in der Vergangenheit regelmäßig rezipiert wurden. Die kleine Isabella bekommt neue Katzenvideos angezeigt, der braune Jörg den neuen Wahlspot der AfD.

Die Empfehlung von Inhalten und Kanälen auf YouTube ist nichts Neues. Seit vielen Jahren existieren diese Algorithmen, die mehr oder weniger undurchsichtig sind. Meistens hat das mit den YouTube-Tags zu tun. Tags sind Keywords, also Schlüsselwörter. Wer ein Video auf YouTube stellt, kann es mit mehreren Tags versehen. Das steigert die Auffindbarkeit. Außerdem werden Videos mit ähnlichen Tags – auch wenn sie von unterschiedlichen Kanälen stammen – oftmals nacheinander angezeigt. Das führt dazu, dass Videos über Verschwörungstheorien zu rechtspopulistischen Videos führen.

Die Theorie mit der Filterblase, aus der sich angeblich keiner befreien kann, ist natürlich sexy. Doch genauso ist sie blödsinnig. „Ich denke, also bin ich." Das ist das, was einen Menschen ausmacht – und somit auch den ach so gemeinen Internetuser. In Wahrheit kann jeder User nämlich selbst entscheiden, was er anklickt und für was er sich interessiert. Wenn jemand ein Problem mit dem Islam hat, dann ist das nun mal so. In der Türkei werden Christen von einigen Muslimen schließlich auch verfolgt. Andere Menschen sind hingegen sehr tolerant, würden sogar ihr letztes Hemd geben, um einem Flüchtling zu helfen. Die biblische Geschichte des barmherzigen Samariters ist natürlich das Vorbild der westlichen Leitkultur. Und auch ein Jesus, der sich für die Huren nicht zu fein war. Schließlich misst sich eine Gesellschaft an ihrem Umgang mit dem schwächsten Glied. Aus diesem Grund werden Ausländerfeindlichkeit und Diskriminierungen in Deutschland moralisch und juristisch verurteilt. Doch die deutsche Leitkultur ist im Wandel. Die CSU und AfD definieren sie neu. Sie müssen das tun, um Wahlen zu gewinnen. Es gibt einen Rechtsruck in Deutschland – und vor allem in Bayern. Heimatminister Seehofer, Kronprinz Söder und auch die AfD kämpfen um die Gunst der Wähler. In Sachen Islamkritik stehen sich die CSU und AfD gefährlich nahe. Im Herbst 2018 ziehen beide in den Bayerischen Landtag ein. Sie werden sich bekriegen – und vielleicht irgendwann auch lieben.

Abgerechnet wird an der Wahlurne

Wenn gesagt wird, dass Menschen nur in ihrer eigenen Filterblase leben, heißt das ja, dass diese Menschen irgendwie unreflektiert und dumm sein müssen. Mit solchen Aussagen sollten Politiker und studierte „Gscheidhaferl" aufpassen. Vielmehr sollte vorher bedacht werden, warum sich manche Menschen für extreme oder nationalsozialistische Inhalte interessieren, ohne dass davon eine tatsächliche Gefahr ausgehen *muss*. Schließlich gibt es auch viele tolerante und friedliche Menschen, die sich an einem verregneten Sonntagnachmittag gerne Hitler-Dokus reinziehen oder missionarische Videos über verschiedene Verschwörungstheorien. Denn geschichtsträchtige Ereignisse und provokante Meinungen sind einfach interessant. Sie erweitern sogar den eigenen Horizont.

Wer andere Filterblasen verurteilt, lebt vielleicht selbst in einer und diskriminiert andere Menschen, ohne es zu merken. Abgerechnet wird dann spätestens an der Wahlurne.

5 Menschenfleisch im Burger und das FIFA-Momentum

Nicht ganz koschere Internetgerüchte

Jeder kennt es: Nach dem Diskobesuch kommt meistens noch der Bärenhunger, der sogenannte „Absturzhunger". Zuhause steht nichts mehr bereit, also holt man sich einfach noch ein paar Cheeseburger und 20 Chicken McNuggets vom „Mäci" um die Ecke. Am nächsten Morgen weiß man gar nicht mehr genau, was man da alles gegessen oder vielmehr gefressen hat. Und vor allem, warum. Denn es ist bekannt, dass Fast Food nicht gerade gesund sein soll. Da man am Sonntag aber gar keine Lust hat, den angebissenen Cheeseburger und die drei verkümmerten Nuggets wegzuräumen, lässt man sie einfach liegen. Am Montag beginnt die Arbeitswoche und man kommt wieder nicht dazu. Als sich dann einige Tage später die Eltern für einen Besuch anmelden, gibt es keine Ausreden mehr. Der Putzwedel wird geschwungen und die Essensreste bringen die Erinnerungen an das feuchtfröhliche Wochenende zurück. Doch etwas ist merkwürdig. Der dezimierte Cheeseburger und die drei Nuggets sehen immer noch gleich aus. Keine Spur von Schimmel oder irgendwelchen Verfallserscheinungen.

Google ist dein bester Freund. Es ist also verlockend, dem fragwürdigen Naturschauspiel mit einer schnellen Recherche auf die Schliche zu kommen. „Da sind bestimmt viele Chemikalien drin", denkt sich der User. Neu ist der Gedankengang schließlich nicht, da bekannt ist, dass das Fleisch aus der Kühltheke im Supermarkt oftmals mit irgendwelchen Substanzen versetzt ist. Auf diese Weise sieht das verpackte Fleisch viel frischer aus und hält auch länger. Immer wieder gibt es Leute, die Fotos von altem McDonald's-Essen ins Internet stellen. „Experimente" wie diese erregen sehr viel Aufmerksamkeit und werden heiß diskutiert. In einem Hostel in Reykjavik ist sogar ein alter Burger von McDonald's aus dem Jahr 2009 ausgestellt, der per Live-Cam noch heute beobachtet werden kann.[86]

Dabei ist der Grund recht einfach. Trocknet das Essen nur aus, kann sich auch kein Schimmel bilden. Der recht hohe Salzgehalt im Essen von McDonald's unterstützt diesen Prozess. Salz erhöht die Haltbarkeit von Lebensmitteln. Dennoch sind solche skandalösen Entdeckungen sehr spannend für viele Menschen. Burger, die nicht schimmeln, und Nuggets aus angeblich rötlicher Masse – ja, das klingt durchaus eklig. Aus der Schulzeit kennen wir vielleicht noch die Cola-Experimente. Ein Glas wird mit Coca Cola gefüllt. Hineingelegt wird ein Stück Fleisch. Nach einiger Zeit zersetzt es sich, und irgendwann beginnt es, fürchterlich zu stinken. Auf diesen Geruch fahren Hunde übrigens tierisch ab. Als Mensch denkt man sich dann eher: „Und so etwas Widerliches trinken wir?"

Schuld an der Fleischzersetzung soll die in Coca Cola enthaltene Phosphorsäure sein. Ein Internet-Mythos besagt, dass sich in Coca Cola nicht nur Fleisch auflöst, sondern vielleicht auch der komplette Magen. Vergessen wird schnell, dass die Magensäure viel aggressiver ist als das bisschen Phosphorsäure. Die Magenschleimhaut hält ein bisschen Coca Cola also locker aus. Vielen geht es auch gar nicht darum, ob etwas krank macht oder nicht. Die Menschen möchten einfach nichts zu sich nehmen, das ekelerregend ist oder ein ungutes Gefühl auslöst. Wer in seinem Frühstücksmüsli plötzlich Maden entdeckt, wirft es weg. Dabei wären die Maden eigentlich gar nicht so ungesund, enthalten sie doch wertvolle Proteine. Dass dicke, fette Maden essbar sind, sehen wir immerhin einmal im Jahr im RTL-Dschungelcamp. Doch der Deutsche belustigt sich lieber an ekligen Dingen, anstatt selbst an seine Grenzen zu gehen. Aus diesem Grund erzielen solche Shows unglaubliche Einschaltquoten –

weil die Zuschauer das freiwillig sehen möchten, um vom Alltag abschalten zu können.

Kannibalismus als Happy Meal

„LKA-Beamter tötet Internet-Bekanntschaft aus Kannibalen-Forum." Rums. Diese Headline sitzt! Der reißerische Artikel erschien im November 2013 auf dem Internetportal der *Zeit*.[87] Worum geht's? Ein Kriminalbeamter soll einen Mann auf dessen eigenen Wunsch umgebracht haben. Opfer und Täter lernten sich im Internet kennen. Sie unterhielten sich über das Thema Kannibalismus. Was schockierend klingt, ist gar nicht so ungewöhnlich. Bereits im Jahr 2001 gab es eine ähnliche Tat. Der „Kannibale von Rotenburg" tötete einen anderen Mann auf dessen Wunsch und aß sogar Teile seiner Leiche.

Die Anonymität des Internets macht es leicht, Perversionen zunächst schriftlich und dann tatsächlich auszuleben. Oftmals laufen solche Gespräche im „Darknet" ab. Das Darknet ist ein geschützter Bereich des Internets. Ohne Losungswort ist ein Zutritt nicht möglich. Vielleicht ist das auch besser so. Im Darknet tauschen sich jedoch nicht nur Kannibalen aus, sondern vor allem Kinderschänder und Waffenfreaks. Mittlerweile gibt es bei der Polizei eigene Cyber-Abteilungen, um die Internetkriminellen dingfest zu machen. Das ist lobenswert.

Es ist wirklich sehr eklig, eine tote Spinne im bestellten Salat zu entdecken. Wie eklig muss es dann sein, Menschenfleisch untergejubelt zu bekommen? Es ist schlimm genug, dass in China Hunde und Katzen geschlachtet und verspeist werden. Zartes Menschenfleisch im Burger setzt dem Ganzen dann die Krone auf. Die Medien haben uns schließlich mittlerweile eingetrichtert, dass an jeder Ecke etwas Furchtbares lauern könnte. Und dass es in der heutigen Zeit keine Hemmschwellen mehr zu geben scheint, ist auch bekannt. Wer den Leuten zusätzlich Angst machen möchte, hat leichtes Spiel. Es ist absolut einfach, seine eigene kleine Website zu basteln. Hier können ein paar Gerüchte gestreut werden, dazu wird noch ein kleiner YouTube-Kanal ins Leben gerufen und natürlich eine Facebook-Seite.

Ich liebe es – oder ich hasse es. Das beschreibt die Beziehung zu McDonald's am besten. Und wer die Fast-Food-Kette eh schon nicht mag, glaubt sowieso fast jedes neue Gerücht. Eine brandneue Verschwörungstheorie besagt, dass die Bouletten teilweise aus Menschenfleisch zubereitet werden. Angeblich macht das Menschenfleisch in den Burgern sogar richtig süchtig. Wer „Menschenfleisch McDonald's" bei Google eingibt, landet über 20.000 Treffer. Das erhöht die Glaubwürdigkeit. Schließlich berichten auch bekannte Portale wie *inTouch* darüber – wenn auch aufklärerisch. Das ist allerdings zunächst nicht ersichtlich, weil die Headline „Menschenfleisch in McDonald's-Burger gefunden?" eindeutig ein Clickbait ist.

Am McDonald's-Bashing ist der Hype um die ganzen „Veggies" nicht ganz unschuldig. Der missionarische Kreuzzug der Veganer und Vegetarier nervt viele Fleischesser. Sogar die Grünen fordern einen fleischfreien Tag in Deutschlands Kantinen. McDonald's ist für Fleischhasser das „Sodom und Gomorra". Auf diesen Zug springt bereits 2004 die amerikanische Propaganda-Doku *Supersize me* auf. In der Doku geht es um einen Mann, der sich eine Zeit lang nur von McDonald's-Produkten ernährt. Der Mann wird immer dicker und krank. Die Botschaft ist also klar – auch wenn in dem Filmchen nicht immer alles logisch ist. Denn auch darüber gibt es investigative Webseiten im Internet.

Gerüchte über Menschenfleisch in „Mäci"-Burgern werden erst mit schockierenden Bildern so richtig einprägsam. Wer sich solche Artikel durchliest, sieht Abbildungen von fettigem Hackfleisch, das wirklich sehr ungenießbar anmutet. Es gibt auch Fotos, die eine schlauchförmige rosa Masse zeigen – angeblich Menschenfleisch, das direkt in die richtige Form gepresst wird. Beliebt sind auch Fotomontagen. Zu sehen sind gehäutete Menschenleichen, die angeblich auf einem Fließband für die weitere Prozedur von Handlangern in weißen Kitteln vorbereitet werden. Solche Artikel sind wie eine Eilmeldung aufgezogen. In etwa so: „+++ Menschenfleisch bei McDonalds entdeckt! +++" Die Pluszeichen sind ein bekanntes Mittel der Nachrichtensprache, um spannende Eilmeldungen kenntlich zu machen. *Spiegel Online* arbeitet zum Beispiel auf diese Weise sehr viel mit Eilmeldungen.

Doch was wären solche Schock-Artikel ohne die Millionen User im Internet. Die virtuelle Cyber-Horde ist wie ein Haufen wilder Orcs, so wie man sie aus dem Film *Der Herr der Ringe* kennt. Sobald eine Fake News über Menschenfleisch in McDonald's-Produkten online ist, beginnt der Spuk. Der Artikel wird hundertfach auf Facebook gestellt und danach tausendfach geteilt. Das geht immer so weiter, bis es fast alle wissen. Und irgendwo sitzt der vegane Sauron, knabbert an seiner winzigen Bio-Karotte und freut sich über den Artikel, den er eigenhändig geschrieben hat. Und der jetzt auf der ganzen Welt zu lesen ist. Vielleicht sogar bei den Hobbits in Mittelerde.

Verwirrt nach Big Mac?

Entgiftung ist der Trend der letzten Jahre. Auf einmal lieben die Menschen basische Ernährung, obwohl sie viel teurer ist. Zur Entsäuerung des Körpers gibt es viele Bücher und Produkte – sogar Heilbäder aus geschliffenen Edelsteinen. Einige Menschen glauben sogar an „Detox-Pflaster", die auf die Unterseite des Fußes geklebt werden. Angeblich verschwindet dann über Nacht das Gift aus dem Körper. Ganz in Mode ist auch „Digital Detox": die digitale Entgiftung. Das Ziel dieser Entgiftung ist es, mal eine Woche komplett auf digitale Medien zu verzichten. Smartphone, Laptop und andere Geräte sind also tabu. Zigaretten, Alkohol, ungesundes Essen und das Internet scheinen auf einer Stufe zu stehen. Immerhin gibt es mittlerweile sogar Suchtkliniken, die sich explizit mit internetsüchtigen Menschen beschäftigen. Was aber ist zu tun, wenn die Menschheit dennoch absichtlich vergiftet wird – und zwar ganz langsam?

Dass irgendwelche Irren Babynahrung mit Gift versetzen, um danach Millionen zu erpressen, ist heutzutage schon lange nichts Neues mehr. Passiert ist das erst wieder im September 2017. Ein 53-jähriger Mann manipulierte mehrere Gläschen mit Babynahrung. Nach zwei Tagen war der Wirbel vorbei und der Täter gefasst. Dennoch ist es erschreckend, wie einfach so etwas möglich ist. Nicht die Gelegenheit ist entscheidend, sondern die kriminelle Energie. Der Tod lauert überall, erklären uns die Medien jeden Tag. Doch die größte Schocknachricht stammt gar nicht von den Medien, sondern von Verschwörungstheoretikern. Sie behaupten, dass wir alle systematisch vergiftet werden – und zwar von McDonald's. Allerdings nicht durch Fett und Zucker, denn das wäre ja zu offensichtlich. Angeblich besteht das McDonald's-Fleisch aus Fettpaste und Ammoniak. Ammoniak ist giftig. Eine Vergiftung macht sich bemerkbar durch Krampfanfälle und Verwirrtheit. Wer also nach dem Genuss eines Big Macs solche Symptome verspürt, sucht besser einen Arzt auf – idealerweise mit der Zusatzqualifikation Psychosomatik. Denn an den Gerüchten ist zumindest in Europa nichts dran.

Die Gerüchte um Fettpaste und Ammoniak entstehen 2011 und 2012 in den USA. Damals ist überall zu lesen, dass minderwertiges Rindfleisch mithilfe von Ammoniumhydroxid wieder genießbar gemacht wird. Dieser „Pink Slime" wird mit hochwertigem Fleisch gemischt. Das Endprodukt wird gestreckt. Für die Verschwörungstheoretiker ist das jedoch zu langweilig. Aus Ammoniumhydroxid wird Ammoniak und die Burger bestehen dann einfach zu 100 Prozent aus einem Gemisch aus Ammoniak und Fettpaste.

Jamie Oliver ist in der Verschwörungsszene so etwas wie ein Superstar, weil er vor einigen Jahren den „Pink Slime" kritisierte. Noch heute ist sein Konterfei auf jeder Internetseite zu sehen, die McDonald's-Bashing betreibt. Jamie Oliver wird instrumentalisiert und fungiert wie ein ungewollter Werbebotschafter. Der Grund ist klar: Jamie Oliver ist beliebt und sehr bekannt. Er war auch der Vorreiter für die Kochshows in Deutschland.

Die Wahrheit über Kondensstreifen

McDonald's reagierte auf die Unwahrheiten. Der Konzern platzierte Werbeanzeigen im Internet mit ungewöhnlichen Headlines. Zum Beispiel: „Diskussionsstoff: das ‚Fleisch' von McDonald's!" Das Wort „Fleisch" ist in Anführungszeichen geschrieben, was wohl ein Verweis auf die vielen Verschwörungstheorien ist. Auf dem Bild oberhalb der Headline ist ein Manager zu sehen, der in einen Burger beißt. Die Anzeige macht neugierig, zumal der User zunächst davon ausgeht, dass es sich um einen kritischen Artikel handelt. Doch wer auf die Anzeige klickt, landet prompt auf der Homepage von McDonald's. Auf der Website befindet sich ein Bild mit aus Wolle gestrickten Burgern. Das ist wohl die schlagfertige Antwort auf das Gerücht, dass das McDonald's-Fleisch nicht echt sein soll. Der Konzern schreibt: „Wir haben nichts zu verbergen, und es gibt nichts, was unsere Gäste nicht wissen dürfen." Außer die Mixtur der legendären Big-Mac-Sauce, denn die ist natürlich streeeng geheim.

Wenn man das alles glaubt, dann ist McDonald's also nicht für die Vergiftung der Weltbevölkerung verantwortlich. Glück gehabt! Doch vielen Menschen ist das zu unspektakulär, denn irgendwo da draußen muss es doch eine böse Macht geben. Und da kommen die „Chemtrails" ins Spiel. Chemtrails sind eingedeutscht „Chemikalienstreifen". Jeder Mensch in Deutschland kennt sie, denn Chemtrails sind die Kondensstreifen am Himmel. Diese weißen Streifen stammen also gar nicht von regulären Flugzeugen. Es sind angeblich giftige Chemikalien. Bereits seit 1996 kursiert diese Verschwörungstheorie im Internet. Dass sich eine solche Theorie seit über 20 Jahren hält, ist schon ungewöhnlich. Chemtrails sollen langlebiger sein als die normalen Kondensstreifen der Flugzeuge. Und die Fans der Chemtrail-Theorie wissen ganz genau, welchen Zweck die Chemikalien haben.

Einige glauben, dass Chemtrails das Wetter beeinflussen sollen. Theorien wie diese sind sehr angesagt. 2017 kam beispielsweise der Film *Geostorm* in die deutschen Kinos. Schon seit vielen Jahren gibt es Gerüchte, dass die Russen und die Amerikaner das Wetter kontrollieren, um es als Waffe zu nutzen. Hurrikans wie „Irma" sind also vielleicht gar nicht auf natürliche Weise entstanden. Ebenso ist zu lesen, dass „Chemtrails" die Menschheit vergiften und vor allem zeugungsunfähig machen. Das Ziel der Chemikalien könnte also die Verringerung der Erdbevölkerung sein. Beweise für diese Theorien gibt es nicht. Doch genau das macht Verschwörungstheorien ja so interessant. Es geht um den Glauben an etwas Unvorstellbares. Und auch darum, klüger zu sein als die naiven „Erdlinge", die alles glauben, was die Regierung ihnen vorbetet.

Verschwörungstheorien sind für viele Menschen so etwas wie eine Ersatzreligion. Im Gegensatz zum Christentum gehen Verschwörungstheoretiker allerdings vorwiegend von dunklen Mächten aus, die den Menschen Schaden zufügen oder ihnen etwas vorgaukeln. Menschen, die an Verschwörungen glauben, sehen sich als ehrliche „Outlaws". Ähnlich wie Robin Hood sind sie vogelfrei und geboren, um die Welt von der Tyrannei zu befreien. Dies geschieht allerdings nicht nur mit politischem Pragmatismus, sondern durch geheimnisvolle Schriften.

Martin Luther formulierte 1517 seine 95 Thesen, mit denen er verschiedene Missstände beheben wollte – vor allem den Ablasshandel. Denn die Kirche zog der Bevölkerung sehr viel Geld aus der Tasche und machte ihnen gezielt Angst vor dem Fegefeuer. Wer genug Geld hatte, durfte sich von seiner Schuld freikaufen. Auch die Verfasser der heutigen Verschwörungstheorien machen den Menschen Angst, obwohl sie sich vermeintlich aufklärerisch geben. Damit die ach so schlechte Welt vielleicht irgendwann doch etwas besser wird. Zugleich ist das Spiel mit der Angst aber etwas, das die Verschwörungstheoretiker den Regierungen und großen Konzernen selbst vorwerfen. Doch immerhin gibt es im Internet die ein oder andere sehr lustige Verschwörungstheorie.

Melania und die Melancholie der Gamer

Eine Frau mit dicker Sonnenbrille steht vor der TV-Kamera. Stoisch blickt sie ins Leere, spricht kein Wort. Der Mann neben ihr ist deutlich redseliger. Er ist kräftig und trägt eine blaue Krawatte. Spätestens die blonde Fönfrisur verrät den Mann. Es ist US-Präsident Donald Trump. Und die Frau neben ihm ist die First Lady – zumindest möchte Donald Trump das der Welt so verkaufen. Trump spricht also auf dem Rasen des Weißen Hauses in die TV-Kameras. Die Frau mit Sonnenbrille nickt und wirkt dabei ausdruckslos. Im Internet hingegen kochen die Emotionen hoch. Vielen Menschen scheint langweilig zu sein, dass sie aus diesem Interview ein „big thing" machen müssen. Deren Theorie ist: First Lady Melania Trump lässt sich bei öffentlichen Auftritten von einem Double vertreten.

Am 13. Oktober 2017 postet die US-Amerikanerin Andrea Wagner Barton das Video des Interviews auf Facebook. Dazu schreibt sie: „Kann sich bitte mal die echte Melania melden?"[88] Auch eine Kolumnistin des *Guardian* meldet sich via Twitter. Sie ist ebenfalls der Meinung, dass die First Lady durch eine Doppelgängerin ersetzt wurde. Der Grund: Angeblich hat die echte Melania Trump den US-Präsidenten bereits verlassen. Irre: Innerhalb kürzester Zeit wird der ursprüngliche Facebook-Beitrag von Andrea Wagner Barton knapp 200.000 Mal geteilt. Und fast 20 Millionen Mal angesehen. Die meisten User glauben der Verschwörungstheorie und gehen weiter: „Ich frage mich, was sonst noch alles gelogen ist." Das Medienecho auf die Verschwörungstheorie ist gigantisch. In Deutschland berichtet unter anderem die *Bildzeitung* darüber.

Dass beinahe die halbe Welt über den Trump-Klon diskutiert, ist erschreckend. Viele Menschen sehen den Wald vor lauter Bäumen nicht, lautet ein deutsches Sprichwort sinngemäß. Und so ist es auch in diesem Fall. Abseits der Fernsehkameras macht ein Fotograf ganz gemütlich ein paar Bilder vom Präsidentenpaar. Melania Trump wirkt auf den Bildern sehr gelöst. Auch die Sonnenbrille hat sie abgenommen. Mit ihren perfekten Zähnen lächelt die First Lady mit ihrem mächtigen Mann um die Wette. Es ist also klar: Das ist die echte First Lady. Die Verschwörungstheorie ist „Bullshit". Schon 2007 singt die deutsche Band *Die Ärzte* sehr treffend: *„Lass die Leute reden und hör einfach nicht hin."*

Verschwörungstheorien sind in allen Altersklassen verbreitet. Auch die Jugend hat ihren eigenen Gerüchte-Hokuspokus fabuliert – genauer gesagt die Computerspieler, auch genannt „Gamer". Besonders beliebt bei den Gamern ist die FIFA-Spielreihe. FIFA ist eine recht realistische Fußballsimulation mit Original-Lizenzen. Die meisten Gamer zocken FIFA auf der PlayStation 4. Jedes Jahr im September kommt eine neue Version des Spiels auf den Markt. Bei FIFA steuert jeder Spieler seine eigene Mannschaft – vor allem online gegen Spieler aus der ganzen Welt macht das Spaß. Zumindest wenn man gewinnt. Viele Spieler rasten regelrecht aus, wenn es mit dem Sieg nicht klappt. Auf YouTube gibt es Videos, wie Gamer den PlayStation-Controller in den Fernseher werfen – krass![89]

Bei einer Niederlage ist jedoch niemals das eigene Unvermögen schuld, sondern der Entwickler des Spiels: Electronic Arts aus Kanada. Angeblich existieren in der Programmstruktur der FIFA-Reihe geheime Algorithmen, die den Spielausgang vorher festlegen oder im Laufe des Spiels eingreifen. Die Verschwörungstheorie besagt, dass deshalb auch schlechtere Spieler gewinnen können, weil EA sie bei der Stange halten will. Den Eingriff mit seinen Auswirkungen auf den Spielausgang nennen die Gamer „Momentum". Das Momentum ist folglich eine Spielsituation in FIFA, in der auf einmal der schlechtere Spieler bevorzugt wird. Distanzschüsse aus 30 Metern führen zum Torerfolg, jeder noch so schlechte Pass kommt an und alle Dribblings gelingen. Das Momentum lässt sich nicht beweisen. Es ist vielmehr ein Gefühl – der Glaube, von EA betrogen zu werden.

Selbst Fußballkommentatoren, die echte Fußballspiele im Fernsehen kommentieren, sprechen mittlerweile vom Momentum, wenn die eigentlich schwächere Mannschaft auf einmal einen Glücksschuss landet. Gemeint ist damit also so etwas wie eine glückliche Fügung. Wer gegen den FC Bayern München gewinnen möchte, braucht also das ein oder andere Momentum. Dann schaffen es nämlich auch mal schwächere Mannschaften wie der SC Freiburg, dem deutschen Rekordmeister Punkte abzuluchsen. Allerdings ist es auch nicht ungewöhnlich, dass schlechtere Mannschaften auf einmal einen unglaublichen Siegeswillen zeigen. Denn wenn immer der Favorit gewinnen würde, wäre es ja sehr einfach, mit Sportwetten im Internet reich zu werden.

Bei der FIFA-Spielreihe wird es dem Online-Gegner allerdings nicht zugestanden, dass er zunächst eine schwache erste Halbzeit und dann eine sehr spielstarke zweite Halbzeit spielt. Nein, das ins Spiel programmierte Momentum versaut den Spielspaß mit Absicht. Die FIFA-Loser loggen sich umgehend bei Amazon ein und bewerten das Spiel mit nur einem Stern. Dazu schreiben sie eine hasserfüllte Rezension. Das geht schon seit vielen Jahren so. Und dennoch kaufen Millionen Spieler jedes Jahr die FIFA-Reihe. Im September 2018 wurden innerhalb von zwei Tagen eine Million Spiele verkauft – 500.000 allein für die PlayStation 4. Daraus kann sich nur dieses Fazit ableiten lassen: Entweder das Momentum existiert nicht oder die Gamer wollen sich ganz bewusst veräppeln lassen. Krude Verschwörungstheorien helfen auf jeden Fall, das eigene Unvermögen besser zu verkraften. Ist das eigene Leben also schlecht, gibt es irgendwo da draußen einen Schuldigen.

Einige Reichsbürger, Schlumpfkritiker, Veganer und Gamer haben also etwas gemeinsam – vielleicht ohne es zu wollen. Und mittlerweile können sich die Verschwörungstheoretiker sogar über das Internet miteinander verabreden und ineinander verlieben. Verschwörungstheoretiker haben nämlich eine eigene Dating-Plattform ins Leben gerufen: *Awake Dating*. Die App funktioniert so ähnlich wie die massentaugliche Dating-App *Tinder*, spezialisiert sich aber auf Menschen, die an irgendwelche Verschwörungen in der Welt glauben. Wer sich also in seiner Weltanschauung verstanden fühlen möchte, sollte auf *Awake Dating* direkt loslegen.

6   Adolf Hitler als Star auf „Racebook" und „Nazigram"

Soziale Medien in einer Diktatur?

„Blitzkrieg perfekt! Wir marschieren in Polen ein!" Am 12. September 1939 veröffentlicht Adolf Hitler diese Zeilen über seinen persönlichen „Nazigram"-Account – dazu ein Foto, wie der Führer stolz vor einem deutschen Panzer steht. Hitler macht mit seinen Lippen ein freches „Duckface" und streckt den Daumen seiner rechten Hand siegessicher nach oben. Die Deutschen lieben Adolf Hitler zu dieser Zeit. Er hat unzählige Fans und Follower auf der Social-Media-Plattform Nazigram. Über eine Million Deutsche folgen dem Führer dort. Statt Herzchen wie im heutigen Instagram werden auf Nazigram kleine Hakenkreuzchen verwendet, um vaterlandfreundliche Beiträge zu honorieren. Für sein Blitzkrieg-Posting bekommt Hitler fast 100.000 Hakenkreuzchen und unzählige positive Kommentare. Was also wäre gewesen, wenn es im Dritten Reich das Internet gegeben hätte? Hätte Adolf Hitler davon überhaupt profitiert?

Schon lange gibt es Was-wäre-wenn-Versionen des Dritten Reiches. Anscheinend interessieren sich die Menschen auf der ganzen Welt für solche Fiktionen. Die Vorstellung, dass Adolf Hitler den Zweiten Weltkrieg doch gewonnen hat, müsste eigentlich erschaudern lassen. Allerdings boomt die Horrorfilmbranche, also kommt es auch nicht von ungefähr, dass die Zuschauer sehen wollen, wie der zerstörte Buckingham-Palace von Hakenkreuzen umhüllt ist. Wer sehen will, wie die Nazis über das Vereinigte Königreich herrschen, kann dies ab sofort tun. Die neue BBC-Serie *SS-GB* zeigt eine alternativhistorische

Welt, in der die Nazis den Kampf um Großbritannien gewonnen haben. London ist also von den Nazis besetzt. In Deutschland sicherte sich *RTL Crime* die Rechte für die brandneue Serie. Der Serienstart war im Herbst 2017.

Freunde des Streaming-Portals *Amazon Prime* kommen schon länger in den Genuss, den Sieg der Nazis im Zweiten Weltkrieg zu feiern – mit viel Popcorn, versteht sich. Denn dort läuft seit einigen Jahren die US-amerikanische Serie *The Man in the High Castle*. Die Serie wird seit Dezember 2015 in Deutschland ausgestrahlt. Die Geschichte spielt ebenfalls in einer fiktiven Zeit, in der die Achsenmächte den Krieg gewonnen haben. Die Serie *SS-GB* spielt 1941, *The Man in the High Castle* spielt weitaus später, nämlich 1962. Zu dieser Zeit ist der Serien-Hitler noch am Leben. Die Amazon-Serie ist in Deutschland ein voller Erfolg. *Spiegel Online* rezensiert zum Serienstart:

> *Die verstörende Wirkung des Design-Mash-ups ist nachhaltig, weil die amerikanischen Sechzigerjahre, die im kulturellen Gedächtnis für die Geburt der Popkultur und für Hollywood stehen, durch die alles durchdringende Nazi-Symbolik heftig kontaminiert werden.*[90]

> *Die Nazi-Symbolik hat vermutlich den populären Horror-Effekt auf die Zuschauer. Nazi-Fiktionen werden also geliebt, ohne dass man eine solche Welt in der wirklichen Realität um sich haben möchte. Spekulationen um eine Alternativ-Welt mit siegreichen Nazis sind also „in“, finden zum Teil sogar in der Geschichtsdidaktik Anwendung, um Schüler zu kontroversen Diskussionen zu motivieren. Also machen wir das auch. Eine knallharte Diktatur und Social Media – geht das überhaupt gut?*

Der Volksempfänger als „Hausaltar"

Massenmedien wie Tageszeitungen und Radiosendungen sind grundsätzlich von sozialen Medien zu unterscheiden. Massenmedien funktionieren einseitig. Ein großes Medienhaus produziert Inhalte, die das Publikum empfängt. Sender und Empfänger sind also nicht im Wechselspiel. In den sozialen Medien ist das umgekehrt. Hier produzieren die Menschen eigene Inhalte, die sich rasch wie ein Virus verbreiten können. Im Oktober 2017 wird ein schwarzer Traktorfahrer aus Norddeutschland berühmt. Der Ostfriese Keno Veith hat mit seinem Traktor eine Panne und macht spontan ein Video auf Plattdeutsch.[91] Außerdem sieht er aus wie Mr. T aus der Serie *Das A-Team*. Das Video stellt der ostfriesische Mr. T ins Internet und wird über Nacht berühmt – weil die Menschen das witzig finden und millionenfach anklicken. Alle Medien berichten darüber. Adolf Hitler wäre 1938 vermutlich ausgerastet, wenn ihm auf einmal Juden und Schwarze im Internet die Show stehlen und zu Publikumslieblingen avancieren. Die sozialen Medien sind eben schwer kontrollierbar und haben eigene Gesetze. Eine solche Eigendynamik ist für eine Diktatur gefährlich.

Da war der gute alte Volksempfänger doch viel praktischer. Im Vergleich zu den heutigen Geräten war das urige Gerät natürlich technisch veraltet. Und selbst die normalen Rundfunkgeräte waren damals hochwertiger als der Volksempfänger. Eben das war das Geniale aus Sicht der Nazis: BBC sendete auf Frequenzen, die zwar vom Volksempfänger empfangen werden konnten. Allerdings war der Empfang so schlecht, dass die deutsche Bevölkerung den feindlichen Sender kaum hören konnte – zumal das eigentlich sowieso verboten war. BBC konnte mit den hochwertigen Radiogeräten hingegen wunderbar empfangen werden. Die einfachen Arbeiter, an die Hitler heranwollte, konnten sich die teuren Geräte nicht leisten. Ein Glücksfall für die führenden Nazis, allen voran für Joseph Goebbels.

Chefpropagandist Joseph Goebbels kümmerte sich höchstpersönlich um die flächendeckende Verbreitung des nationalsozialistischen

„Hausaltars". Zu seinem 41. Geburtstag ließ Goebbels sogar 500 Volksempfänger verteilen. Den Nazis war es nun gelungen, der Masse ins Gehirn zu kriechen. Das Radio war schon immer ein „Nebenbei-Medium". Egal ob Hausfrau, Student oder Bürohengst: Das Radio wird auch heute gerne nebenbei gehört, um sich ablenken und berieseln zu lassen. In der heutigen Zeit werden Radiosendungen besonders gerne morgens im Auto gehört. Die Menschen nehmen also viele Informationen wahr, ohne diese Inhalte zu reflektieren.

Im Dritten Reich war die Ausstattung der Bevölkerung mit dem Volksempfänger eine effektive Idee. Denn die staatlichen Sendeanstalten waren selbstverständlich gleichgeschaltet. Die ehemaligen Anhänger der Arbeiterparteien SPD und KPD freuten sich zudem über die Möglichkeit, kostengünstig Radio zu hören. Die Nazis steuerten die gesendeten Radioinhalte. Millionen Menschen lauschten der Propaganda rund um die Uhr. Im Vergleich zu den sozialen Medien ist die Zuhörerschaft des Volksempfängers passiv. Die gesendeten Informationen sind ideologisch einheitlich – das ist die perfekte Gehirnwäsche.

Social Media passt in keine Diktatur

In einer alternativhistorischen Nazi-Welt mit Internet und sozialen Medien müsste die Propaganda ja eigentlich noch viel einfacher und kostengünstiger funktionieren. Die Menschen melden sich schließlich eigeninitiativ auf den entsprechenden Plattformen an, um sich mit anderen Menschen zu vernetzen. In so einer Welt würde „Facebook" vermutlich „Racebook" heißen. Nur Deutsche mit Arierausweis bekommen einen Zugang. Juden müssen draußen bleiben. Doch Menschen, die sich sozial vernetzen, möchten sich auch austauschen. Der Meinungsaustausch ist ein elementares Prinzip des Pluralismus, der im Widerspruch zur Autokratie steht. Offener Meinungsaustausch ist also eine große Gefahr für Diktaturen. Denn das verführt zum Querdenken.

Im heutigen China sind Facebook und Twitter gesperrt – und neuerdings auch der Nachrichtendienst WhatsApp. In China gibt es zwar eigene soziale Netzwerke, doch diese werden von Zensoren streng überwacht. Kritische Artikel werden gelöscht und viele Suchbegriffe sind gesperrt. Das politische System in China ist ein kommunistisches Einparteiensystem. Chinakritische Politiker sehen in China eine Diktatur am Werk. Eindeutig diktatorisch ist die Demokratische Volksrepublik Korea. 95 Prozent der Nordkoreaner haben weder Handy noch Intranetzugang. Intranet, weil das Computersystem innerstaatlich ist. Auf das „echte" Internet darf nur die Elite zugreifen.

Soziale Medien in der Hitler-Diktatur machen also nur unter zwei Bedingungen Sinn. Erstens dürfen nur deutsche Reichsbürger auf die sozialen Medien zugreifen. Es sind also Plattformen, die eigens für Nazi-Deutschland konzipiert sind. Zweitens ist es sogar noch schlauer, den Großteil der deutschen Bevölkerung komplett von den sozialen Medien abzuschirmen – so wie es auch das heutige Nordkorea unter Kim Jong-un macht. Denn nur dann ist auch sichergestellt, dass kein kritischer Meinungsaustausch stattfindet. Der Austausch von systemkritischen Meinungen kann dazu führen, dass immer mehr Menschen das vorgegebene System infrage stellen. Das zeigt erneut die Effizienz des einfachen Volkempfängers. Die Menschen können sich im Nazi-Regime nur über die Massenmedien informieren. Kritische Flugblätter sind selten, da die Verbreitung untersagt ist. Heute ermöglicht uns das Internet mit all seinen Blogs und Webseiten, eigenständig Informationen zu recherchieren – wir sollten dankbar sein.

Selbstverständlich ist es eine groteske Vorstellung, dass Nazi-Größen wie Goebbels und Hitler in einer Social-Media-Diktatur Millionen Fans in den sozialen Medien haben könnten. Joseph Goebbels überträgt in so einer Welt seine Sportpalastrede live und erreicht fast jeden Haushalt. Und vielleicht hätten die Nazis dank Social Media auch schon sehr viel früher die Macht ergriffen. Sehr wahrscheinlich ist es aber auch, dass der Widerstand gegen den Nationalsozialismus mit dem passenden Material konträre Stimmung gemacht hätte: Bilder von erfrorenen Soldaten an der Ostfront und von Juden in Konzentrationslagern. All das hätten mutige Menschen in die sozialen Netzwerke gestellt. Und mit dem richtigen Timing hätte das viele Deutsche zum Umdenken gebracht. Denn die Nazis waren sehr geschickt darin, die unschönen Dinge im Verborgenen zu erledigen oder für die Bevölkerung auszublenden – weil es eine gleichgeschaltete Presse und keine sozialen Medien gab. Die Nazis konnten also alle Informationen wie gewünscht filtern und verbreiten, ohne dass die Menschen diese Informationen überprüfen konnten.

Die AfD als Nachfolgepartei der NSDAP

Viele Politiker in Deutschland bezeichnen die AfD als ideologische Nachfolgepartei der NSDAP. „Da sind viele in der aktiven Mitgliedschaft und Führung der AfD, die reden wie Nazis und die denken wie Nazis", sagt Ex-Außenminister Joschka Fischer im Oktober 2017 dem *Spiegel*.[92] Kein Wunder, denn die AfD schießt knallhart gegen Flüchtlinge – im übertragenen Sinne und am liebsten wohl auch wortwörtlich. Die AfD hat bei der Bundestagswahl 2017 etwa 1,5 Millionen Nichtwähler mobilisiert. Man könnte sogar ganz frech behaupten, dass die AfD etwas für die Demokratie in Deutschland getan hat. Die Wahlbeteiligung lag 2017 nämlich deutlich über der Wahlbeteiligung der Bundestagswahl 2013.

Lange Zeit war die AfD eine reine Protestpartei. Dann zogen die Rechtspopulisten sukzessive in die deutschen Landtage ein, 2017 mit 12,6 Prozent sogar sehr deutlich in den Deutschen Bundestag. Die AfD ist keine Protestpartei mehr, sondern eine Oppositionspartei. Oppositionsparteien sind klar im Vorteil. Das weiß man auch bei der SPD. Nach den lächerlichen 20,5 Prozent bei der Bundestagswahl 2017 entschieden die Genossen daher, freiwillig in die Opposition zu gehen. Das war ein voller Erfolg. Sofort gingen die Umfragewerte nach oben. Am 15. Oktober 2017 gewann die SPD sogar die eigentlich schon verlorene Landtagswahl in Niedersachsen. Oppositionsparteien verstehen sich oft als Anwalt der unzufriedenen Leute. Die Erfolgsformel: Man nehme ein bisschen Polemik, attackiere die Regierungsparteien – und schon gehen die Umfragewerte nach oben.

Viele Experten machen die sozialen Medien für den Wahlerfolg der AfD verantwortlich. Da gibt es dann irgendwelche Studien, die behaupten, dass AfD-Wähler viel anfälliger für Fake News seien. Die studierten Wissenschaftler wollen der Allgemeinheit wohl einbläuen, dass die Rechtspopulisten alle ein bisschen doof sind. Die Schlauen wählen natürlich die Union und FDP, vielleicht sogar die Grünen. Doch haben die Deutschen wirklich aus ihrer Vergangenheit gelernt? Immerhin schlagen auch etablierte Parteien wie die CSU und FDP in Sachen Flüchtlingspolitik einen spürbaren Rechtskurs ein.

Die NSDAP war bei der Reichstagswahl am 14. September 1930 so erfolgreich, weil sie politisch unverbraucht war und geschickt Stimmungen instrumentalisiert hat. Die NSDAP musste noch keinen Kompetenztest bestehen und war deshalb besonders glaubwürdig. Zudem war die NSDAP-Propaganda zielführend. Die Juden galten als Sündenböcke und als innere sowie äußere Bedrohung für den Staat, die Gesellschaft und die Wirtschaft. Die Menschen haben das geglaubt, weil Sündenböcke üblicherweise vom eigenen Versagen ablenken. Die Nazis und deren Wähler waren Schuldschieber. Vielleicht aus Überzeugung, vielleicht aber auch, weil sie schlichtweg naiv waren. Die NSDAP hat die Ängste der deutschen Bevölkerung ernst genommen – oder zumindest so getan.

Die Erinnerungskultur feiern

Der Antisemitismus ist kein Phänomen des Dritten Reiches. Schon im Mittelalter sind die Juden nicht gerade beliebt. Sie gelten als geldgierige Geschäftemacher und Auslöser der Pest. In historischen Städten wie Ravensburg entstehen Straßen wie die „Judengasse", die heute wieder anders heißt, nämlich Grüner-Turm-Straße. 2015 ernennen die Ravensburger die prachtvolle „Villa Seestraße" zum Festabzeichen für ihr alljährliches Rutenfest. Dumm nur: Das Gebäude war von 1937 bis 1945 die Zentrale der NSDAP-Kreisleitung. Keiner will's gewusst haben. In der Nazi-Villa klapperten damals allerdings nicht nur die Schreibmaschinen der arisch-blonden Sekretärinnen. Hier wurde die Deportation von 691 psychisch kranken Patienten der Heilanstalt Weissenau eingeleitet – die gutgläubig „Wohin bringt ihr uns?" fragten und nie wieder zurückkehrten.[93] Zum Start des Rutenfestes im Juli 2015 kommt es noch besser: Nur wer ein Festabzeichen trägt – in dem Fall die schmucke Nazi-Villa –, darf am „Frohen Auftakt" teilnehmen.[94] Drei Viertel der Abzeichen werden übrigens von Schülern für 4,50 Euro pro Stück verkauft, die damit ihr Taschengeld aufbessern. „Ex-NSDAP-Zentrale wird zum Renner", titelt die *Schwäbische Zeitung* freudig.[95] 52.000 Abzeichen werden unter die Leute gebracht, „5.000 mehr als 2014"[96]. Eine Bürgerin meint: „Das Gebäude kann doch nichts dafür."[97] Dieser Umgang mit der eigenen Nazi-Vergangenheit ist ein drolliges Statement, um stolz zu sagen: Der Judenhass ist passé.

Rechts ist ein Teil von uns

Die Nazis sind ohne soziale Medien an die Macht gekommen. Soziale Medien in einer Diktatur funktionieren nur, wenn die sozialen Netzwerke wie ein innerstaatliches „Intranet" konzipiert sind, das streng überwacht wird. Denn normalerweise widerspricht die Social-

Media-Kultur den Prinzipien einer Diktatur. Ein Markenzeichen dieser Medien ist die Interaktivität und das Recht auf freie Meinungsäußerung. Außerdem reizt es viele Menschen, mit Usern aus anderen Ländern zu interagieren. Soziale Medien erziehen die Menschen zu pluralistischen Lebewesen.

In den sozialen Medien ist viel Hetze zu lesen. Doch umgekehrt setzen sich dort auch sehr viele Menschen für Toleranz und Solidarität ein. Die AfD müsste schon einige Landtagswahlen sowie die nächste Bundestagswahl gewinnen, damit sich da etwas ändert. Sofern die Stimmung in Deutschland irgendwann äußerst antiamerikanisch ist, werden Facebook, Twitter und Instagram vielleicht mal verdrängt und durch ein deutsches Netzwerk ersetzt. Außerdem braucht die AfD die Kontrolle über die Massenmedien, um ihre Ideologie einheitlich und kritikfrei zu kommunizieren. Die Medien allerdings – egal ob Tageszeitungen, das Fernsehen oder das Radio – berichten kritisch über die AfD. Zumindest noch. Denn eines ist klar: Die AfD wird sich in Zukunft mehr und mehr ein politisches Nest in den Köpfen der Menschen bauen und ein stabiler Bestandteil der deutschen Parlamente werden.

Die AfD gewinnt immer dann, wenn in Deutschland oder irgendwo auf der Welt Terroranschläge geschehen. Sie gewinnt, wenn die großen Parteien unehrlich sind und über politische Skandale und Sex-Affären stolpern. Und sie gewinnt, wenn sich die anderen Parteien untereinander streiten und zermürben – sofern die AfD innerlich stabil ist und eine starke Person an vorderster Front stehen hat. Die Radikalisierung innerhalb der Partei schreckt momentan allerdings alle potenziellen Koalitionspartner ab. Die CSU ist wohl die einzige Partei, die dafür in den nächsten Jahren infrage kommen könnte. Es ist nicht unwahrscheinlich, dass sich die CSU irgendwann von der CDU abspaltet. Die bayerischen Wähler möchten nämlich einen sehr konservativen Kurs ihrer CSU. Ohne die CDU haben die Christsozialen um Markus Söder mehr Freiheiten. Das „Heimatministerium" um Horst Seehofer ist ein Versöhnungsgeschenk von Angela

Merkel. Zumindest bis 2021 ist der Burgfrieden zwischen CDU und CSU also gesichert.

Spekulative Was-wäre-wenn-Weltmodelle zeichnen ein utopisches Bild der realen Welt. Eigentlich handelt es sich bei solchen Vorstellungen um Science-Fiction. Die Serien *SS-GB* und *The Man in the High Castle* sind zwar kommerziell, warnen jedoch auch vor einer Wiederholung der Geschichte. Die sozialen Medien sind ein Grundbestandteil der demokratischen Kultur. Die Erfolge der AfD sind ein Spiegel der Gesellschaft. Blöd sind nicht nur die Menschen, die rechts wählen, sondern auch diejenigen, die kein Verständnis für die Ängste der Menschen haben.

1 Mit der Nazikeule zum medialen Endsieg

Alles Hitler, oder was?

„Steckt sie in den Kerker oder schickt sie ins KZ
Von mir aus in die Wüste, aber schickt sie endlich weg
Tötet ihre Kinder, schändet ihre Frauen
Vernichtet ihre Rasse und lehrt ihnen das Grauen!

Dann macht doch endlich Schluss
Ihr seid doch wohl genug
Macht es so wie damals
Und steckt sie in den Zug!"

Dieser Text wird bei der RTL-Rateshow *Wer wird Millionär?* als gesungenes Lied eingespielt. Günther Jauch fragt: „Über wen geht es in diesem Song? Der Kandidat wartet auf die vier Antwortmöglichkeiten:

a) Juden
b) Flüchtlinge
c) Schwarze
d) Türken

Der Kandidat überlegt und wirkt verwirrt: „Das kann ja alles sein", sagt er zu Günther Jauch. „Dann loggen wir einfach alles ein und schauen was passiert?", antwortet Jauch gewohnt frech. Das Publikum lacht. Der Kandidat schaut skeptisch und sagt: „Ich nehme c, also die Schwarzen sind's ... glaube ich." „Mit den Schwarzen ist aber nicht die CDU gemeint, ich meine ja nur", erklärt Jauch und grinst ins Publikum. Lautes Gelächter folgt. Der Kandidat überdenkt seine Antwort, denn vermutlich war das mal wieder ein kleiner Tipp von Jauch. „Ich nehme den Telefonjoker, denn ich habe gar keine Ahnung, was es sein könnte." Günther Jauch nickt und schon werden die drei möglichen Leute eingeblendet, die der Kandidat anrufen kann. „Wenn wollen Sie denn anrufen?" Der Kandidat geht kurz in sich und antwortet: „Den Alexander Gauland nehme ich, der könnte es wissen." „Ist das nicht der Nachbar vom Jérôme Boateng?", fragt Jauch schelmisch. Jetzt muss auch der Kandidat lachen und kontert: „Nein, nicht mehr!"

Alexander Gaulands Telefonnummer wird angewählt. „Ja, hallo?", erklingt es aus der Leitung. „Ja, hier ist der Bundesnachrichtendienst. Nein, Spaß! Hier ist Günther Jauch." Das Publikum amüsiert sich wieder mal. Die Sendung verspricht bisher hohe Einschaltquoten. Der Kandidat liest zunächst die Fragen ganz langsam vor, danach auch die vier Antworten. Gauland antwortet direkt aus dem Stegreif: „Das sind die Türken." Der Kandidat: „Sicher?" „Ja, das Lied kenne ich, es ist auch schon älter." „Und von wem ist das Lied?" Gauland zögert kurz und antwortet: „Das ist von Störkraft oder so" Plötzlich unterbricht die Verbindung, denn die Zeit ist abgelaufen. „Wenn es einer weiß, dann wohl er", scherzt Günther Jauch. Der Kandidat loggt Antwort d ein. „Die Türken sind korrekt. Sie haben 16.000 Euro gewonnen."

Das Szenario mit Günther Jauch und Alexander Gauland ist selbstverständlich der Fantasie des Autors entsprungen. Das zugegebenermaßen sehr rechtspopulistische Lied allerdings gibt es wirklich. Es heißt *Türke, Türke* und ruft zur Gewalt auf. In dem Liedtext finden sich verschiedene Verweise auf die Taten und Rassenideologien der Nazis. Die Passage „Macht es so wie damals und steckt sie in den Zug" ist eine perfide Anspielung auf die Deportation der Juden in der Zeit des NS-Regimes. Die Juden wurden damals wie Tiere zusammengepfercht und in Züge gesteckt. Auf diese Weise brachten die Nazis die Juden in die verschiedenen Konzentrationslager. Es folgten Zwangsarbeit, medizinische Experimente wie das Zusammennähen von Menschen sowie Massenvergasungen. Der zynische Spruch „Arbeit macht frei" ist noch heute das Holocaust-Symbol schlechthin.

Wer der wahre Interpret des Songs *Türke, Türke* ist, gilt als strittig. Häufig werden die Bands *Störkraft*, und *Endsieg* genannt. Bekannt ist auch der Remix *Allibarbar* der Band *Standarte*.[98] Anfang des Jahrtausends ist die NPD in Deutschland noch gefürchtet – und im Osten Deutschlands sogar sehr erfolgreich. 2005 verteilt sie 200.000 CDs mit rechter Musik an Jugendliche. Als „braune Schulhof-CD" geht dies in die deutsche Mediengeschichte ein, weil die NPD sie in der Nähe von Schulen unter die Leute bringt. Die Verbreitung von rechtsextremer Musik ist aus heutiger Sicht allerdings sehr plakativ. 2005 gelten die Rechten mit dieser Aktion noch als moderne Nazis, weil sie endlich die Medien nutzen und mit den CDs die Jung- und Nichtwähler erreichen möchten. Einige Jahre später ist die NPD tot, doch Adolf Hitler und die Nazis leben weiter. In der AfD – und in jedem von uns. Denn die Verweise auf die bösen Herren in den braunen Uniformen sind einfach witzig, schockierend und herrlich schrill.

2 Fail, Hitler!

Von Nazifallen
und Fettnäpfchen

Kinder verkleiden sich gerne als Indianer, Cowboys, Poli-
zisten, Krankenschwestern und Märchenfiguren. Die
Faschingszeit ist immer der Höhepunkt. Mit Platzpatro-
nen und Gummipfeilen schießen die kleinen Racker wild
um sich. Wer sich danebenbenimmt, wird mit Plastik-
handschellen verhaftet. Das ist natürlich eine heile Welt,
wenn man bedenkt, wie gnadenlos und brutal die echten
Indianer im Wilden Westen vertrieben wurden. Eltern,
die ihren Kindern den Holocaust spielerisch näherbrin-
gen möchten, haben nun endlich auch die Möglichkeit
dafür. Denn es gibt tatsächlich Modehersteller, die tren-
dige KZ-Mode für Kinder anbieten. Die Kinderhemden
sind gestreift wie die Kleidung von KZ-Häftlingen im
Nazi-Regime. Doch was wäre die KZ-Mode ohne den ori-
ginalen Judenstern? Auch daran hat der Hersteller gedacht.
Ein gelber Stern prangt auf der linken Brustseite.

2014 bringt die Modekette Zara das befremdliche Kindershirt mit
dem gelben Stern auf den Markt. In den sozialen Medien tobt sofort
ein Shitstorm. Auch in den Zeitungen gerät Zara unter Beschuss –
vor allem von israelischen Journalisten. Doch selbstverständlich ist
die ganze Aufregung völlig umsonst. Denn das KZ-Hemd ist eigentlich ein kreatives „Sheriff-T-Shirt". Und so lautet auch die Erklärung
des Konzerns: „Das Design des T-Shirts war lediglich inspiriert von
Sheriff-Sternen aus klassischen Western."[99] Dumm nur: Bereits einige
Jahre zuvor veröffentlichte Zara eine Handtasche, die mit süßlichen
Hakenkreuzen versehen war. Neben den Hakenkreuzen waren bunte

Blümchen abgebildet. Beide Artikel sind mittlerweile aus dem Sortiment verschwunden. Denn beide Aktionen sind ein „Fail". Ein Fail bezeichnet in der Internetsprache einen peinlichen Fehler, einen kuriosen Fall des Versagens.

Hakenkreuze im Schau- und Computerspiel

Das Hakenkreuz ist das bekannteste Nazi-Symbol. Es wird auch als Swastika bezeichnet. In Deutschland ist die Verwendung rechtsextremer Erkennungszeichen verboten. Dazu gehört auch und vor allem das Hakenkreuz. Ursprünglich handelt es sich allerdings um ein altindisches Glückssymbol in Form eines Sonnenrades, das auch in der germanischen Kultur zu finden ist. In der heutigen Nazi-Bedeutung keimt es ab Ende des 19. Jahrhunderts zunächst im völkisch-nationalistischen Schrifttum auf. 1920 wird das Hakenkreuz das offizielle Symbol der nationalsozialistischen Politik und somit auch der NSDAP.

In der Musikbranche – vor allem im Bereich Rockmusik – sind Nazi-Anspielungen teilweise gerne gesehen. Das gehört zum brachialen Image einiger Künstler. Die Band *Rammstein* ist eine deutsche Rockband. Sie wird von einigen Kritikern als tendenziell „rechts" bezeichnet. Grund hierfür ist unter anderem die Art und Weise des Gesangs. Sänger Till Lindemann rollt beim Singen das „R" wie einst der Führer. Laut *Rammstein* entstand dieses Markenzeichen jedoch zufällig durch den tiefen Gesang. 2004 ist sich die *FAZ* jedoch sicher, dass „Sänger Lindemann und die anderen zwar mit dieser Ästhetik hantieren, die als rechts kodiert ist, dass sie aber eher ein Provokationsmagnet sind und ein Lifestylephänomen".[100] Nazi-Codes sind also eine Art Stilmittel. Vor allem in den USA ist die Band *Rammstein* genau deswegen ein Kassenschlager.

Brisant ist der Fall um Bassbariton Evgeny Nikitin aus dem Jahr 2012. Nikitin ist bei den Bayreuther Festspielen als „Fliegender Holländer" vorgesehen. Wenige Tage vor der Premiere wird er kurzfristig durch Samuel Youn ersetzt. Der Grund: Evgeny Nikitin trägt angeblich ein dickes, fettes Hakenkreuz-Tattoo auf der Brust. Auslöser des Nazi-Eklats ist eine Fotografie, die erstmals in der ZDF-Sendung *Aspekte* ausgestrahlt wird. Auf der Fotografie ist allerdings zu erkennen, dass das Hakenkreuz bereits überstochen ist. Der Sänger selbst spricht von einer Jugendsünde. Er wollte sich als junger Mann einfach ein bisschen von der nordischen Mythologie inspirieren lassen, ohne rechts zu denken. In den 90ern ist der Sänger nämlich Mitglied in einer russischen Heavy-Metal-Band.

Die Bayreuther Festspiele sind auch als Richard-Wagner-Festspiele bekannt. Katharina Wagner und Eva Wagner-Pasquier legen Evgeny Nikitin den Rücktritt nahe. Doch der *Deutschlandfunk* kritisiert: „Auch die Richard-Wagner-Festspiele sind tätowiert. Sie stecken in einer Hülle, die von Hitler geküsst wurde."[101] Die früheren Wagners sind überzeugte Antisemiten. Adolf Hitler war alljährlicher Gast im Hause Wagner. „Dort spielt Hitler den Ersatzvater für die Wagner-Erben", schreibt *Spiegel Online* bereits 2002.[102] Das öffentlich-rechtliche ZDF tut den Wagners also einen Gefallen. Und die Medien freuen sich, denn sie haben mal wieder einen „böhsen" Nazi-Onkel, den sie zerfleischen dürfen.

Hakenkreuze sind ein heißes Pflaster. Sogar virtuelle Hakenkreuze in Computerspielen können Unfrieden stiften. Am 3. November 2017 erscheint in Deutschland das Spiel *Call of Duty: WWII*. WWII steht für World War 2 – also für den Zweiten Weltkrieg. Die *Call of Duty*-Reihe ist sehr populär und gehört zu den sogenannten „Ballerspielen". Es geht darum, mit einer Waffe möglichst viele Gegenspieler abzuschießen. Von Vorteil ist es, selbst nicht getötet zu werden. Klingt brutal, ist es aber nicht unbedingt. Viele Spieler sehen beim virtuellen Ballern den Wettkampf im Vordergrund. Es geht um „Skill" und gutes „Aiming". Der Skill definiert die generellen Fähigkeiten im Spiel. Beim Aiming geht es ums perfekte Zielen mit der Waffe. Viele Spieler haben sich auf das Spiel auch deshalb gefreut, um endlich mal die Nazis zu spielen. Pech gehabt – denn *Call of Duty* ist dieses Mal nur aus der Sicht der Alliierten spielbar.

Bei den deutschen Spielefans gibt es besonders lange Gesichter. Denn in der deutschen Version ist das Hakenkreuz zensiert. In der internationalen Verkaufsversion gibt es das Hakenkreuz natürlich. Ein Spieler schreibt dazu in einem Forum: „Die tun ja so, als ob die Leute zu Nazis mutieren, weil sie die Symbole sehen."[103] Viele Spieler geben sich aufmüpfig und kündigen an, sich aus Prinzip die internationale Version des Spiels zu kaufen. Ebenso brisant ist, dass im Mehrspielermodus schwarze Soldaten auf der Seite der Achsenmächte spielbar sind – sogar schwarze Soldatinnen. Was tolerant rüberkommen soll, verärgert viele Spieler. Denn sie wünschen sich Authentizität. Wenn das Hakenkreuz ganz bewusst vor den Menschen versteckt wird, ist das manchmal ganz schön heikel. Verbotene Früchte schmecken schließlich besonders süß. Das führt zu Trotzreaktionen. Dennoch ist es gefährlich, wenn Nazi-Symbole zum alltäglichen Accessoire werden. Ja, das Hakenkreuz gehört zum Zweiten Weltkrieg, aber nicht ins Spielzimmer – denn viele Gamer zocken Spiele mit Nazi-Storyline ganz bewusst. Das zeigen die Nicknames der Gamer, die sich im Spiel beispielsweise „Goebbels1337" nennen und als Clankürzel „N4ZI" wählen. Das hat schon etwas von Fanatismus.

Artgerechte oder entartete Kunst

Der deutsche Komiker Bastian Pastewka spielt sich in seiner Comedy-Serie *Pastewka* selbst. In der ersten Folge der siebten Staffel trägt er ein geflochtenes Hakenkreuz auf der Rückseite seiner Jacke – natürlich ohne es zu wissen. Denn die Aktion ist der Racheakt einer Frau. Und so zeigt Pastewka in der Folge auch noch einen ungewollten Hitlergruß und hat auf einmal alle Menschen mit Migrationshintergrund gegen sich. „Das ist sehr lustig, obwohl Komik mit Hakenkreuz im deutschen Fernsehen als heikel gilt"[104], rezensiert *Welt Online* 2014 zur Erstausstrahlung der Folge. Ja, Hakenkreuz-Komik zieht bei den deutschen Zuschauern. Komiker mit ausländischen Wurzeln sind im Vorteil. Prominente Gesichter dieser „Ethno-Comedy" sind Kaya Yanar und Bülent Ceylan. Ceylan sagt über sich selbst: „Ich kann Hitler imitieren, ohne dass mir das jemand übel nimmt."[105] Und tatsächlich imitiert er Adolf Hitler bei einer Live-Show: „Wo wollen wir einmarschieren? Rückzug. Schuss." Das Publikum lacht herzhaft. Einfach nur, weil ein Deutschtürke einen auf Hitler macht. Wer als Deutscher den Türken-Präsi Erdogan mit einem Gedicht veräppelt, landet hingegen beinahe im Knast. Das macht viele Deutsche wütend, auch wenn sie keine Fans von Jan Böhmermann sind.

Komiker wie Jan Böhmermann und Oliver Pocher fallen oftmals mit schlechten Manieren auf, denn so recht mag sie niemand. Kein Wunder, denn Böhmermann spricht in seinem Schmähgedicht von „Kinderpornos" und „Ziegen ficken". Um die Schmähung abzurunden, wird Erdogan noch ein kleiner Penis angedichtet. Dieser verbale Schwanzvergleich trieb Angela Merkel die Schamesröte ins Gesicht. Die Bundeskanzlerin bezeichnete das Gedicht als „bewusst verletzend". Schnell war dem deutschen Publikum klar, dass Witze, die bewusst Tabus brechen, einfach lustiger sind. Und am liebsten mögen sie auch etablierte Entertainer mit Köpfchen – so wie Harald Schmidt. Zusammen mit seinem „pubertären Ziehsohn" Oliver Pocher erfindet er 2007 das „Nazometer". Das fiktive Gerät erkennt automatisch Nazi-Wörter wie „Blitzkrieg" und reagiert wie ein Rauchmelder bei Feuer. In der gleichen Sendung stellt Schmidt das Duschgel „Arischer Frühling" vor – das er angeblich immer benutzt, nachdem er mit entarteter Kunst in Berührung gekommen sei.

Sieg Heil für die Quote

Rauch steigt empor. Die Menschen grölen und blicken auf das Geschehen in der Mitte. Dort laufen 22 Männer durch die Gegend und konzentrieren sich auf das runde Ding. „Hurensohn", klingt es von irgendwoher. Und dann wieder: „Timo Werner ist ein Hurensohn." Wir befinden uns in Tschechien. Deutschland ist zu Gast und spielt gegen die tschechische Nationalmannschaft. Es geht um die WM-Qualifikation. Deutsche Fans beleidigen den eigenen Spieler, obwohl die Mannschaft 2 : 1 gewinnt. Auch dank Timo Werner, der ein gutes Spiel macht. Plötzlich schallt ein lautes „Sieg Heil" durch das Stadion. „Sieg Heil, Sieg Heil, Sieg Heil." Wieder sind es die deutschen Fans. „Damit wollen wir nichts zu tun haben", stellt Mats Hummels später klar. Nach dem Spiel geht die deutsche Mannschaft demonstrativ nicht in die Fankurve. Das ist ungewöhnlich, aber konsequent.

Irgendwie ist der Vorfall ja auch praktisch. Die deutsche Nationalmannschaft kann ein Zeichen gegen rechts setzen. Die Journalisten haben was zu schreiben. Und die Zuschauer was zu diskutieren. Manchmal sind es die nackten Flitzer, dann die Pyrotechnik und dieses Mal halt Nazi-Parolen. Für die Quoten ist das immer gut. Wenn das jemand weiß, dann der Privatsender RTL. 2008 ist der Künstler DJ Tomekk Kandidat im *Dschungelcamp*. Tomekks bürgerlicher Name ist Tomasz Kuklicz – ein Name, den man sich im Gegensatz zu Tomekk nicht wirklich merken kann. Kurz vor dem Einzug ins Ekel-Camp singt DJ Tomekk *Deutschland, Deutschland über alles* und zeigt den Hitlergruß in eine Handykamera. Denn: Irgendjemand filmt die verstörende Szene. Skurril ist, dass DJ Tomekk dabei gut gelaunt wirkt. Auch im Hintergrund ist schallendes Gelächter zu hören. Die Öffentlichkeit bekommt das nicht mit, also darf Tomekk in den Dschungel einziehen. Der Zeitpunkt der Enthüllung ist pikant. Erst als Tomekk aktiver Teilnehmer der Show ist, veröffentlicht die *Bildzeitung* das Video.

Gerüchten zufolge wird das Video von einem Bekannten aus dem Teilnehmerfeld gedreht und für eine sehr hohe Summe an die *Bildzeitung* verkauft. Dr. Dieter Graumann vom Zentralrat der Juden meint zu dem Vorfall: „Wer Hitler feiert, muss geächtet werden."[106] Der bekannte Medienjournalist Stefan Niggemeier bezeichnet den Zentralrat der Juden gar als „Naziskandalometer".[107] Tatsächlich meldet sich der Zentralrat der Juden in automatisierter Form zu Wort, sobald irgendwo ein Verweis auf den Nationalsozialismus stattfindet. Vielen stößt das sauer auf. Und auch DJ Tomekks Biografie steht eher für Integration als für Nazi-Gehabe. Tomekk ist gebürtiger Pole und in Berlin-Wedding aufgewachsen. Fast jeder zweite Bewohner dort hat einen Migrationshintergrund. DJ Tomekks Freundin ist schwarz. Nach eigener Aussage ist DJ Tomekk „alles andere als fremdenfeindlich".

Die Veröffentlichung des Skandal-Videos hat heftige Konsequenzen für den Künstler. Denn DJ Tomekk ist der Geheimfavorit der RTL-Show. Er muss die Dschungelshow umgehend verlassen. Seltsam ist, dass das Video erst einige Tage vor dem Finale veröffentlicht wird. Umgehend schießen die Quoten in die Höhe. Hat die *Bildzeitung* das Video vielleicht sogar in Absprache mit RTL bis zum richtigen Zeitpunkt zurückgehalten? DJ Tomekk erklärt einige Monate später, dass er lediglich „die militärische Stimmung in der Hotelhalle parodieren" wollte. Laut DJ Tomekk wurden die im Video gezeigten Szenen allesamt geschnitten und suggestiv vertont.

Drei Jahre später – also 2011 – gibt es bei *Big Brother* einen ähnlichen Skandal. René Kirsten, Favorit der damaligen Staffel, formt mit seinen Fingern einen „Hitlerbart". Der Hitlerbart ist eine bestimmte Form des Schnurrbarts und wird auch Quadratbärtchen genannt. Er hat eine starke symbolische Tragkraft und steht stellvertretend für Adolf Hitler und dessen Nazi-Ideologie. René Kirsten streicht in der *Big-Brother*-Show mit dem rechten Zeige- und Mittelfinger über seine Oberlippe. Mit seinem schwarzen Mitbewohner Barry witzelt er nämlich gerade über Rassismus. Schnell wird klar, dass die Aktion – Achtung: Wortspiel – schwarzer Humor ist. RTL II interessiert das nicht. René Kirsten muss noch am gleichen Abend die Show verlassen. Die Begründung des Senders ist hanebüchen: „Auch Kinder sehen Big Brother."[108] Eigentlich ist das Sendeformat ja eher für sexuelle Zurschaustellungen bekannt, um die voyeuristischen Vorlieben der Zuschauer zu befriedigen. Doch der Sender erreicht sein Ziel, denn die Quoten explodieren.

Müde? „Arbeit macht frei!"

Der Nazi-Slogan „Arbeit macht frei" steht symbolisch für die Vernichtungslager und den Holocaust an den Juden. „Arbeit macht frei" existiert seit dem 19. Jahrhundert und ist der Titel eines Romans des deutschnationalen Autors Lorenz Diefenbach aus dem Jahr 1872. In der Partygeneration von heute kann es schon mal vorkommen, dass junge Menschen den Hintergrund des zynischen Satzes gar nicht mehr kennen. Wie gebildet die deutsche Jugend ist, persifliert die Filmreihe *Fack ju Göhte*. Im Herbst 2017 kam bereits der dritte Teil in die Kinos.

Es kann also schon mal sein, dass sich die Jugend auch mal über Nazi-Sprüche lustig macht, weil sie es einfach nicht besser weiß. Immerhin ist das dunkle Kapitel Deutschlands für die jungen Leute eine gefühlte Ewigkeit her. 2003 gewinnt Juliane Ziegler die erste Staffel der RTL-Show *Der Bachelor*. Die ausgebildete und durchaus attraktive Schornsteinfegerin legt danach – wie üblich – eine Mini-Karriere als Moderatorin hin. Im Januar 2008 moderiert Ziegler die Call-in-Sendung *Night-Loft*. Call-in-Shows sind ein umstrittenes Fernsehformat. Zuschauer ab 18 Jahren rufen an, um Rätsel und Fragen zu lösen, die teilweise gar nicht oder nur sehr schwer lösbar sind. Sendungen wie diese werden als „Abzocke" bezeichnet und sind wohl auch deshalb im deutschen Fernsehen kaum noch vorhanden.

Im Januar 2008 ruft ein müder Zuschauer bei Juliane Ziegler an. Der Zuschauer heißt Tobi und erklärt seine Müdigkeit: „Ich muss gleich arbeiten." Juliane Ziegler kontert: „Yeah, arbeiten! Arbeit macht frei." Danach beginnt sie hysterisch zu kichern. Die Redakteure reagieren sofort. Plötzlich verschwindet Juliane Ziegler aus dem Live-Bild. Minuten später tritt sie wieder vor die Kamera. Sie entschuldigt sich kleinlaut und fügt dummerweise hinzu: „Das sind diese Live-Momente, diese spontanen, wo irgendetwas rausflutscht, das man irgendwo mal aufgeschnappt hat." Juliane Ziegler sagt das mit zitternder Stimme. Sie tut einem fast leid. Das entsprechende Video hat bezeichnende 1,5 Millionen Klicks auf YouTube.[109]

Der Programmleitung ist das Schicksal der Moderatorin egal. Einen Tag später fliegt Juliane Ziegler raus. Ein User schreibt: „Warum zerstört man die Karriere eines Menschen wegen eines blöden Witzes?"[110] Die Antwort ist einfach: Das kurbelt die Quoten und stachelt die Medien an. Denn *Focus* titelt nach dem Vorfall: „Nazi-Skandal auf ProSieben." Doch Juliane Ziegler gibt nicht auf. Die Braunhaarige schafft den Sprung zurück ins Fernsehen. Das Nazi-Fettnäpfchen nimmt nun nur noch eine schnöde Randnotiz auf Wikipedia ein – und natürlich auch hier in diesem Buch.

Nazi-Weine für Miss Hitler

Die Deutschen lieben Italien. Nirgends schmeckt der Aperol Spritz in den Sommermonaten so gut. In den Geschäften gibt es frische Oliven und exklusives Olivenöl. Wer kulinarisch veranlagt ist, deckt sich vor der Heimreise mit ein paar Spezialitäten ein. Doch so mancher Tourist schmuggelt noch ein paar andere Köstlichkeiten über die Grenze nach Österreich oder gar Deutschland. Nämlich Bier und Wein – laut Etikett arisch rein. In Italien – beispielsweise in Lignano – werden nämlich süffige „Hitlerbiere" und „Führerweine" verkauft. Die hauptsächlichen Abnehmer sind natürlich nicht die Italiener selbst, sondern die Deutschen und Österreicher. Auf dem Etikett des Führerweins ist ein Hitler-Porträt abgebildet. Darunter steht: „Ja!

Führer, wir folgen Dir." In Italien ist das nicht verboten, in Deutschland schon. Wer sich also blau oder besser gesagt braun saufen möchte, sollte das besser im ehemaligen Mussolini-Territorium tun.

Auch im Internet werden ähnliche Nazi-Devotionalien angepriesen. Auf einer Website gibt es den „La Grappa del Führer" für 50 Euro. Wem das zu inflationär ist, bedient sich einfach bei einem anderen Nazi-Schergen. Ebenfalls für 50 Euro gibt es nämlich „Erwin Rommels Weinflasche".[111] Damit sich die Lieferkosten auch lohnen, bietet der Shop viele weitere Nazi-Artikel an – sogar Keramikfliesen mit Reichsadler und einem uniformierten Adolf Hitler. Originell sind auch die Kaffeetassen mit Hakenkreuz sowie Teller mit schwarzer SS-Rune. Reichsbürger kommen hier auf ihre Kosten. Dass in Euro und nicht in Reichsmark bezahlt wird, zerstört die Illusion leider. Immerhin können auf der Seite dubiose „Goldbarren des NS-Staates" gekauft werden. Und das für nur 25 Euro pro Stück. Für einen Goldbarren bekommt man also eine halbe Flasche Wein. Das klingt nach keinem guten Geschäft.

Manche Akteure treten natürlich ganz absichtlich in die Nazifalle. Denn wer öffentlich provoziert, bekommt Gehör. Dafür wird die Regenbogenpresse schon sorgen. 2016 wird in Großbritannien eine junge Schottin zur „Miss Hitler 2016" gekürt. Hinter der Aktion steckt die Neonazi-Gruppe „National Action". Auf dem Siegerfoto zeigt die Gewinnerin den Hitlergruß. Die Briten sind bekannt für solche Mätzchen. 2005 erscheint Prinz Harry auf einer Kostümparty im Nazi-Look. Die Ösis können das noch viel besser. Anfang 2017 streift ein als Hitler verkleideter Mann durch Braunau. Nicht zu vergessen: Braunau ist die Geburtsstadt Adolf Hitlers. Der falsche Hitler trägt stilecht einen Seitenscheitel sowie den urtypischen Hitlerbart. Und auf der Internetplattform *gutefrage* möchte der User „Despacio" ernsthaft wissen: „Darf ich mich an Halloween als Hitler verkleiden?"[112]

Der Hype um Hitler ist allgegenwärtig. Schon zur Schulzeit waren viele Schüler von den Hitler-Dokumentationen im Geschichtsunterricht fasziniert. Eben weil Hitler verboten war. Der Klassenclown packte dann irgendwann die Plastikfolie aus, in der die Zigaretten verpackt sind. Wenn man die Folie nah genug an den Mund hält und brüllt, klingt man fast wie Adolf Hitler. Denn die Stimme wird verzerrt. Das erinnert an die schlechte Tonqualität von damals. „Wollt ihr den totalen Krieg?" Doch Vorsicht! Das Zitat ist gar nicht von Adolf Hitler, sondern von Joseph Goebbels. So etwas kann man eben auch mal falsch aufschnappen. Hauptsache es ist lustig.

3 Der Nazi-Vergleich ist dem Politiker sein Tod

Rechte Sprache, schwere Sprache!

Wie zwei kleine Kinder sitzen sich zwei ganz Große der deutschen Geschichte gegenüber – es sind Politiker. Der eine ist riesig und etwas dick, der andere ist deutlich kleiner und schlank. Dafür ist er ein richtiger Motzer. „Sie sagen dem Volk die Unwahrheit", kläfft der eine. „Sie sagen die Unwahrheit", bellt der andere. Der kleine Motzer haut dabei immer wieder mit einer Hand auf den Tisch. Der Dicke bleibt nahezu stoisch sitzen und wirkt völlig unbeeindruckt. Das provoziert den kleinen Motzer sichtlich. Er wird wilder und wilder. „Nein, nein, das stimmt doch gar nicht", unterbricht er den Dicken wieder und wieder. Bald wird die Situation eskalieren.[113]

Es ist der 12. Mai 1985. Willy Brandt (SPD) und Helmut Kohl (CDU) treffen in der TV-Sendung *Bonner Runde* kurz nach der Landtagswahl in Nordrhein-Westfalen aufeinander. Im Verlauf des TV-Duells geht es um den damaligen CDU-Generalsekretär Heiner Geißler. „Ein Hetzer ist er. Seit Goebbels der schlimmste Hetzer in diesem Land", brüllt Willy Brandt. Kohl kontert: „Sie sollten sich schämen." So merkwürdig es klingt: Die Deutschen sehnen sich heutzutage nach solchen charismatischen Politikern. Nach Politikern, die auch mal emotional werden und die Nerven verlieren. Die klare Kante zeigen und nicht nur schwafeln.

Willy Brandts Goebbels-Vergleich ist ein geschickter Schachzug. Seine Aussage bedeutet, dass Heiner Geißler „der schlimmste Hetzer" in Deutschland seit 1945 ist. Nun ist die Zeit nach 1945 aber keine nationalsozialistische mehr. Der Vergleich zwischen Geißler und Goebbels liegt also nur suggestiv vor. Außerdem: Die emotionale Erregung macht Ausrutscher verzeihlicher. Pikant ist, dass Heiner Geißler 2011 der offizielle Schlichter im Projekt „Stuttgart 21" war. In einer Rede am 29. Juli 2011 rief er die Streithähne mit einem Nazi-Zitat zur Ordnung: „Wollt ihr den totalen Krieg?"[114]

Heiner Geißler ist damals 81 Jahre alt und gilt als anständiger Demokrat. Weder Willy Brandt noch Heiner Geißler selbst werden die Nazi-Vergleiche zum Verhängnis. Die Medien sind gnädig, der Zentralrat der Juden ist still. Die beiden Fälle sind Ausnahmen. Ein guter Skandal ist es eben erst dann, wenn Köpfe rollen und wie Flipperbälle durch die Republik kullern. Das Handwerk des waschechten Nazi-Vergleichs will gelernt sein. Das ist nämlich eine ähnliche Todesfalle wie die korrekte Bildung der Grammatik im Deutschen.

Ich bin doch nicht blöd? Doch!

„Prügeln sollten wir uns hier nicht", sagt Wolfgang Schäuble im Oktober 2017.[115] Es ist Schäubles große Stunde. Mit 501 Ja-Stimmen wird er zum neuen Bundestagspräsidenten gewählt. Großspurig zitiert Wolfgang Schäuble Immanuel Kant in seiner Rede: „Handele stets so, dass das Prinzip deiner Handlungen auch das Prinzip aller anderen sein könnte." Natürlich, Wolfgang Schäuble ist eine große Persönlichkeit und mit seinen stets guten Manieren ein Vorbild für die Kinder unserer Nation. Doch nicht immer war das so.

Am 31. März 2014 spricht Wolfgang Schäuble bei einer Veranstaltung mit Berliner Schülern zur Krim-Krise. Im Konflikt um die Krim hatte Russland die ukrainische Halbinsel nach einer international nicht anerkannten Volksabstimmung angegliedert und die Kontrolle übernommen. Schäuble sagt auf der Veranstaltung:

Das kennen wir alles aus der Geschichte. Solche Metho-
den hat schon Hitler im Sudetenland übernommen – und
vieles andere mehr.[116]

Altmeister Schäuble weiß, wie der Hase läuft. Intuitiv wirft er den
Medien vor, nicht korrekt zitiert worden zu sein. In der Sendung
„Beckmann" sagt Schäuble: „Ich bin doch nicht so blöd, dass ich Hitler mit jemandem vergleiche."[117] Der Zentralrat der Juden glaubt Wolfgang Schäuble und stuft Schäubles Absicht als harmlos ein. Auch die
konservative Zeitung *Die Welt* gibt Schäuble Rückendeckung. „Dabei
liegt er gar nicht so falsch"[118], meint das Springer-Blatt. Mag sein, denn
Vergleiche sind natürlich wichtig, um Unterschiede und Ähnlichkeiten festzustellen.

Im Ukraine-Konflikt kamen sehr viele Menschen ums Leben –
darunter auch unzählige Zivilisten. Das ist schlimm. Und da sind sich
die meisten Politiker und Journalisten in Deutschland wohl einig. Es
ist vielleicht makaber, aber die toten Menschen scheinen einen Hitler-
Vergleich zu rechtfertigen. Der Konflikt zwischen Russland und der
Ukraine spielt den Medien in die Karten, bedient er doch viele Russ-
land-Klischees. Wie heißt es doch so schön: Wenn sich zwei streiten,
freut sich der Dritte. Noch besser klingt das natürlich im Politiker-
Jargon: „Wenn sich zwei prügeln, haue ich erst recht mit der Hitler-
keule drauf." Warum das funktioniert? Weil für die deutschen Medien
Wladimir Putin sowieso schon der Böse ist. Wolfgang Schäuble ist zu
mächtig. Die Journalisten tun gut daran, Merkels rechte Hand bei
Laune zu halten. Denn eine Hand wäscht die andere.

So blöd Hitler-Vergleiche sein mögen, so blöd guckte vermutlich
auch Herta Däubler-Gmelin aus der Wäsche, als sie 2002 sehr überraschend aus Schröders Kabinett flog. Im September 2002 verglich
sie nämlich Adolf Hitler mit George W. Bush. In einer Diskussionsrunde ging es um den Irakkrieg. Anwesend war auch ein Redakteur
des *Schwäbischen Tagblatts*. Däubler-Gmelin sagte laut Zeitung:

Bush will von seinen innenpolitischen Schwierigkeiten
ablenken. Das ist eine beliebte Methode. Das hat auch
Hitler schon gemacht.[119]

Noch während der Diskussionsrunde bittet die Ministerin den Redakteur, die Äußerung nur am Rande zu thematisieren. Die Ministerin
stellt im Nachhinein sogar die journalistische Kompetenz des Redakteurs infrage, weil dieser nur lokal- und regionalpolitisch orientiert
sei. Däubler-Gmelin sucht die Schuld also nicht bei sich – ein typisches Verhaltensmuster bei Politikern übrigens. Stattdessen stellt sie
klar:

Ich habe das nicht gesagt, ganz einfach. Es ist verleum-
derisch und geradezu abwegig, mich in einen Zusammen-
hang mit einem Vergleich zwischen einem demokratisch
gewählten Politiker wie dem Präsidenten der Vereinigten
Staaten und Nazi-Größen zu bringen.[120]

Pech für die Ministerin: Der Redakteur bleibt bei seiner Darstellung.
Und plötzlich gibt Däubler-Gmelin zu, irgendetwas mit „Adolf Nazi"
gesagt zu haben. Die politische Opposition fordert sofort ihren Rücktritt. Bundeskanzler Gerhard Schröder stellt sich nur halbherzig hinter seine Ministerin und wirft sie aus seinem neuen Kabinett. Stattdessen wird Brigitte Zypries als Nachfolgerin ernannt.

Doch gefallene Politiker müssen sich um ihre Karriere keine Sorgen machen. Seit Oktober 2014 ist Herta Däubler-Gmelin nämlich die
Ehrenpräsidentin des Bundesverbandes ehrenamtlicher Richterinnen
und Richter.[121] Ihr Scharfrichter lässt es sich derweil in Russland gut
gehen. Denn Gerhard Schröder führt den Aufsichtsrat des russischen
Ölkonzerns Rosneft. Sein Gehalt soll sich im sechsstelligen Bereich
bewegen. Im September 2017 wirft der Linken-Politiker Alexander
Neu dem Ex-Bundeskanzler und anderen Ex-Politikern eine „Men-

talität des Absahnens" vor. Das macht die Linke natürlich nicht. Bei der Scheinheiligkeit kann einem ja fast schwindelig werden.

Wenn der Gasmann zweimal klingelt ...

Die Linke in Deutschland verkörpert insgesamt einen weichen Linksextremismus. Es gibt in der Partei also linksextremistische Zusammenschlüsse, die als Instrument für den Klassenkampf genutzt werden, zum Beispiel die Antifa. Im Gegensatz zur AfD und NPD gilt Die Linke in Deutschland als salonfähig. Die Krawalle von Hamburg im Sommer 2017 haben den Deutschen allerdings *eine* gefährliche Facette des linkspolitischen Spektrums gezeigt. Und auch wenn es auf den ersten Blick kaum zu glauben ist: Auch die Linkspartei hat sich in der Vergangenheit antisemitisch gezeigt, auch wenn im linken Spektrum sehr wohl eine Auseinandersetzung mit antisemitischen Tendenzen stattfindet.

Im April 2011 veröffentlichen die Duisburger Linken nämlich ein israelfeindliches Flugblatt auf ihrer Internetseite.[122] In dem Flugblatt wird der jüdische Staat als „wahrer Schurkenstaat und Kriegstreiber" bezeichnet. Besonders markant ist dieser Satz: „Tretet der moralischen Erpressung durch den so genannten Holocaust entgegen!" Das ist eine Anspielung auf die „Kollektivschuld" der Deutschen. Vor allem in der rechten Szene wird der Holocaust an den Juden als unwichtiges Relikt der Vergangenheit abgetan.

Das Hakenkreuz ist übrigens auch bei manchen Anhängern der Linkspartei beliebt. Die Duisburger Linken garnieren ihr Schriftstück nämlich mit einem widerlichen Symbol. Zu sehen ist ein Davidstern, der mit einem Hakenkreuz verschmolzen ist – ganz schön kreativ. Außerdem fordert die Duisburger Linke: „Kauft keine Produkte aus Israel!" Selbstverständlich greift die Bundesspitze der Linkspartei direkt ein und fordert die Löschung des Papiers. Die CDU und die FDP freuen sich. Sie kritisieren das Verhalten der Linkspartei und inszenieren sich als Wahrer der demokratischen Grundordnung.

Zurück zum „sogenannten Holocaust". Selbstverständlich war das auch immer ein Thema der NPD. Die Vergangenheitsform passt hier ganz gut, weil die NPD eigentlich gar nicht mehr aktiv existiert. Im Prinzip will die AfD das Gleiche. Sie verpackt es allerdings raffinierter und massentauglich. Vor einigen Jahren war die NPD auf jeden Fall noch das Zentrum des Rechtsextremismus. Vor der Wahl zum Berliner Abgeordnetenhaus 2011 sorgt sie für einen Nazi-Skandal. Der NPD-Slogan lautet: „GAS geben!" Auf dem Plakat sitzt Spitzenkandidat Udo Voigt auf einem flotten Motorrad. Der Slogan hat also zunächst zwei Bedeutungen; erstens die Beschleunigung des Motorrads und zweitens die umgangssprachliche Bedeutung im Sinne von „sich stärker einsetzen". Beide Lesarten sind jedoch irrelevant.

Eins dieser Gas-Plakate der NPD hängt direkt vor dem Jüdischen Museum in Berlin. Das zeigt auch schon, welches Geistes Kind die NPD ist. Das Wort „Gas" spielt nämlich auf die Vergasung der Juden durch das Gas Zyklon B im Dritten Reich an. Widerlich: Den ahnungslosen Menschen wurde damals gesagt, dass sie zur Desinfektion in Duschräume gebracht werden. An den Gebäuden mit den Gaskammern hingen Aufschriften, die tatsächlich auf ein Bad hinwiesen. Selbst in den Gaskammern waren Armaturen angeblicher Wasserrohre installiert. Wer das durchschaute, wurde von den Nazis abgedrängt und erschossen. Die Menschen mussten sich für das angebliche Duschen nackt ausziehen. Die Gaskammern waren luftdicht verschlossen. SS-Angehörige warfen das Zyklon B in die Kammern. Nach 20 Minuten waren alle Juden tot. Ein SS-Arzt kontrollierte den Todeskampf derweil durch ein Guckloch. Die Toten wurden schließlich verbrannt. Häftlinge mussten die letzten Knochenstücke zerkleinern. Im Winter streute man damit manchmal die glatten Wege des Konzentrationslagers.

Im Sommer 2017 fordert ein Hotel im schweizerischen Urlaubsort Arosa die jüdischen Gäste zum Duschen auf. Es geht um die

Benutzung des Schwimmbads. Die „Jewish Guests" werden per Aushang gebeten, vor und nach dem Baden zu duschen. Natürlich erscheint das peinliche Plakat direkt auf Twitter und wird dort verbal zerrissen. Die israelischen Medien berichten besonders ausführlich über den Vorfall. Denn viele Menschen fühlen sich an die Massenvernichtung der Juden durch die Nazis erinnert. Auch in der ersten *Schmidt-&-Pocher*-Sendung am 25. Oktober 2007 ging es um das Wort „duschen". Oliver Pocher sagte dann zu Harald: „Bin froh, dass dein Nazometer nicht hier ist."[123] Das Publikum lachte. Stargast Günther Jauch schaute allerdings betreten ins Leere – so als würde er sich für Pocher schämen.

Aufstieg und Fall der Piraten

2012 ist ein komisches Jahr in Deutschland. Obwohl die Maya den Weltuntergang prophezeien, regiert Merkel noch immer als mächtigste Frau der Welt. Doch in Deutschland braut sich was zusammen. Chaotische Typen mischen sich in die Politik ein und schaffen den Sprung in die Landesparlamente. Nein, die AfD ist es nicht; sie wird erst am 6. Februar 2013 in Berlin gegründet. Die Rede ist von der Piratenpartei. Ja, da war doch mal was.

2012 ziehen die Piraten in den Saarländischen Landtag ein. Auch die Landtagswahlen in Schleswig-Holstein und Nordrhein-Westfalen werden ein voller Erfolg. Und: Bei der Sonntagsfrage zur Bundestagswahl erreichen die Piraten teilweise um die zehn Prozent. Ende des Jahres ist der Spuk jedoch schon wieder vorbei. Schrittweise kentern die illustren Männer und Frauen. Sie gehen unter. Und heute spielt die Piratenpartei gar keine Rolle mehr. Sie war von Anfang an eine unverbrauchte Protestpartei. Viele Menschen wählten sie, um Angela Merkel eine mitzugeben. Die Piratenpartei war zwar systemkritisch, allerdings tickte sie nicht rechts. Die Wählerschaft war demnach eher bunt gemischt. Die Rechten gaben damals schließlich noch der NPD ihre wertvolle Stimme. Heute bekommt die AfD die Stimmen der Rechten und Protestwähler. Ein Geniestreich.

Hochmut kommt vor dem Fall. Das Sprichwort kennt wohl jeder, weil es absolut treffend ist. 2012 sagt der damalige Berliner Fraktionsgeschäftsführer der Piratenpartei Martin Delius: „Der Aufstieg der Piratenpartei verläuft so rasant wie der der NSDAP zwischen 1928 und 1933."[124] Die ungute Aussage zieht direkt zwei Konsequenzen nach sich. Erstens zieht Delius seine Kandidatur für den Bundesvorstand zurück, zweitens entsteht eine Debatte über den Umgang der Piraten mit dem Rechtsextremismus. Für sehr viele Menschen ist die Partei ab diesem Zeitpunkt nicht mehr wählbar. Sogar Parteichef Sebastian Nerz nennt den Nazi-Vergleich „dämlich"[125]. Das eigentlich angesehene Qualitätsmedium *Zeit Online* versetzt den Artikel mit den Schlagwörtern „Adolf Hitler" und „NSDAP". Adolf Hitler taucht in dem Artikel zwar nicht auf, bringt aber viele Klicks. Selbst die seriösen Medien heizen das Thema an und wollen die Piraten vielleicht sogar loswerden. Heute wäre ein Teil der Bevölkerung jedoch froh, wenn die Piratenpartei die primäre Protestpartei wäre.

Viele Journalisten freuen sich insgeheim über den Rechtsruck in Deutschland und Österreich. Die harsche Sprache der Rechten ist nämlich das Elixier für einen erfolgreichen Zeitungsartikel. In einer toleranten Welt ohne Konflikte würden sich Zeitungen schließlich gar nicht mehr verkaufen.

Wie sieht ein moderner Nazi aus?

Früher hatten die Rechten schicke Uniformen, später dann Glatzen und Springerstiefel. Heute sehen Rechts- und Linksextreme eigentlich gleich aus. In beiden Varianten gibt es nämlich Autonome. Das sind „Hipster", die ziemlich locker gekleidet sind – doch sie sind brandgefährlich. Das Ziel der Rechtsextremen ist es, die Gesellschaft zu infiltrieren. Das gelingt der AfD. Egal ob Krankenschwester, Facharbeiter oder Uni-Prof: In allen Bereichen finden sich Menschen, die den Rechtsextremismus bewusst oder unbewusst unterstützen. Das sind Menschen, die auch bei anderen Menschen ankommen und sie überzeugen. Guten Freunden gibt man gerne eine suggestive Botschaft mit auf den Weg.

Der „Obergrüne" Jürgen Trittin gibt sich während der Verhandlungen über die Jamaika-Koalition weltgewandt und seriös. Die Grünen möchten zeigen, dass sie erwachsen geworden sind und endlich wieder Verantwortung übernehmen können. Doch der hochfeine Jürgen Trittin tappte selbst schon mal ins Nazi-Fettnäpfchen. Die CDU scheint das nicht mehr zu wissen – sie will es sicher auch längst vergessen haben.

Im März 2001 sagt Jürgen Trittin in einem WDR-Interview über den CDU-Generalsekretär Laurenz Meyer: „Meyer hat die Mentalität eines Skinheads und nicht nur das Aussehen."[126] Richtig, 2001 gibt es in Deutschland tatsächlich noch Skinheads. Das sind die Typen mit Glatzen und Springerstiefeln, die Nazi-Parolen grölen. Vor rund 20 Jahren war das noch Realität. Doch heute tragen die Rechten ein neues Gewand. Nicht nur optisch, sondern auch sprachlich. Jürgen Trittin spielt damals mit seiner Aussage auf Laurenz Meyers Glatze an. Dafür kann der Laurenz Meyer aber nichts, denn die Glatze ist erblich bedingt – „in der Tat" hilft da wohl nur Alpecin. Jürgen Trittin unterstellt Meyer jedoch, dass er die Glatze ganz bewusst trägt, quasi als nationalsozialistisches Markenzeichen.

Nach Jürgen Trittins Verbalattacke beantragt die Union aus CDU und CSU seinen Rücktritt als Umweltminister. Auch Angela Merkel, damals noch nicht Bundeskanzlerin, kritisiert Trittins Versuch, den Rechtsradikalismus in der politischen Auseinandersetzung zu instrumentalisieren. Jürgen Trittin überlebt den Skinhead-Vergleich, weil er sich direkt entschuldigt. Ehrlich währt eben doch am längsten. Und die CDU hat natürlich auch braunen Dreck am Stecken. 1986 verglich Bundeskanzler Helmut Kohl während einer USA-Reise Michael Gorbatschow mit Joseph Goebbels. Kohl suchte die Schuld jedoch bei einem US-Magazin, das ihn angeblich falsch zitierte. Irgendwann tauchte dann ein Mitschnitt des Zitats auf. Und tatsächlich – Helmut Kohls Goebbels-Vergleich war in Wirklichkeit nicht ganz so schlimm. Das US-Magazin skandalisierte den Vorfall, schließlich haben Skandale für die Medien nur Vorteile.

„Ich bin doch nicht blöd." Dieser Werbeslogan gilt in Deutschland fast schon als geflügeltes Wort. Und auch unsere Politiker geben nur ungern zu, einen üblen Nazi-Vergleich rausgehauen zu haben. Der Slogan lässt sich wunderbar umformulieren: „Ich bin doch nicht so blöd, dass ich zugebe, einen Hitler-Vergleich zu nutzen, um mich und ein Thema in die Medien zu bringen." Und so gilt die brachiale Faustregel für politische Pressearbeit: Hitler-Vergleiche sind doch nicht so dumm, denn sie garantieren Medienpräsenz. Und Medienpräsenz ist in der oberflächlichen Gesellschaft von heute das A und O.

Was Jupiter erlaubt ist, ist nicht dem Ochsen erlaubt. Diese lateinische Sentenz lässt sich auf die Politik wunderbar übertragen. Ist ein Promi seit 40 Jahren Mitglied in der SPD oder CDU, darf er sich vielleicht auch mal einen schicken Nazi-Vergleich erlauben. Mitglieder der AfD oder NPD werden allerdings direkt zerrissen – ebenso wie Polit-Neulinge, die über kein Netzwerk verfügen. Betrachtet man den öffentlichen Umgang mit Nazi-Größen, scheint es so etwas wie eine „Hitlermania" zu geben. Adolf Hitler ist eine Witzfigur im Comedy-Bereich, ein rhetorisches Stilmittel in der Politik und ein Garant für Aufmerksamkeit in der Kunst- und Werbebranche.

Nazi-Vergleiche sind wie ein „All In" im Pokerspiel. Mit Glück überrollt man den politischen Gegner und steht im Mittelpunkt. Mit Pech landet man auf dem Scheiterhaufen der Medien und gilt danach als politisch verbrannt. Welchen Ausgang wünscht sich wohl das Publikum? Die Menschen wollen Skandale, Tränen, rollende Köpfe und moralische Abgründe. Die Medien werden also ihr Bestes geben, dass Promis zu gefallenen Engeln werden und in den Abgrund der Hölle blicken. Die Journalisten lachen sich ins Fäustchen – und fühlen sich wie im siebten Himmel. Wenn sie keine Lust mehr auf einen Promi haben, zerschneiden sie die Schicksalsschnur und die Marionette fällt in die Tiefe. Runter zu den anderen Marionetten.

4 Willkommen im Nazi-Paradies

Warum der Biss in Adolfs Apfel (eben nicht) völlig okay ist

Alice Weidel und Sigmar Gabriel liegen beide auf einer Hängematte im Garten Eden. Dort gibt es Geld wie Heu, teure Dienstwagen und viele steuerfreie Vergünstigungen. Das Paradies für jeden Politiker. „Hier wird es euch an nichts fehlen", spricht der Bundespräsident mit archaischer Stimme und ergänzt: „Hier dürft ihr alles machen. Nur lasst bitte die Nazi-Vergleiche weg, sonst werdet ihr verbannt." Alice und Sigmar schauen sich unbeeindruckt an. Doch im Paradies wohnt auch ein ganz mächtiger Journalist. Der Journalist ist schlauer und einflussreicher als alle anderen Journalisten. „Soso, der Bundespräsident hat euch also einen Nazi-Vergleich verboten", zischt der mächtige Journalist mit fieser Stimmlage. „Ich sage euch etwas. Der Bundespräsident möchte bloß nicht, dass ihr genauso viel Aufmerksamkeit bekommt wie er." Alice hört gespannt zu. Ihre Augen funkeln. Sigmar hingegen reibt sich genüsslich seinen Bauch und wirkt völlig entspannt. Alice möchte auf einmal so gerne die verbotene Frucht kosten und fühlt sich bei dem Gedanken wie im Wunderland. Plötzlich kommt es über sie: „Sigmar, ihr habt doch in der SPD sicher auch ein paar Nazis." Der erfahrene Sozialdemokrat fühlt sich provoziert und kontert ebenfalls mit einem heftigen Nazi-Vergleich. Im Nu schlängelt sich der listige Journalist zu den beiden und spricht: „Haha! Und jetzt werde ich mit einem schönen Artikelchen dafür sorgen, dass einer von euch morgen das Paradies verlassen muss."

Die kleine Geschichte ist an den Sündenfall in der Bibel angelehnt. Eva verführte bekanntlich ihren Mann Adam, in die Frucht des Baums der Erkenntnis zu beißen – obwohl Gott dies verboten hatte. Und so wurden Adam und Eva aus dem Paradies vertrieben. Seitdem ist der Mensch böse. Dennoch streben viele Menschen danach, die Welt jeden Tag ein bisschen besser zu machen. Dass das oftmals reines Geschwätz ist, zeigte das Beispiel Jürgen Klinsmann, der damals als Trainer beim FC Bayern sagte: „Ich will jeden Spieler jeden Tag ein bisschen besser machen."[127]

Die Bibel enthält viele Weisheiten, wenn man sie richtig liest. Bekannt ist ein Satz aus dem Evangelium nach Matthäus, das natürlich nicht mit dem Tagebuch des Lothar Matthäus verwechselt werden darf. Im Evangelium heißt es: „Der Geist ist willig, aber das Fleisch ist schwach". Das Zitat bedeutet, dass gute Vorsätze aus Bequemlichkeit oder menschlicher Schwäche nicht eingehalten werden. Ähnlich wie der Fußball lebt die politische Debatte von Emotionen. Gefühlsausbrüche machen Politiker menschlich, können jedoch auch deren Untergang bedeuten. „Strafe hasst man, aber die Sünde liebt man", sagte einst schon Martin Luther.[128]

Vielleicht ist der Griff ins Nazi-Potpourri aber auch gar keine Sünde – und nicht einmal ein Griff ins Klo. Möglicherweise ist es erschütternd, dass heute für viele der Eindruck entsteht, nicht mehr über die Nazivergangenheit sprechen zu dürfen. Jeder kennt die Redewendung „bis zur Vergasung". Wer das sagt, ist für viele ein Nazischwein. Doch Obacht: Die Redensart kommt aus dem Bereich der Naturwissenschaften und bezieht sich auf den letzten gasförmigen Aggregatszustand. Wenn die Menschen eine harmlose Redewendung ganz neu interpretieren, nennt sich das Volksetymologie. Das Volk macht sich also eigene Gedanken, was ein Wort oder eine Redewendung bedeuten könnte. Das ist lobenswert, zeigt jedoch auch die „Urschuld" des Deutschen. Jedes Wort, das an die Nazis erinnern könnte, sagt man als lieber nicht. Die Folgen sind krass, denn plötzlich entsteht eine verbotene Sprache.

Das wird man wohl noch sagen dürfen

In der Münchner Paulaner-Brauerei findet jährlich während der Fastenzeit der Salvator-Ausschank am Nockherberg statt. Beim Starkbieranstich werden Politiker und Prominente auf die Schippe genommen. In der Regel genießen das die Promis. 2010 übernimmt Michael Lerchenberg als Bruder Barnabas die Rolle des frechen Fastenpredigers. Michael Lerchenberg ist zu dem Zeitpunkt sehr bekannt. Als lustiger Prälat in der Serie *Der Bulle von Tölz* bringt er die Zuschauer regelmäßig zum Lachen. Die Fastenpredigt überträgt der Bayerische Rundfunk live. Die ganze Show wird jedoch zum Desaster. Und der lustige Prälat wird zum Teufel geschickt – denn seit 2011 ist Michael Lerchenberg nicht mehr dabei.

2010 wirbt die FDP mit dem Slogan „Leistung muss sich wieder lohnen". Lerchenberg sagt: „Und über dem Eingang steht, bewacht von neoliberalen Ichlingen im Gelbhemd, in eisernen Lettern: Leistung muss sich wieder lohnen."[129] Während er das sagt, verwendet Lerchenberg seine Hände, um die geschwungene Form der eisernen Lettern zu veranschaulichen. Jeder kapiert es sofort: Das ist eine Anspielung auf den Nazi-Spruch „Arbeit macht frei." Außerdem sagt Lerchenberg zuvor etwas von einer Wassersuppe und einem Stacheldraht – auch das sind Verweise auf ein KZ. Lerchenbergs Aussage ist eine überspitzte Satire und kein realer Ist-Zustand.

FDP-Chef Guido Westerwelle ist empört. Er droht, die Veranstaltung in Zukunft zu boykottieren. In einem Brief[130] an die Paulaner-Brauerei verwehrt er sich, „mit einem KZ-Wächter verglichen zu werden". Und weiter: „Für die Zukunft bitte ich, von Einladungen an meine Person abzusehen." Das klingt etwas überzogen, dabei ist es Guido Westerwelle zu diesem Zeitpunkt selbst, der auch gerne mal austeilt. Im Vorfeld spricht der FDP-Chef nämlich von „spätrömischer Dekadenz"[131], an der Deutschland irgendwann scheitern könne. Der Skandal ist jedoch gar nicht mal Lerchenbergs Überspitzung, sondern das Verhalten des Bayerischen Rundfunks. Denn der BR streicht die Szene, schneidet sie einfach raus.

Glücklicherweise gibt es Plattformen wie YouTube, denn hier ist alles unzensiert zu finden. Zu Lerchenbergs Auftritt äußert sich selbstverständlich auch Charlotte Knobloch. Sie ist 2010 noch die Vizepräsidentin des Europäischen Jüdischen Kongresses: „Scherze, die das Leid der Opfer in den Konzentrationslagern verharmlosen oder gar der Lächerlichkeit preisgeben, sind eine Schande für die ansonsten gelungene Veranstaltung."[132]

Viele Menschen stellen sich hinter Michael Lerchenberg. Der KZ-Vergleich ist kein moralischer Fehlgriff, sondern ein Stilmittel künstlerischer Freiheit, um Missstände pointiert darzustellen. Doch die *Bildzeitung* spricht von einem „Riesen-Eklat in München", und auch die *Süddeutsche Zeitung* schreibt: „Es liegt auf der Hand, dass der Text Assoziationen zu einem Konzentrationslager weckt."[133] Der Druck auf Lerchenberg wird so groß, dass er hinwirft. Schade, doch es ist ein Trend der heutigen Zeit, dass unbequeme Menschen aussortiert werden. Deutschland hat ein großes Problem, sich mit der eigenen Nazivergangenheit auseinanderzusetzen. Die Schuldgefühle sind riesig. Künstler wie Michael Lerchenberg versuchen, die deutsche Erinnerungskultur humoristisch anzugehen. Lerchenberg drückt der FDP ein paar heftige Sprüche auf. Na und? Der Auftritt ist doch so überzeichnet, dass der Zuschauer die Seitenhiebe eh nicht für voll nimmt, sondern die Show einfach nur genießt. Daran ist nichts verkehrt. Kabarettisten dürfen Grenzen überschreiten und zeigen uns auf, wo genau ein Tabubruch beginnt. Als gewöhnlicher Bürger ist das nämlich nicht so einfach, zu groß ist die Gefahr, sich zu blamieren. Ausländische Politiker wie Erdogan dürfen Deutschland hingegen jederzeit mit dem alten Nazideutschland vergleichen – ohne dass es Konsequenzen gibt. Angela Merkel und viele andere ducken sich einfach weg.

Schicke Nazi-Vokabeln als Eisbrecher

Viele Nazi-Vokabeln sind tief in unserem Wortschatz verankert, ohne dass wir es wissen. Und dann gibt es natürlich noch die offensichtlichen Nazi-Wörter, die man als braver Deutscher lieber zu Hause in der guten Stube lässt. Das Wort „Sonderbehandlung" ist Nazi-Jargon, interessiert heute aber niemanden mehr. Sonderbehandlung war das Codewort für die Ermordung der Juden. Dann gibt es noch die „Selektion" – das Aussortieren der Menschen an der Rampe von Auschwitz. Das sind Wörter, die man im Alltag eigentlich schon sagen darf. Im Journalismus ist das schwierig.

Die Tageszeitung *taz* ist ein linkes Qualitätsblatt. Nach der schrecklichen Silvesternacht 2015 in Köln rüstete die Polizei für das Jahr 2016 mächtig auf. Dementsprechend kontrollierte sie am Kölner Hauptbahnhof viele junge nordafrikanische Männer. Andere Reisende wurden nicht kontrolliert. Die Polizei wählte demnach optische Kriterien für die Kontrollen – das ist irgendwie verständlich. Die *taz* kommentierte die Polizei-Aktion als „Selektion". In einem Kommentar war sogar von „Sonderbehandlung" die Rede.[134] Die *Jüdische Allgemeine* ging direkt an die Decke und forderte durch die Blume eine Entlassung des zuständigen Redakteurs.[135]

Die *taz* entschuldigte sich kleinlaut, kommentierte aber auch bissig: „Der Vorfall zeigt aber einmal mehr, dass uns Denken und Sprache der NS-Verbrecher näher sind, als uns lieb ist."[136] Woran das liegt, ist wohl mehr als ersichtlich. Moralapostel suchen ständig das Haar in der Suppe. Das ist übrigens eine Spezialität der Deutschen. Konstruktive Verbesserungsvorschläge sind schließlich langweilig. Stattdessen wird draufgehauen und herumgepöbelt. Die *taz* wollte wohl ganz bewusst provozieren, vielleicht aber auch mahnen, dass die Polizei nicht alle Nordafrikaner in die Terroristen-Schublade stecken sollte. Gut so! Durch die Entfachung des Skandals hat die linke *taz* ihre Bühne bekommen und die Nazi-Wörter „Sonderbehandlung" und „Selektion" sind jetzt erst recht mit Nazi-Feenstaub überzogen – und deshalb besonders mythisch und anheimelnd.

Dann gibt es da noch das prominente Wort „Endlösung". Und zugegeben, da wird es so langsam brenzlig. Das Wort verweist auf die von den Nazis geplante vollständige Vernichtung der europäischen Juden. Es ist wiedermal eine Tarnbezeichnung der Nazis, die seit etwa 1941 existiert und durch die Wannseekonferenz 1942 offiziell wurde. Was ist, wenn der Zahnarzt bei einer langwierigen Wurzelbehandlung plötzlich von der Endlösung spricht? Will er dann ran an unser Zahngold? Autsch, Verweise wie diese sind wirklich böse, denn die Nazis brachen den Juden das Zahngold aus – meist aus den Mündern der Toten.[137] „Sonderbehandlung", „Selektion" und „Endlösung" sind Wörter, die wir durchaus in harmloser Bedeutung im Alltag verwenden *können*. Das wird allerdings nach hinten losgehen. Bei den Überkorrekten setzen umgehend die reflexhaften Protestroutinen ein. Da ist man dann schnell der böse Nazi von nebenan, obwohl man in diesem Moment gar nicht an das Dritte Reich gedacht hat. Oder liegen die „Überkorrekten" vielleicht richtig? Aus Respekt vor den im Dritten Reich getöteten Menschen ist es angebracht, die alten Nazi-Vokabeln in der braunen Schublade zu lassen. Die Deutschen sind im Umgang mit ihrer eigenen Sprache verunsichert.

Regeln in der Gesellschaft entstehen nicht in der Theorie, sondern durch praktische Verfehlungen. Es ist wichtig, darüber zu sprechen. Manche Menschen möchten sachlich über die Nazi-Verbrechen sprechen, andere möchten streiten und wieder andere nähern sich dem Thema eher humorvoll oder mit schwarzem Humor. Das sollte geachtet und akzeptiert werden.

Die Welle

Die Menschen waren doch dumm, dass sie sich damals von Adolf Hitler verführen ließen. Heute würde so etwas nie wieder passieren, weil wir alle viel intelligenter sind. So ähnlich denken viele Bürger, die sich für besonders gescheit halten. Und auch Jugendliche und Kinder können die Entstehung des Nationalsozialismus nicht mehr nachvollziehen. Doch der deutsche Film *Die Welle* veranschaulicht 2008, wie einfach das geht.

Ein Lehrer wagt das Experiment, mit straffer Disziplin und Uniformen ein Gemeinschaftsgefühl herzustellen. Doch das Experiment eskaliert. Plötzlich genießt der Lehrer seine Führerrolle. Ein Außenseiter geht in der Bewegung auf, fühlt sich auf einmal mächtig. Als der Lehrer das Experiment beendet, erschießt sich der Schüler. *Die Welle* gilt noch immer als beliebte Schullektüre und beruht auf einer wahren Begebenheit. 1967 führte ein Lehrer das Experiment an einer Schule in Kalifornien durch. Es ist kaum vorstellbar, dass eine solche Eigendynamik heute noch möglich ist.

2017 sorgt ein Berufsschullehrer aus Hannover für Aufregung. Schüler werfen dem Mann vor, dass sie sich im Unterricht mit dem Hitlergruß melden mussten. Außerdem soll der Lehrer Schüler mit Migrationshintergrund beleidigt haben. Solche Vorfälle sind keine Seltenheit. Im Internetforum *Gutefrage.net* fragt ein Schüler, ob sein Lehrer Adolf Hitler imitieren dürfe. „Ehrlich gesagt, fanden wir das alle ziemlich asozial", schreibt er.[138] Manche User stimmen ihm zu. Doch andere finden das Verhalten des Lehrers ziemlich witzig und locker. Wie viel Hitler im Alltag ist also erlaubt?

Im November 2017 erhält die 15-jährige Emilia aus Dresden den Preis für Zivilcourage gegen Rechtsradikalismus.[139] Mit der Auszeichnung bekommt die Schülerin 2.000 Euro Preisgeld. 500 Euro spendet sie noch am gleichen Abend an ein jüdisches Mobbing-Opfer. Sein Fall hatte im Frühjahr 2017 Schlagzeilen gemacht. Er wurde nämlich gemobbt und bedroht, weil er Jude ist. Bizarr: 2010 verglich sich eine Siemens-Managerin selbst mit dem Leid der Juden während des Holocausts, weil sie gemobbt wurde. Der Wortlaut: „Ich darf Ihnen heute schriftlich bestätigen, dass kein Jude in diesem Land solche seelischen Qualen erleiden musste wie ich."[140] Siemens warf die Managerin raus, doch 2013 entschied ein Gericht, dass Siemens die Frau weiter beschäftigen muss.

Die Auflösung, warum die mutige Emilia den Preis über 2.000 Euro gewonnen hat, ist gigantisch. Sie „verpfiff" ihre Mitschüler zivilcouragiert, obwohl sie Angst hatte. Es ist ein ganz normaler Schultag in ihrer Klasse. Plötzlich amüsieren sich die Schüler, weil der Akku nur noch 88 Prozent anzeigt – wir haben bereits gelernt: Die 88 steht in der rechten Szene für „Heil Hitler". Die Schüler lachen darüber. Wenn einer niest, wird lauthals „Heilung" gerufen. Das ist ebenfalls eine Anspielung auf „Heil Hitler" und typisch jugendsprachlich. Denn die Jugend macht aus dem Verb „gönnen" auch gerne das Wort „Gönnung". In der Schulklasse wird Jude zur Beleidigung. Wobei das nicht neu ist. Vor allem Computerspieler nennen sich im Internet gerne mal „Jude" und „Judenkind" – alles nachlesbar in verschiedenen Internetforen.

Doch Emilia hat noch viel mehr zu erzählen: „Das Schrecklichste war ein Foto einer Rauchwolke mit der Bildunterschrift ‚jüdisches Familienfoto' – da wehrte ich mich." Das Foto wird zu diesem Zeitpunkt über WhatsApp verschickt. Was das Foto wohl bedeuten könnte? Die Juden wurden im Dritten Reich vergast und dann verbrannt. Darüber zu lachen, ist widerlich. Ein Mitschüler kommt mit Emilias Zivilcourage so gar nicht klar, meint sogar, sie habe „wohl zu viel tote Juden eingeatmet".

Das ist Deutschlands Zukunft. Und es muss die Frage gestellt werden, was die Jugend an Nazi- und Judenwitzen so geil findet. Vielleicht möchte die Jugend ihre Grenzen testen. Das könnte so aussehen: In der Schule über tote Juden lachen, mittags Ballerspiele zocken, nachmittags einen Hardcore-Porno schauen und abends an der Wasserpfeife ziehen. Sicherlich, das sind Klischees. Vielleicht sind es aber auch die Sprachtabus, die das Gewitzel über Juden und Nazis erst so cool machen. Führt im Umkehrschluss dann eine Enttabuisierung geschmackloser Witze zu deren Rückgang, weil sie dann schnell „uncool" werden? Pädagogisch wertvoll ist ein solches Vorgehen natürlich auch nicht – also bleiben Nazi-Witze besser tabu.

Wer Sprachtabus bricht, gilt als „mutig". Das ist ein Grund, warum die AfD besonders bei jüngeren Menschen so erfolgreich ist. Was aber können die Eltern und Lehrer tun, damit die Jugendlichen erst gar nicht auf die „Hitler-Speech" abfahren? Wichtig ist die didaktische Digitalisierung des Unterrichts. Die Neuen Medien bieten der Jugend mehr Möglichkeiten, Schönes und Hässliches auszutauschen. Ein Bild via WhatsApp ist schnell verschickt. Wer hätte vor 20 Jahren die Fotokopie einer Rauchwolke mit in die Schule gebracht und dort an alle verteilt? Kinder und Jugendliche bekommen von den Eltern zu schnell ein Smartphone in die Hand gedrückt – auch damit die Sprösslinge „a Ruh" geben. Das geht nach hinten los. Die Verhaltensweisen mancher Teenies sprechen übrigens gegen ein Wahlrecht ab 16 Jahren. Doch Menschen wie Emilia zeigen, dass die Jugend auch viel reifer sein kann als viele Erwachsene in diesem Land.

Ich bin kein Rechter, aber ...

Wer sich in Deutschland gut verkaufen möchte, muss provozieren. Das wissen nicht nur die Stars und Sternchen aus dem RTL-Dschungel, sondern auch gestandene Politiker wie SPD-Mann Thilo Sarrazin. Sein Buch *Deutschland schafft sich ab* ist ein Bestseller. Das liegt freilich nicht nur am Buch selbst. Thilo Sarrazin provoziert mit Interviews und krassen Äußerungen, die durchaus Fragen zu seiner politischen Integrität aufwerfen. Sarrazins „Kopftuchmädchen" steht mittlerweile im Duden. Der Intellektuellen-Zeitschrift *Lettre International* sagte er 2009: „Ich muss niemanden anerkennen, der vom Staat lebt, für die Ausbildung seiner Kinder nicht vernünftig sorgt und ständig neue kleine Kopftuchmädchen produziert."[141] In diesem Kontext wirkt das Kopftuchmädchen beinahe wie eine seelenlose Ware, die von Arabern fließbandartig produziert wird. Sarrazins deutliche Wortwahl kommt in Deutschland gut an.

So richtig heikel wird es für Thilo Sarrazin aber erst, als er sich – warum auch immer – den Juden widmet. „Alle Juden teilen ein bestimmtes Gen", behauptet Sarrazin. Die Antwort des Zentralrats der Juden in Deutschland lässt nicht lange auf sich warten. „Ich habe den Eindruck, dass Sarrazin mit seinem Gedankengut Göring, Goebbels und Hitler große Ehre erweist"[142], kontert Generalsekretär Stephan Kramer. Viele Deutsche verstehen allerdings nicht, dass der Zentralrat der Juden einen so großen medialen Einfluss hat – und quasi mitentscheidet, welche Köpfe rollen. Das „reflexhafte Schwingen der Antisemitismuskeule" kritisiert der Publizist Alfred Grosser: „Dadurch wird Antisemitismus ja geradezu erzeugt."[143] Ob es weise ist, wenn der Zentralrat der Juden mit einem Nazivergleich kontert?

In manchen Fällen muss allerdings hart durchgegriffen werden. Am 28. März 2016 leugnet ein junger Mann aus Simbach in Bayern mal eben über Facebook den Holocaust.[144] Das ist verführerisch, denn in den sozialen Medien treffen sich ideologisch gleichgeschaltete Leute, ohne den Schlafanzug ausziehen zu müssen. Der junge Mann veröffentlicht seinen Beitrag in der öffentlichen Gruppe *Die Wahrheit*. Witzig ist ja, dass gerade die Verschwörungstheoretiker immer der Meinung sind, sie würden die *eine* Wahrheit verbreiten. Das Ziel: Bei den Lesern soll sich ein seltsamer Aha-Effekt einstellen, damit sie endlich aufwachen und merken, dass dieses oder jenes Thema nur eine große Lüge ist. Und so bezeichnet der junge Mann den Holocaust ebenfalls als „Lüge". Die hinterhältige Masche der ganzen Verschwörungstheoretiker ist es nämlich, den Mainstream als blöd und leichtgläubig hinzustellen. Verschwörungstheoretiker und Hetzer verstehen sich als die Weisen der medialen Neuzeit.

Der Mann aus Simbach behauptet, dass es sich beim Holocaust nur um rund tausend Opfer gehandelt habe. Es kommt zum Prozess.

So viel Dummheit muss ja schließlich bestraft werden. Der Richter verhängt dem Mann 88 Sozialstunden – nein Quatsch, 50 Sozialstunden. „Eine weitere Chance gibt es nicht", sagt der gütige Richtiger. Ein paar Sozialstunden schrecken wohl kaum ab. Im Internetforum der *Passauer Neuen Presse* kommentiert der User Perikles: „Ich bin kein Rechter, aber ich denke, diese Strafbestimmung hat man eingeführt, um im Ausland besser dazustehen." Ein andere User meint: „Richtig!"[145]

Sicherlich ist dieser Fall nur ein Auszug, aber eine Sache wird doch ziemlich deutlich. Die Bestrafungen von Holocaust-Leugnungen und Nazisprache führen in der deutschen Bevölkerung mehr und mehr zu einer Trotzreaktion. Merkel & Co. verbeugen sich vor Trump, Erdogan und allen anderen Staaten und zeigen somit kein außenpolitisches Selbstbewusstsein. Es geht gar nicht darum, ob das so ist oder nicht, sondern wie die Bevölkerung das wahrnimmt. Und das macht die Rechtspopulisten stark und stärker. Der deutsche Michel möchte sich einfach nicht mehr schuldig fühlen, denn die Nazi-Verbrechen sind Taten, für die er nichts kann. Die große Politik, allen voran die Regierungsparteien, muss in allen Bevölkerungsschichten wieder an Vertrauen gewinnen. Positive Gefühle wie Ehrlichkeit, Hilfsbereitschaft und Respekt entziehen den Rechtspopulisten Kraft. Doch die Große Koalition ist zerstritten, und sogar die CSU fällt Angela Merkel mehr und mehr in den Rücken. Die „Volksparteien" schaffen sich auf diese Weise selbst ab.

Zwei Seelen wohnen, ach! in meiner Brust

Wir müssen mal miteinander reden. Ein solcher Satz ist in einer Partnerschaft meist tödlich. Doch Deutschlands Beziehung zum Dritten Reich ist keine Lebensabschnittsphase. Es ist eine unsterbliche Ehe für alle Zeiten. Was romantisch klingt, ist nekrotisch. Die Nazivergangenheit ist eine verderbliche Kost und wie ein Symbiont, der den

Wirt krank macht. Deutschland muss sich seiner Vergangenheit stellen. Millionen Juden sind umgekommen – das darf nicht wegdiskutiert werden. Das Dritte Reich ist die Büchse der Pandora. Wer sie öffnet, lebt gefährlich. Und wenn sie auf ewig verschlossen bleibt, entwickelt sich ein verführerischer Mythos.

Fakt ist: Komiker und Kabarettisten müssen Naziwitze reißen dürfen. Sicherlich, in Klassenzimmern haben Scherze über tote Juden nichts verloren, doch ein paar Verweise auf den Nationalsozialismus sind auf der Bühne nicht weiter schlimm. Es gibt genug Komiker, die sich über die Pädophilie in der katholischen Kirche amüsieren. Warum ist das erlaubt? Und die *heute show* im ZDF macht doch in jeder Sendung Hitlerwitze. Die dürfen das, denn schließlich ist das ZDF staatlich subventioniert. Nicht nur die Bibel ist ein Ratgeber für alle Lebenslagen. Auch die deutsche Literatur hat Bonmots für jede Gelegenheit parat. Johann Wolfgang Goethes *Faust* ist ein Paradebeispiel.

In *Faust* gibt es die Gretchenfrage. Den Begriff kennt wohl jeder, doch die eigentliche Frage ist fast ein kleines Geheimnis: „Nun sag, wie hast du's mit der Religion?"[146], fragt Gretchen den guten Faust in Marthens Garten. Faust laviert sich durch. Würde er die Frage wahrheitsgemäß beantworten, würde er wohl nicht an sein Ziel kommen – eine Liaison mit Gretchen. Ebenso schwierig ist es, die „Hitlerfrage" zu beantworten. Dürfen wir über Adolf Hitler und den ganzen Nazikram nicht mehr sprechen? Oder geht es vielmehr darum, *wie* und vor allem *mit welcher Absicht* wir über das Dritte Reich sprechen?

Am 9. November erhält eine syrische Flüchtlingsfamilie aus Krefeld einen Abschiebebescheid. Unterschrieben ist der Brief von einer Person namens „A. Reltih". In dem Schreiben steht, dass der Asylantrag abgelehnt wurde und das Ehepaar mit den Kindern umgehend das Land verlassen soll. Laut Schreiben droht sonst eine „Abschiebehaft mit sofortiger Wirkung".[147] Die Fälschung fliegt schnell auf, weil sich das syrische Ehepaar an die Stadt wendet. Der 9. November ist ein dunkler Tag in der deutschen Geschichte, doch viel makabrer ist der Name der Unterschrift. Wer etwas knobeln möchte, sollte vor dem Weiterlesen einen kurzen Moment nachdenken. Schnell wird klar: Liest man den Namen „Reltih" rückwärts, wird daraus „Hitler". Das „A." steht dann wohl ganz profan für Adolf. Zugegeben, das ist ziemlich schlicht – wenngleich auch ekelhaft.

Xenophobe Drohungen wie diese sind niederträchtig, doch genau deshalb sind sie reizvoll. Einerseits lachen wir manchmal gerne über geschmacklose Witze, vor allem dann, wenn wir es als eine Form von Kunst betrachten. Das geschieht meist dann, wenn es sich um ein Fernseh- oder Bühnenprogramm handelt. Andererseits sind Witze über Hitler und vergaste Juden ein No-Go. Es kommt immer auf den Kontext an. Die meisten Menschen haben dafür zum Glück ein Gespür – und das ist auch gut so. Noch einmal: Es ist wichtig, über das Dritte Reich und Adolf Hitler zu sprechen. Jeder hat dafür eine andere Vorgehensweise. Jugendliche testen ihre Grenzen aus, sehen das Spiel mit Nazi-Symbolen vielleicht auch als pubertäres Kräftemessen. Andere wiederum laufen beim Thema Nazis generell rot an und sagen gar nichts. Die meisten sprechen wohl am liebsten sachlich darüber. Doch damit holt man nicht jeden ab. Humor ist eben auch ein Schutzmechanismus und hilft, schlimme Dinge zu bewältigen.

Das Ausland weiß, dass wir Deutschen ein riesiges Problem mit unserer Geschichte haben. Immer wieder machen ausländische Politiker Hitler-Witze über uns – weil sie wissen, dass wir uns sowieso schuldig fühlen. 2015 wurden in Deutschland etwa 738.000 Babys geboren. Wir sollten mal darüber nachdenken, ob es diese kleinen Wesen verdient haben, mit der Schuld der deutschen Nazivergangenheit aufzuwachsen. Denn genau daraus entsteht der Trotz, irgendwann von der verbotenen Frucht zu kosten. Damit ist die rechte Sprache gemeint. Vielen Deutschen ist es allerdings wichtig, sich der eigenen Vergangenheit wieder und wieder zu stellen. Mit Masochismus hat das wenig zu tun. Es geht darum, sich selbst und andere vor ähnlichen Szenarien in der Zukunft zu warnen. Wir leben schon sehr lange in Frieden. Seit einigen Jahren sprießen Bücher aus dem Boden, die sich dem Thema Dankbarkeit widmen. Denn viele Menschen können nicht mehr so richtig glücklich sein. In Deutschland kämpfen etwa 4,1 Millionen Menschen mit Depressionen.[148] Dankbarkeit gilt als Wurzel für Gesundheit und Wohlbefinden.[149] Interessant wäre die folgende Studie: Welche Partei hat die glücklichsten Wähler? Die zufriedensten Menschen leben übrigens im Norden Europas. Deutschland liegt weltweit auf Rang 15 – hinter Israel und Costa Rica.[150]

5 Das rechte Coming-out

Das heilige Eiserne Kreuz und der Griff in die Nazi-Mottenkiste

Thomas und Yannick sind absolute Waffenfreaks und 16 Jahre alt. Beide interessieren sich für den Zweiten Weltkrieg und finden Adolf Hitler irgendwie geil. Warum, das wissen sie eigentlich gar nicht so genau. Vielleicht sind es die Uniformen, die Waffen oder einfach die vielen Geheimnisse um die Nazis. Die beiden Teenager sind leidenschaftlicher PlayStation-Spieler und freuen sich auf das brandaktuelle Call of Duty, das im Zweiten Weltkrieg spielt. Das Spiel ist zwar erst ab 18, doch das ist Thomas und Yannick egal. Yannicks großer Bruder Derrick kauft das Spiel gleich dreifach und die Sache ist geritzt. Thomas nennt sich im Spiel „Yankee1337". Yannick heißt „Afrika_Rommel05". Bevor es an die virtuelle Front geht, haben die beiden eine viel bessere Idee. Denn das Spiel ermöglicht die Gründung eines eigenen Clans, der maximal vier Buchstaben umfassen darf. Die Gamer beraten sich kurz und haben dann die geniale Idee. Das Clankürzel soll „N4ZI" lauten. Die Ziffer 4 ersetzt das A, was bei der Ähnlichkeit sogar cool rüberkommt. Was Thomas und Yannick machen, ist keine Seltenheit. Andere Gamer wählen Kürzel wie „NPD", „AFD" oder „JUDE". Warum die Zocker das machen, ist ersichtlich. Sie wollen ihre Faszination für das Dritte Reich ausdrücken – und zwar sehr provokant. So macht das Ballern doch gleich doppelt Spaß. Gamer sind eine eigene Spezies.

Das Geplänkel um kryptische Codes und Erkennungszeichen gibt es in allen Lebensbereichen – die meisten sind harmlos. Fußballfans identifizieren sich mit ihrem Verein oder der Nationalmannschaft und laufen an Spieltagen mit ihrem Trikot herum. Christen befestigen manchmal einen Aufkleber an ihrem Auto, nämlich den Fisch. Der Fisch ist das Erkennungszeichen des Christentums. Aussteiger und Rebellen nutzen die Punkfrisur, um ihrer Systemkritik besonderen Ausdruck zu verleihen.

Das Beispiel um Thomas und Yannick ist real. Skurril ist, dass mittlerweile tatsächlich viele Computerspieler in Kriegs-Ballerspielen das Kürzel „AfD" vor ihren Namen setzen. Das war vor einigen Jahren noch nicht der Fall. Das zeigt nämlich, dass die AfD sehr wohl die Ablösepartei der NPD ist – wenngleich auf einem höheren Niveau. Schaut man sich den Bundesparteivorstand der AfD an, wird schnell klar, dass dort sehr viele studierte Menschen sitzen. Die AfD macht einen auf blöd, ist es aber nicht. Das Prinzip funktioniert in vielen Branchen. TV-Sternchen wie Daniela Katzenberger, Verona Pooth und Paris Hilton kommen manchmal etwas doof rüber, verdienen aber Millionen mit ihren Allüren.

Natürlich ist es das Ziel der Rechten, sich einerseits nicht zu extrem zu geben, um viele Menschen in ihren Bann zu ziehen. Dennoch sind viele national denkende Menschen andererseits sehr stolz auf ihre Ideologie. Sie möchten das ganz bewusst zeigen. Das ist auch verständlich. Corporate Identity ist in allen politischen Spektren wichtig. Jede halbwegs etablierte Partei hat eigene Fan-Shops. Die SPD macht Wahlkampf mit roten Schirmen und roten Kugelschreibern. Die Grünen verteilen grüne Luftballons, die natürlich mit Bio-Gas gefüllt sind. Die Antifa verteilt Aufnäher mit der Aufschrift „A.C.A.B" – das steht für „All cops are bastards". Gimmicks wie dieses gibt es auch im Internet-Shop der Antifa zu kaufen. Schnell fällt auf, dass Symbole mit Identifizierungspotenzial sehr aussagekräftig sind. Die Antifa lehnt die deutsche Polizei nicht nur ab, sie bekämpft sie auch. Wieder einmal wird deutlich, dass nicht nur die Rechten, sondern auch die Linken gefährlich sind.

Für die Linken und Rechten ist es wichtig, nicht zu missionarisch rüberzukommen. Das ist meist eine Gratwanderung, zumal vor allem die Symbole der Rechten sehr aggressiv sind. Aggressive Symbole wie das Hakenkreuz haben jedoch den Vorteil, dass sie sehr eindeutig und eingängig sind. Es ist also sehr einfach, sich rechts zu präsentieren – schließlich könnte schon eine 88 als Bestandteil der E-Mail-Adresse genügen, um sich zu outen. Als Anhänger der FDP ist das deutlich schwieriger. Hat die FDP überhaupt ein markantes Erkennungszeichen? Es genügt vermutlich nicht, ein Hemd in der Farbe Magenta zu tragen. Da sieht man ja eher wie ein Mitarbeiter der Telekom aus.

Die Rechten haben also einen riesigen Vorteil: Sie haben einen verdammt guten Wiedererkennungswert. Und das macht sie stark. Jeder Teenager weiß, was er tun muss, um sein Faible für das Dritte Reich öffentlich zu zeigen. Die Rechten fallen in der Gesellschaft also auf, weil sie es so wollen. Viele rechtsextremistische Codes sind direkt ersichtlich, andere hingegen sind nur Insidern bekannt.

Onkel Wolf frisst Rotkäppchen

Das Märchen *Rotkäppchen* kennt jedes Kind. Ein böser Wolf frisst ein kleines Mädchen. Doch ein mutiger Jäger schneidet den Bauch des Wolfes auf und befreit Rotkäppchen. Der Jäger füllt den Bauch mit Steinen – der Wolf stirbt. Rotkäppchen ist ein typisches Märchen der Brüder Grimm. Etwa 20 Märchen wurden von 1933 bis 1945 filmisch produziert. Das Ziel: Märchenfiguren sollten in den Dienst des Nationalsozialismus gestellt werden. Auch *Rotkäppchen* wird 1937 neu verfilmt. In der Nazi-Version ist der Jäger ein Nazi, trägt sogar ein Hakenkreuz auf seiner sauberen Uniform. Auf die Nazis ist eben Verlass.

Der Wolf gilt seit einiger Zeit als Nazi-Symbol. Adolf Hitlers Spitzname ist Onkel Wolf. Und dann gab es da ja auch noch Wolfsburg und die Wolfsschanze. Warum das so war? Das Pseudonym „Wolf" ist auf die Bedeutung des Vornamens Adolf zurückzuführen. Den Tarnnamen benutzte Hitler übrigens auch selbst für seine eigene Korrespondenz. Die Kinder der Wagners nannten Adolf Hitler liebevoll „Onkel Wolf". Die autonomen Rechten entwickelten vor Jahren die Idee, in der Gesellschaft etablierte Modemarken als Erkennungszeichen zu nutzen. Im rechten Spektrum beliebt sind die Marken „The Northface" und „Jack Wolfskin". Durch „North" wird der nordische und germanische Kult stilisiert. Und „Jack Wolfskin" spielt logischerweise auf Adolf Hitler an. Die beiden Modelabels sind in Wahrheit unbelastet.[151] Dennoch tragen viele Rechte diese modischen Codes, um ihr Faible für das Dritte Reich auszudrücken. Das ist perfide, weil anständige Marken zweckentfremdet werden.

Selbstverständlich gibt es auch Unternehmen, die Klamotten speziell für das rechte Spektrum designen. Tatsächlich kann hier von Design gesprochen werden, weil die Shirts, Hosen und Blusen mit Aufdrucken und Sprüchen aufgepeppt werden. Nazi-Mode ist nicht nur ein Stilmittel, sondern auch ein ökonomischer Faktor. Die rechte Szene finanziert sich nämlich über den Vertrieb. Viele dieser Vertriebe kommen aus dem konservativen Bayern. Der Ort Murnau ist ein wunderbares Erholungsgebiet mit einer urigen Brauerei – doch in Murnau sitzt auch der „Versand der Bewegung". Die autonomen Nationalisten tragen meist dunkle Kleidung, Kapuzenpullis und Sonnenbrillen. Von der linken Szene sind sie optisch nicht zu unterscheiden.

Schon vor vielen Jahren entdeckt die rechte Szene die britische Marke „Lonsdale". Der Grund ist banal und verworren, denn tatsächlich ist nur die Buchstabenreihenfolge „nsda" ein Magnet für die Rechten. Das „p" fehlt. Den Rechten ist das egal. Die Jacken werden so getragen, dass alle Buchstaben bis auf die vier völlig verdeckt sind. So entsteht eine Buchstaben-Spielerei, die etwas verzweifelt wirkt. Großen Wirbel gibt es immer wieder um die Marke „Thor Steinar".

Die Firma streitet einen Bezug zur rechten Szene ab. Das Logo der Marke lädt die modernen Nazis zum Träumen ein, denn eine altgermanische Rune hat durchaus einen arischen Touch. In manchen Fußballstadien ist das Tragen der Marke sogar verboten.

Nazi-Stadt Dachau

Fußball und Rechtsextremismus gehören leider zusammen, auch wenn das von den Verantwortlichen niemand gerne hört. Manchmal sind es die Fans, die Nazi-Parolen schwingen, manchmal sind es die Profis selbst, die einen Hitlergruß andeuten, um die Stimmung anzuheizen. Es kommt aber auch vor, dass Nazi-Symbole erkannt werden, die überhaupt gar keine sind. Auch andere Sportarten liefern immer wieder mal einen Nazi-Skandal. Am 26. Oktober 2017 zeigte ein Radsportler aus Österreich den Hitlergruß bei der Siegerehrung. Der Mondseer Bürgermeister war Zeuge des Vorfalls und zeigte den Mann an – selbstverständlich wurde dem Radsportler der Sieg aberkannt.

Doch ganz ehrlich – für Nazi-Skandale im Ra(n)dsport interessiert sich wahrlich niemand. Die wahren Aufreger finden im Fußballsport statt: Emotionen, Männer und Schweiß. Am 8. Mai 2013 spielt Sachsenhausen gegen Babelsberg im Pokal. Jeder Rechte weiß: Am 8. Mai 1945 wurde der Zweite Weltkrieg beendet. Rechtsradikale Fans hängen am Jahrestag 2013 ein Transparent mit der Aufschrift „Gas geben, Sachsenhausen" auf. Während des NS-Regimes gab es das KZ Sachsenhausen. Auch hier spielt das Wort „Gas" mal wieder auf die Massenvergasung der Juden an und natürlich auf den Holocaust im Allgemeinen. Der Fußballverein TuS Sachsenhausen wird regelmäßig von rechten Fans unterstützt. Die Rechten wissen, dass sie durch solche Aktionen Aufmerksamkeit bekommen – es lohnt sich also.

Doch es gibt auch Missverständnisse. Am 22. Mai 2010 findet das Fußballfinale der Champions League in Madrid statt. Der FC Bay-

ern München spielt gegen Inter Mailand. Natürlich sind auch viele
Bayernfans mitgereist. Einen Megaskandal löst der Fanclub „Dachau
City 95" aus. Allerdings geschieht das nicht, weil sich die Fans danebenbenehmen, sondern weil sich die wohlfeine UEFA an der Aufschrift des Transparents stört. Noch während des Finalspiels untersagt die UEFA den Fans, das Transparent mit der Aufschrift „Dachau
City 95" aufzuhängen.

Die Argumentation der UEFA sorgt für Verärgerung: Sie meint,
der Name der Stadt Dachau könnte als „Nazi-Symbol verstanden
werden"[152]. Die Funktionäre der UEFA haben wohl plötzlich Angst
um die eigene Sicherheit bekommen. Die FDP Dachau empfindet
das Verhalten der UEFA als Diffamierung und sieht die Stadt
Dachau in die rechte Ecke gestellt. Dachau – da klingelt doch was.
Selbst die Schüler von heute wissen, dass dort ein Konzentrationslager stand. Viele wissen jedoch nicht, dass Dachau eine Stadt ist,
die ihre Wurzeln bereits im Mittelalter hat. Dachau ist also keine
Erfindung der Nazis, sondern ein Symbol, das die Verbrechen der
Nazis wachhält. Leider gibt es Menschen, die hier nicht differenzieren können und den Namen „Dachau" für eine makabre Provokation halten – vielleicht sogar für ein Schlagwort des Rechtext-
remismus. Die Münchner *Tz* stellt 2010 eine simple Gedankenkette
auf, die die unbegründeten Anfeindungen gegen die Dachauer
Bayernfans pseudowissenschaftlich erklären will: Dachau = KZ =
Neonazis.[153]

Ans Kreuz genagelt

Das Eiserne Kreuz existiert schon seit Anfang des 19. Jahrhunderts.
Während des Ersten und Zweiten Weltkrieges wird es als offizielle
Kriegsauszeichnung eingesetzt. Die Bundeswehr wählt 1956 das Kreuz
als Hoheitszeichen, allerdings in der harmlosen Variante von 1813.
Das Eiserne Kreuz ist das Markenzeichen der Bundeswehr.

Im November 2013 trägt die TV-Moderatorin Birgit Schrowange eine bunte Halskette. Die *Bildzeitung* bezeichnet den Schmuck als „kreuzunglücklich"[154]. Und tatsächlich: An der Kette bimmelt ein Gegenstand, der dem Eisernen Kreuz verdammt ähnlich sieht. Die Boulevardzeitung fragt: „Ein Kriegssymbol im Unterhaltungs-TV"? Den Skandal entfacht jedoch ausnahmsweise mal nicht die *Bildzeitung*. Auf Facebook entwickelt sich ein fieser Shitstorm, weil sich viele User über Schrowanges Kette aufregen. Die Medien freuen sich auf jeden Fall und zerpflücken die hübsche Moderatorin. Sie hingegen macht glaubhaft, dass ihr das Eiserne Kreuz gar nicht aufgefallen sei.

Rechte Symbole existieren massenweise. Und oft fallen dem unbescholtenen Bürger diese Symbole gar nicht auf. Die 88 ist als Hausnummer legitim, bei einer E-Mail-Adresse ist der Zusatz verdächtig – obwohl es sich auch um das Geburtsjahr 1988 handeln könnte. Statt Hakenkreuz skandieren die Rechten mit Transparenten, auf denen „HKNKRZ" steht. So ist die Botschaft nicht rechtswidrig. Eine noch bessere Masche der Rechten ist es aber, die nationalen und völkischen Botschaften nur anzudeuten – am besten lustig verpackt. Lustige Botschaften kommen in den sozialen Medien super an und werden auch vom Nachbarn um die Ecke mit einem Like versehen.

Die Rechten machen bessere Medienarbeit als die CDU, CSU, SPD und die Grünen zusammen. Mit suggestiven Bildchen und manipulativen Botschaften schaffen es die Rechten, dass wir jeden Tag ein Stückchen brauner werden. Wenn wir nicht aufpassen, machen wir vielleicht selbst irgendwann das Kreuz bei der AfD. Nur wer einen eisernen Willen hat, lässt sich weder von den Medien noch von den Rechten vor den Karren spannen.

KAPITEL IV

1 Mutti Merkel und die Flüchtlinge

Die suggestive Kommunikation der Rechten in den Sozialen Medien

Anna und Maria sitzen vor einem riesigen Bild mit ganz vielen Tieren und Menschen. „Na, wie gefällt euch der Zoo", fragt die Kindergärtnerin die beiden Mädchen. „Super", antwortet Anna und fragt: „Sollen wir das jetzt nur anschauen?" Die Kindergärtnerin beginnt zu schmunzeln und sagt: „Nein, nein, gibt es denn vielleicht ein Tier, das dort nicht hingehört?" Anna und Maria beginnen, das Bild mit ihren Kinderaugen intensiv abzutasten. Da gibt es Giraffen, Löwen und auch Pinguine. All diese Tiere sind ja doch sehr typisch für einen Zoo. Das wissen die beiden Mädels natürlich. Plötzlich entdeckt Maria etwas. „Tante Karina, komm mal rüber, ich habe was entdeckt", ruft sie, und Kindergärtnerin Karina eilt sofort herbei. „Da ist ja ein schwarzer Eisbär – so etwas gibt es doch gar nicht." Auch Anna beginnt zustimmend zu nicken. Die Kindergärtnerin wartet eine Sekunde und beobachtet die gespannten Kinderaugen. Dann klatscht sie in die Hände und ruft: „Super, wollt ihr noch eins spielen?"

Anna und Maria erkunden ein Wimmelbild. Das sind Bilder, die voll mit Gegenständen und Lebewesen sind. Oft gibt es zu den Bildern einen kleinen Text. Kinder können auf diese Weise neue Dinge entdecken und sich eigene Geschichten ausdenken. Wimmelbilder sind auch zum Trend in den sozialen Medien wie Facebook geworden. Bilder mit Suchaufgaben geistern durch den virtuellen Äther. Meistens sind diese Spiele harmlos – manchmal aber auch bitterböse.

Schwarzer Humor ist in den sozialen Medien sehr beliebt. Man will schließlich nicht nur lachen, sondern am besten jemanden auslachen. Viele Asylkritiker schimpfen, dass ja nur Männer nach Deutschland flüchten. Die Kinder und Frauen lassen sie bewusst zurück – so zumindest lautet das gängige Klischee. Sehr bekannt und teilweise prämiert sind Bilder von gigantischen Flüchtlingszügen. Solche Bilder machen vielen Menschen Angst. Natürlich kann man daraus auch einen Gag machen.

2017 kursiert in den sozialen Medien ein Wimmelbild mit der Aufgabe: „Finde 5 Frauen und 3 Kinder." Zu sehen sind unzählige Flüchtlinge, die über die deutsche Grenze geradezu einmarschieren. Angeführt werden die Menschenmassen von lediglich vier Polizisten. Dahinter laufen um die tausend Flüchtlinge. Wie man sich vorstellen kann, ist das Bild völlig unübersichtlich. Genau das ist der Witz – und auf den ersten Blick sind wirklich keine Frauen und Kinder zu entdecken. Das bitterböse Bild ist mit einem Wasserzeichen versehen: *rassistischeWitze.com*. Ja, rassistische Witze sind heutzutage der Eisbrecher. Vor allem in den sozialen Medien, wo Likes und Herzchen im Sekundentakt an Fremde verschickt werden. Noch nie war es so einfach, Aufmerksamkeit und Anerkennung zu bekommen. Das gelingt nicht nur mit Bildern von halb nackten Körpern, sondern eben auch durch krasse Witze.

Witze sind jedoch nicht nur Witze. Hinter ihnen steckt meist eine ernste Botschaft – mal mehr, mal weniger. Durch Humor ist es möglich, Sachverhalte überspitzt und pointiert darzustellen. Häufig wird eine Geschichte erst dann witzig, wenn Fakten völlig übertrieben und an der Realität vorbei erzählt werden. Tatsächlich sind in den letzten Jahren mehr Männer als Frauen nach Deutschland und Österreich gekommen. Erklärt werden kann das so, dass die Väter oder älteren Söhne oftmals vorreisen, um die Frauen und Kinder über den Familiennachzug nachreisen zu lassen. Terroranschläge, Vergewaltigungen und knappe Renten machen den Deutschen Angst. Viele haben das Gefühl, sozial und finanziell benachteiligt zu sein, während die Flüchtlinge angeblich alles in den sprichwörtlichen Hintern gesteckt bekommen. Das ist Stammtischniveau, kommt aber an. Wer sich für das Abfackeln von Asylantenheimen zu fein ist, betreibt eben ideologische Brandstiftung im Internet. Das ist nämlich viel lustiger und kann 24 Stunden am Tag betrieben werden. Als Belohnung gibt es Likes und Freundschaftsanfragen noch obendrein. Rechtsradikalismus ist Entertainment.

2 Verrat am Vaterland

Braune Hetzen und bunte Petzen auf Facebook & Co.

Weil sie nach eigenen Angaben unzufrieden mit ihrer Unterbringung waren, haben vier Jugendliche in ihrer Unterkunft in Falkenfels randaliert. [...] Bei den Randalierern handelte es sich um vier Jugendliche aus Afghanistan, die ohne Erziehungsberechtigte nach Deutschland gekommen waren und deshalb in dem Heim betreut werden.[155]

Diese Zeilen stammen aus der *Passauer Neuen Presse* vom 13. November 2017. Jahre zuvor träumen die Asylkritiker noch von solchen Enthüllungsberichten in ihrer Lokalzeitung, doch mittlerweile sind einige Medienvertreter „aufgewacht". Sie wollen schließlich nicht länger als „Lügenpresse" bezeichnet werden, denn dadurch verlieren sie viele Abonnenten und somit auch bares Geld. Berichte über ungehobelte Flüchtlinge werden nun gedruckt – die Kommentarfunktion im Online-Bereich ist allerdings nicht immer aktiviert. Zu groß ist das Risiko, dass aufgebrachte Wutbürger mit verbaler Vergasung der Flüchtlinge drohen. Und sieh an, denkt sich der Leser, laut Artikel gibt es ja doch Kinder und Jugendliche aus Kriegsgebieten in unserem Land. Besonders brav scheinen sie ja nicht zu sein – kurz vor Weihnachten ist das wohl nicht besonders schlau. Das wissen zumindest die wohlerzogenen deutschen Kinder. Dumm also, wenn man ein unbegleiteter Flüchtling ist. So nennt man die Kinder nämlich, die ohne Eltern nach Deutschland gekommen sind. Oft haben sie ihre Eltern für immer verloren. In diese Lage können und wollen wir uns nicht hineinversetzen. Uns geht es zu gut.

Wenn solche ausländischen Kinder in Deutschland austicken, ist der Hass groß. Passiert das bei deutschen Kindern, die beispielsweise in der RTL-Sendung *Die Super Nanny* die Mutter als „alte Schlampe" beleidigen und den eigenen Vater live im TV verprügeln, wird daraus ein Viral-Hit auf YouTube. Diesen Fall gab es vor einigen Jahren in der RTL-Show tatsächlich. Wer „Lukas kleene Fotze" bei You-Tube eingibt, findet ein Video mit 120.000 Views.[156] Ekelhaft: Ein ähnliches Video zu dem Thema wurde von einem User namens Osama Breivik hochgeladen – eine Anspielung auf gleich zwei Massenmörder. Das ist anscheinend die deutsche Internetkultur. So etwas ist in der Zeit der Medienskandale schick, während junge Flüchtlinge wie Schmuddelkinder behandelt werden, mit denen man lieber nicht spielt.

Eigentlich ist genau das ja das Geheimrezept der Stars von morgen bei *Deutschland sucht den Superstar*. Wer seine Eltern verloren hat und deshalb Mist baut, ist schon der Geheimfavorit der kompletten RTL-Sendung. So funktioniert das. Mit Flüchtlingskindern, die ihre Eltern auf sehr tragische Weise verloren haben, hat fast niemand Mitleid. Da heißt es für viele Flüchtlingsgegner eher: Deutschland sucht den Superterroristen! Doch das ist Klischeedenken. Viele Jugendliche aus Afghanistan und Syrien studieren in Deutschland oder machen eine Ausbildung. Einige sind sogar fleißiger als die deutschen Konkurrenten. Negativer und auch positiver Rassismus sind beliebte Manipulationsstrategien. Die Deutschen lieben nämlich ihr Schubladendenken. Bei den einen passen „faule Neger" gut ins Bild, bei den anderen lebenslustige Schwarze, die den Rhythmus im Blut haben. Deutsche Urlauber schwärmen von der Türkei als Urlaubsland, wollen aber keine Türken in ihrer Stadt haben. Pauschalurteile sind einprägsam, vielen scheinen sie das Leben einfacher zu machen – und genau das kann gefährlich sein.

Migranten-Bashing ist in Mode

Mode-Zar Karl Lagerfeld ist bekannt für seine markigen Sprüche. Manche lieben ihn, andere hassen ihn. Im November 2017 sagt der 84-jährige Lagerfeld im französischen Fernsehen: „Selbst wenn Jahrzehnte dazwischen liegen, kann man nicht Millionen Juden töten und später dann Millionen ihrer schlimmsten Feinde holen."[157] Der Hintergrund: In Deutschland mahnen Juden den Antisemitismus unter Muslimen an. Das Wohlbefinden der Juden in Deutschland wird den Rechten ziemlich egal sein, doch die Aussage des Chanel-Modedirektors läuft ihnen runter wie Öl – zumal Lagerfeld im gleichen Interview auch noch Bundeskanzlerin Angela Merkel kritisiert. Mutti Merkel hat es halt nicht einfach. Kein Wunder, dass sie nach den Bundestagswahlen 2017 ins vermeintlich paradiesische Polit-Jamaika auswandern wollte – gemeinsam mit den Grünen und der FDP. Doch Christian Lindner wollte nicht mitspielen. Die Grünen sind der FDP in Sachen Flüchtlingspolitik einfach zu links.

Die Flüchtlingskrise spaltet ganz Deutschland. Zumal die Terrorgefahr zunimmt. Da gibt es dann die prinzipiell ausländerfeindlichen Hetzer, die bei jeder Gelegenheit gegen die Neuankömmlinge Stimmung machen, und es gibt die scharfen Mahner, die sich aus gutem Grund über *die Flüchtlinge* mit hochkrimineller Energie aufregen – ohne xenophob zu denken. Natürlich gibt es auch die toleranten Petzer. Die stellen die Hetzer nämlich in den sozialen Medien bloß. Die Deutschen bekriegen sich gegenseitig, weil die Politik die Flüchtlingskrise vermurkst hat. Die unpolitischen Nichtwähler wandern zur Alternative für Deutschland ab. Die „Refugees Welcome"-Wähler wissen gar nicht mehr, welche Partei überhaupt noch gut für sie und die Flüchtlinge ist. Vielleicht die Grünen, vielleicht auch die SPD. Das schärfste politische Profil hat anscheinend tatsächlich die rechte AfD. Da weiß man nämlich, was man hat – und auch nicht hat.

Auch die deutsche Promiwelt mischt sich immer wieder in die Flüchtlingsdebatte ein. 2015 positioniert sich Deutschlands Vorzeigeschauspieler Til Schweiger gegen rechts. In der Talkshow *Menschen bei Maischberger* platzt Schweiger bei einem Gespräch mit CSU-Rechtsaußen Andreas Scheuer endgültig der Kragen: „Sie gehen mir auf den Sack, echt!"[158] Der Journalist Roland Tichy motzt daraufhin gegen Til Schweiger und redet ihm ein Alkoholproblem ein. Auf Twitter schreibt Tichy: „Die Aufzeichnung war am Nachmittag. War Til Schweiger schon so früh betrunken?"[159] Die Schweiger-Kritiker springen direkt auf den Zug auf. Viele User sind ebenfalls der Meinung, dass Til Schweiger bei der Aufzeichnung alkoholisiert war. Auf einmal wird der Schauspieler also selbst das Opfer einer Hetzkampagne, obwohl Schweiger im Fernsehen einfach nur Courage zeigte. Wer keinen Ärger will, sollte es einfach so wie Merkel machen: aussitzen, wegducken und abtauchen.

Im November muss Til Schweiger wegen eines Facebook-Posts vor Gericht. Das berichtet die *Bildzeitung*. Eine Frau aus Saarbrücken fragte den Schauspieler nach den Bundestagwahlen 2017 via Facebook, „ob er nun Deutschland verlassen werde, nachdem er vor der Bundestagwahl angekündigt haben soll, dass er bei einem Einzug der AfD in den Bundestag Deutschland verlassen wolle"[160]. Schweiger veröffentlichte diese Privatnachricht auf Facebook und antwortete mit „hey schnuffi...! Date!?"[161] etwas anzüglich. Die Frau fühlte sich daraufhin in ihrem Persönlichkeitsrecht verletzt. Letztendlich entschied das Gericht pro Til Schweiger.

Härter bestraft werden die Asylkritiker, die in den sozialen Medien Hasstiraden schwingen. Das liegt allerdings auch an den brachialen Worten. Schließlich will man die Flüchtlinge ja nicht nur vertreiben, sondern am liebsten in die ewigen Jagdgründe befördern. Das Motto: Nur tote Flüchtlinge sind gute Flüchtlinge. Das kennt man aus den Karl-May-Filmen, in denen die Gangster versuchen, die Indianer auszurotten. Heute nimmt man dafür aber nicht mehr die Flinte, sondern Gasflaschen und Handgranaten. Ein User schreibt auf Facebook: „I hät nu a Gasflasche und a Handgranate rumliegen für des Gfrast."[162] Das Wort „Gfrast" ist bayerisch und bedeutet „Nichtsnutz". Der Gasflaschen-Experte ist übrigens ein Hetzer aus Passau und 25 Jahre jung. Der Richter entscheidet: Das ist Volksverhetzung. Und die Strafe ist hoch. Der Mann muss für dieses Posting satte 7.500 Euro blechen. Das ist verdammt viel Geld für einen Normalo. Solche Gerichtsurteile provozieren und sind für viele Menschen nicht nachvollziehbar. Ein Internetnutzer kommentiert den Fall nämlich so: „Ich bin mir sicher, dass das folgenlos geblieben wäre, wenn die wortgleiche Hetze gegen rechte Dumpfbacken gerichtet worden wäre."[163] Und ein anderer User meint: „Oh ja, wenn es gegen Ausländer geht, gibt es plötzlich kein Demonstrationsrecht mehr und keine Meinungsfreiheit." Ansichten wie diese sind in Deutschland und Österreich weit verbreitet, wenngleich Österreich aufgrund seiner Vergangenheit deutlich offensiver auftritt.

Die bunte Bürgerwehr

Wo viel Schatten ist, gibt es auch Licht. Viele Menschen engagieren sich für Kriegsflüchtlinge. So wie Luisa. Luisa ist Politikstudentin aus Hellersdorf. Dort hat sie mit anderen Verbündeten die Aktion „Hellersdorf hilft" gegründet, eine Initiative für die Flüchtlinge. In ihrer alten Schule gibt es einen Theaterraum, wo Flüchtlinge untergebracht werden. Die Zeitung berichtet über die engagierte Studentin, und irgendwann landet eine Kopie des Artikels natürlich in den sozialen Medien. Dort geht direkt die Post ab. Ein Mann mit Glatze hetzt: „Hässliche Dreckfotze!" Ein älterer Mann mit Cowboyhut schreibt: „Ab in ihr Heimatland mit den Asylbetrügern, zusammen mit Luisa und dergleichen." Ein anderer bezeichnet Luisa als „Vaterlandsverräterin".[164] In kleinen bayerischen Gemeinden ist es ein Problem, wenn man nicht katholisch ist. Nachdem die AfD dort teilweise knapp 30 Prozent geholt hat, wird man als sozialdemokratischer Protestant wohl bald mit Fackeln zurück nach Preußen gejagt. Preußen sind nämlich Deutsche, die ihre Heimat nicht in Bayern haben.

Der Bayerische Wald ist durch die vielen Bäume leider nicht nur grün. Politisch ist er nämlich ziemlich braun. Die AfD hat in vielen Stimmbezirken im Bayerischen Wald extrem starke Ergebnisse geholt. Natürlich darf man nicht alle Bayerwaldler über einen Kamm scheren. Am 24. Oktober 2014 wurde auf Facebook die asylfreundliche Initiative „Da Woid is bunt – für mehr Toleranz und Akzeptanz" gegründet. Dort heißt es: „Wir stehen für einen offenen Bayerischen Wald, in dem Fremde, Minderheiten und Migranten genauso dahoam sein können." Die Seite hat 5.000 Fans. Allerdings werden dort nicht nur Artikel zu den Flüchtlingen verbreitet, sondern auch Debatten um Harvey Weinstein und Sexismus angestoßen. Das zeigt wieder einmal: Rechte Seiten sind meist eindeutig rechts, Seiten für Toleranz irgendwie Wischiwaschi. Initiativen brauchen aber ein eindeutiges Profil, um Menschen langfristig zu begeistern. Wenn das nur die Rechten schaffen, darf sich wahrlich niemand wundern. Die rechtspolitische Corporate Identity ist eindeutig, während Toleranz nicht klar zu definieren ist. Integrationspolitik braucht ein klares Profil, das wie ein Unternehmen geschlossen und einheitlich nach außen tritt. Im Endeffekt sind die Wähler nämlich Kunden. Und die sind bekanntermaßen König.

Die tolerante Bürgerwehr, die sich für Flüchtlinge einsetzen will, existiert meistens nur virtuell auf Facebook und in anderen sozialen Netzwerken. Die hilfsbereiten Menschen besprechen sich gerne im Internet und sammeln Kleidung. Doch es sind zu wenige, die wirklich in Flüchtlingsheimen mithelfen. Irgendwie ist das dann zu viel des Guten. Politiker machen das zwar, doch da winkt ja dann auch das Blitzlichtgewitter.

Flüchtlingskritische Bürgerwehren fackeln nicht lange. Im sächsischen Arnsdorf fesseln vier Männer einen Flüchtling an einen Baum. In Sachsen haben Bürgerwehren so richtig Hochkonjunktur. Oftmals haben sie einen rechtsextremen Hintergrund. Über das Fesselspiel in Sachsen kursierte lange Zeit ein Video auf Facebook. Natürlich wurde es von den meisten Usern gefeiert – allein schon deshalb, weil es anscheinend geil anzusehen ist, wie sich vier ver-mummte Männer wie Tiere auf einen Flüchtling stürzen. Nur der liebe Gott weiß wohl, warum brachiale Videos dieser Art so gerne angeschaut werden. Man kann das zwar wissenschaftlich erklären, das ist allerdings hundertmal langweiliger als das Video selbst. Wer den täglichen Kick möchte, loggt sich am besten morgens direkt auf Facebook ein. Katzenvideos machen zwar Freude, doch gefesselte Flüchtlinge entfesseln Schadenfreude. Videos über Selbstjustiz wer-den im Netz gefeiert. Denn viele User glauben, dass diese Menschen viel mutiger sind als unsere Politiker. Doch was mutig aussieht, ist oftmals feige.

Der Untergang des Abendlandes

Im November jeden Jahres beginnt meist so langsam die kuschelige Zeit. Kurz vor dem 1. Advent gibt es auch den ersten Glühwein auf den heimeligen Weihnachtsmärkten in ganz Deutschland und Öster-reich. Dort knuspern wir gebrannte Mandeln, wärmen uns mit einer heißen Waffel auf und nehmen als Souvenir ein bisschen Weihnachts-schmuck mit. Die Weihnachtsmärkte sind zwar mittlerweile sehr kommerziell geworden, doch sie sind uns heilig. Irgendwie verbin-den wir sie mit der christlichen Kultur – auch wenn sich die meisten Menschen im Alltag schon lange nicht mehr christlich verhalten. Doch die Deutschen sind stolz auf ihr Christentum.

Wer urchristlich denkt, wählt die CSU. Das ist die Christlich-Soziale Union in Bayern. Dass CSU-Guru Horst Seehofer seiner Frau nicht immer treu war, interessiert jetzt keinen mehr. Die Zehn Gebote werden in Bayern sowieso anders ausgelegt. Ein Gebot lautet: „Du sollst nicht mehr Flüchtlinge in Deutschland aufnehmen, als es die Obergrenze Dir erlaubt!" Dumm nur, dass es eine ernst zu nehmende Obergrenze gar nicht gibt. Die neue Große Koalition möchte nur noch maximal 220.000 Migranten pro Jahr ins Land lassen. Doch

Papier ist bekanntlich sehr geduldig. Also steht die Ehe mit der nicht mehr ganz so konservativen CDU auf der Kippe, während die AfD schon als verbündete Nymphe bereitsteht und der CSU schöne Augen macht. Ein Bündnis zwischen der CSU und AfD kommt irgendwann noch. So zumindest steht es in der Offenbarung der Rechten, die ja irgendwann regieren wollen. Und dafür braucht es Bündnisse.

Die angebliche „Islamisierung des Abendlandes" sorgt schon noch für solche Bündnisse. Die Rechten sind wie politische Hexenmeister. Sie brauchen die Seelen der Flüchtlinge, um ihnen das Lebenselixier zu entziehen. Das gibt den Rechten die Kraft, immer mächtiger zu werden. Das erinnert an Fantasy-Spektakel wie *Der Herr der Ringe* oder *World of Warcraft*, ist jedoch politische Praxis. Ohne Gegenspieler gibt es keinen Machtgewinn. Das war auch das Problem der SPD in der Großen Koalition. Union und Sozialdemokraten waren sich irgendwann zu ähnlich, denn es gab einfach keine Reibungspunkte mehr. Die SPD möchte wieder Single sein, um irgendwann wieder zum regierungsfähigen „Elitepartner" zu werden. Die Union und SPD – es ist eine gescheiterte Ehe, doch beide kommen nicht voneinander los. Eine Beziehungspause tut allerdings oftmals gut, um sich selbst zu finden. Die Sozialdemokraten wissen momentan nicht genau, wer oder was sie eigentlich sind. Ein bisschen CDU, ein bisschen grünpolitisch und neuerdings sogar gelb. Dass der neue SPD-Generalsekretär Lars Klingbeil genauso wie Christian Lindner ein Ministerium für Digitalisierung fordert, ist seltsam.[165] Wäre es nicht besser, mal wieder glaubwürdige Sozialpolitik zu gestalten?

In Norddeutschland an der Elbe freuen sich viele Menschen auf den jährlichen „Lichtermarkt" in Elmshorn. Einige Wochen vor Beginn der Festlichkeiten hängen in der ganzen Stadt Plakate. 2017 ziert ein Engelchen das Plakat. Das Problem: Das Kind im Engelskleid ist schwarz. Zur ehemaligen CDU-Politikerin Erika Steinbach muss man eigentlich nicht viel sagen, doch umso mehr mischt sie sich in alle Angelegenheiten ein, die mit der deutschen Flüchtlingspolitik in Zusammenhang stehen. So auch in diesem Fall. Sie postet das Plakat auf Facebook und schreibt: „Ich kenne kein Land, dass seine eigenen Traditionen und Kultur selbst aufgibt. Deutschland zerstört seine Identität selbst."[166] Plötzlich regen sich alle rechten und völkischen Internetuser auch über den Namen „Lichtermarkt" auf, obwohl der heimelige Markt schon seit vielen Jahren so heißt. Im Bundestagswahlkampf 2017 machte Steinbach sowieso schon Werbung für die AfD. Alexander Gauland sagte damals: „Sie ist eine kluge, erfahrene und mutige Politikerin."[167] Vielleicht wünscht sich Gauland aber auch einfach nur weiße Engelchen im Himmel. Immerhin ist Gauland Jahrgang 1941 – so viel Zeit bleibt schließlich nicht mehr, um den Rechtsruck live mitzuerleben.

Jetzt fehlt nur noch eine Barbiepuppe mit Kopftuch. Moment mal! Auch das wird nämlich Ende 2017 von US-Hersteller Mattel angekündigt. Die Puppe wird nach der US-Säbelfechterin Ibtihaj Muhammad entworfen. Erscheinen soll die Islam-Barbie im Herbst 2018. Die Aktion ist super fürs Marketing. Doch die Barbie mit Kopftuch schadet eigentlich dem Islam, denn der Hass ist groß. „Das ist Stufe 1, in Stufe 2 gibt es die Vollverschleierung", heißt es in den Tiefen des Internets. Bestimmt kriechen direkt wieder die Verschwörungstheoretiker aus ihren Löchern und sehen das Kopftuchmädchen als Unke der Wahrheit. Und beim Thema Kopftuchmädchen landet man schnell wieder bei Thilo Sarrazin. Der erkannte die Islamisierung schließlich schon vor Jahren. Jetzt werden die kleinen Kopftuchmädchen also tatsächlich produziert. Pünktlich zu den Landtagswahlen in Bayern im Herbst 2018 kommen sie auf den Markt.

Utopie oder Phobie

Im Herbst findet in München auch immer wieder das weltbekannte Oktoberfest statt. Die üblichen Gewaltdelikte gehören leider dazu. Frauen werden vergewaltigt, Bierkrüge dienen als Waffe, und es wird geschubst und gedrängelt. 2017 verdoppelte sich die Zahl der Sexualdelikte im Vergleich zur Wiesn 2016. Das lag aber nicht an den Flüchtlingen, sondern an der Ausweitung der Videokontrollen. Das klingt zunächst merkwürdig, macht jedoch Sinn. Denn durch die Verschärfung der Kontrollen konnten viele Übergriffe direkt geahndet werden.

Das Oktoberfest ist das Aushängeschild des bayerischen Freistaats. Die Menschen kommen aus den USA und auch aus China, um bei Blasmusik abzufeiern. Die Flüchtlingskrise wird das Oktoberfest jedoch grundlegend ändern. 2025 – also in einigen Jahren – werden auf dem Oktoberfest nämlich nur noch Muslime zu sehen sein. Es genügt ein Blick in die blaue Glaskugel, auch genannt Facebook. Dort haben hellseherische User nämlich ein Foto online gestellt, das die Zukunft des Oktoberfests zeigt. Zu sehen sind gut tausend Muslime. Sie beten und sind gebückt. In Fettschrift ist zu lesen: „Oktoberfest 2025". Haha, sehr witzig und originell! Das Foto möchte man doch direkt an seine Freunde weiterleiten, um Likes zu ernten. Viele machen das, bis es irgendwann jeder gesehen hat und das Foto nicht mehr lustig genug ist.

Darüber wird man wohl noch lachen dürfen – oder nicht? Die sozialen Medien sind schon geschickt. Taucht ein solches Bildchen nämlich auf, kann der User es einfach kommentarlos weiterverbreiten. Irgendwie kann man sich dann hinterher immer rausreden. Etwa so: Das ist doch nicht verwerflich, schließlich weiß ja jedes Kind, dass ein Oktoberfest voll mit Muslimen ein typischer Internet-Bullshit ist. Doch dahinter steckt eine Botschaft. Es ist Panikmache, denn Menschen haben Angst vor Veränderungen. Die Deutschen haben das Gefühl, dass sie sich an den Islam im eigenen Land gewöhnen und anpassen müssen. Und ganz ehrlich, so weit hergeholt ist das gar nicht mal: Der Islam gehört zu Deutschland. Diesen Satz sagte der ehemalige Bundespräsident Christian Wulff am 3. Oktober 2010. Eigentlich wird dieses gefährliche Statement Wolfgang Schäuble zugeschrieben. Er soll den Satz bereits 2006 geäußert haben. Angela Merkel sieht das auch 2018 auch noch so – und widerspricht Horst Seehofer[168], der sich in seiner Funktion als „Heimatminister" mehr und mehr in Richtung AfD vergaloppiert, dafür in der Bevölkerung aber beachtlichen Applaus erntet. Es geht schließlich um das rechtskonservative Monopol und die Alleinherrschaft der CSU in Bayern.

Die Menschen in Deutschland stören sich daran, dass Muslime in Deutschland alle Rechte haben, während Christen in der Türkei verfolgt werden. Deutschland könnte natürlich auch die Muslime verfolgen, denn schließlich heißt es im Christentum: „Auge um Auge, Zahn um Zahn". Doch die Zeiten der Kreuzzüge sind ja zum Glück vorbei. Außerdem will sich die deutsche Regierung weltoffen geben. Die Deutschen sind eben keine Nazis mehr – und auch keine Inquisitoren. Dennoch mischt sich die Kirche in Deutschland immer wieder mal in die Flüchtlingskrise ein – und das nicht immer so milde und barmherzig, wie es der Herr Jesus eigentlich möchte.

Da gibt es einen Fall aus dem beschaulichen Riedlingen in Oberschwaben. Jakob Tscharntke ist Pastor, tritt aber auch gerne mal auf Veranstaltungen der AfD auf. In einem Beitrag auf *journalistenwatch. com* schreibt der Mann im Februar 2017: „Deshalb laßt uns beten, daß die AfD aus der aktuellen Krise gereinigt und gestärkt als echte AfD, als echte Alternative für Deutschland, hervorgeht."[169] Was Jesus wohl dazu sagt, der ja in der Bibel auch Aussätzige heilte und auf Augenhöhe mit den Randgruppen war?

Jakob Tscharntke entfacht den Wirbel um seine Person bereits 2015. In dem Jahr hält der Pastor eine Rede, über die selbst der Deutschlandfunk berichtet. In der Predigt unterstellt Tscharntke der Bundeskanzlerin, ein neues Deutschland durch Islamisierung schaffen zu wollen. Der Pastor spricht von Teufelsgewalt, was er wohl ganz wörtlich meint. Und weiter: „Der echte Muslim, der den Koran wirklich ernst nimmt, kann und will in unserem freiheitlich demokratischen Rechtsstaat nicht integriert werden."[170] So ähnlich formulierte das auch schon Thilo Sarrazin einige Jahre zuvor. Der meinte, dass viele Türken und Araber in Berlin keine Integration, „sondern ihren Stiefel leben" wollten.

Der hetzende Pastor Tscharntke ist auf jeden Fall der Star der Rechten. Immerhin hat er ja Gott und Jesus auf seiner Seite, wie er und seine Anhänger wohl glauben. Eine Anzeige wegen Volksverhetzung bekam Tscharntke aber trotzdem – ebenfalls von einem Pastor aus Ravensburg am Bodensee. Die Staatsanwaltschaft Ravensburg leitete jedenfalls ein Ermittlungsverfahren ein. Doch solche Verfahren sind obsolet, ändern sie doch wenig an der Situation. Die Hetzer dürfen hetzen und am Ende sind die Petzer die Gelackmeierten.

Ist es vielleicht „out", tolerant zu sein? Die Rückkehr zu einem neuen Nationalismus macht sich in Deutschland und Österreich breit. In Österreich ist die rechte Sprache auch schon salonfähig. Ideologisch gesehen scheint es nun Österreich zu sein, das sein Nachbarland Deutschland bald heim ins Reich holen will. Die Dialekte sind dann zwar immer noch unterschiedlich, doch die Sprache der Rechten ist überall auf der Welt gleich. Rechte Sprache verbindet durch ihre allumfassende Ideologie.

Wer verrät eigentlich wen?

Die deutsche Kultur ist sehr hierarchisch geprägt. Was der Chef sagt, muss ohne Murren gemacht werden. Den gleichen Job sollte man am besten bis zum Lebensende behalten. Die Deutschen sind gehorsam. Gehorsamkeit ist schließlich eine Grundbedingung, wenn es gilt, dem Vaterland zu dienen. Vaterland, das ist irgendwie völkisch und nationalistisch. Insgeheim sehnen sich viele Deutsche aber danach, wieder stolz auf ihr Land zu sein und die Flagge zu schwenken. Andere wiederum sagen, dass völkische Denke nicht mehr zeitgemäß ist. Multikulti ist der neue Trend. Die Grenzen sind offen und wir sagen: „Willkommen bei den Hartmanns!" Der gleichnamige deutsche Film aus dem Jahr 2016 persifliert die Flüchtlingskrise. Darüber kann man lachen, muss man aber nicht.

Natürlich gibt es in Deutschland auch sehr viele Menschen, die den Flüchtlingen sehr gerne helfen. Sie sind stolz darauf, dass Deutschland so multikulturell und hilfsbereit ist. Die toleranten Bürger ärgern sich natürlich über die Asylkritiker. Sie unterstellen ihnen, dass rechte Hetze zu noch mehr Hass und Gewalt führt. Die Flüchtlingsfreunde sehen die Asylkritiker also als Verräter. Denn sie untergraben schließlich Merkels Visionen von „Multikulti-Germany". Dazu würde dann natürlich auch der Islam gehören – ganz zu schweigen von neuen Asylunterkünften und hohen Kosten, um die Flüchtlingskrise zu bezahlen. „Und unsere ehrlichen Rentner müssen Flaschen sammeln", rumort es nicht nur im rechten Lager. In Deutschland herrscht schon lange Bürgerkrieg – ein verbaler Bürgerkrieg. Es ist der Kampf um die richtigen Worte. CSU-Regent Markus Söder zündelt Ende 2017: „Aber für Menschen, die neu ins Land kommen, lassen sich scheinbar ohne Probleme Milliarden mobilisieren."[171]

„Einigkeit und Recht und Freiheit für das deutsche Vaterland", so heißt es in der deutschen Nationalhymne. Wir hören sie immer dann, wenn unsere Nationalmannschaft spielt, auch wenn Starkicker Mesut Özil nicht mitsingt. Das Detail ist eigentlich unwichtig, doch viele Deutsche stören sich daran. Da fängt es nämlich schon an mit dem Mini-Rassismus. Einigkeit kann bedeuten, dass Menschen aller Hautfarben geschlossen zusammenhalten. Es kann aber auch bedeuten, dass die Deutschen wie ein Kollektiv und nur unter sich vereint sein möchten. Welches Bienenvolk nimmt denn schon Hornissen auf?

Freiheit ist ein dehnbarer Begriff. Freiheit ist, das zu sagen, was man denkt – „ohne ein Nazi zu sein". Freiheit ist aber auch, notleidende Kriegsflüchtlinge mit Essen und einem warmen Bett zu versorgen. Es gibt Videos, in denen sich Katzen liebevoll um Hundewelpen kümmern. Umgekehrt genauso. Die Menschen kümmern sich zu selten um Menschen, die anders aussehen. Stattdessen ist in den Zeitungen zu lesen, wie Menschen Elefantenbabys anzünden und Igel zertreten. Der Irrsinn ist, dass viele Flüchtlingsgegner absolute Tierliebhaber sind. Die Vögel bekommen Samen, die Eichhörnchen ein paar Nüsse und die Katze das Candle-Light-Dinner von „Sheba" – mit extra zarten Putenhäppchen in heller Sauce.

Das mit der Doppelmoral ist gefährlich. Die Kühe sind nicht nur den Hindus heilig, sondern manchmal auch den Deutschen. Fast alle essen Fleisch, doch das grausame Schlachten der Tiere wird verachtet. Wenn eine Kuh allerdings mal ausbüxt, gibt es ein Riesenspektakel im Internet. Alle feiern die freche Kuh, die den eigenen Tod wittert und flüchtet. Im Winter 2017 ist das mal wieder in Bayern passiert. Direkt am Schlachthof springt ein Hochlandrind vom Anhänger. Wer den Ochsen sieht, soll doch bitte die Polizei anrufen. So steht es in der Lokalzeitung.[172] In den sozialen Medien hagelt es Kommentare, die alle den gleichen Tenor habe: „Lauf Forrest, ich würde mir wünschen, er bleibt in Freiheit."

Jeder würde wohl flüchten, wenn das eigene Leben in Gefahr ist. Nicht nur Tiere, sondern auch Menschen. Man muss sich das mal vor Augen führen: Flüchtlinge, Menschen aus Fleisch und Blut, die vor dem Krieg fliehen, sollen am liebsten im Mittelmeer ertrinken. Das klingt schrecklich, doch es sind nicht wenige, die so denken. Wenn im Bayerischen Wald allerdings wilde Wölfe aus dem Nationalpark flüchten oder wilde Stiere in Spanien dem Torero die Hörner in die Brust jagen, feiern die Menschen vor den Computern den Selbsterhaltungstrieb der Tiere. Deutschland hat vergessen, wie schlimm ein Krieg im eigenen Land ist. Deutschland ist undankbar geworden.

Im Zweiten Weltkrieg werden mehrere deutsche Städte zerbombt. Die Sirenen bei Luftangriffen gehen durch Mark und Bein. Die Rechten romantisieren das Dritte Reich – das liegt auch daran, weil sich viele in der virtuellen Scheinwelt verlieren. Wer nur noch mit bunten Emoticons um sich wirft, hat keine Vorstellung mehr, wie Trümmer und tote Menschen riechen. Die Popcorn-Generation von heute motzt lieber über zensierte Brutalo-Filme und fehlende Blutspritzer in Computerspielen. Wer so denkt, verrät nicht nur die Realität, sondern vor allem sich selbst.

3 Einfach. Clever. Rechts.

Gewaltige Bildsprache
als Waffe der Rechten

„Flüchtlinge machen Dreck." Das sagt nicht der Volksmund, sondern Google. Wer das in die beliebte Suchmaschine eingibt, findet sehr viele Ergebnisse. Wir sehen eine Wiese, die voll mit Müll und kaputten Fahrrädern ist. Und da, verwahrloste Schlafplätz in einer Halle, herumliegende Schuhe und abgestandene Coca-Cola-Flaschen. Auf einem anderen Foto grinsen vier Flüchtlinge in eine Kamera und halten ihr Smartphone hoch. „Wir machen uns Sorgen um unsere Kinder im Krieg." Dieser Satz steht auf einem Pappschild. Woher haben die denn ein Smartphone, während Opa noch nicht mal ein stinknormales Handy hat? Diese Frage geistert vielen Deutschen durch den Kopf. Nicht anders ist es nämlich zu erklären, dass solche Bilder absichtlich verfälscht werden. Ein findiger User nimmt sich nämlich das Foto mit den vier Flüchtlingen zur Brust und ergänzt mit dicken Lettern: „Sie lassen aus Feigheit ihre Frauen und Kinder im Stich, um ein besseres Leben zu haben, das sind ECHTE syrische Männer." Sofort landet das kommentierte Foto in den sozialen Medien. Hunderttausend User teilen das Foto – und die Hetzmaschinerie nimmt ihren Lauf und findet irgendwann ihren Weg zur Wahlurne.

Im Netz sind die Rollen klar verteilt. Die „Asylanten" sind respektlos und dreckig. Die Deutschen sind sauber und ehrenhaft. Da gibt es Parallelen. Die Sinti und Roma sind als fahrendes Volk bekannt. Im Dritten Reich wurden die Sinti und Roma wie die Juden gnadenlos verfolgt.

1938 wurde in Berlin die „Reichszentrale zur Bekämpfung des Zigeunerunwesens" gegründet. Die Sinti und Roma starben in Arbeitslagern oder wurden vergast. Auch die Flüchtlinge gelten heute für viele Rechte als fahrendes Volk. Schließlich würden sie nur nach Deutschland kommen, um abzukassieren. Und dann gehen sie wieder. Wobei: Tatsächlich sind viele der Meinung, dass die Flüchtlinge nie wieder gehen. Sie wollen die Gesellschaft unterwandern und Terrorzellen gründen. Wer so denkt, bekommt in den sozialen Medien die Bestätigung.

Es geht aber auch anders. Bis 2020 werden mindestens 40.000 Flüchtlinge ein Studium aufnehmen. Das zumindest besagt der *Hochschul-Bildungs-Report* 2017.[173] Das ist doch eine positive Nachricht. *Spiegel Online* berichtet darüber, doch die Enttäuschung ist groß, wenn man sich die User-Kommentare zu dem Artikel durchlesen möchte. Das Nachrichtenmagazin schreibt am Ende des Artikels: „Leider erreichen uns zum Thema Flüchtlinge so viele unangemessene, beleidigende oder justiziable Forumsbeiträge." Dieses Vorgehen der Medien geht jedoch nach hinten los, denn die Flüchtlingsgegner fühlen sich von den Medien gegängelt. Die Reaktion ist logisch: Man loggt sich auf Facebook ein und motzt dort weiter. Der Umgang mit den Rechten ist schwierig. Das geht sehr vielen Journalisten so. Gibt man den Rechten eine Bühne, macht man es falsch. Sperrt man sie aus oder berichtet gar nicht über sie, ist der journalistische Auftrag auch irgendwie nicht erfüllt. Die Rechten sind nicht aufzuhalten. So scheint es zumindest.

Beliebt sind Presseartikel über Flüchtlinge, die gefundenes Geld zurückgeben. Das klingt für viele nach gefälschten Meldungen, um die Flüchtlinge in einem guten Licht erscheinen zu lassen. Das ist Quatsch. Es sind nämlich die Rechten selbst, die für solche Berichte sorgen. Das klingt komisch, ist aber logisch. Je negativer die Rechten die Flüchtlinge darstellen, desto sensationeller sind echte Berichte über anständige Flüchtlinge. Und die Medien berichten schließlich über alles, das sensationell ist. Darüber macht sich die AfD gekonnt lustig und veröffentlicht auf Facebook eine sprachspielerische Gra-

fik. Sie beginnt mit „Syrischer Flüchtling findet …". Als Antworten
gibt es dann so etwas wie „findet verschollene AfD-Stimmzettel und
gibt sie ab" oder „findet seinen verlorenen algerischen Reisepass und
gibt seinen Asylantrag zurück". Ein Facebook-User kommentiert das
gehässig: „Syrischer Flüchtling findet Arbeit und bringt sie zum
Arbeitsamt zurück." Dafür gibt es massig Likes. Wer in den sozialen Medien punkten will, hetzt gegen Flüchtlinge. Da gewinnt man
schneller neue Freunde, als man klicken kann.

Pechschwarze Bildsprache

In Bayern gab es 2017 weniger islamfeindliche Aktionen als 2016. Das
ist erfreulich. Manche Zeitungen wählen diese positive Seite als Schlagzeile, andere Zeitungen heben die Besorgnis hervor, dass es überhaupt
islamfeindliche Aufmärsche gibt. Was davon provoziert den rechten
Wutbürger wohl mehr? Richtig, die Hervorhebung der islamfeindli-
chen Aktionen als Grund zur Sorge. Grund zur Sorge – genau das
sehen viele Menschen eben nicht so. Sie begrüßen es sogar, dass das
christliche Deutschland aggressiv gegen den Islam vorgeht. Der bayerische SPD-Fraktionschef Markus Rinderspacher fordert in dem
Kontext: „Aufklärung über Rechtsextremismus."[174] Das ist schön und
gut, lockt die Rechten allerdings noch mehr aus der Reserve. Denn
sie kritisieren – und das durchaus begründet – den zu laschen Umgang
mit den Linksextremisten. Dass die linken Autonomen gefährlich
sind, wissen die Hamburger, die jetzt mit dem Drahtesel zur Arbeit
fahren müssen. Weil ihr Auto von den Linken abgefackelt wurde. Und
so geht das mit den Argumenten immer hin und her, während die
Politik zuschaut und im Herbst 2017 nicht einmal in der Lage war,
im ersten Anlauf eine mehrheitsfähige Regierung zu bilden.

Seit der Flüchtlingskrise wissen die Deutschen, dass in den Regie-
rungskassen genug Geld vorhanden ist. Den Obdachlosen und Rent-
nern scheint das wenig zu nützen. Plötzlich interessieren sich die

Rechten wieder für die älteren und sozial schwächer gestellten Menschen – sofern es sich um Deutsche handelt. Im Internet entstehen rasch investigative Blogs. Da heißt es beispielsweise: „Verhungert: Deutscher Obdachloser tot aufgefunden. Dieses Schicksal wäre einem Flüchtling nie passiert." Asylanten hui, Deutsche pfui. Die Sprache der Rechten ist einfach. Es gibt keine Fremdwörter, keine Verklausulierungen und keine Abwägungen. Die Rechten sprechen auf Augenhöhe mit ihren Wählern.

Genauso einschlägig sind die Bilder der Rechten. „Verwechslungsgefahr", lautet der Titel eines Bildchens, das in den sozialen Medien im Umlauf ist. Zu sehen ist ein Kriegsschiff und ein Boot voller Flüchtlinge. Unter dem Kriegsschiff steht „Battleship", unter dem Flüchtlingsboot „Bettelship". Das finden nicht nur die Rechten witzig, sondern auch viele Teenager und Erwachsene, die täglich hundertmal in Facebook einloggen, um sich berieseln zu lassen. Es ist völlig verständlich, dass solche Wortspiele weitergeschickt werden. Zugegeben: Ein bisschen witzig ist das ja schon, weil der Humor pechschwarz und so schön politisch unkorrekt ist. Wenn man solche Bilder seinen Bekannten zeigt, ist das auch ein Statement: „Ich lasse mir nicht verbieten, was ich lustig finde." Fremdenhass ist auch immer so ein bisschen Trotz und Individualität. Der Deutsche möchte zeigen, dass er sich nicht mehr für irgendetwas schuldig fühlt, was die Nazis damals verbockt haben. Aus diesem Grund sind die Nazi-Witze in der *heute show* auch so lustig. Einmal in der Woche über Adolf Hitler zu lachen, ist erlaubt – und dank Rundfunkgebühren sogar staatlich subventioniert.

Witze über gesunkene Flüchtlingsboote finden viele Menschen ganz schön heftig. Rassistischer Humor ist wie ein afrikanischer Einwanderer – er kommt halt manchmal nicht gut an. Dieser Satz ist allerdings geklaut. Urheber sind mal wieder die Rechten. Während die CDU, CSU und FDP komplizierte Sondierungspapiere mit zig Fachtermini entwerfen, ist die Sprache des Rechtspopulismus simpel. „Bildzeitungsniveau", mögen viele sagen, dabei wird vergessen, dass bei der *Bildzeitung* richtig clevere Journalisten arbeiten. Der Wähler mag es einfach, weil das echte Leben da draußen schon kompliziert genug ist. Die AfD ist nah bei den Ängsten der Bürger, sie macht die Ängste sogar noch größer, ohne dass es die Bürger merken.

Tod und Krankheit eingeimpft

Eine Familie möchte ein Haus im Grünen kaufen. Da erzählt ihnen der Verkäufer, dass unter dem Dach Ratten leben. Die Familie wird es sich wohl zweimal überlegen, bevor sie das gute Stück erwerben. Kein Wunder, denn Ratten gelten seit vielen Jahrhunderten als Überträger von Krankheiten.

Es gibt viele Tiere, die auch Tierfreunde unter keinen Umständen im Haus haben möchten. Dazu gehören Zecken, Tauben und natürlich Ratten. Die animalische Darstellung der Juden ist aus dem Dritten Reich bekannt. Die Rechten machen es mit den Flüchtlingen nicht anders. Wobei es nicht nur die Rechten sind, die Gerüchte schüren, auch die Verschwörungstheoretiker sind mal wieder in ihrem Element.

Im Landkreis Altötting erkrankt im November 2017 eine junge Frau an offener Lungentuberkulose. Das wird schnell bekannt, weil es in der Zeitung steht. Beim Lesen des Artikels werden die Rechten schnell hellhörig. Denn: Die Frau ist 20 und aus Somalia. Selbstverständlich ist der Artikel wertfrei geschrieben, doch die Kommentarfunktion im Internet ist aktiviert. Dort schreibt ein User: „Asylanten und Tuberkulose, einfach mal bei Google eingeben." Gesagt, getan! Nach einer dreiminütigen Recherche ist es aber nicht mehr nur die Tuberkulose, die von den Flüchtlingen eingeschleppt zu werden scheint. Angeblich bringen Flüchtlinge auch die Lepra mit. Lepra? Die Krankheit kennt man in Deutschland eigentlich nur noch aus Filmen wie *Ben Hur* oder Mittelaltererzählungen. Allerdings ist die

Lepra keineswegs ein Relikt vergangener Jahrhunderte. Rund 200.000 Menschen erkranken jährlich an ihr. Früher wurden die Aussätzigen vor die Stadtmauern gesetzt, weil es als todbringend galt, sie zu berühren. Heute werden Menschen als aussätzig dargestellt, obwohl sie es gar nicht sind. Egal, vor die Landesgrenze gesetzt werden sollen sie trotzdem. Sicher ist sicher, meinen die Rechten.

Die Erwachsenen impfen den Kindern ein, keine toten Tiere zu berühren – und auch keine lebendigen Ratten und Tauben. Jetzt sind es die Rechten, die diese Analogie auf die Flüchtlinge anwenden. Wer den Flüchtlingen zu nahe tritt, könnte also angesteckt werden – davon abgesehen, dass er ohnehin Gefahr läuft, ausgeraubt und vergewaltigt zu werden. Mit einprägsamen Bildern, Geschichten, Gerüchten und angeblichen Beweisen gelingt es den Rechten, die Flüchtlinge als Überbringer unsäglicher Krankheiten hinzustellen. Frei nach dem Motto: Der Schwarze Tod ist zurück. Tatsächlich ist die Pest in Madagaskar noch immer ein Problem. Mit den Flüchtlingen hat das wenig zu tun, doch eine rechte Hetzseite schreibt: „Währenddessen wird alles aus Afrika in unserem Land aufgenommen." Man könnte nun noch Stunden oder Tage weiterrecherchieren. Vermutlich würde man dann auch auf Artikel stoßen, die behaupten, dass die Flüchtlinge für das schlechte Wetter oder den FC Bayern als Dauerfußballmeister verantwortlich sind. Das Internet ist voll von Gerüchteseiten. Das ist kein Wunder, weil ein Blog in ein paar Minuten erstellt ist und jederzeit von unterwegs via Smartphone mit Artikeln gefüttert werden kann. Rechtsextremismus ist Dynamik pur.

Es genügt den Rechten aber nicht, den Hypochonder im Deutschen zu wecken. Der hart arbeitende Bürger soll nämlich endlich erkennen, warum seine Krankenkassenzusatzbeiträge steigen könnten. Das liegt an den vielen kranken Flüchtlingen, heißt es auf *journalistenwatch.com*.[175] Die Seite versteht sich als Journal für Medienkritik, wirkt aber vielmehr systemkritisch. Die AfD macht das schon seit Jahren so und fährt damit gut. Das Rebellentum kehrt zurück in die deutsche Politik. Im Herbst 2017 lässt die FDP das Jamaika-Bündnis eiskalt platzen. Christian Lindner wird zum Buhmann der Nation und der Medien. Die *Süddeutsche Zeitung* schreibt: „Ein Mann hat einen Traum. Er will Emmanuel Macron sein oder wenigstens Sebastian Kurz. Er ist aber nur Christian Lindner."[176] Die FDP möchte die Protestpartei der Bourgeoisie werden. Wer sich also in Zukunft zu fein für die AfD ist und trotzdem gegen Merkel motzen will, wählt die Gelben – oder besinnt sich, dass seriöse Volksparteien wie die CDU und SPD durchaus Sinn machen, auch wenn sie manchmal ein bisschen langweilig rüberkommen. Rechts hingegen ist spannend.

Rechtes Fastfood

Die Medien leben von schockierenden Nachrichten. Es ist ein Teufelskreis, denn Berichte über geplante IS-Anschläge sind sensationell. Krasse und vor allem drastische Aussagen der AfD sind aber mindestens genauso spannend. Bevor man auf einem Weihnachtsmarkt von einem Terroristen in die Luft gesprengt oder überfahren wird, wählt man wohl lieber rechts. Das muss klar gesagt werden, denn der Mensch hat einen unbändigen Überlebenstrieb. Schon einen Tag nach dem Scheitern der Jamaika-Koalition gibt es den nächsten Knaller. Sechs mutmaßliche IS-Mitglieder werden Mitte November 2017 festgenommen. Sie sollen einen Anschlag auf einen Weihnachtsmarkt in Deutschland vorbereitet haben. Über die Anti-Terror-Razzien berichten nicht nur die Boulevardmedien, sondern auch die Qualitätsmedien. Ja, der Terror ist in Deutschland schon lange angekommen. Das sagte CSU-Grande Joachim Herrmann bereits im Juli 2016. Sein Fazit: „Eine Politik der offenen Grenzen darf es nicht geben."[177]

Grenzschutz ist auch Selbstschutz. Und bei aller Kritik an den Rechten stimmt es natürlich, dass sich Flüchtlinge irgendwann als islamistisch motivierte Amokläufer entpuppen können – nicht müssen. Die Aufnahme von Flüchtlingen ist ein Pokerspiel, das die deutsche Regierung gewinnen möchte. Deutschland sitzt am „Finale

Table" mit den anderen Großmächten und will sich mit dem Multi-kulti-Ass endgültig „entnazifiziert" zeigen. Jackpot oder Russisch Roulette – mit jedem Terroranschlag beantwortet sich diese Frage von alleine. Der Mensch ist der Wille zur Macht. Politiker sind opportunistisch. Passieren Terroranschläge auf der Welt, profitieren die Rechten davon. Im Internet gibt es rechtspopulistische Nachrichtenseiten, die alle Berichte zu den Themen Terror, Vergewaltigungen und Asylmissbrauch sammeln und online stellen.

Wollen die Rechten, dass unschuldige Menschen sterben, damit sie ihre Macht ausbauen können? Was wie eine harte und geradezu frevelhafte Anschuldigung klingt, ist gar nicht so weit hergeholt. Und da muss man die Rechten sogar in Schutz nehmen. Die meisten Menschen erfreuen sich an negativen Nachrichten. Schlimme Schicksale anderer Menschen machen eigene Erlebnisse viel erträglicher. Genau aus dem Grund schauen wir auch TV-Formate wie *Schwiegertochter gesucht* oder *Bauer sucht Frau*. Es lenkt uns von den ernsten Themen ab, wenn sich Menschen im Fernsehen zum Horst machen – und Seehofer, Merkel, Nahles & Co. können derweil Gesetze durchwursch-teln, von denen das abgelenkte Volk nicht mehr viel mitbekommt.

Die Rechten sind da so etwas wie die Rächer der Enterbten. Sie möchten schonungslos aufdecken, wie die Regierung die Flüchtlingskrise verbockt hat. Im Fastfood-Zeitalter gewinnt meist die einfache Sprache ohne viel Schnickschnack. Rechts ist King. McMerkel ist out.

„Merkels Tote"

Menschen neigen dazu, Dinge zu vergessen. Die Kirche erinnert uns an religiöse Ereignisse durch Feiertage und Festlichkeiten. Die Rechten erinnern uns an Terroranschläge, die wir längst verdrängt und vergessen haben. Und die Linken erheben den Zeigefinger, wenn wir uns mal wieder einen Tick zu völkisch aufführen. Die Medien schwimmen in der Mitte des Flusses, verstehen beide Seiten, kritisieren beide

Seiten, heizen an und löschen. Seit dem Anschlag auf einen Weihnachtsmarkt in Berlin im Dezember 2016 hat sich in Deutschland viel verändert. Elf Besucher des Weihnachtsmarktes sterben bei dem Attentat. An diesem Tag rast ein Lkw in eine Menschenmenge. Gelenkt wird das Fahrzeug von einem islamistischen Attentäter, der zuvor den Fahrer erschossen hat. Insgesamt sterben also zwölf unschuldige Menschen.

Der Name des Attentäters: Anis Amri. Auffällig war er schon lange. 2011 reist der Tunesier illegal nach Europa ein, 2015 unerlaubt nach Deutschland. Er gilt als asylsuchend und wird 2016 als „Gefährder" geführt. Im Laufe des Jahres verliert sich Amris Spur. Am 19. Dezember 2016 kommt es zum Attentat. Zwei Tage später treffen Papiere ein, die eine Abschiebung juristisch möglich machen. Ja, ja, Deutschland und die Juristerei – und die deutsche Regierung muss gestehen: „Da steh ich nun, ich armer Tor! Und bin so klug als wie zuvor."[178] Das Goethe-Zitat passt nämlich wie die Faust aufs Auge.

Die Rechten bauschen das natürlich auf. „Wann schlägt der deutsche Rechtsstaat zurück? Wann hört diese verfluchte Heuchelei endlich auf? Es sind Merkels Tote!"[179] Diese Zeilen erscheinen im sozialen Netzwerk Twitter, online gestellt vom damaligen AfD-Politiker Marcus Pretzell, der jetzt Mitglied der Blauen Partei ist. Der Sinn des Vorwurfs ist eindeutig. Die Rechten glauben, dass Angela Merkels lasche Flüchtlingspolitik für den Terroranschlag verantwortlich ist. Eins ist auf jeden Fall klar: Es scheint unglaublich schwierig zu sein, kriminelle Asylbewerber abzuschieben. Fährt man als Deutscher allerdings zu schnell und wird geblitzt, erhält man den Bescheid im Nu. Die Rechten spielen solche „Ungerechtigkeiten" aus und suggerieren immer wieder, dass die Flüchtlinge bevorzugt behandelt und in Watte gepackt werden. Wählerstimmen bekommt die AfD nicht nur von den Rechten, sondern von angsterfüllten Menschen. Die CSU möchte zwar immerhin eine Obergrenze für Flüchtlinge, doch auch das erscheint wie ein Glücksspiel. Schließlich genügt nur ein Terrorist, der sich als Flüchtling tarnt, um Schrecken zu verbreiten.

Die Rechten gehen mit Angela Merkel hart ins Gericht. Das Magazin *Compact* gilt als Sprachrohr der AfD. Es startete im März 2016 die Hetzkampagne „Mutti Multikulti". Mit Mutti ist natürlich Angela Merkel gemeint. Auf dem Plakat posiert sie in einem Kopftuch, hat zudem das typische Merkel-Gesicht. Ein anderes Plakat ist so richtig widerlich. Zu sehen ist Angela Merkel, wie sie obenrum seriös gekleidet ist. Die Beine sind als Zeichnung dargestellt, in den Schritt greift eine schwarze Hand. Irre: Die Vorlage dazu lieferte quasi die *Süddeutsche Zeitung*. Nach der skandalösen Silvesternacht von Köln 2015 illustriert die Zeitung die Titelseite mit einer schwarzen Hand, die zwischen zwei weiße Frauenbeine greift. In den sozialen Netzwerken führte das zu einem Aufschrei. Die Visualisierung sei rassistisch und sexistisch. Die *Süddeutsche Zeitung* entschuldigte sich, um Ärger aus dem Weg zu gehen. Auch das ärgerte viele Menschen. Heute kann man es keinem mehr recht machen. Das Merkel-Plakat mit der schwarzen Hand im Schritt ist natürlich zweideutig. Es insinuiert eine Vergewaltigung, in dem Fall vielleicht sogar eine gewollte sexuelle Annäherung, weil Merkel in der rechten Szene ja als Freundin der Flüchtlinge gilt. Das Beispiel zeigt aber auch, dass die Rechten aktuelle Steilvorlagen der Medien nutzen – obwohl die Medien eigentlich das Feindbild der Rechten sind.

Es macht keinen Sinn, die Rechten inhaltlich zu stellen. Das ist ein Irrglaube. Die Rechten holen sich ihre Bühne, und es ist völlig egal, wie sie sich dabei anstellen. Die Rechten springen auf jeden Zug auf. Seit Jahren versuchen die demokratischen Altparteien, die Rechten auf inhaltliche Weise zu stellen. Entweder sie sind zu blöd dafür – oder es ist einfach nicht möglich. So hart es klingt: Der einzig korrekte Weg ist, die Rechten zu ignorieren und viel lieber auf die Ängste der Menschen einzugehen. Kritik – auch wenn sie wahr ist – wirkt nur, wenn sie auch angenommen wird. Jeder kennt das aus Streitereien im Privatleben. Selbst wenn die angebrachte Kritik inhaltlich korrekt ist, gibt man dem Gegenüber oft nur eine Bühne, jedes Wort für sich zu nutzen. Dann wird der Spieß nämlich irgendwann umgedreht. So machen es auch die Rechten. Jegliche Kritik macht sie zu noch größeren Märtyrern. Und das Volk streckt den blauen Facebook-Daumen nach oben.

Hetzbilder und Netzprediger

Manchmal erscheint die Welt so einfach. Klischees und Stereotypen erleichtern den Umgang mit Situationen im Alltag. Mit der Hetze im Internet ist es ganz genauso. Die Rechten sind jedoch nicht nur Täter, sondern auch Opfer. Vielmehr scheint es sogar so zu sein, dass die Medien die Rechten noch ein bisschen rechter machen wollen und die Linken ein bisschen linker. Auf diese Weise entstehen größere Anspannungen. Linke und rechte Gewalt sind der Motor der Klatschpresse.

2015 berichtet die *Bildzeitung* über Oma Gertrud (86). Sie wird einige Male als Schwarzfahrerin erwischt. Getrud kann den Strafbefehl nicht bezahlen und wird verhaftet. Kurze Zeit später veröffentlich die *Bildzeitung* einen Artikel über den Hamburger Verkehrsbund (HVV). Die Überschrift: „HVV drückt bei Flüchtlingen ein Auge zu." Selbstverständlich ärgern sich viele über das Schicksal der Oma – zumal der Eindruck erweckt wird, dass alle Flüchtlinge ohne Ticket fahren dürfen. Findige User machen Screenshots der beiden Artikel und stellen die Collage in die sozialen Medien.

Die Reaktionen darauf sind heftig. Asylkritiker dramatisieren den Vorfall und hetzen auf einer Internetseite: „Asylanten dürfen nun offiziell schwarzfahren!"[180] Mit der Rechtschreibung haben es die Rechten allerdings nicht so wirklich, denn im Text heißt es dann: „Als mittlerweile Mensch 2ter Klasse vordere Ich Hiermit ganz bescheiden …"[181] Ein User kommentiert: „Ich glaube, ich werde auch ein Flüchtling, die haben ein besseres Leben hier in Deutschland." Was insgesamt hanebüchen ist, empfinden sehr viele Menschen so. Doch natürlich gibt es Härtefälle. Es gibt in Deutschland leider sehr viele Sozialhilfeempfänger, denen es finanziell äußerst schlecht geht. Einige von ihnen müssen sogar Flaschen sammeln, um zu überleben. Das hat zwar vor der Flüchtlingskrise niemanden interessiert, doch so ist es nun mal. Schnell entstehen auch Gerüchte über Enteignungen. Denn angeblich plant die Regierung, den Deutschen die Wohnungen wegzunehmen, damit die Flüchtlinge dort einziehen können – wissen die Verschwörungstheoretiker.

Die Linken sind allerdings auch nicht so brav, wie sie es gerne hätten. Ende 2017 bauen Aktivisten ein Holocaust-Mahnmal neben Höckes Haus. Höcke? Ja, wieder einmal fühlen sich die Linken durch AfD-Mann Björn Höcke provoziert. Die Aktion der Linken ist zwar crazy, bringt aber eine Menge Publicity ein. Mittlerweile wissen die Linken nämlich auch, dass Gaga-Aktionen so richtig Wirbel machen. Der AfD-Bundesvorsitzende Jörg Meuthen hofft, „dass diese sogenannten Künstler zur Rechenschaft gezogen werden"[182].

Auch die Flüchtlinge erlauben sich den einen oder anderen Fauxpas. Kurz vor Weihnachten 2017 klaut ein Syrer ein Auto im beschaulichen Vilshofen in Niederbayern. Kurios ist, dass der Mann kurz vorher durch die theoretische Führerscheinprüfung gefallen war. Genauso doof sind natürlich auch viele Deutsche, die besoffen auf die Polizeiwache fahren. Das riechen die Ordnungshüter natürlich, und schon ist der Führerschein weg. Ja, da darf man schon mal schmunzeln. Reagiert der Deutsche bei der Aktion des Syriers hämisch, ist er gleich ein Nazi – oder auf jeden Fall ein bisschen rechts. Die Einheimischen, die mit 2,4 Promille zur Polizei fahren, werden dann halt mal schnell unter den Teppich gekehrt. Was harmloser ist, muss jeder für sich entscheiden: Doppelmoral oder doppelt sehen.

4 Humor ist der Regenschirm der Rechten

Die Flüchtlingskrise als Running Gag

Bibelwitze sind der Klassiker des deutschen Humors. Eine Nonne kommt zum Frauenarzt. Nach der Untersuchung meint der Arzt zur Nonne, dass sie schwanger sei. Sagt die Nonne: „Unerhört, was die Ministranten heutzutage auf die Kerzen schmieren!" Naja, es gibt wohl bessere Bibelwitze. Vielleicht den hier: Moses kommt mit zwei Steintafeln den Berg herunter und sagt zum Volk: „Ich habe eine gute und eine schlechte Nachricht! Welche wollt ihr zuerst hören?" Die Israeliten rufen: „Die gute, die gute!" „Alles klar", sagt Moses: „Ich konnte den Alten auf zehn Gebote runterhandeln! Die schlechte Nachricht: Der Ehebruch ist noch immer dabei." Am besten ist wohl noch immer dieser simple Wortwitz: „Sprach Abraham zu Bebraham: Kann ich mal dein Zebra ham?" Dieser biblische Kalauer geht übrigens auf den deutschen Komiker Heinz Erhardt zurück.

Deutschland ist ein christliches Land. Umso mehr Spaß macht es, die eigene christliche Kultur ein bisschen auf den Arm zu nehmen. Und in vielen Witzen steckt ja auch ein Fünkchen Wahrheit. Etwa jeder Zweite – egal ob Mann oder Frau – ist laut Studien schon mal fremdgegangen. Egal, die Deutschen sind trotzdem stolz auf ihr Christentum und genießen die vielen Feiertage wie Ostern, Pfingsten und Weihnachten. Um Jesus geht's da oft weniger, vielmehr steht der Konsum im Vordergrund. Die Industrie läutet Weihnachten schon im September ein. Da gibt es nämlich die ersten Lebkuchen. Es erwartet niemand, dass sich alle Deutschen christlich verhalten. Wenn eine Partei allerdings das große C im Namen trägt, dürfen die Wähler schon hoffen, dass sich das in ihrer Politik zeigt. „Wer zu mir kommt, den werde ich nicht hinausstoßen." Das könnte Mutti Merkels Wahlspruch sein. Doch der Spruch stammt aus dem Johannesevangelium. Angela Merkel hat vermutlich eine Bibel zu Hause – aber wie sieht es mit Horst Seehofer aus?

Natürlich hat Horst Seehofer eine Bibel, jeder in Bayern hat eine unterm Kopfkissen liegen. Immerhin möchte die CDU ja nur 200.000 Flüchtlinge pro Jahr ins Land lassen, am liebsten das Best-of der gebildeten Syrer. Die Rechten sehen das anders. Da sollen eher möglichst schnell 200.000 wieder raus aus dem Reich. Manchmal hilft es, die Flüchtlingskrise und alles andere mit Humor zu nehmen. „Der Humor ist der Regenschirm der Weisen"[183], sagte einst Erich Kästner. Das bedeutet: Humor ist eine der subklinischen Arten, schlimme Ereignisse zu verarbeiten. Vielleicht sind es ja nicht die Flüchtlinge, die nach den Strapazen traumatisiert sind, sondern die Rechten selbst, weil sie die ganzen kulturellen Veränderungen nicht verkraften. Nein, ein Rechter würde niemals zugeben, schwach zu sein. Arier sind mutig, tüchtig und wahrhaftig. So steht es geschrieben – in der nationalsozialistischen Rassenideologie.

Das Flair vom Mittelmeer

Schon gewusst, welcher Ort am meisten Flüchtlinge aufgenommen hat? Korrekt, das Mittelmeer! Rechtspolitische Witze wie dieser stehen haufenweise im Internet. Es gibt spezielle Webseiten, auf denen die User ihre Flüchtlingswitze hochladen dürfen. Der Clou: Andere User entscheiden dann, welche Witze im Ranking ganz oben landen.

Und ja, der eben genannte Witz ist auf Platz zwei. Sehr böse ist auch diese Kreation: „Warum wetten Flüchtlinge nicht bei ‚bet-at-home'? Weil sie kein Zuhause haben."

Viele Nutzer im Internet finden es besonders lustig, dass die völkischen Witze oftmals voller Rechtschreibfehler sind. Das könnte auch ein Indiz dafür sein, dass sich viele Kinder und Teenager am traurigen Schicksal der Flüchtlinge berauschen. Oder dass viele rechte Witzereißer nicht besonders schlau sind. So oder so: „Asylantenwitze" sind der Brüller auf Deutschlands Schulhöfen und in den Büros. Judenwitze sind out, doch sie sind quasi die Steilvorlage für viele Pointen. Geschichte wiederholt sich nicht, doch sie reimt sich.

So witzig ist das alles in Wahrheit gar nicht. Im Jahr 2016 werden 5.000 tote und vermisste Migranten im Mittelmeer verzeichnet. 2017 sind es nicht ganz so viele, aber dennoch ertrinken über 3.000 Flüchtlinge auf ihrem Weg zur Südküste Europas. Ein grausamer, aber stiller Tod. Beim Untertauchen unter Wasser hält der Mensch zunächst die Luft an. Das geht vielleicht eine Minute gut. Dann sorgt ein Reflex für zwanghafte Atembewegungen. Wir kennen das aus Filmen. Und selbst wenn es nur Filme sind, ist dieser Anblick immer schlimm. Durch die Atembewegungen gelangt Wasser in die Lunge. Nach zwei Minuten tritt ein Krampfstadium ein. Jetzt ist keine Atmung mehr möglich. Einige Minuten später erfolgt der Tod.

Zu einer Megapanne kommt es im August 2017. Die rechtspopulistische Seite *Breitbart* berichtet über Schlepperbanden im Mittelmeer. Dumm nur: Die Rechten zeigen ein Foto von Lukas Podolski auf einem Jet-Ski.[184] Tatsächlich stammt die Aufnahme aus dem Jahr 2014. Poldis Manager reagiert knallhart: „Das ist eine Sauerei."[185] Einige Stunden später ist das Foto von der Website verschwunden. Die Rechten kassieren dafür viel Häme im Internet. Ein Twitter-Nutzer amüsiert sich: „Breitbart nutzt ein Bild von Podolski, um über Flüchtlinge zu berichten. Kann man sich nicht ausdenken. Haha!" So lachhaft die Aktion der Rechtspopulisten ist, so symptomatisch ist sie auch für die Mediengesellschaft von heute. Alle Medien nutzen hin und wieder Fotos, die mit dem eigentlichen Ereignis der Berichterstattung gar nichts zu tun haben. Sätze aus Interviews werden herausgeschnitten und sinnentfremdet. Das nennt sich Rekontextualisierung. Die Mini-Lügenpresse lässt grüßen.

Die Rechten existieren in der Masse und sind in der Gesellschaft fest verankert. Gefährlich sind die Rechten deshalb, weil in jedem von uns ein kleiner Nazi stecken könnte. Fast alle Deutschen haben einen Account bei Facebook, Twitter oder Instagram. Und die ältere Generation weiß sich ohne soziale Medien zu helfen. Ehrlicher Klatsch und Tratsch an der Supermarktkasse ist auch heute noch effektiv. Doch nichts ist so gefährlich wie die humoristische Hetze in den sozialen Medien. Wer stellt denn bitte die Integrität der sozial eingestellten Heilerziehungspflegerin infrage, die auf Facebook ein paar Asylantenwitze veröffentlicht? Der glaubt man doch viel mehr als irgendwelchen offiziellen Medien oder Initiativen. Genauso funktioniert Rechtsextremismus heute. Es gibt Millionen „rechte Zellen" in Deutschland und Österreich – nämlich die Menschen selbst. Doch rechts ist nicht gleich Nazi. Viele Menschen sind fleißig und schuften hart für ihr Geld. Das Leben ist teuer. Und dann kommen da diese Flüchtlinge, die sich in Deutschland einen faulen Lenz machen. Doch ein kleiner Witz darüber – und Hinz und Kunz lachen wieder. Und für eine Schneeflocke ist die Welt wieder weiß und schön.

Selbst Tiere mögen keine Flüchtlinge

Sechs süße Entenbabys trappeln über eine kleine Steinmauer. Sie sind schwarz befiedert und knuffig. Ganz in der Nähe steht ein gelbes Küken und fuchtelt wild mit den noch nicht ganz ausgewachsenen Flügelchen. Vom gelben Küken geht eine Sprechblase aus: „Jesus Maria, Asylanten!!!" Über dieses Tierbild lachen nicht nur die Hühner, sondern fast alle Internetuser im deutschsprachigen Raum. Das Bild kursiert seit 2015 in den sozialen Medien und wurde bereits hunderttausendfach umhergeschickt. Aus Tieren eine kleine Comedy-Show zu machen, ist in der Medienbranche nichts Neues. Tiere können durchaus lustig sein. Und noch lustiger ist es, Tieren ein paar provokante Wörter und Sätze in den Mund zu legen. Es ist nämlich weniger frevelhaft, aus Tieren kleine Asylhasser zu machen. Denn Gottes kleinen Geschöpfen kann nun wahrlich niemand böse sein. Die Urheber solcher Grafiken sind meist unbekannt oder haben sich rechtzeitig aus dem Staub gemacht.

Ob das Bildchen mit den schwarzen Küken rassistisch ist, darüber lässt sich natürlich streiten. Wenn auf einmal 100 schwarze Flüchtlinge durch die Straßen eines kleinen Ortes ziehen, ist das schon eine kleine Sensation. Vielleicht hat sich das gelbe Küken ja genauso gefühlt. Und dennoch ist das Bild unterschwellig rechts, denn es betont die Flüchtlinge als etwas Fremdes in numerischer Überzahl. Davor haben viele nämlich Angst. Es könnte ja sein, dass die Flüchtlinge irgendwann die Heimat dominieren – und in Schwimmbäder onanieren. Was nach einer geschmacklosen Unterstellung klingt, ist bereits Realität. Im Januar 2016 onaniert ein Asylbewerber im Whirlpool eines Schwimmbades in Zwickau.[186] Der Ordnungsamtsleiter betont sogar, dass das widerliche Spektakel von einer Überwachungskamera aufgezeichnet wurde. In den letzten Jahren gab es ähnliche Fälle, wenngleich nicht viele. Die Rechten reden dem Volk ein, dass die Bedrohung durch Flüchtlinge steigt. Das Bildchen mit den Küken sagt aus: Die Flüchtlinge sind fremd, sie gehören nicht zu uns und kommen prinzipiell in großen Gruppen. Das ist dogmatisch.

Da die Rechten kreativ sind, basteln sie schnell eine grafische Steilvorlage für die sozialen Medien. Es ist eine geschickte Fotomontage: Zu sehen ist ein Fisch mit einer Schweineschnauze. Ein solches Wesen gibt es natürlich nicht in der Natur – genau das ist der Witz. Auf dem Bild steht: „Selbst die Fische schützen sich vor dem Islam." Schweine sind nicht „halal". Sie sind also nicht rein und werden in der islamischen Kultur nicht gegessen. Die Botschaft ist also, dass selbst die einfach strukturierten Fische schlauer sind als die deutschen „Gutmenschen". Solche Bilder sind nicht verboten. Gefährlich werden sie erst durch die Interpretation durch den Leser. Teenager und Kinder verstehen die hetzerische Botschaft vielleicht nicht, finden das Foto aber „funny". Und so verbreiten sich bunte Hetzbotschaften sukzessive im Internet. Sie landen im Kinderzimmer, im Hörsaal, im Büro und in der Fabrik. Früher klebten die Arbeiter nackte Frauen in ihren Spind. Heute schickt man sich lustige Hetzbilder über WhatsApp und lacht darüber in der Umkleide. Pornografie ist zwar noch immer reizvoll, aber lange nicht so salonfähig wie völkisches Denken.

Der alte Mann und das Heer

„Nach dem 2. sieht man besser!" Adolf Hitler posiert auf einem Foto und hält sich mit zwei Fingern das linke Auge zu. Der Spruch ist eine Anspielung auf den Zweiten Weltkrieg und persifliert den Slogan des ZDF. Die Figur auf dem Foto will uns sagen: Früher waren es die Juden, heute sind es die Flüchtlinge. Dass Adolf Hitler noch immer so eine Zugkraft hat, liegt auch an seinem Image im Ausland. In den USA wird Hitler von vielen Rechten verehrt. In Asien ist Hitler sogar chic.

Die Kreativität der Rechten ist wirklich bedenklich. Auf einem anderen Bild steht ein Tisch mit Hakenkreuz und Reichsadler. Die Beschriftung verrät uns: „AN DIESEM TISCH … werden ab sofort Asylanträge bearbeitet!" Böse ist vor allem, dass „AN DIESEM TISCH" beinahe wie „antisemitisch" klingt. Rechte Propaganda wirkt simpel, ist aber ein rhetorischer Schatzkasten. Vielleicht ist es an der Zeit, im Deutschunterricht nicht nur malerische Gedichte analysieren zu lassen. Rassistische Text-Bild-Beziehungen sind nicht nur spannender, sondern unglaublich suggestiv. Wichtig ist nämlich auch der offene Umgang mit rechter Sprache im Klassenzimmer. Was tabuisiert wird, erlangt einen geheimnisvollen Charakter. Deshalb setzen die Rechten auf krasse Darstellungen. Manche Menschen stehen auf zensierte Filme und Spiele, weil das besonders reizvoll ist. Andere spielen gerne mit zensierter Sprache, um sich besonders zu fühlen und abzugrenzen. Rechts zu sein, das bedeutet auch, stark und individuell zu wirken.

Hitler-Späßchen kommen im Netz gut an. So wird gewitzelt, dass es bei IKEA bald das „Regal Adolf" aus deutscher Eiche gibt. Und Polen war damals ja auch #NEULAND. Diese Anspielung bezieht sich auf das Jahr 2013, als Angela Merkel das Internet als Neuland bezeichnete. Klar, dass das im Internet Häme auslöste. Lernecken in der Schule heißen jetzt Konzentrationslager. Und es wird im Internet spekuliert, dass Adolf Hitler nur so böse war, weil er ständig Hunger hatte und kein Snickers bekam. Frei nach dem Werbeslogan „Du bist nicht du, wenn du hungrig bist". Die Rechten spielen gerne mit Vorwissen und Anspielungen auf Trends und Geschehnisse. „Genieße das Leben in vollen Zügen", lautet eine Binsenweisheit. Wenn dazu aber ein Bild gezeigt wird, wie Juden in einen Zug gestopft werden, wird die lockerflockige Aussage schnell ekelhaft. Und wie würde Onkel Adi das Verb „vergessen" konjugieren? Richtig: Ich vergesse, ich vergaß, ich vergaste. Besonders Holocaust-Witze scheinen hoch im Kurs zu sein. Aus dem Akronym „yolo" – das steht für „you only live once" – wird dann auch mal gerne der „Yolocaust". Die Juden wurden im Dritten Reich übrigens mit dem „German Ghettoblaster" erschossen. Ghettos waren Internierungslager und Durchgangsstationen in die Vernichtungslager. Der Ghettoblaster ist in diesem Fall also kein tragbarer CD-Player, sondern ein Sturmgewehr, mit dem die Juden erschossen wurden. Witzig ist das nicht wirklich, aber die Jugend findet es „leider geil".

Für die meisten ist Hitler ein Schreckgespenst der deutschen Geschichte. Doch andere sehen in ihm ein politisches Idol oder gar einen Visionär. Auch wenn es viele Hitlerwitze gibt, wird Hitler in diesen Witzen nicht unbedingt als Witzfigur dargestellt, sondern als rabiater Kerl. Teilweise sogar als Siegertyp. Auf einem Foto sitzt Adolf Hitler gemütlich auf einer Couch – gechillt, würde die Jugend von heute wohl sagen. In der Hand hält er einen Controller für eine Spiele-konsole. Das Bild zeigt Adolf Hitler also als Gamer. In weißer Schrift ist zu lesen: 6 Millionen Kills, 1 Tod. Computerspieler definieren ihre Fähigkeiten über Abschussquoten. Viele Kills und wenig Tode sind also das Ziel, um als „Progamer" zu gelten. Die 6 Millionen Kills spielen auf die Ermordung der Juden an. Im Holocaust wurden zwischen 5,5 und 6,3 Millionen jüdische Menschen ermordet. Wenn sich Computerspieler gegenseitig solche Grafiken zuschicken, wird damit auch immer wieder suggestiv betont: Adolf Hitler war einfach ein krasser Typ. Und das meinen die Rechten nicht einmal negativ. Vor allem für die Jugend ist Adolf Hitler eine Kultfigur – oft allein deshalb, weil der Mann eigentlich verboten ist. Hitler gut zu finden, ist daher nicht selten eine Auflehnung gegen die Eltern und das System: Pubertät mal ganz anders.

Dumme Neger?

Nicht alle Flüchtlinge sind schwarz, doch der gute alte „Neger" ist noch immer die Reinkarnation der ethnischen Fremdheit. Seit Jahrhunderten wird uns das schließlich eingeimpft. Die Amis, die sich gerne als Weltpolizei betrachten, haben daran einen großen Anteil. Die Sklaverei ist ein schwarzes Kapitel der amerikanischen Geschichte. Und zuvor waren schon die Indianer fällig. Das interessiert allerdings niemanden mehr. Vielleicht ist es auch schon zu lange her. Es dürfte interessant sein, ob die Nazi-Sünde in 100 Jahren noch immer auf Deutschland lastet. Mitbekommen wird es wohl niemand mehr aus der heutigen Generation. Während die Flüchtlinge in ihrem Ausse-hen eher undefiniert sind, ist es bei den Schwarzen einfach. Denn schwarz ist schwarz. Oft geht es dann gar nicht mehr darum, ob der Schwarze integriert oder immigriert ist. Rassismus ist ein großes Problem. Ende November 2017 berichtet die *Bildzeitung* über ein schwarzes Kind, das aufgrund seiner Hautfarbe keinen Haarschnitt bekommt.

Auch wenn sich das Boulevardblatt darüber echauffiert: Eigentlich ist das Schicksal des Kindes dem Blatt egal. Rassismus ist für die Medien ein Goldesel. Denn genau darüber wollen die Menschen lesen.

Der Schwarze ist für die Rechten der Prototyp des klassischen Flüchtlings. Das ist kein Wunder, denn die Schwarzen sind im Sinne der völkischen Denke „antiarisch". Da kursiert dieses Bild in den sozialen Medien: Ein schwarzes Kind liegt im Schlamm und trinkt Wasser aus einem verdreckten Bach. „Braunes Wasser für braune Menschen" steht daneben. Auf einem anderen Bild fällt ein Schwarzer über eine weiße Frau her. Der Text zum Bild: „Früher haben wir noch ‚Wer hat Angst vorm schwarzen Mann' gespielt – heute ist es Realität!" Bilder wie diese schicken sich die Menschen via Facebook und WhatsApp munter gegenseitig zu. Nicht alle von ihnen sind rechts. Viele finden die Bilder einfach nur lustig.

Klickt man im Internet weiter, wird das Niveau nicht besser. Eine Giraffe pinkelt, ein schwarzes Kind duscht sich darin. Es ist eine Fotomontage, die mit dem Text „Aber in Europa Ansprüche stellen …" garniert ist. Was will uns dieses Bild sagen? Richtig, die Schwarzen sind dreckig, unzivilisiert und Barbaren. Rassistenwitze bedienen Klischees, die nicht von ungefähr kommen. Sie sind tief in unserer Kultur verankert. Auch toleranten und politisch korrekten Zeitgenossen sind diese Klischees bekannt, doch sie maßen es sich nicht an, darüber Witze zu reißen.

Schon gewusst, wie der Muttertag in Afrika gefeiert wird? Die schwarzen Kinder feiern ihn gemeinsam mit ihrer Mutter – nur ist die Mutter eine Schimpansin. Das zumindest wollen uns die Rechten auf einer Internetseite samt Fotomontage glaubhaft machen.[187] Vielleicht wird es mal Zeit, die Witze über die Deutschen auszupacken. Denn auch davon gibt es reichlich viele in den sozialen Medien. Zwei Hundefotos sind nebeneinandergestellt. Auf der linken Seite guckt der Hund böse und knurrt, auf der rechten Seite grinst er schadenfroh. Beide Fotos sind beschriftet. Links: Wenn eine Katze angefahren wird. Rechts: Wenn Flüchtlinge im Meer ertrinken. Auf den ersten Blick mag auch das rassistisch wirken, doch eigentlich zieht die Grafik den Rassismus durch den Kakao. In anderen Worten: Der Deutsche regt sich über jeden Kleinkram auf, doch wenn Flüchtlinge ertrinken, ist das cool.

So wirklich erquicklich ist es allerdings nicht, über Deutsche zu lachen, denn das ist ja nicht verboten. Witze über Juden, Schwarze und Muslime sind meistens sehr derb und deshalb auch so beliebt. Wenn Teenager sich über Minderheiten oder fremde Ethnien lustig machen, spiegelt das in erster Linie die Erziehung im Elternhaus wider. Was der Papa zu Hause nach dem dritten Wurstbrot und zweiten Weißbier verzapft, färbt natürlich auf die Kinder ab. Der Apfel fällt nicht weit vom Stamm. Völkischer Nationalismus und rechte Denke dienen in diesen Milieus der Sozialisierung. Dialekte schaffen ein regionales Verbundenheitsgefühl. Bestimmte Ausdrucksweisen innerhalb von Gruppen stellen ebenso ein Wir-Gefühl her. Die Sprache der Rechten ist ein Soziolekt, wodurch sich die Rechten stärken und gleichzeitig von anderen Gruppen abgrenzen. So entsteht Identität – und eine neue Realität, ein Schwarz-Weiß-Denken. Die Rechten sehen die Welt mit eigenen Augen. Mit manchen Dingen liegen sie vielleicht gar nicht mal falsch, doch die Rechten verkaufen ihre Standpunkte immer rabiat.

Rassistische Witze, vor allem wenn sie mit bunten Bildchen daherkommen, sind ein wahrer Publikumsmagnet in den sozialen Medien. Auf diese Weise rekrutieren die Rechten bereits Kinder und Teenager. Das klassische Elternhaus existiert schon lange nicht mehr. So etwas nennt sich Verinselung der Kindheit. Mittlerweile übernehmen die Medien und Smartphone-Apps die Erziehung. Die Kinder blicken öfter auf ihr Handy als in die Augen ihrer Eltern. Viele sind Smartphone-Zombies geworden, auch „Smombies" genannt. Es ist das Jugendwort des Jahres 2015 und bringt zum Ausdruck, dass viele Mediennutzer die Medieninhalte nicht mehr reflektieren.

5 Outbreak: Der Virus ist online

Rechtspolitische Sprache und die Dynamik der sozialen Medien

Immer wieder warnen die Medien und Softwarehersteller vor gefährlichen Viren, die unser Computersystem angreifen könnten. Aus Angst kaufen wir teure Anti-Viren-Programme, um die Schadsoftware galant auszutricksen. Der Begriff Virus kommt aus der Medizin. Bei einem Computervirus passiert eigentlich dasselbe wie beim Menschen. Ein Programm wird in das System eingeschleust. Dort richtet es von innen her Schaden an. Bekommt ein Mensch plötzlich Fieber, weiß er, dass etwas nicht stimmt. Vielleicht ist es die Grippe oder gar ein Zeckenbiss. Ein guter Arzt weiß Rat und hilft. Bei einem Computer merkt das der Laie oft nicht sofort. Meistens läuft der Computer langsamer als gewohnt. Mit etwas Glück reagiert das Anti-Viren-Programm mit einem Alarmsignal. Fieberthermometer und Schutzsoftware liefern rationale Fakten, wenn mit dem System etwas nicht stimmt. Das ist praktisch und gibt Sicherheit – quasi schwarz auf weiß. Doch was ist, wenn sich ein mentaler Virus in unser Gehirn frisst und für immer einpflanzt?

In der Leistungsgesellschaft von heute sind es meist die handfesten Dinge, vor denen die Menschen Respekt haben. Viel Geld, teure Mode und schöne Autos als Schmuck – das macht Eindruck. Die Macht der sprachlichen Kommunikation wird dabei außer Acht gelassen, obwohl sich der komplette Alltag kommunikativ abspielt: verbal, nonverbal und paraverbal. Sprachliche Manipulation ist meist nicht sofort zu erkennen. Sie zeigt sich erst dann, wenn wir Dinge tun, die uns eigentlich nicht guttun. Manche wachen nach Tagen oder Wochen auf, andere erst nach Jahren oder Jahrzehnten.

Sozialer Druck und Schuldgefühle sorgen dafür, dass sich die eigene Persönlichkeit schrittweise verändert. Das hat wohl jeder schon einmal erlebt – wenngleich auch in abgespeckter Form. Die sprichwörtliche rosarote Brille kann das Leben schöner machen, doch sie blendet auch Alarmsignale aus. Noch gefährlicher ist die „völkische Nazibrille". Blickt man nämlich durch sie, wird die Welt immer einfacher – so glaubt man es zumindest. Die regierenden Politiker und Flüchtlinge sind die Bösen. Dass das Gemauschel in der AfD genauso heftig ist, wird da mal schnell ausgeblendet. Denn die Gehirnwäsche hat schon begonnen und ist beinahe abgeschlossen.

Virales Marketing

Der Begriff Virus ist negativ behaftet, weil ein Virus meist Schaden anrichtet. Bei Computerviren unterstellen wir dem Absender sogar böse Absichten. Wenn sich digitale Botschaften allerdings rasch wie ein Virus in den sozialen Medien verbreiten, gilt das als Geniestreich. Das nennt sich dann virales Marketing. Das Ziel ist es, dass die Internetuser die digitalen Botschaften aus eigenem Antrieb weiterverbreiten. Ein gutes Beispiel für virales Marketing ist das Edeka-Video *#heimkommen* mit dem alten Opa, der Weihnachten ganz alleine feiern muss. Erst als er vorgibt, tot zu sein, reist die komplette Familie an. 60 Millionen Klicks hat das Video auf YouTube mittlerweile.[188]

Das Erfolgsgeheimnis: Der Spot ist sehr emotional. Die User verbreiten den Spot deshalb weiter, weil er zum Nachdenken anregt. Durch Mundpropaganda erhöht sich die Authentizität der digitalen Botschaften. Denn wenn uns Freunde und Verwandte das Video schicken, schauen wir es mit großer Aufmerksamkeit an. Virales Marketing hat nicht den Anschein einer typischen Werbekampagne, sondern vermittelt einen Mehrwert für den User.

Das erklärt, warum so viele lustige und schockierende Videos auf Facebook viral gehen. Die User fühlen sich unterhalten. Das Verschicken solcher Videos ist auch ein Teil der medialen Selbstinszenierung. Wer angesagte digitale Botschaften verbreitet, erntet Anerkennung. Likes und viele digitale Freunde sind die Währung der sozialen Medien. Manche Menschen driften regelrecht in die Virtualität ab, weil die Möglichkeiten der Selbstdarstellung schier unerschöpflich sind.

Es gibt viele junge Leute, die sich teure Autos und schöne Frauen für ein Shooting mieten, damit sie Freunden, Fremden und vor allem sich selbst ein beneidenswertes Leben vorgaukeln können. Selbst „Asylanten-Bashing" ist mittlerweile en vogue. Schließlich war es schon in der Schule so: Wer die Schwächeren hänselt und mobbt, gilt als Alphatier in der Schulklasse, wird möglicherweise sogar zum Klassensprecher gewählt. Der Mensch fühlt sich stärker, wenn andere Wesen unterdrückt werden. Nur so ist es wohl zu erklären, dass so viele Menschen Videos von Tierquälereien ins Internet hochladen. Vor Jahrzehnten und Jahrhunderten wurden die schlimmen Dinge im stillen Kämmerlein erledigt. Heute begaffen wir das – und viele beklatschen es. Soziale Medien können manchmal ganz schön asozial sein.

Für den Erfolg in den sozialen Medien müssen möglichst viele Normen gebrochen werden. Nur was auffällt, sorgt nämlich für den rechten K(l)ick. Provokante Botschaften stehlen den sachlichen Inhalten die Show. Die Sprache der Rechten hat es deshalb einfach. Sie braucht keine Inhalte, um aufzufallen. Ganz im Gegenteil: Je seichter die Botschaften sind, desto höher ist die Wahrscheinlichkeit eines viralen Effekts. In Sachen Social Media sind die Rechten weitaus kompetenter als die Vertreter der Altparteien, die teilweise geradezu verklemmt rüberkommen. Während die Altparteien von ihrem Elfenbeinturm aus dozieren, sprechen die Rechten dem kleinen Mann aus der Seele. Die SPD und FDP meiden den Ausdruck des kleinen Manns

übrigens mittlerweile, weil sie schon gar nicht mehr wissen, wer oder
was das eigentlich ist.

Die Angst vor Ausbeutung durch eine fremde Kultur steckt schon
seit langer Zeit in den Köpfen der Deutschen. Den Rechten gelingt
es, diese Ängste wieder hervorzuholen, indem sie den Menschen in
die Seele greifen. Die Rechten reden uns nämlich ein, dass die Ausländer wie ein Virus sind und uns krank machen. Versprochen wird
ein Medikament: Rechtsradikalismus. Und jeder, der in den sozialen Medien aktiv ist, kann infiziert werden: Widerstand ist zweck-
los!

Blutspritzer und ein blaues Auge

Augenzeugenberichte erzielen fast immer einen viralen Effekt in den
sozialen Medien. Das Prinzip ist simpel: Ganz normale Menschen
erzählen in einfach gestrickter Sprache aus ihrem Leben. Das ist
authentisch und oft nachvollziehbar. Ein Mann veröffentlicht auf Facebook zwei Fotos von sich. Er ist blutüberströmt. Der Anblick ist ein
Schock. „Ich wurde von drei Asylanten überfallen", schreibt der Mann.
Sie schlugen ihn „mit einem Knüppel zu Boden und die anderen zwei
traten in mich rein".[189] Es folgt ein Seitenhieb auf Angela Merkel: „Das
geht auf ihre Kappe." Die Facebook-Gemeinde feiert die Offenheit
des Mannes.

Dass so ein Beitrag online auftaucht, ist erst einmal gar nicht so
schlimm. Erstens könnte die Geschichte durchaus wahr sein, zweitens sehen den Beitrag zunächst wenige User. Gefährlich wird es erst,
wenn sich der berüchtigte virale Effekt einstellt. Das geht so: Zunächst
kommentieren, teilen und liken die nahen Freunde des Zusammengeschlagenen den Beitrag. Das sehen dann die Freunde der Freunde,
dann wieder die Freunde der Freunde, und so geht das immer weiter. Rechte Hetze hat das Potenzial, sich wie ein Buschfeuer auszu-
breiten. Es ist nicht möglich, diese Brandbombe zu löschen.

Noch effektiver ist es natürlich, wenn man einen Ausländer dabei ertappt, wie er krasse Parolen schwingt. Auf Facebook schreibt ein gewisser Mohammad Miri: „Ich bin der Meinung das der Mann die Frau schlage sollte ohne Anzeige zu bekommen."[190] Die Tippfehler machen den Beitrag natürlich erst glaubwürdig, unterstreichen sie doch die verpasste Integration des Mannes. Sofort wird der frauenfeindliche Beitrag auf der Seite *Erfurt sagt NEIN* veröffentlicht. Und von dort aus verbreiten ihn unzählige Rechte weiter. Selbstverständlich ist die Aussage des Mannes eine Katastrophe. Doch die Anonymität des Internets hat auch eine andere Seite. Denn hier kann jeder die Identität eines anderen annehmen. Das sind dann die sogenannten Fake-Profile. Es gibt sie in Internetforen, auf Facebook, in Single-Börsen und überall dort, wo Menschen unaufrichtige Absichten verfolgen. Das bedeutet: Gibt es diesen Mohammad Miri wirklich? Oder hat ein Rechter dessen Identität angenommen, um Hetze zu betreiben? Man weiß es nicht, und das macht es spannend. Die Rechten haben nun auf jeden Fall die Möglichkeit, als Bewahrer der deutschen Tugenden aufzutreten. Die Rechten kämpfen an vorderster Front für das Vaterland – und im Internet tummeln sich Millionen „Graue Eminenzen". Sie sind die wahren Königsmacher des Rechtsextremismus.

Augenzeugenberichte von drangsalierten Usern tauchen vor allem im Jahr der großen Flüchtlingskrise Ende 2015 vermehrt auf. Eine Frau zeigt sich im Internet mit blauen Flecken im Gesicht. In blumigen Worten beschreibt die Frau, wie sie von Flüchtlingen verfolgt und zusammengeschlagen wurde. Selbst als Refugee-Freund kann man dagegen wenig sagen, weil die Wahrheit dieser Behauptung nicht ohne Weiteres – sprich durch Polizeiberichte oder Prüfung im wahren Leben – abgestritten werden kann. Alarmierend hingegen sind die Reaktionen der Internetuser. So viel Hass auf einen Schlag. Da fallen Wörter, die wir im echten Leben da draußen nur selten hören. Die Hemmschwelle in den sozialen Medien ist gering. Flüchtlingskritische Augenzeugenberichte werden meist über hunderttausendmal geteilt. Dieser virale Effekt ist jedoch nicht nur ein Virus im Sinne des Marketings. Es ist vor allem ein mentaler Virus. Der Hass auf Ausländer wird immer größer, obwohl gar nicht klar ist, ob die Anschuldigungen so passiert sind. Doch eins ist klar: Wenn wir viele hasserfüllte Dinge lesen, verändert sich auch unsere Weltsicht. Es gibt Menschen, die ganz bewusst keine Zeitungen lesen oder Nachrichten schauen. Warum wohl? Es geht ihnen damit besser.

Es ist jedoch ganz normal, dass wir Menschen an Gerüchte glauben, sofern wir was davon haben. Es kann sich auch um ganz harmlose Themen handeln. Fans des FC Bayern München freuen sich natürlich, wenn Gerüchte aufkommen, dass ein Cristiano Ronaldo der neue Megatransfer werden könnte. Man möchte das Gerücht dann sogar glauben, weil man vielleicht sogar Fan des Exzentrikers ist. Genauso ist es in der Politik. Menschen mit völkischer Einstellung fühlen sich in ihrem Denken bestätigt, wenn sich Flüchtlinge mal wieder danebenbenehmen. Dann tritt nämlich keine kognitive Dissonanz auf. Die Rechten reden sich die Welt mit Absicht schlecht und machen die Flüchtlinge für ihr Leben verantwortlich.

Auch bei den Linken gibt es natürlich üble Zeitgenossen. Einige der Linken hetzen gegen den Staat und gegen die Polizei. Sie verurteilen die freie Marktwirtschaft, die Globalisierung – und natürlich die Rechten. Gewalt ist immer schlimm. Es ist völlig egal, von wem sie ausgeht. Mal sind es die Linken, mal die Rechten, mal Besoffene ohne politisches Kalkül oder auch Leute, die grundlos durchdrehen. Eine philosophische Theorie lautet, dass der Mensch von Grund auf schlecht ist. Das sagen sogar Kriminalpsychiater. Angeblich ist es dann sogar nur die Erziehung, die einen Menschen sozial verträglich macht. In den sozialen Medien haben die Rechten schon längst die Erziehung der Jugend übernommen.

Wenn Deutsche zu Flüchtlingen werden

Im Zuge der Flüchtlingskrise möchten viele Deutsche am liebsten das Land verlassen. Hier fühlt man sich ja eh nicht mehr so wirklich wohl. Deutschland, das ist für einige Zeitgenossen so etwas wie „Kleinistanbul" oder „Kleinafrika" geworden. Die deutschen Asylkritiker werden in Wahrheit aber niemals Deutschland verlassen, weil die Herrschaften oftmals selbst Sozialleistungen kassieren. Das ist nicht schlimm, doch der Deutsche tut ja momentan so, als wären alle autochthonen Staatsbürger fleißig – durch Faulheit fallen ja nur die Flüchtlinge auf. In den sozialen Medien grassieren diese ganzen Vorurteile. Die Schwarzen haben ja eh alle den Ebola-Virus, ist sich die rechte Gerüchteküche zudem sicher. Dabei sind es die Rechten selbst, die sich mit ihrer Sprache wie ein Virus in unser Gehirn pflanzen.

Das ist der ideale Zeitpunkt für die Linken, sich als Opfer der Rechtsradikalen zu inszenieren. Man wird das Gefühl nicht los, dass sich alle politischen Lager in Deutschland mehr und mehr bekämpfen, um ihr Profil zu schärfen. Das wird allerdings irgendwann zu einer politischen Zersplitterung des Parteiensystems führen. Der Trend geht bereits in diese Richtung. Mit der Großen Koalition gibt es noch die bewährte Konstante, doch damit dürfte auch bald Schluss sein. Die SPD ist im Sterbeprozess. Die CSU würde am liebsten sofort den Stecker ziehen, doch die Krankenschwesterpartei CDU verbietet das – noch!

Wenn man als Linker vor den Rechten flüchtet, gibt das auf jeden Fall gute Presse. Das weiß auch Michael Richter, Stadtrat aus Freital in Sachsen. Ende 2017 verkündet er, Sachsen zu verlassen. Der Grund: Sprengstoffanschläge und Morddrohungen. Richter lässt sich am Freitaler Ortsschild fotografieren. Er blickt in die Kamera und zieht einen blauen Koffer hinter sich her.[191] Die Berichterstattung der *Bildzeitung* ist populistisch und reißerisch, suggeriert sie doch, dass der Mann tatsächlich zu Fuß mit seinen Habseligkeiten auswandert. Richter kündigt an, nach Bayern ziehen zu wollen. An Michael Richters Geschichte ist etwas dran, und er glaubt, dass die CDU „gemeinsam mit der AfD und den Freien Wählern am rechten Rand" fischt. Er mag damit sogar richtig liegen. Die bayerische CSU ist da allerdings noch viel drastischer.

Dabei macht die Stadt Freital schon 2015 Schlagzeilen. Asylgegner drohen, das Flüchtlingsheim anzuzünden. Die Situation gleicht einem Event: Rassismus-Tourismus. Es wird gegafft, geschrien, und manchmal fliegen sogar Eier und Flaschen durch die Gegend. *Die Zeit* schreibt am 25. Juni 2015: „Der Aufzug der Asylgegner sieht aus wie die Warteschlange vor einer Großraumdisko – aufgeladen mit Aggressionen."[192] Sich zu solchen ausländerfeindlichen Demos zusammenzufinden, ist in der heutigen Zeit überhaupt kein Problem. Das plötzliche Erscheinen von großen Menschengruppen nennt sich Flashmob. Die Organisation erfolgt in den sozialen Medien. Dort stehen Datum, Location und der Grund der Zusammenkunft. Die braune Brut reift also über Wochen nahezu unsichtbar im Internet, entsteigt dann ihren Reifungskammern und fällt plötzlich im „Real Life" über die Flüchtlinge her. Das hat schon was von Endzeitstimmung und erinnert an Filme wie *Matrix*.

2009 wechselt die langjährige PDS-Vizechefin Sylvia-Yvonne Kaufmann zur SPD. Die Linkspartei ist ihr zu „antieuropäisch" und „verbalradikal". 2016 berichtet *Die Welt* über Hunderte Antifa-Angriffe auf die AfD. In dem Artikel heißt es, dass die „aggressive Antifa auch vor dem Privatleben der rechten Politiker nicht haltmacht".[193] Die Medien reiben sich natürlich die Hände, wenn sich links und rechts bekriegen. Damit das auch so bleibt, kippen sie immer mal wieder ein bisschen Öl ins Feuer.

Die Leser zu Hause ergötzen sich an den rechts- und linksextremen Krawallmachern, solange sie denen privat nicht über den Weg laufen müssen. Jeder Mensch hat in sich seine Abgründe, heißt es in der Psychologie. Dank Internet müssen die meisten Menschen diese Abgründe nicht mehr praktisch ausleben. Sie können darüber lesen. Eine Woche ohne Nachrichten und Medien ist wie Urlaub. Doch mit dieser „Leere" kann fast niemand mehr umgehen. Immer muss etwas passieren. Die AfD bleibt spannend, weil sie regelmäßig für gekonnte Skandale sorgt. Dafür gibt es von einigen aus dem Volk den Daumen nach oben.

Mit dem Absprung der FDP aus den Jamaika-Verhandlungen und dem Nachtreten gegen die Grünen haben sich die Liberalen auch wieder interessant gemacht. Fehlende Kompromissbereitschaft und starke Parolen, das ist auch Flucht vor Verantwortung. So unpopulär die Große Koalition ist, man muss es der Union und SPD schon zugutehalten, dass sie Ende 2017 doch wieder über eine bundesweite Zusammenarbeit verhandelt haben und letztendlich eine Koalition eingegangen sind. Ja, das ist unpopulär und gibt keine Stimmen, doch irgendwie ist es auch erwachsen. „Keine Experimente", das wusste schon Konrad Adenauer. 1957 zog das noch – aber wie lange geht das heute noch gut? Im Social-Media-Zeitalter ist es nämlich viel interessanter, wenn Experimente floppen. Die Masse will Tragik, Rücktritte, Flaschenwürfe und eine Angela Merkel, die ihre Raute endlich zu Grabe trägt.

NPD + AfD = ?

Vor vielen Jahren – lange bevor es die AfD gab – war die NPD, die Nationaldemokratische Partei Deutschlands, das Schreckgespenst der deutschen Demokratie. Zumindest im Osten. Es erschienen Lehrbücher, die vor der ach so modernen NPD warnten. Ja, vor einigen Jahren galt es noch als innovativ, Tonträger mit rechter Musik zu verteilen. Im Jahr 2018 ist die NPD quasi tot. Vor rund zehn Jahren hatte sie noch Granaten wie Udo Voigt, Udo Pastörs und Holger Apfel am Start. Das waren durchtriebene Menschenverführer. Zwar gibt es die NPD auch heute noch, doch wer interessiert sich schon für sie? Die Antwort ist einfach und dennoch skurril: die AfD.

Wer rechts denkt und klug ist, wählt mittlerweile die AfD und nicht mehr die NPD. Das wäre ja eine Verschwendung der Wählerstimme. Solche Spielereien kennt man auch von anderen Parteien. Auf Bundesebene schenken viele FDP-Wähler der Union die Erststimme, weil die FDP eh keine Direktmandate holt. Die Zweitstimme bekommt dann die FDP, damit viele Mandatsträger über die jeweiligen Landeslisten ins Parlament einziehen.

Im Dezember 2017 macht AfD-Provokateur Björn Höcke mal wieder gehörig Schlagzeilen, als er von den Kunst-Aktivisten des Zentrums für politische Schönheit (ZPS) überwacht wird. Zumindest behaupten das die linken Aktivisten, und Höcke springt drauf an. Er bezeichnet das ZPS als „terroristische Vereinigung".[194] Kurz darauf meinen die Aktivisten, alles sei nur eine Inszenierung gewesen. Sie stellen ein Video auf YouTube, das wie eine billige Persiflage auf die *Sendung mit der Maus* gestaltet ist.[195] Der Tenor: Die Trenchcoats sind vom Discounter, die Filmschnipsel aus einer ZDF-Sendung, und Björns „braune Freunde" haben angeblich auch alle freiwillig mitgemacht. Innerhalb von zwei Tagen bekommt das Video 20.000 Klicks und 300 Kommentare. Die Provokation der linken Aktivisten wirkt allerdings eher wie eine freiwillige Wahlwerbung für die Rechten. Denn die scheinen ja ganz schön wichtig zu sein.

Björn Höcke gilt selbst innerhalb der AfD als sehr radikal. Für die Partei hat das jedoch den Vorteil, dass Höcke auch die ganz besonders rechtsextreme Klientel bedient. Ende 2017 möchte die AfD-Spitze sogar seinen Ausschluss aus der Partei. Höcke sei nicht nur konservativ, sondern weise „eine übergroße Nähe zum Nationalsozialismus" auf. Björn Höcke soll außerdem die NPD unterstützt haben und Hitler-Wahlreden imitieren. Das Rechercheportal „Correctiv" stellt Auszüge aus dem Parteiordnungsverfahren online und titelt: „Er passt besser in die NPD."[196] Das Portal kommt allerdings sehr linkspopulistisch daher, wodurch die Recherche schon wieder überzeichnet wirkt. Das Verfahren gegen Höcke dürfte ohnehin nicht wirklich ernst gemeint sein. Vielmehr scheint es das Ziel der AfD zu sein, mit dem potenziellen Parteiordnungsverfahren eine gemäßigte politische Kultur nach außen vorzugaukeln. In Wahrheit braucht die

AfD aber auch die Radikalen, um die Nichtwähler zu mobilisieren. Und um die NPD zu schwächen. Die NPD hilft der AfD zwar als radikaler Kader, so wie die Antifa die Linken unterstützt. Doch in Deutschland ist kein Platz für zwei rechte Parteien. Das weiß auch die äußerst konservative CSU in Bayern, die rechts von sich nichts im Landtag hören und sehen möchte. Doch damit müssen die Bayern in Zukunft wohl leben.

Die Zersplitterung des Parteiensystems scheint zwar für die bundesrepublikanische Demokratie gefährlich, doch auch die Rechten profitieren nicht unbedingt davon. Nach der Bundestagswahl 2017 tritt Frauke Petry auf inszenierte Weise aus der AfD aus. Der Bundeswahlleiter bestätigt die Gründung einer „Blauen Partei". Das könnte in Zukunft quasi die CSU für die Nicht-Bayern in ganz Deutschland werden. Man sollte der CSU kein völkisches Denken unterstellen, ziemlich konservativ ist sie aber schon – und das wissen die Menschen in Bayern ja auch zu schätzen. Die „Blaue Partei" wird sicher einen Tick radikaler auftreten, ohne allerdings die extremen Züge der AfD anzunehmen. Wenn es der AfD gelingt, mit der NPD einen Pakt zu schließen, wird die AfD das Maß der Dinge bleiben. Die NPD hat viele Kontakte zu Kameradschaften und rechten Initiativen. 2017 hat sie etwa 4.000 Mitglieder, die AfD knapp 27.000. Zusammen würde man nicht nur die 30.000 Mitglieder knacken, sondern das rechte Herzblut neu entfachen.

Die NPD ist zwar kleiner und als Partei schlechter organisiert als die AfD, doch besonders die eifrigen Kameradschaften sind sehr ideologiegetrieben. In den sozialen Netzwerken wie Facebook gibt es viele rechte Gruppen, die entweder autonom sind oder den rechten Parteien lediglich zuarbeiten. Da die NPD in ihren Standpunkten noch heftiger ist als die AfD, verbirgt sich hier ein gigantisches Potenzial für virale Marketingaktionen. Der Grund ist einleuchtend: Parteien wie die CDU und SPD argumentieren meist rational und sachlich – auch in den sozialen Medien. Die Kader der Rechten gehen emotional, teilweise auch aggressiv vor, was definitiv mehr Aufmerksamkeit generiert und auch die User stärker involviert.

Die sozialen Medien heißen soziale Medien, weil die interaktive Kommunikation im Vordergrund steht. Es geht schlichtweg darum, Bindungen aufzubauen. Den Rechten gelingt das, weil sie lebensnahe, wenngleich auch populistische Botschaften kommunizieren. Nähe entsteht durch starke Gefühle wie Liebe und Hass. Liebe zum Vaterland und Hass auf fremde Kulturen und sture Politiker.

Die NPD Niedersachsen veröffentlicht zu Beginn der Flüchtlingskrise ein Foto auf Facebook, das ein Konzentrationslager zeigt. Statt „Arbeit macht frei" steht „Asylantenheim" über dem Eingangstor. Dazu der Text: „Wir haben wieder geöffnet." Eine Blondine kommentiert die Grafik mit einem grinsenden Smiley: „Das wäre schön!" Auch Facebook-Gruppen wie „Nationaler Deutscher Widerstand", „Besorgte Deutsche" und „Freunde und Verbündete der AfD" verbreiten fremdenfeindliche Botschaften in den sozialen Medien. Die NPD sowie parteiunabhängige Zusammenschlüsse dürfen sich rechtsextreme Aussagen erlauben, die AfD möchte hingegen der Wolf im Schafspelz sein. Sie braucht also extreme Gruppierungen, die autonom sind und der Partei inoffiziell nahestehen. Rechtsextreme Kader leisten die populistische Vorarbeit und rekrutieren mögliche Wähler und Mitglieder.

Rechte Eigendynamik

Im Dezember 2017 fordert eine Berliner Grünen-Politikerin Lehrerinnen mit Kopftuch. Darüber berichtet unter anderem *Die Welt*.[197] Das ärgert diejenigen, die glauben, dass Religion generell toxisch ist. Noch wütender werden jedoch die Islam-Gegner. Die Rechten nutzen das und veröffentlichen den Artikel auf Facebook – und schon geht die Post ab. Den Rechten hilft momentan eigentlich alles. Loblieder auf den Islam spielen den Rechten in die Karten, kritische

Berichte über den Islam sowieso. Anfang Dezember 2017 fand auch der Bundesparteitag der AfD statt. Über ihn berichteten alle wichtigen Medien sehr prominent – was die Wichtigkeit der AfD mal wieder untermauerte.

Warum machen Unternehmen Werbung für sich? Das hat mannigfaltige Gründe. Oftmals geht es um die Einführung eines Produkts, teilweise um Erinnerungswerbung, Stabilisierungswerbung und Expansionswerbung. Generell steht die Imagebildung im Fokus. Produkte aus dem Fernsehen kennen wir einfach. Das schafft Vertrauen. Starke Marken färben auf den Konsumenten ab. Einige fahren einen BMW, weil sie sich damit ganz bewusst identifizieren. Ähnlich ist es mit Markenkleidung und Smartphones. Die einen schwören auf Apple, die anderen auf Samsung. Gleichwertige Marken überzeugen kaum noch mit technischen Details, sondern vielmehr mit dem Erlebnisfaktor, den das Produkt verspricht.

In der Politik ist es ähnlich. Bei der AfD herrscht Aufbruchsstimmung, auch wenn intern jeder gegen jeden schießt. In der SPD trällern die Genossen so langsam den Abgesang an, auch wenn die Sozialdemokraten eigentlich zusammenhalten wollen. Die SPD möchte wieder ihre soziale Seele zeigen. In die AfD tritt man allerdings vor allem ein, weil sie Patriotismus verspricht. Und weil sie zu einer starken Marke geworden ist. Das funktioniert ganz einfach. Seit einigen Jahren ist die AfD in den Medien omnipräsent. Doch nicht nur die traditionellen Massenmedien berichten über die Rechten. Auch in den sozialen Medien sind die User von der Islam-Kritik und Flüchtlingshetze hin und weg. Es scheint fast so, als würde die AfD die anderen Parteien und alle Medien dafür bezahlen, über sie zu schreiben – ob sie nun schimpfen, spotten oder sich ernsthaft besorgt zeigen. Viele PR-Profis sind der Meinung, dass es keine schlechte Presse gibt. Prominente wissen das. Trash-Shows wie das *Dschungelcamp* sind zwar verpönt, alle rümpfen die Nase, doch oftmals tauchen die Promis danach noch in zig anderen Shows auf. Die meisten verschwinden zwar bald wieder in der Versenkung. Wer aber mehrere

Jahre konstant durchhält, hat den Durchbruch geschafft und wird immer wieder gebucht.

Der AfD gelingt es seit Jahren, in der medialen Promi-Liga mitzuspielen. Zu verdanken hat sie das auch den unzähligen Facebook-Gruppen. Teilweise sind diese geschlossen und somit nicht für jeden zugänglich sind. Dadurch wirken die Rechten oftmals wie eine Art Geheimbund, bei dem nicht jeder mitmachen darf. Je mehr rechtsradikale Gruppen in den sozialen Medien existieren, desto höher ist auch die Wahrscheinlichkeit, dass neutralen Usern eine solche Gruppe als Beitragsoption vorgeschlagen wird. Die Neugierde sorgt dann dafür, dass wir uns die Gruppe mal näher anschauen. Und vielleicht sind die Inhalte ja so spannend, dass wir hängenbleiben.

Die Rechten kann man sich wie einen YouTube-Star mit zehn Millionen Abonnenten vorstellen. Wer es nämlich erst einmal so weit gebracht hat, kann fast gar nicht mehr abstürzen. So ist es auch bei den Rechten. Das Internet ist voll mit radikalen Inhalten. Wer sucht, der findet. Viele Menschen interessieren sich ja gar nicht mal für Nazi-Ideologien. Sie finden die Inhalte einfach verstörend, bitterböse und deshalb „nice", wie die Jugend sich heute in „Denglisch" ausdrückt. In WhatsApp-Gruppen schicken sich die Teenager Negerwitze, Nazibilder und Flüchtlingshetze. Ausländerfeindlichkeit ist Popkultur und identitätsstiftend.

6 Partynationalismus als Popkultur

Warum Rechtsextremismus cooler ist denn je

Ein junges Pärchen besucht einen Tierpark in Oberschwaben. Die beiden schauen sich die freilaufenden Rehe an und füttern die knuffigen Vierbeiner. Plötzlich taucht eine arabische Familie auf. Die Mutter trägt ein schwarzes Ganzkörpergewand sowie einen Nikab. Der Nikab ist ein meist schwarzer Gesichtsschleier, der lediglich einen Sehschlitz freilässt. Das junge Pärchen reibt sich die Augen, ist der orientalische Anblick doch beinahe exotischer als die Rehe selbst. Der muslimische Mann geht mit seiner kleinen Tochter zu den Tieren, füttert sie und filmt das Geschehen. Die Mutter steht abseits des Treibens. Als sie näher kommen möchte, ruft der Mann etwas in seiner Sprache. Die Frau gehorcht. Das junge Pärchen ist schockiert. Die beiden zücken ihre Smartphones und fotografieren die Szenerie. Warum? Weil sie es kurios finden. Sie wollen das Foto ihren Freunden schicken. Das junge Pärchen ist gewiss nicht rechts und spendet sogar manchmal Kleidung für Flüchtlinge. Doch die beiden wissen auch, dass sie ihre Freunde mit dem Foto zum Lachen bringen können. Und manchmal ist das eben wichtiger, als politisch korrekt zu sein. Wer für Lacher sorgt, steht hierarchisch nämlich weiter oben. Dass das auf Kosten von Minderheiten geschieht, ist erst einmal wurscht.

Beinahe alle Welt spricht über den Rechtsruck in Deutschland und die AfD. Nationalismus hat aber nicht immer etwas mit Fremdenhass und Nazi-Gedankengut zu tun. Besonders junge Menschen lieben und leben ein Leben der Extremen. Das Medienzeitalter erlaubt es mehr denn je, die eigenen Grenzen zu testen. Vor 20 Jahren war es noch ein Highlight, wenn der Kumpel mit einer Porno-Videokassette aufkreuzte. Heute können sich schon die Zehnjährigen auf Portalen wie *YouPorn.com* einloggen. Hardcore-Videos landen dann auch schnell auf dem Handy und werden auf dem Schulhof umhergezeigt. Ebenso reizvoll sind Computerspiele ab 18, wo die Köpfe nur so vom Körper gefetzt werden. Dazu gibt es dann das übliche „Komasaufen", vor dem Schlafengehen noch einen Horrorfilm und als Bettgespräch ein paar Lästerrunden über stinkende Flüchtlinge und „Neger".

Rechtsradikalismus ist eine Tabuzone. Der Mensch weiß innerlich, dass es nicht richtig ist, sich über andere Wesen zu stellen. Oftmals ist das jedoch ein Ventil, um von eigenen Problemen abzulenken und sich mental zu betäuben. Rechtsextremismus ist eine kostenlose Droge, die viele high macht. Das triste Leben füllt sich auf einmal mit richtig viel Sinn, wenn die Aufgabe lautet, Deutschland wieder zum Revier der Arier zu machen. Völkisch gegen Multikulti – das ist das neue Revierderby in Deutschland. Und irgendwie ist das spannend, denn jeder kann mitmachen.

Das Volk – das sind schließlich wir alle – ist eingeladen, via Social Media ein bisschen zu intrigieren; es darf dank Wahlgeheimnis jederzeit die AfD wählen, die noch unentschlossenen Nachbarn überzeugen und auf ein paar Demos gehen, um provokante Transparente und Parolen zu schwingen. Das ist zumindest um einiges aufregender, als das sogenannte „Hartz-IV-Fernsehen" auf RTL am Nachmittag zu verfolgen. Engagement für rechts bedeutet nämlich, das Gefühl zu haben, Deutschland neu gestalten zu können. Die Altparteien geben den meisten Menschen hingegen das Gefühl, dass über ihre Köpfe hinweggeschieden wird. Genau aus diesem Grund ist die

„GroKo" auch so verpönt. Sie ist das Sinnbild von Stagnation und Anbiederei bei den Obrigkeiten im Ausland.

Die Deutschen sehnen sich nach markigen Typen mit starken Worten. Bayern ist das Glück nun anscheinend hold. Markus Söder geht als CSU-Spitzenkandidat für die Landtagswahl 2018 in Bayern ins Rennen. Der wackelige Horst Seehofer hat hingegen kein gutes Standing mehr, was auch an seinem Auftreten gegenüber Angela Merkel liegt. Die stolze CSU wirft ihrem Chef nämlich vor, die bayerischen Interessen nicht mehr konsequent genug zu vertreten – in erster Linie geht es um die fixe Obergrenze für Flüchtlinge. Einige Wochen nach der Bundestagswahl 2017 fällt die CSU bei Umfragen auf lächerliche 37 Prozent. Die AfD kommt in Bayern auf 14 Prozent. Alle Achtung, denn die AfD ist zu diesem Zeitpunkt (noch) nicht im bayerischen Landtag vertreten. Die CSU weiß, dass sie in Sachen Flüchtlingspolitik deutlich konservativer auftreten muss. Schon 2015 sagte Markus Söder: „Nicht jeder, der in der Welt unterwegs ist, kann automatisch zu uns kommen."[198] Die Bayern wollen solche Sprüche. Und sie wollen Taten. Markus Söder hat die Aufgabe, es zu richten.

Söder weiß, wie die Pop-Kultur der sozialen Medien funktioniert. 2016 zeigt er sich mit seiner wachsenden Hundefamilie auf Facebook. Einige Wochen später unterstützt er einen Bernhardiner-Verein. Das gibt tolle Presse und schöne Fotos. Söder inszeniert sich gerne als Twitter-Star und veröffentlicht sogar Fotos aus seiner Jugendzeit. Am 12. September 2016 titelt der *stern*: „Die bizarre Twitter-Welt des Markus Söder."[199] Im Juli 2016 fordert Söder sogar, dass Mesut Özil keine Elfmeter mehr schießen darf. Nach den Terroranschlägen am 13. November 2015 in Paris schreibt er auf Twitter: „#ParisAttacks ändert alles. Wir dürfen keine illegale und unkontrollierte Zuwanderung zulassen." Einige User sehen darin eine Annäherung der CSU an die AfD. Eine solche Annäherung könnte tatsächlich das Zünglein an der Waage sein, um bei den nächsten Wahlen zu reüssieren. Markus Söder versteht die Popkultur des Internets. Und wer sie versteht, ist gewiss nicht der Antagonist eines Populisten. Markus Söder ist ein Verführer. Und das ist nicht einmal unbedingt schlecht.

Die Macht der Trends

Systemkritiker und Verschwörungstheoretiker sind der Meinung, dass Trends von der Industrie ganz bewusst gesetzt werden, um das Konsumverhalten zu beeinflussen. Technische Geräte sind so konstruiert, dass sie nach einer gewissen Zeit kaputtgehen. Und Modetrends ändern sich stetig, damit die Menschen ihre alten Klamotten wegwerfen – oder vielleicht sogar den Flüchtlingen schenken. Findige User haben auf YouTube ein Video hochgeladen mit dem Titel „Flüchtlinge durchwühlen Kleidercontainer".[200] Tatsächlich sieht man zwei Südländer, die sich an dem Container zu schaffen machen. Einer steigt sogar durch die Klappe des Containers. Der deutsche Filmemacher droht im ostdeutschen Dialekt ständig mit der Polizei. Irgendwann verschwinden die Südländer. Solche Filmchen heizen die Flüchtlingsdiskussion natürlich an. Doch viele sind auch von den Rechten genervt, die sich laufend als Moralapostel aufspielen.

YouTube hat mittlerweile eine eigene Trends-Rubrik eingeführt. In dieser Rubrik erscheinen Videos, die besonders angesagt sind. Der deutsche Soziologe Theodor W. Adorno prägte den Begriff „Kulturindustrie". Damit ist eine Steuerung der Massenkultur von oben gemeint. Das individuelle Handeln wird uniformiert. Was sehr theoretisch klingt, finden wir in unserem Alltag ständig vor. Es besteht quasi ein sozialer Zwang, den Nachrichtendienst WhatsApp zu nutzen. Das Programm ist zwar kostengünstig und komfortabel, doch es ermöglicht auch einen ungesunden Kontrollwahn. Facebook ist ebenso ein Muss, wenngleich es immer mehr Menschen gibt, die sich von dem sozialen Netzwerk distanzieren. In vielen bayerischen Gemeinden ist es wichtig, als Eltern katholisch zu sein, damit die Kinder in der Schule nicht stigmatisiert werden. Manche Leute finden auch diejenigen komisch, die keinen Fernseher besitzen. Das könnte ja suggerieren, dass man irgendwie hinter dem Mond lebt. Vielleicht ist es aber auch viel schöner, die echte Welt zu erkunden, anstatt sich vom Blitzlichtgewitter des Geräts in den Schlaf wiegen zu lassen.

Die Medien und Trendsetter geben vor, was angesagt ist. Trendsetter sind jedoch nicht nur Modelabels, Promis und schillernde Marken, sondern auch politische Bewegungen. Die NSDAP war damals so etwas wie ein völkischer Trendsetter. Sie saugte die Stimmung im Land auf und stilisierte sie. Der Nationalstolz kehrte zurück, um den vermeintlichen Dolchstoß zu rächen. Heute setzt die AfD politische Trends. Es gibt Parallelen. Seit dem Zweiten Weltkrieg ist die deutsche Regierung wie eine emsige Biene darauf bedacht, das Image der BRD wieder aufzupolieren. Die Deutschen sind ein stolzes Volk. Das war schon immer so.

Es passt vielen Menschen in diesem Land nicht, dass Deutschland in gewisser Weise ideelle Reparationen leisten muss, indem in den letzten Jahren unzählige Flüchtlinge aufgenommen wurden. Die Flüchtlingspolitik wird als Kniefall vor der EU und NATO verstanden. Wirtschaftlich gilt Deutschland als Mega-Nation. Doch moralisch scheint Deutschland die letzten 100 Jahre wiedergutmachen zu müssen. Die Bevölkerung möchte eigentlich keinen radikalen Rechtsruck, sondern ein gesundes politisches Selbstbewusstsein nach außen.

Die Rechten scheinen das zu verkörpern. Selbst die CSU geht mit Markus Söder wieder den deutlich konservativeren Weg. „Söder hat wie kein anderer darauf bestanden, dass das Strauß'sche Diktum weiter gilt, wonach es rechts von der Union keine demokratisch legitimierte Kraft mehr geben dürfte", schreibt *Spiegel Online* am 5. Dezember 2017.[201] Die CSU wird demnach alles dafür tun, dass sich die AfD in Bayern nicht etabliert. Der Deutsche traut sich wieder, stolz auf sein Land zu sein, und gibt seine Wählerstimme dementsprechend ab.

Rechtspopulistisches Branding

Kommunikationsexperten sind sich einig, dass die klassische Visitenkarte out ist. Stattdessen ist es wichtig, im Internet sichtbar zu sein. Es wird sogar empfohlen, digitale Beiträge über softe Themen zu veröffentlichen: Fußball, Kultur und Serien. Persönliche Meinungen sind gefragt und legen die Basis dafür, neue Kontakte zu knüpfen. Wer in den sozialen Medien zu einer Marke wird, hat es geschafft. Das nennt sich dann „Personal Branding". Die menschliche Marke wird zu einem „Influencer". Mit ein bisschen Glück winkt dann sogar ein lukrativer Werbevertrag. Der Trend geht immer mehr dahin, sich im Internet schillernd zu inszenieren.

Oft hört man, dass es in der SPD keine charismatischen Köpfe mehr gibt. Auch in der FDP ist es nur Christian Lindner, der hier und da mal aneckt. Die CSU hat mit Markus Söder, Horst Seehofer und Alexander Dobrindt eine männliche Dreifaltigkeit aufzubieten. Ilse Aigner verkörpert in der CSU eher die Heilige Jungfrau, die zwar innerparteilich eine sehr gute Reputation hat, in ihrer Außendarstellung jedoch zu artig ist. Ein Rechtsruck wird Aigner nämlich nicht zugetraut – Rambo Söder hingegen schon. Innerhalb der AfD gibt es viele Charakterköpfe, die sich gegenseitig pushen. Jörg Meuthen und Alexander Gauland stehen für den rechten Flügel. Beide haben übrigens einen Doktortitel. Sie wissen, was sie tun. Björn Höcke ist seit 2017 der gefallene Engel der AfD, der allerdings bald wieder wie Phönix aus der Asche steigen wird. Der gemäßigte Flügel der AfD ist zwar vorhanden, allerdings spielt er in der Öffentlichkeit keine Rolle. Georg Pazderski gilt zwar als gemäßigter AfD-Politiker, doch eine starke Marke ist er wahrlich nicht. Beatrix von Storch und Alice Weidel bilden den Bund deutscher AfD-Frauen. Schnell wird klar: Die AfD hat viele Querköpfe in ihren Reihen. Sie sind Garanten für gute Quoten in den deutschen Talkshows.

Vor der Bundestagswahl 2017 ist Alice Weidel zu Gast in einer Talkshow des ZDF. Nach einem Streit mit dem CSU-Politiker Andreas Scheuer verlässt Weidel die Show – unter Beifall und Johlen des Publikums wohlgemerkt! Ein solcher Eklat ist ein sicheres Mittel für Schlagzeilen. Das machte schon der deutsche Schauspieler Klaus Kinski so – und wird dafür noch heute auf YouTube gefeiert. Im Juli 2017 verließ CDU-Mann Wolfgang Bosbach den Maischberger-Talk. Das gab viele Schlagzeilen. Wer sich so etwas traut, hat Eier, so würde es in der Fußballersprache heißen. Mit einem skandalösen Verhalten gelingt es Promis nämlich, zu einer Galionsfigur zu werden. Noch heute erinnern wird uns an den Stinkefinger des Stefan Effenberg, an Jürgen Klinsmann, wie er bei einer Auswechslung in eine Tonne tritt, und an Oliver Kahn, wie er zu einem Kung-Fu-Sprung gegen Heiko Herrlich ansetzt. Heute sind die drei anerkannte Fußballexperten und schillernde Persönlichkeiten.

Überspitzte Meinungen polarisieren. Ähnlich verhält es sich mit den Rechtspopulisten in Deutschland. Die einen finden das Auftreten der AfD mutig und bravourös, die anderen sehen darin eine Gefahr für die deutsche Demokratie und Parallelen zu den Nazis. Die ständigen Moralkeulen sorgen allerdings dafür, dass der Hype um die Rechten noch größer wird – bis der Rechtspopulismus eine Volksbewegung wird. Für diesen Ausblick in die deutsche Zukunft gibt es Indizien. In der CSU hat man mittlerweile erkannt, dass man mit Sozialpolitik keinen Blumentopf gewinnt. Die SPD und Linkspartei spüren das, zumal die Linken als Protestpartei sowieso schon längst abgewählt wurden. Den Rechten sind die Rentner und sozial Schwachen erst einmal egal, doch wer rechts wählt, gibt der Großen Koalition und vor allem Angela Merkel eine mit. Wäre Politik ein erotisches Abenteuer und Sadomaso die Königsdisziplin, wäre jede Stimme für die AfD wie ein Peitschenschlag auf Angela Merkels Hintern. Das zieht, und der ordentliche Deutsche wird mir nichts, dir nichts vom Spieß- zum SM-Bürger.

Die AfD ist eine starke Marke. Wer glaubt, dass die rechtspopulistische Partei keine Inhalte hat, liegt falsch. Die AfD ist die offizielle Anti-Merkel-Partei, denkt antieuropäisch, möchte den deutschen

Patriotismus zurück und keinen Untergang des Abendlandes durch den Islam. Ergo möchte die AfD am liebsten keine Flüchtlinge aufnehmen und die Abschiebeverfahren der bereits aufgenommenen Asylbewerber beschleunigen. Das sind zwar keine sachlichen Schwerpunkte, doch die Begeisterung der Massen ist ja auch kein rationales Phänomen. Die Menschen interessieren sich für Emotionen und Erlebnisse. Ein Blick in die Fernsehwerbung genügt. Autos, Kleidungsstücke, Dienstleistungen und Biermixgetränke sollen unser Leben spannender und bunter machen. Es geht nicht mehr um Fakten, sondern um spontane Befriedigung. Die AfD verkauft ihre Politik als Erlebnis. Jeder darf mitmarschieren, egal ob promovierter Uni-Professor, Kaufmann oder Maurer. Bei den Rechtspopulisten sind alle gleich. Die Uniform ist nicht sichtbar, doch sie wiegt wie ein brauner Schleier auf der deutschen Seele. Die rechte Sprache ist deren Spiegel und möchte sagen: WIR sind Deutschland.

Weltmeister im Galgenhumor

Nazischwein oder moralisch rein sein – das ist hier in diesem Land oft die Frage. Es genügt ein kleines Wort oder ein verdächtiges Symbol, um seinen Ruf zu ruinieren. Doch ist dieser erst einmal ruiniert, lebt und hetzt es sich ganz ungeniert. Die AfD bleibt diesem Motto treu und fährt damit wunderbar. Der deutsche Michel hingegen ist auf seine Außenwirkung bedacht. Jeder Fehltritt landet heute schließlich im Internet. Den Kumpels ist das zwar egal, doch Personaler reagieren auf braune Mätzchen meist nicht besonders „amused". Das Klügste ist, im Alltag nicht über Religion und Politik zu fachsimpeln. Gespräche über Sport und besonders Fußball sind harmlos. Oder doch nicht?

2018 ist das Jahr der Weltmeisterschaft in Russland. Deutschland geht als Titelverteidiger ins Rennen um den begehrten WM-Pokal. Miro Klose schwärmt noch heute von dem besonderen Feeling, gibt er im Dezember 2017 bei der Auslosung der WM-Gruppen zu. Wer das nicht versteht, hat den Fußball nie geliebt. 2014 dribbelte sich die deutsche Nationalelf allerdings in einen Skandal. Die „Gaucho-Affäre" sorgte weltweit für Wirbel.

Nach dem Gewinn der Weltmeisterschaft führen einige National-spieler einen Siegertanz auf der Berliner Fan-Meile vor. Die WM-Stars stellen die Argentinier als gebückte Gauchos dar und sich selbst – also die Deutschen – als aufrecht gehende Gewinner. In die Geschichte der sozialen Medien geht dieses Schauspiel als #*gauchogate* ein. Einige User stellen auf YouTube fingierte Videos online, in denen die deut-schen Fußballspieler mit Soldaten der Wehrmacht verglichen wer-den. Und in Südamerika gelten die Spieler sogar als Nazis. Für die *Bildzeitung* ist die Diskussion in Deutschland „typisch deutsch". Aus dem Tanz einen Skandal zu stricken, „ist absurd, kleinkariert, humor-los und völlig daneben", schreibt das Boulevardblatt.[202] Es ist einer der lichten Momente.

Alle zwei Jahren dürfen wir in Deutschland Patrioten sein –zumin-dest wenn sich die Nationalmannschaft weiterhin für die jeweiligen Welt- und Europameisterschaften qualifiziert. Wir befestigen die Flagge am Auto. Die Mädels malen sich ein Schwarz-Rot-Gold-Herzchen auf die Wange. Vielleicht ändern wir auch noch unser Profilfoto auf Facebook und unterstreichen es mit den deutschen Nationalfarben. Vor den Fußballspielen singen wir die National-hymne mit und bei jedem Tor von Özil, Boateng & Co. schwenken wir die Deutschlandfahne. Wer mutig ist, verziert seinen Körper mit einem abwaschbaren Deutschland-Tattoo. Bei den Ladys sieht das natürlich besonders hübsch aus. In die Frisur kommt dann noch ein kleiner Blumenkranz in Schwarz-Rot-Gold, und die Männer grölen: „Schland, Schland, Schland!" Wenn Deutschland gewinnt, folgt das abendliche Hupkonzert. Ja, Patriotismus ist eine tolle Sache.

Doch Vorsicht! Es gibt Menschen in Deutschland, die darin eine Gefahr sehen. Vor allem die Grünen. Das sind vermutlich diejeni-gen, die das Kiffen legalisieren möchten. Die vernebelte Sichtweise:

Zu viele Deutschlandfahnen könnten ja wieder zu einem Rechtsruck führen. Erst zücken die Deutschen alle zwei Jahre die Flagge, dann vielleicht auch unter dem Jahr, und irgendwann hängt sie im Sommer auf jedem Balkon von Marzahn bis Baden-Baden. Und plötzlich sind wir alle „Naziholics" – süchtig nach Schwarz-Rot-Gold und dem „Deutschland über alles" aus dem mehr oder weniger verbotenen Teil der Nationalhymne.

Doch je ausgeprägter das Patriotismus-Verbot ist, desto größer wird die Sehnsucht danach. Patriotismus hat mit rechts zunächst gar nichts zu tun. Die deutsche Geschichte macht es denen da oben jedoch leicht, das dem Volk einzureden. Auf diese Weise kann die AfD frohlocken: „Wenn Du Dich frei im Denken und Handeln fühlen möchtest – schließe Dich uns an!" Es ist ein Irrglaube, dass die Rechten an allem schuld sind. Vielmehr machen es die unbeholfenen Spitzenpolitiker dem Volk leicht, sich den rechtspopulistischen Möchtegern-Patrioten anzuschließen.

Geschmacklosigkeiten entwickeln manchmal einen Kultstatus. Im Mai 2015 zeigt ein Werkzeughändler einen selbst gebauten Galgen bei einer Pegida-Demonstration in Dresden. Zwei Schlaufen baumeln herunter: Reserviert für Sigmar Gabriel und Angela Merkel. Skurril: Seit 2017 gibt es den Mini-Galgen als Miniatur zu kaufen. Die sächsische Justiz hat außerdem entschieden, dass das juristisch in Ordnung ist, weil nicht zur Gewalt aufgerufen wird. Der Gabriel-Merkel-Galgen soll wohl symbolisch betrachtet werden: Gabriel und Merkel sollen lediglich den politischen Tod sterben.

Die Rechten bauen ein Kartenhaus, das sich aus charismatischen Persönlichkeiten, provokanter Sprache und starker Symbolik zusammensetzt. Erfolgreich sind sie, weil die Rechten von den Altparteien immer wieder Joker zugesteckt bekommen. Die etablierten Schönwetterpolitiker sind im Umgang mit rechts unbeholfen und wälzen die Verantwortung sogar oftmals auf die Journalisten und Medienmacher ab. Das ist ein Fehler. Das liegt selbstverständlich nicht daran, dass unsere Journalisten mit der AfD und den Rechten sympathisieren, sondern weil sie ökonomisch denken müssen. Journalismus ist kein Kinderspiel. Für die Geschäftsführung zählen nackte Zahlen. Journalisten stehen unter Druck. Sie müssen Schlagzeilen und Geschichten abliefern. Wer das nicht kann, fliegt oder landet in der Lokalredaktion und darf dann über die städtischen Hasenvereine berichten.

Wie der Hase läuft, wissen vor allem die Journalisten, die im Boulevardjournalismus arbeiten. Sie haben ihre Fähigkeiten knallhart auf der Straße gelernt – daher stammt der Begriff Boulevard nämlich ursprünglich. Der Boulevardjournalismus arbeitet vor allem mit Bildern und persönlichen Schicksalen. Rechtspopulismus kann wunderbar anhand von Personen exemplifiziert werden. Am 5. Dezember 2017 möchte ein 26-Jähriger einen Supermarkt im niederbayerischen Vilshofen ausrauben. Fünf Asylbewerber überwältigen ihn im letzten Moment. Nichts ist passiert, doch die Geschichte wird ein Hype. Zunächst berichtet die *Passauer Neue Presse* über den Fall, später der Radiosender *Antenne Bayern* und letztendlich sogar *Focus Online*. Warum? Weil es aus Sicht der flüchtlingskritischen Leser skurril ist, dass fünf Asylbewerber mal etwas Gutes tun. Und weil die Medien wissen, dass das die Rechten so richtig auf die Palme bringt.

Die Journalisten meinen das nicht immer böse, wenn sie provozieren. Sie möchten ihre Geschichten einfach gut und teuer verkaufen. Skandale sind das täglich Brot der Medien – und wir alle laben uns daran. Wenn die Millionen Deutschen mal ein paar Tage nicht auf *bild.de* klicken oder die *Bildzeitung* kaufen würden, hätte der Springer-Verlag wahrlich ein Problem und würde recht dumm aus der Wäsche schauen. Das wäre mal eine Idee für eine Social-Media-Aktion! Doch solche Ideen verpuffen genauso wie beispielsweise jene, mal für einen Tag kein Auto zu fahren oder Strom zu sparen. Die Doppelmoral lässt mal wieder grüßen.

1 Marschroute Nationalismus

Rechts als Chance für die FDP, Union und Linken

„Bejammernswert". „Antisemiten". „Rechtsradikal". Martin Schulz findet auf dem Bundesparteitag der SPD am 7. Dezember 2017 klare Worte für die AfD. Schulz unterstellt den Rechten, die Gesellschaft zu spalten. Nur die SPD kann Deutschland vor der rechten Gefahr retten, so lautet der Tenor. Einige Wochen zuvor ist die FDP das Feindbild der Sozis. Denn der Abbruch der Koalitionsverhandlungen bringt die SPD auf einmal in die Bredouille. Es ist der 20. November und ein kalter Tag. In den Mittelgebirgen schneit es. Christian Lindner reibt sich die Hände – floskelhaft, denn der FDP-Chef hat in der Nacht zuvor die Verhandlungen mit den Grünen, der CDU und CSU abgebrochen. „Es ist besser, nicht zu regieren, als falsch zu regieren." Lindner gibt sich bei diesen Worten wie ein Elder Statesman und inszeniert sich gönnerhaft.[203] Die Grünen-Chefin Simone Peter nennt das Gebaren der FDP „unverantwortlich, unseriös, berechnend". Und die „Bildzeitung" fragt: „Kriegen Merkel und Steinmeier die SPD doch noch rum?" Plötzlich ist aus der sozialdemokratischen grauen Maus wieder ein begehrenswerter Schwan geworden. Ein Schwan, der sich ziert, vielleicht sogar von Angela Merkel erobert werden möchte.

Ob das Liebesspiel glückt, ist lange Zeit fraglich. Doch zum Glück gibt es ja die blauen Pillen – nämlich die Alternative für Deutschland. Die rechte Partei mit dem blauen Logo wird zwar von allen verteufelt, doch die AfD ist der lebenswichtige Gegenspieler. Nur wer Hass kennt, weiß auch, was Liebe ist. Doch anstatt sich lieb zu haben, zerstören sich die Altparteien mit ihren Ego-Spielchen selbst.

Wer es in die Spitzenpolitik schaffen möchte, braucht ein gewisses Maß an Selbstverliebtheit. Im Medienzeitalter von heute ist das wichtiger denn je. Durch die sozialen Medien können die Politiker den Wählern und die Wähler den Politikern auf Augenhöhe begegnen. Zumindest soll das so rüberkommen. Die FDP fordert bei den Jamaika-Sondierungen sogar ein „Ministerium für Digitalisierung", was ganz bestimmt nur rein zufällig an das einstige „Reichsministerium für Volksaufklärung und Propaganda" erinnert. Letztendlich scheitern die Gespräche zwischen CSU, CDU, FDP und den Grünen vor allem an der Flüchtlingsfrage. Die Bundestagswahl 2017 hat deutlich gemacht, dass man mit asylfreundlichen Wahlprogrammen chancenlos ist.

Die CSU-Wähler in Bayern werfen ihrem einstigen „Big Horst" vor, zu einem Zwergenregisseur in Angela Merkels Polit-Show verkommen zu sein. Seehofer hat zwar immer wieder versucht, auf den Tisch zu hauen, doch das hat den Bayern am Ende nicht mehr gereicht. Im Südosten der Republik ist man da pingelig, denn im Freistaat gilt das gesprochene Wort noch etwas. Horst Seehofer ist den konservativen Bayern zu kuschelig geworden. Markus Söder wiederum spricht die Sprache des Populismus. Dieser Begriff darf durchaus ideologiefrei gebraucht werden. Ein Populist spricht die Sprache der Masse und ist die Stimme des Volkes. Das klingt zunächst gut.

SPD-Chef Martin Schulz will bis 2025 die „Vereinigten Staaten von Europa". Wenn ein EU-Land nicht zustimme, müsse es zwangsläufig die EU verlassen. Die Forderung ist den Nachrichtenagenturen zwar eine Eilmeldung wert, doch den meisten Deutschen spricht Schulz mit diesem Vorschlag vermutlich nicht aus der Seele. Das belegen auch offizielle Umfragen. Menschen, die den Europa-Vorstoß nicht gut finden, wählen konservativ. Europakritik hat zunächst erst einmal nichts mit rechts zu tun. Jedoch ist die AfD die selbst ernannte Anti-Europa-Partei. Programmatische Vorstöße, die sich von der rechten Politik unterscheiden, sind wichtig. Die SPD traut sich das. Sie möchte keine Obergrenze für Flüchtlinge und Religionsfreiheit für alle. Doch die Union hat die SPD in die Mangel genommen. Da es in Deutschland wieder ein starkes rechtes Lager gibt, kann die SPD ihr linkspolitisches Profil schärfen. Doch diese Chance hat auch einen großen Nachteil. Die AfD bildet nun noch mehr den politischen Gegenpol. Wer sich über die geplante Europa- und Integrationspolitik der SPD aufregt, wählt im Zweifel rechts. Bei der Union weiß der Wähler nämlich auch nicht mehr genau, woran er eigentlich ist. Die CSU tritt in Bayern zwar konservativ auf, doch auf Bundesebene geht sie thematisch unter. Merkel sitzt die konservativen Vorstöße der CSU einfach aus, bis sich die Christsozialen in Bayern selbst zerfleischen. Bislang klappt das wunderbar. Das Klima innerhalb der CSU ist völlig vergiftet.

Die Altparteien sind in einer schwierigen Situation. Martin Schulz schwärmt von Europa, Christian Lindner von Digitalisierung, Cem Özdemir von Cannabis für alle, und Angela Merkel möchte einfach nur ihre Ruhe haben und irgendwie regieren. Die Sozialpolitik der Linkspartei interessiert niemanden, denn irgendwie möchte auf Bundesebene niemand gemeinsam mit ihr Verantwortung übernehmen. Das liegt auch am linksextremistischen Image der Partei. Und die PDS-Vergangenheit ist auch nicht gerade ein Aushängeschild im Westen.

Markus Söder und Horst Seehofer sind zerstritten wie die Gallagher-Brüder der Band „Oasis". Die Rechten freut das. Sie ziehen umher auf der Suche nach gewinnbringenden Oasen, versprechen den Menschen das Blaue vom Himmel und hinterlassen eine politische Wüste. Die Macht der Worte ist bekannt. Wenn wir Geschichten lesen, spüren wir die Gefühle der Akteure. Wenn wir einen Liebesbrief erhalten, fühlen wir die emotionale Wärme. Und wenn die Rechten uns Bilder von kriminellen Flüchtlingen zeigen, bekommen wir einen Hass – obwohl es einfach nur Geschichten sind. Sie können wahr sein, müssen es aber nicht.

2   Kein islamisches Vaterland

Deutschland ist noch nicht bereit für das vereinigte Europa

In Deutschland gibt es rund 24 Millionen Katholiken, 22 Millionen Protestanten, vier Millionen Muslime und knapp 100.000 Mitglieder der jüdischen Gemeinde. Die Zahlen variieren. Etwa ein Drittel der Deutschen ist konfessionsfrei.[204] 1970 sind in der damaligen Bundesrepublik noch 92,3 Prozent der Bevölkerung Protestanten oder Katholiken.[205] Unabhängig von der Zunahme der Muslime gibt es in Deutschland einen Trend zur Entchristlichung. Das liegt auch daran, dass materielle Güter mehr und mehr im Überfluss vorhanden sind. Es ist wie im Alten Testament in der Bibel. Immer wenn es den Israeliten zu gut geht, wenden sie sich von Gott ab und bauen sich Götzen. Wer braucht einen Gott, wenn er ein tolles Auto in der Garage hat? Die katholische Kirche sorgte zudem in den letzten Jahren mit schlimmen Missbrauchsfällen für unzählige Skandale. Vor allem die Urchristen gelten als sehr konservativ. Abtreibungen werden nicht gerne gesehen, Homo-Ehen sind frevelhaft, und die Welt ist in sechs Tagen entstanden. Am siebten Tag – das ist der Sonntag – haben wir frei. Über leidende Flüchtlinge wollen wir dann nicht nachdenken. Und damit das so bleibt, muss der Islam draußen bleiben.

Deutschland diskutiert über die deutsche Leitkultur. Das zeigt, dass die Deutschen ein stolzes, vielleicht sogar eitles Volk sind. Leitkultur bedeutet, dass es ungeschriebene Regeln gibt, die den wünschenswerten Habitus des Deutschen definieren. Im April 2017 stellt Bundesinnenminister Thomas de Maizière zehn Punkte für die deutsche Leitkultur auf.[206] „Wir zeigen unser Gesicht. Wir sind nicht Burka", heißt es in Punkt 1. Und Punkt 7 schließt wie folgt: „Wir verknüpfen Vorstellungen von Ehre nicht mit Gewalt." Thomas de Maizière spricht aus, was viele denken. Seine Ausführungen sind zwar sehr indirekt, doch sie erinnern an die Diskussion um den sogenannten Ehrenmord. Derart motivierte Tötungen sind vor allem in islamischen Staaten verbreitet. Oftmals sind es Frauen, die umgebracht werden, weil sie sich angeblich moralisch falsch verhalten haben. Häufig genügt es, wenn die Frau den für sie auserwählten Ehemann verlässt oder verlassen möchte. Eine Entehrung der Familie kann auch stattfinden, wenn die Frau vergewaltigt wird. Durch die Ermordung der Frau wird die Familienehre erneuert. Unter Deutschen ist ein solch archaisches Ritual undenkbar.

Der damalige Bundesinnenminister kritisiert die Verschleierung. Das darf er natürlich, doch die Sache muss differenziert betrachtet werden. Auch Deutsche neigen dazu, sich zu vermummen. Damit sind keine Bankräuber gemeint oder Kinder, die sich zu Halloween einen Scherz erlauben, sondern die autonomen Linksextremen in Deutschland. Linksextremismus und Islamisierung bilden jeweils einen Gegenpol zum Programm der Rechten. Das macht die Rechten stark. Der Deutsche fühlt sich auf der sicheren Seite, wenn er seine Stimme der AfD gibt.

Die SPD verurteilt zwar den Linksextremismus sowie islamistische Gewalttaten. Doch die SPD steht für viele zu weit links. Sie ist nicht die Bewahrerin der deutschen Leitkultur. Markus Söder kritisiert die SPD-Idee der „Vereinigten Staaten von Europa".[207]. Da steht der bayerische Ministerpräsident nicht alleine da. Wollen die Deutschen überhaupt mehr Europa? Oder wollen sie wieder mehr Deutschland?

Die CSU wirbt zur Bundestagswahl 2017 mit dem Slogan: „Integration: Leitkultur leben." Doch jemand manipuliert ein Plakat – und aus Leitkultur wird „Leitkültür". Das ist eine Anspielung auf die türkische Sprache und versteht sich wohl als Hinweis auf eine vermeintlich fortschreitende Islamisierung in Deutschland. Es ist jedoch nicht nur das Christentum, das als Gegenpol zum Islam gesehen wird. Schließlich stilisieren die Rechten gerne germanische Runen als Ausdruck ihrer Ideologie. Und die sind ja eher heidnisch. Hier entlarven sich die Rechten, denn der Germanenkult verweist natürlich nicht auf die christlichen Grundwerte, sondern auf die nationalsozialistische Heimeligkeit. Fest steht: Sowohl die AfD als auch die CSU befürworten eine deutsche Leitkultur. Die AfD ist da weitaus plakativer und krakeelt: „Deutsche Leitkultur statt Multikulturalismus." Damit scheinen alle fremden Ethnien gemeint zu sein. Das ist nicht nur eine Kampfansage an die Flüchtlinge und Asylbewerber, sondern auch ein Schlachtruf, der zum Kampf gegen das politische Establishment aufruft. Die AfD will nicht nur in die deutschen Parlamente einziehen. Sie will regieren.

Leit- oder Leidkultur?

Die Idee einer Leitkultur ist gar nicht mal so neu. Die Zehn Gebote aus der Bibel geben uns vor, wie wir uns im Idealfall verhalten sollen. Seit dem Tod und der Auferstehung Jesu dürfen wir uns natürlich auch Fehltritte erlauben, weil uns die Schuld ja sowieso vergeben wird. Genau deswegen feiern die Deutschen das Osterfest, auch wenn der profane Osterhase mehr und mehr zu dessen Symbol wird. Wenn der frühere SPD-Messias Martin Schulz von den „Vereinigten Staaten von Europa" spricht, wird er immer ganz furios. Eine solche föderalistische Europa-Utopie setzt natürlich ebenfalls eine gemeinsame Leitkultur voraus. Die europäischen Staaten müssten sich nicht nur juristisch und politisch einander annähern, sondern auch kulturell.

Kulturelle Annäherungen sind oftmals ein Gewinn. Wenn wir unseren Urlaub in Thailand, auf Kuba oder den Kapverdischen Inseln verbringen, zehren wir oft noch Monate davon. Die Gründe dafür sind nicht nur die Sonne und das Meeresrauschen, sondern vor allem das Fühlen und Schmecken der kulinarischen Köstlichkeiten und emotionalen Eindrücke. In fremden Ländern gibt es ebenso ungeschriebene Leitkulturen. Einer arabischen Frau darf, besonders von einem Mann, niemals zu tief in die Augen geblickt werden. In Frankreich ist es üblich, in Begleitung nicht sein eigenes Glas aufzufüllen. Und in Deutschland muss man „Prost" sagen, bevor das jungfräuliche Bier getrunken wird. Fremde Kulturen sind spannend. Doch nichts ist schöner, als nach einem mehrwöchigen Urlaub wieder nach Hause zu kommen. Das ist nämlich unsere Komfortzone. Heimat ist und bleibt die Heimat.

Die Deutschen lieben ihre Komfortzone und möchten sie nicht verlassen. Ein „Vereinigtes Europa" ist nämlich eine abenteuerliche Pionierreise mit unüberblickbaren Gefahren. Da kann dem Deutschen schon mal flau im Magen werden. Doch waghalsige Odysseen sind eine Chance. Die Kartoffel zum Beispiel gilt als das Lieblingsgemüse der Deutschen. Kein Wunder, denn der Erdapfel macht satt, ist nahrhaft und kostet nicht viel. Der Kartoffelsalat mit Essig und Öl ist in Bayern eine Spezialität. Doch erst Mitte des 16. Jahrhunderts gelangt die Kartoffel nach Europa. Ohne die Entdecker und Erfinder früherer Zeiten würden wir noch immer in Höhlen leben. Es braucht also Menschen, die Visionen haben und sie umsetzen. Forscher haben längst herausgefunden, dass risikobereite Menschen langfristig erfolgreicher sind. Selbstverständlich gehören dazu auch Tiefschläge, bevor der Durchbruch gelingt.

Die Wege des Herrn sind unergründlich. Anfang 2017 war Martin Schulz noch der heilige Messias der SPD. Nach seiner Wahl zum SPD-Parteichef und Kanzlerkandidaten stiegen die Umfragewerte der SPD auf unglaubliche Weise. Alle Genossen waren sich auf einmal einig, dass sie die nächste Regierung stellen würden. Doch Hochmut kommt vor dem Fall. Martin Schulz und seine SPD stürzten völlig ab. Das lag auch daran, dass sich Schulz nicht immer galant anstellte.

Martin Schulz ist kein Medienkanzler wie einst Gerhard Schröder. Martin Schulz ist einfach nur Martin Schulz. Ein einfacher Mann mit einer sozialen Vision. Dazu gehört auch ein Europa, das sich gegenseitig hilft. Die „Vereinigten Staaten von Europa" würden allerdings jedem Mitgliedsland eine europäische Leitkultur aufdrücken. Es darf nicht vergessen werden: Die AfD entstand 2013 als Anti-Euro-Partei und fordert noch immer die Rückkehr zur „starken D-Mark". Bei der Bundestagswahl 2013 schaffte sie beinahe den Sprung ins Parlament. „Eine beinahe sehr wichtige Partei", titelte *Zeit Online* Ende September 2013.[208] Jetzt ist die AfD eine sehr wichtige Partei – auch dank der Medien und vor allem der Politiker, die sich über die AfD laufend öffentlich das Maul zerreißen und die Rechtspopulisten stark machen.

Die AfD gibt ihren Wählern wieder ihr deutsches Selbstbewusstsein zurück. Ein gemeinsames Europa mit willkommener Islamisierung würde Deutschland eher eine unliebsame „Leidkultur" aufdrücken, so lautet der Tenor der Rechtspopulisten. Die CSU ist in Bayern so stark, weil es ihr gelingt, die christlichen Werte in den Vordergrund zu stellen. Sie gibt sich als Anker der bayerischen Urkultur. Die Umfragewerte und Ergebnisse fallen jedoch, weil Horst Seehofer den sehr konservativen Kurs gegenüber Angela Merkel nicht durchsetzen konnte. Eine glaubwürdige nationalkonservative Partei ist in Deutschland erwünscht. Selbst Christen wählen keine Partei, die zu viel Nächstenliebe predigt. Man will sich lieber selbst der Nächste sein. Im christlichen Parteienspektrum gibt es beispielsweise die Partei Bibeltreuer Christen. Die PBC ist äußerst konservativ und machte in der Vergangenheit gerne Stimmung gegen Regenbogenfamilien.

Nach dem Bundesparteitag der SPD im Dezember 2017 und vor den Gesprächen der SPD mit der Union bringen die Fraktionen der CDU, CSU, SPD und FDP einen gemeinsamen Antrag zur Erhöhung ihrer Bezüge in den Bundestag ein. „Empörung über Diäten-Hammer", schreibt die *Bildzeitung* am 12. Dezember 2017.[209] Der Bund der Steuerzahler reagiert ebenso geschockt: „Es spricht Bände, dass die Politik seit Monaten nicht handlungsfähig ist, sich aber bei der Diäten-erhöhung im Handumdrehen einigt."[210] Ist das vielleicht die vorbildliche Leitkultur der Altparteien? Alice Weidel, die Fraktions-chefin der AfD, hält die Diäten-Erhöhung für „ein absolutes Unding" sowie für ein „verheerendes Signal".[211] Das Beispiel zeigt wunderbar, wie die Altparteien und Medien die Rechten stark machen. Die Leitkultur der AfD ist zwar brachial, doch sie scheint das Establishment aufmischen zu wollen. Dass sich zu viele Deutsche danach sehnen, liegt wahrlich nicht an den Rechten. Vielmehr glaubt ein großer Teil der Bevölkerung, dass die Integration der Flüchtlinge nicht gelingt und dass die Steuergelder falsch angelegt sind.

Muslime und Rechte mögen keine Juden

Im Dezember 2017 demonstrieren Tausende Menschen in Berlin gegen Donald Trumps Entscheidung, Jerusalem als Hauptstadt Israels anzu-erkennen. Der Schein trügt. Es ist keine Demo gegen Trump, sondern gegen die Juden. Muslime zelebrieren ihren Hass auf das Judentum. Israelische Flaggen und Davidsterne brennen. „Juden, Kindermör-der", grölen die Demonstranten in die Mikrofone. Der CDU-Hardliner Jens Spahn wird ziemlich deutlich: „Wir schauen importiertem Anti-semitismus aus falsch verstandener Toleranz schon viel zu lange ach-selzuckend zu."[212] Ach ja, Spahn kommuniziert diese Aussage übri-gens via Twitter – so wie Donald Trump es auch gerne macht.

Antisemitismus ist in den arabischen Ländern allerdings tatsäch-lich weitverbreitet. Es ist eigentlich verrückt, aber Muslime und deut-sche Rechtsextremisten haben in der Hinsicht sogar eine wesentli-che Gemeinsamkeit, denn im islamistischen Antisemitismus gilt ebenfalls die antijüdische Weltverschwörungstheorie. Im Verfas-sungsschutzbericht des Jahres 2016 heißt es in Bezug auf den Isla-mismus konkret: „Juden werden als Drahtzieher einer weltweiten

Verschwörung gesehen und kollektiv für verschiedene Übel und Missstände verantwortlich gemacht."[213] CDU-Politiker Jens Spahn liegt somit also nicht völlig falsch.

Die Rechten sind natürlich dankbar, dass sich viele in Deutschland lebende Muslime in diesen Zeiten als gewaltbereite Antisemiten outen. Die Szenen in Berlin sind tatsächlich schockierend, auch wenn natürlich nicht alle Muslime Judenhasser sind. Viele kritisieren einfach nur Israel. Doch die negativen Bilder überwiegen, was auch an den Medien liegt. Franz Josef Wagner schreibt in seiner *Bild*-Kolumne: „Niemals hätte ich gedacht, dass jemals wieder in Deutschland ,Tod den Juden' geschrien werden darf."[214] Und dieses Mal sind es nicht die Rechten, die solche Parolen schwingen. Erschreckend: Laut einer Studie der TU Berlin „hegt jeder fünfte Deutsche Vorbehalte gegen Juden".[215] Der seit Jahrzehnten stabile Rechtspopulismus sorgt einerseits dafür – andererseits korreliert das auch mit den vielen muslimischen Einwanderern.

Wenn antisemitische Muslime gegen das Judentum hetzen, profitieren in jedem Fall die Rechten davon. Das ist eigentlich pervers, weil es im Spektrum des Rechtsextremismus doch so einige Holocaust-Leugner und Antisemiten gibt. Es scheint so, als würden die Rechten immer dann profitieren, wenn es in Deutschland Konflikte gibt. Deutschland geht es eigentlich so gut wie schon lange nicht mehr – doch unsere Politiker streiten und streiten sich. Bei der Regierungsbildung scheint es vor allem darum zu gehen, wer welches Ministerpöstchen bekommt. Da ist zunächst von einer Jamaika-Koalition die Rede, dann von Neuwahlen, dann von Minderheitsregierung – und aus „Groko" wird „KoKo". KoKo ist eine Kooperationskoalition, die Horst Seehofer nach eigener Aussage an eine „Krabbelgruppe" erinnert. Alexander Dobrindt untermauert das: „Eine Koko ist ein No-Go." Und so wird's am Ende dann doch wieder die gute alte „GroKo".

Warum die SPD zunächst eine Kooperationskoalition vorschlägt, liegt auf der Hand. Die Sozis wollen die Basis ganz behutsam auf die erneute Große Koalition einstimmen. Und eine „KoKo" klingt halt ein bisschen mehr nach Oppositionsromantik, von der so viele Genossen noch immer schwärmen. Von der AfD hört man in der Zeit kaum was. Die AfD lässt die Zankereien zwischen SPD und Union fast schon meditativ auf sich wirken. Indes steigen die Umfragewerte der Rechten.

Der Krieg der Medien

Die meisten Menschen glauben, dass die Medien das Volk ganz bewusst mit Falschinformationen versorgen. Schließlich sollen wir ja manipuliert werden. Die Medien lügen also – wir sprechen da von der „Lügenpresse". Die Medien werfen uns außerdem gerne vor, dass zu viele von uns gegen Flüchtlinge hetzen. Die Medien sagen das mit erhobenem Zeigefinger und täuschen im gleichen Atemzug Toleranz vor. Wir leben in explosiven Zeiten. Dabei sind es die Medien selbst, die täglich Unfrieden säen und die Stimmung anpeitschen. Das bringt Geld, und Geld regiert die Welt. Journalisten wissen leider nur zu gut, was wir lesen wollen. Vor allem, wenn sich die Medien gegenseitig attackieren, werden wir neugierig.

Im Dezember 2017 veröffentlicht die *Bildzeitung* einen Artikel mit dem Titel „Wie deutsche Medien über Israel berichten".[216] Das klingt zunächst harmlos, könnte es doch eine Art seriöse Presseschau sein. Mit Seriosität gewinnt man jedoch weder Leser noch Klicks im Internet. Die *Bildzeitung* wirft der *Süddeutschen Zeitung* in dem Artikel Antisemitismus vor, weil diese vor geraumer Zeit über die Macht von Facebook-Boss Mark Zuckerberg berichtet hatte. Der Vorwurf: Die Karikatur der *Süddeutschen* zeige Zuckerberg als gierigen Kraken mit Hakennase. Wir erinnern uns: Die Juden werden schon im Mittelalter als gierig bezeichnet. Es ist ein Klischee, das seit Jahrhunderten existiert. Auch die Nazis zeigten Juden gerne mit einer üppigen Hakennase. Hakennasen stehen symbolisch für eine gewisse Boshaftigkeit. Sie sind wohl deshalb ein optisches Merkmal der bösen Hexen in unseren Märchen.

Die *Bildzeitung* veröffentlicht diese Informationen direkt nach der Anti-Israel-Demo in Berlin. Die Stimmung ist angeheizt und das Springer-Blatt kippt noch ein bisschen Benzin drauf. *All you need is love*, sangen schon die Beatles vor über 50 Jahren. Liebe im Privatleben ist schön, doch in den Medien muss es krachen. Diese Feststellung ist keine Medienschelte, es ist eine Kritik an der Gesellschaft von heute. Wir wollen schrille Geschichten lesen, die am besten noch Gewalt und vielleicht sogar Sex beinhalten. Doch waren die Menschen früher besser? Im Mittelalter wurden Kriminelle öffentlich hingerichtet und zuvor mit Eiern und Obst beworfen. Das war das Schauspiel der Woche für den Pöbel. Vielleicht sollten wir uns eingestehen, dass wir, wenngleich auf etwas andere Weise, noch immer sehr archaisch sind.

Antisemitismus ist nach wie vor die deutsche Achillesferse. Der Zentralrat der Juden ist die Wachinstanz. Das ist in vielen Fällen angebracht, doch manchmal hat man den Eindruck, dass Deutschland vom Zentralrat der Juden moralisch überwacht wird. Die Kraken-Karikatur wird auch in der *Jüdischen Allgemeinen* kritisiert.[217] Dass Zuckerberg als Krake gezeigt wird, überrascht gar nicht mal so sehr. Schließlich gibt es das Wort „Datenkrake" schon sehr lange. Der Begriff gilt nicht nur für Facebook, sondern für alle Unternehmen, die unsere Daten auswerten. Die Hakennase soll vielleicht einfach nur zeigen, dass Facebook keine guten Absichten hat. Wenn die *Süddeutsche Zeitung* dies als Bösartigkeit auslegt, ist das vielleicht überzeichnet – doch die Überspitzung ist ja gerade das Stilmittel, das Karikaturen ausmacht.

Das Vorgehen der *Bildzeitung* beschreibt man in ländlichen Gebieten als „hinterfotzig". In dem Artikel rückt das Boulevardblatt sogar den *Spiegel* in die Nähe des Antisemitismus. Warum macht die *Bildzeitung* das? Die Antwort ist einfach: Weil sie es kann! Die *Bildzeitung* wird regelmäßig vom Deutschen Presserat gerügt. Das ist jedoch nicht als Prügel zu verstehen, sondern als Lobhudelei. Der mediale Trash lebt von Aufmerksamkeit jeglicher Art. Das trifft auf die prominente Resterampe im RTL-*Dschungelcamp* zu und erst recht auf die Klatschpresse. Aufmerksamkeit entsteht, wenn eine bestimmte Schwelle überschritten wird. Und da die Leserschaft durch die schrillen Nachrichten mehr und mehr abstumpft, legen die Medien täglich einen Zahn zu. Eine politische und mediale Harmonie wäre das Aus für den kommerziellen Journalismus.

Links, linker, rechts!

Sucht man in Deutschland momentan nach einer echten linken Politik, gibt es nicht viele Möglichkeiten. Die Grünen sind zu Realos und einer Partei der wohlhabenden Lehrer geworden. Die SPD teilt schon zu lange das Bett mit Angela Merkel und ihrer Union; der sozialdemokratische Stallgeruch ist verpufft. Bleibt also nur noch Die Linke, die einsam ihre sozialistischen Kreise zieht. Was nach einem einsamen Wolf klingt, ist für Die Linke eine große Chance. Sie ist momentan die einzige Partei, die linke Politik macht – was auch immer links zu bedeuten hat. Viele verstehen darunter eine Form des Sozialismus und eine Gesellschaft der sozialen Gleichheit. Aus diesem Grund möchte Die Linke zum Beispiel einen höheren Mindestlohn. Außerdem ist sie die Partei, die sich mit Parolen eindeutig gegen rechts stellt. Doch zu viel links macht die Rechten auch schon wieder stark. Gewalt gegen rechts korreliert meist mit Linksextremismus. Extremismus ist gefährlich. Da sind die linken Extremisten nicht besser.

Die Linke möchte die institutionelle Trennung von Staat und Kirche. Das nennt sich Laizismus. Laizisten sind dagegen, dass Anders- oder Ungläubige ungebeten mit Religion und vor allem christlicher Missionierung konfrontiert werden. Die Bayern sind aber beispielsweise stolz darauf, dass in vielen urigen Wirthäusern und Schulen noch Kruzifixe hängen. Das gibt ein wohliges Gefühl von Heimat.

Frankreich hat den Laizismus längst in der Verfassung verankert. Den Deutschen machen laizistische Bestrebungen hingegen Angst, denn das Christentum scheint ein deutsches Kulturgut zu sein. Für viele konservative Christen ist die AfD sehr attraktiv. In Sachen Abtreibung und Homo-Ehe gibt sie sich nämlich deutlich konservativer als die Union. Wenn Menschen Toleranz als zu tolerant empfinden, wechseln sie das Lager. Die AfD verkauft sich gerne als Schutzmacht gegen den Islam.

Ein „Vereinigtes Europa" hat sicherlich viele Vorteile – doch zu groß sind die Bedenken, dass Deutschland seine christliche und wertebetonte Kultur verliert. Die Deutschen fühlen sich folglich fremdgesteuert. Das Gefühl der Fremdsteuerung kann Depressionen auslösen. Und irgendwie hat das Volk momentan ein mentales Tief, da es die vielen komischen Dinge gar nicht mehr versteht: Flüchtlingszuwachs, Terroranschläge, „Lügenpresse" und Altersarmut. Der Deutsche möchte einen starken Staat, der anderen Ländern und Kulturen seinen Stempel aufdrückt. Dieser Gedanke ist gefährlich, doch er ist in unserer Geschichte verankert.

Das deutsche Volk ist gewiss offen für ein „Vereinigtes Europa", allerdings erst dann, wenn Deutschland mit sich und seiner Vergangenheit im Reinen ist. Deutschland muss erst seine Nazivergangenheit verdauen und einen offenen Umgang mit den Menschen finden, die rechts wählen. Rechts ist kein greifbares Scheusal, rechts ist das Symptom einer verunsicherten Gesellschaft, die auf der Suche nach sich selbst ist. Wer sich über Stadtteile, Wahlkreise oder Bundesländer lustig macht, in denen die AfD über 20 Prozent der Stimmen holt, sollte sich schämen. Wahlergebnisse sind ein Politbarometer, das die Stimmung in der Bevölkerung abbildet.

Die CSU und FDP fahren nun beide einen deutlich konservativeren Kurs. Das ist opportunistisch. Statt aufzuklären, zündeln die Politiker nämlich, um die CSU und FDP als bessere Alternativen für Deutschland zu stilisieren. Die Politik soll sich jedoch nicht der Stimmung im Land anpassen, sondern gewinnbringende und produktive

Ideen entwickeln, um den Frieden in Deutschland und Europa noch für sehr lange Zeit zu sichern. Das ist kein Plädoyer für die SPD oder Die Linke, denn diese Parteien sehen die Rechtswähler zu sehr als Monster. Und das ist auch nicht gut. Eigentlich ist es sogar ein Armutszeugnis, die Rechtswähler zu verhöhnen. Der SPD mangelt es an Selbstkritik. Die Sozis vergraulten ihre typische Wählerklientel bereits mit der Agenda 2010, aus der auch der Stigma-Begriff „Hartz IV" entwuchs. Auch seit dem Schröder-Aus verfolgt die SPD keinen glaubhaften sozialen Kurs mehr, während der schöne Gerd um die Welt reist, eine junge Liebe heiratet und Putin brüderlich auf die Schulter klopft. Die „neue" SPD ist eine schleichende Schnecke – auf einer pseudosozialen Schleimspur hinter Angela Merkel und der bedenklich konservativen CSU.

Es macht den Eindruck, als würde die CSU den Pakt mit dem Teufel in Kauf nehmen, um alleine regieren zu dürfen. Das bedeutet: Rechtsruck um jeden Preis. Die Linken hingegen möchten den Teufel am liebsten pfählen – so wie man es einst mit angeblichen Vampiren machte. Damit die Rechten sterben und nie mehr wiederkehren. Doch die Politik der Gegenwart ist keine Saga mit klischeehaften Fabelwesen. Alle Beteiligten sind wertvolle Individuen mit Ecken und Kanten. Das gilt vor allem für die Wählerschaft.

Egal ob Christ, Atheist, Moslem und auch alle anderen Religionszugehörigkeiten, die genauso prägend sind: Jeder Mensch sollte seine Kultur leben dürfen. Doch da Deutschland nun mal vorrangig christlich ist, soll es durchaus aussprechbar sein dürfen, andere Kulturen im Dialog *höflich* um Anpassung zu bitten. In der Hinsicht haben die AfD und die CSU allerdings keine guten Manieren. Wer als Deutscher in ein arabisches Land reist, liest sich davor ja meist auch den Knigge durch. Genauso darf man von den Deutschen aber auch erwarten, offen für neue Einflüsse zu sein. Nicht von heute auf morgen, sondern über Jahre und Jahrzehnte. Die deutsche Politik gibt der Bevölkerung für diesen Wandel zu wenig Zeit – obwohl es schon seit gut einem halben Jahrhundert muslimische Einwanderer in großer Zahl gibt. Der Wähler nimmt sich das Recht und quittiert die politischen Pläne entsprechend. Wenn die Große Koalition einen Gang zurückschalten würde, wenn sie sich für einen kurzen Moment auf die innerstaatlichen Nöte konzentrieren würde, wenn sie den Wählern und vor allem den Nichtwählern auf Augenhöhe gegenübertreten würde, ja, dann würden sich die Wahlergebnisse ganz schnell wieder ändern.

3 Neuwahlen oder Chaos?

Das Gehampel um die Ampel, Schwampel und Groko

Da wird ja der Horst in der Pfanne verrückt! Erst möchte die SPD in die Opposition und der Union „in die Fresse"[218] hauen, wie es Andrea Nahles nach der Bundestagswahl 2017 mit herber Stimme in die Kameras frohlockt. Es folgt das Jamaika-Aus, das – warum auch immer – zum Wort des Jahres 2017 gewählt wird. Die Koalitionsverhandlungen zwischen Union, Grünen und FDP scheitern am Ego-Trip des Christian Lindner. Lindner ist zu diesem Zeitpunkt noch berauscht von seinem Social-Media-Wahlkampf. Währenddessen steigen die Umfragewerte der SPD. Nur wenige Wochen nach der Bundestagswahl gewinnen die Sozialdemokraten die Landtagswahl in Niedersachsen. In der SPD hat man sich auf einmal wieder lieb. Doch dann klopft es an der Tür der Genossen: „Knock, knock!" Es ist Angela Merkel, die auf einmal nicht mehr weiß, wie sie die nächsten vier Jahre regieren soll. Auf einmal ist der „Maddin" wieder gut genug. Und Nahles wird ganz kleinlaut, denn schließlich gehört es sich nicht, Probleme in eine Beziehung zu bringen. Das Volk fühlt sich veräppelt. Viele wollen Neuwahlen, andere plädieren für eine Minderheitsregierung – ein Novum auf Bundesebene. Kurz vor Heiligabend 2017 hat die SPD-Führungsriege ein Geschenk für die Union. Denn sie wollen nun doch miteinander sprechen. Die SPD und die Union sind plötzlich wieder auf Kuschelkurs. Doch die Menschen in Deutschland kochen vor Wut.

Angela Merkel liegt auf dem politischen Totenbett. Sie wartet auf die Letzte Ölung. Die Letzte Ölung ist ein frühchristliches Ritual. Ein Geistlicher salbte Augen, Ohren, Nase, Mund, Hände und Füße des Kranken und sprach: „Durch diese heilige Salbung verzeihe dir der Herr, was du gesündigt hast." Der *Spiegel*-Leitartikel formuliert es am 15. Dezember 2017 sehr deutlich: „Mit Angela Merkel verbinden sich fast nur noch Gedanken an ein Ende, nicht an einen Anfang, einen Aufbruch. Ihre Zeit läuft ab."[219] Die Medien mögen Merkel nicht mehr, weil sie unbedingt die Große Koalition will. Doch wenn die SPD der Union den GroKo-Handschlag verweigert, sind die Roten auf einmal wieder die bösen Schlingel. Dazu kommt nun auch noch der frisch-gebackene CSU-König Markus Söder. Das Duo Söder und Seehofer erinnert so ein bisschen an Bud Spencer und Terrence Hill. Denn wo die beiden „Troublemaker" aufkreuzen, bleibt nichts mehr heil. Vier Jahre können eine verdammt lange Zeit sein. Das weiß Angela Merkel. Doch Neuwahlen wären ihr Ruin. Eine Neuwahl mit Angela Merkel und Martin Schulz an der Spitze wird es nicht geben. Die Union und die SPD müssen zusammenhalten. In guten wie in schweren Tagen. Doch wie heilig ist ihnen die schwarz-rote Ehe noch?

Erzengel Gabriel und Badboy Lindner

Sigmar Gabriel, der einst geschasste Genosse, ist zwischenzeitlich aus seinem Tiefschlaf aufgewacht. Und anscheinend auf dem rechten Pfad Gottes. Auf einmal möchte das SPD-Schwergewicht über Begriffe wie „Heimat" und „Leitkultur" debattieren. Plötzlich stellt Gabriel die Sehnsucht nach einer Leitkultur als exklusives Propagandainstrument der Rechten infrage und meint: „Verbirgt sich dahinter auch in unserer Wählerschaft der Wunsch nach Orientierung in einer scheinbar immer unverbindlicheren Welt der Postmoderne?"[220] Sigmar Gabriel, der Philosoph. Ein User kommentiert das auf *Welt.de* messerscharf: „Herr Gabriel, das kommt zu spät. Die Themen haben schon andere

Kräfte in Deutschland besetzt."[221] Vielleicht hat Sigmar Gabriel tatsächlich die Zeichen der Zeit erkannt. Doch was bringt es, wenn ihm niemand mehr glaubt? Zumal die SPD immer zerrissener wirkt, denn plötzlich wird der in der Bevölkerung beliebte Sigmar Gabriel abserviert. Martin Schulz weiß, wie das ist. Da gibt es die SPD-Zwerge mit Oberzwerg Kevin Kühnert, die unbedingt in die Opposition wollen. Vor allem der Parteivorstand möchte aber die Große Koalition – und gewinnt. Starke Marken sind in sich stimmig. Sie sind kohärent. Die SPD hat gute Ansätze, doch sie passen nicht zusammen. Die SPD ist programmatisch insolvent.

Sigmar Gabriel wirft seiner Partei vor, sich „kulturell zu weit von ihren klassischen Wählerschichten entfernt"[222] zu haben. Schulz-Kritiker wie Sigmar Gabriel und Olaf Scholz steigen in der Gunst der Wählerschaft. Doch das Leben ist gemein. Der mäßig beliebte Olaf Scholz wird 2018 Finanzminister. Sigmar Gabriel fliegt überraschend aus dem Kabinett und kann nun immerhin wieder mehr Zeit mit seiner Tochter verbringen. Die nämlich sagte zu Papa Gabriel einst: „Papa, jetzt hast du doch mehr Zeit mit uns. Das ist doch besser als mit dem Mann mit den Haaren im Gesicht."[223] Mit dem haarigen Mann ist übrigens der einstige Buchhändler Martin Schulz gemeint, mit dem alle nur noch Mitleid haben. Es gibt nichts Schlimmeres für einen Politiker.

Horst Seehofer hingegen ist nach wie vor ein Machtmensch, der ein Gefühl und Gespür für Machtfragen hat. Das Duell in Bayern gegen Markus Söder verliert Seehofer zwar, doch im wunderbaren Berlin steuert er nun das Ministerium des Innern, für Bau und Heimat. Der Zusatz „Heimat" ist wichtig – und war vielleicht die Bedingung der CSU, um überhaupt noch einmal in die Große Koalition zu gehen. Die CSU möchte den Überfliegern von der AfD nämlich den Heimatbegriff abluchsen, um im Freistaat Bayern weiterhin zu herrschen. Klappt das nicht, ist Krach zwischen Horst Seehofer und Markus Söder vorprogrammiert. Es macht den Medien Spaß, die beiden zu ärgern. Denn die Medien wissen, dass es zwischen Söder und Seehofer irgendwann noch so richtig knallen wird. Draufgehauen wird aber erst dann – denn das Beste kommt bekanntlich immer erst zum Schluss.

Die *Bildzeitung* liebt menschliche Aufsteiger, um sie zu Absteigern zu machen. Christian Lindner ist der Shootingstar der FDP. Es gelingt ihm, die angestaubte Partei wieder sexy zu machen. Einige Parteimitglieder kritisieren seinen Hang zur Selbstdarstellung. Die Show geht allerdings auf. Die FDP zieht nicht nur mit 10,7 Prozent der Zweitstimmen in den Deutschen Bundestag ein, Christian Lindner ist auf einmal auch einer der beliebtesten Politiker überhaupt. Den Schwung nimmt Lindner mit in die Sondierungsgespräche mit der Union und den Grünen. Die Gespräche scheitern – angeblich liegt es an unzähligen Punkten, vielleicht passt Lindner irgendwann auch Cem Özdemirs Nase nicht mehr, nachdem man sich über Wochen Tag für Tag sieht. Man weiß es nicht. So etwas nennt sich Lagerkoller. Klar ist auf jeden Fall, dass es zwischen der FDP und den Grünen nicht passt.

Christian Lindner war einer der ersten Kritiker von Merkels Flüchtlingspolitik. Das Polit-Magazin *Politico* wählte Lindner 2017 zum wichtigsten Vordenker Europas. Er habe die FDP zu einer freundlicheren AfD transformiert. Im englischen Original heißt es: „If Lindner's strategy was to present the FDP as a kinder, gentler AfD – something he vigorously denies – it worked."[224] Im Gegensatz zur AfD ist Lindners Radikalismus cool und sexy. Die FDP präsentiert sich pink und schrill. Kritiker meinen, das Programm bestehe nur aus Christian Lindner, der sich gerne als „CL" abkürzt. Christian Lindner will *Champions League* spielen und Martin Schulz zurück in die *Europa League* ballern. Und damit hat der Liberale gar nicht mal unrecht. Auch ein selbstgekrönter SPD-Messias kocht nämlich nur mit Wasser – zu glauben, über Wasser laufen zu können, ist Selbstüberschätzung und wird von den eigenen Schäfchen bestraft.

Die Jamaika-Koalition hätte Lindner vielleicht zum Finanzminister gemacht. Doch dem damals 38-Jährigen ist das nicht so wichtig,

denn Lindner glaubt, dass seine Zeit noch kommt. Nach dem Jamaika-
Aus gibt es jedoch den ersten Schock – und da kommt nun auch die
Bildzeitung ins Spiel. Denn sie titelt: „Klatsche für FDP-Chef Lind-
ner. Er schmiert in Umfrage völlig ab."[225] Im ARD-*Deutschlandtrend*
Anfang Dezember 2017 verliert Christian Lindner 17 Punkte auf der
Beliebtheitsskala im Vergleich zum Vormonat.[226] Den ersten Platz
belegt übrigens Sigmar Gabriel. Die *Bildzeitung* schreibt: „In der AfD
nahm Lindners Beliebtheit seither sprunghaft zu: 64 Prozent der
AfD-Befragten zeigten sich in der Umfrage zufrieden mit dem FDP-
Chef."[227] Mit Alexander Gauland sind zu dem Zeitpunkt nur 58 Prozent der AfD-Anhänger zufrieden. Klar ist: Christian Lindner hat
mit seiner Jamaika-Absage nicht nur den machthungrigen Grünen
eins ausgewischt, sondern auch Angela Merkel. Und wer die Bundeskanzlerin kritisiert, punktet bei der AfD erfahrungsgemäß.

Neidisch auf Österreich

Vor allem die Journalisten romantisieren das Szenario einer Minderheitsregierung. Es heißt, ein solches Modell würde unsere Demokratie stärken. Die Union hat im Fall einer Minderheitsregierung keine
automatische Mehrheit im Bundestag. Die Konsequenz: Sie muss sich
um Mehrheiten bemühen. Was spannend klingt, entpuppt sich schnell
als Seifenblase. FDP-Chef Christian Lindner hat bereits angekündigt,
die Union zu unterstützen. Noch wahrscheinlicher ist es aber, dass
die Beschlussvorlagen bereits im Hinterzimmer ausgeklüngelt werden – dann droht nämlich keine Blamage bei der endgültigen Abstim-
mung im Bundestag. Fakt ist, dass die Partei mit Regierungsauftrag
eine stabile Regierung möchte. Politische Beobachter meinen, dass
die Große Koalition auf Dauer die einzige regierungsfähige Koalition
ist, da das Parteiensystem mehr und mehr zersplittert. Die Volksparteien schrumpfen und die Kleinparteien erzielen untereinander ähnliche Ergebnisse.

Viele Wähler stellen die Demokratie in Deutschland infrage. Eine gängige Anti-Establishment-Meinung ist: Die von uns gewählten Volksvertreter machen sich in Berlin ein schönes Leben, anstatt sich wirklich für die Probleme vor Ort einzusetzen. In Deutschland gibt es keine direkte Demokratie, sondern eine indirekte. Direkte Demokratie ist dann möglich, wenn Volksbegehren eingebracht werden. Selbst dann entscheiden in der Regel Parlamente oder Ausschüsse über die tatsächliche Umsetzung. Die Deutschen sind mehr und mehr der Meinung, dass unsere Demokratie eine Oligarchie ist. Die Oligarchie ist eine Herrschaft von wenigen. Wird davon ausgegangen, dass die gewählten Volksvertreter nur ihre eigenen Interessen vertreten, verstärkt sich das Gefühl, unter einer Oligarchie zu leben. Die Erhöhung der Diäten löst regelmäßig Neiddebatten aus. Faktisch ist es so: Hinterbänkler verdienen zu viel, fleißige Abgeordnete verdienen zu wenig. Es soll aufrichtige Politiker geben, die beinahe rund um die Uhr arbeiten. Uns fallen aber nur die Politiker auf, die sich laufend in den Medien und Talkshows tummeln. Das riecht nach Selbstinszenierung und schmeckt dem Volk nicht mehr.

Die AfD möchte das Gegenmodell zu dem selbstgefälligen Politiker-Image bilden. Sie nennt sich ja ganz bewusst „Alternative". Sie möchte den Bundestag aufmischen. Das gelingt der AfD vor allem dann, wenn es irgendwann tatsächlich zu einer Minderheitsregierung kommt. Und die Medien helfen fleißig mit. In einer Minderheitsregierung ist die Regierungspartei auf eine bestimmte Anzahl der anderen Fraktionen angewiesen. Der CSU ist es innerhalb der Union durchaus zuzutrauen, die Flüchtlingspolitik deutlich konservativer zu gestalten. Die Union wäre dann auf weitere Stimmen angewiesen, damit es im Bundestag zu einer Mehrheit kommt. Die Stimmen der FDP reichen nicht. Die AfD müsste einspringen – und das wäre für die AfD äußerst lukrativ. Eine Mehrheit aus Union, FDP und AfD wäre eine Sensation. Man kann sich die Schlagzeile schon bildlich vorstellen: „Flüchtlingsobergrenze von 10.000 dank AfD!" Doch mal ehrlich: Würde das Volk nicht vielleicht sogar jubeln?

Möchte die Mehrheit der Deutschen vielleicht sogar eine konservative, eine rechte Politik?

Machen wir einfach einen Schwenk nach Österreich. „Der ‚Kinder-Kanzler' und der Ex-Nazi: Wie Österreich nach rechts außen rückt", schreibt die SPD-Zeitung *vorwärts* am 16. Oktober 2017.[228] Bei einer so linksideologischen Headline schmerzen dem neutralen Leser allerdings beinahe die Augen. Vermutlich macht diese Schlagzeile sogar viele Deutsche wütend. Es ist nämlich so: Die Linken beschimpfen sehr gerne rechtspolitische Funktionäre. In Wahrheit bilden die gewählten rechtspolitischen Parteien und Funktionäre lediglich die Stimmung in der Gesellschaft ab. Viele Österreicher ticken momentan nun mal konservativ. Vielleicht ticken die Deutschen ähnlich – sie trauen sich bloß noch nicht, das endlich mal zuzugeben.

Tatsächlich einigen sich ÖVP-Chef Sebastian Kurz und FPÖ-Chef Heinz-Christian Strache Ende 2017 auf eine Koalition. Mit dem 31-jährigen Kurz kommt der jüngste Regierungschef Europas an die Macht. Linke Journalisten bezeichnen die Koalition gerne als „rechtsrechtes" Bündnis. Die deutschen Medien berichten unterschiedlich. Die konservative *Welt* kommentiert: „Mögen einige der neuen FPÖ-Minister auch aus schmuddeligen Ecken stammen, so ist Österreich doch eine stabile Demokratie, auf die man bauen kann."[229] Viele User sind plötzlich sogar neidisch auf den kleinen Alpenstaat: „Österreich ist und bleibt das bessere Deutschland"[230], kommentiert ein Leser die politische Situation in Österreich.

Die Angst im Nacken

Ohne lange nachzudenken, ist es möglich, die im Parlament vertretenen Parteien von links nach rechts zu sortieren: Die Linke – Bündnis 90 / Die Grünen – SPD – CDU – FDP – CSU – AfD. Diese Anordnung lässt sich nach Belieben modifizieren. Die Grünen sind mittlerweile vielleicht sogar einen Tick konservativer als die SPD in ihrem manisch-depressiven Selbstfindungsprozess. Die wöchentlichen Meinungsumfragen bestätigen, dass sich die AfD in der Parteienlandschaft fest etabliert hat. Ende 2017 liegt die AfD laut Emnid bei 13 Prozent. Die FDP hingegen erreicht nur noch 8 Prozent; möglicherweise wird sie bei der nächsten Bundestagswahl das Ergebnis von 10,7 Prozent im Jahr 2017 nicht mehr halten. Das zeigt auch, dass der Rechtskurs der FDP nicht glaubwürdig ist. Dieses Monopol beansprucht die AfD gekonnt für sich.

Die SPD und Union fürchten sich vor Neuwahlen. Viele Menschen sind nicht nur genervt von der ewigen Großen Koalition, sondern vor allem von dem Hickhack nach der Bundestagswahl 2017. Bei einer Neuwahl könnte die SPD unter 20 Prozent fallen, während die AfD gefährlich nahe an sie heranrücken würde. In einer Insa-Umfrage aus dem Februar 2018 liegt die AfD mit 16 Prozent sogar vor der SPD, die nur noch auf 15,5 Prozent kommt.[231] Setzt sich dieser Trend fort, wird die AfD mehr und mehr salonfähig – was wiederum dazu führt, dass sich zuvor stille Wähler auf einmal lauthals zu den Rechtspopulisten bekennen.

Dieser Effekt lässt sich wunderbar mit der Schweigespirale erklären. Die meisten Menschen fürchten Isolation und verschweigen deshalb oft die eigene Meinung, wenn sie glauben, dass sie dadurch einen sozialen Nachteil haben. Diejenigen, die öffentliche Unterstützung spüren, trauen sich, ihre Meinung zu äußern, weil sie sich dann als Gruppe noch stärker fühlen. Die AfD tritt mehr und mehr selbstbewusst auf, schließlich ist der Einzug in den Bundestag ein Meilenstein in der Geschichte der sehr jungen Partei. Konservativer Nationalismus ist in Deutschland wieder eine Bewegung. Je lauter die Stimmen werden, desto mehr Menschen schließen sich der Bewegung an. Vor allem im Internet wird dies deutlich. In den sozialen Medien vernetzen sich viele Menschen miteinander, die mit den Altparteien nicht mehr zufrieden sind. Viele User trauen sich allerdings noch nicht aus dem Schutzmantel der Anonymität heraus. Mit jedem

Erfolg, den die AfD verbucht, werden die unzufriedenen Menschen in Deutschland schrittweise ihr Schweigen brechen. Das muss eine gesunde Demokratie aushalten.

„Asylbewerber sollen Handys und Geld abgeben."[232] So titelt *Spiegel Online*, um das umstrittene Asyl-Programm der neuen österreichischen Regierung zusammenzufassen. Da leuchten natürlich die Augen der Rechtspopulisten, die sich so etwas auch in Deutschland wünschen. Die Deutschen meinen zwar immer, dass die Österreicher nicht Auto fahren können, doch das „Rechts abbiegen" ist deren Spezialität. Es ist etwas, was wir uns in Deutschland nicht trauen, was die Politiker der CDU und SPD auch gar nicht wollen.

Während des Asylverfahrens in Österreich sollen die Bewerber nur Sachleistungen erhalten. Asylbewerbern dürfen außerdem die Handys abgenommen werden, um die gespeicherten Daten auszulesen. Sollte die Asylpolitik in Österreich die nächsten Jahre gut klappen, dann darf sich die deutsche Regierung warm anziehen. Die AfD könnte das Programm der ÖVP und FPÖ kopieren, modifizieren und in den sozialen Medien so aufbereiten, dass es alle bejubeln. Sebastian Kurz sieht übrigens nicht nur gut aus, er ist auch ziemlich schlau. Das Programm der ÖVP und FPÖ ist ein Bekenntnis zu Europa, stellt zugleich aber klar, dass sich die EU doch bitte auf ihre Kernkompetenzen beschränken soll. Die Mischung aus Nationalismus und EU-Liebe ist die Mixtur, die man den Nachbarstaaten wunderbar unterjubeln kann.

Die linkspolitischen Parteien in Deutschland beäugen die Entwicklungen in Österreich natürlich mehr als kritisch. Wenn Nationalismus der Schlüssel zum politischen Glück ist, haben die SPD und Die Linke eigentlich nichts zu bieten. Die beiden Parteien können sich zwar mit einer giftigen Kontra-Politik profilieren, doch genau das wird erst recht die konservativen Wähler mobilisieren, die sich nicht länger den Mund verbieten lassen möchten. Die SPD und die Linkspartei gewinnen ihre Wähler zurück, wenn sie ihr eigenes Programm positiv akzentuieren. Und zwar durch Taten oder starke

Oppositionsarbeit. Die Deutschen sind ein sensibles Volk. Wenn rechts gleich blöd ist, machen es sich die Linkspolitiker zu einfach – und nebenbei werden die österreichischen Rechtswähler diffamiert. Das ist kein Bekenntnis zu einer intakten EU.

Stabilität und Dankbarkeit

Wie schön Deutschland eigentlich ist, merken wir erst, wenn wir eine Weile im Urlaub waren. Manchmal sind es Banalitäten, die uns auffallen. Auf den Kanarischen Inseln ist es immer sommerlich. Der weiße Sandstrand von Jandía auf Fuerteventura lädt zu einem herrlichen Spaziergang ein. Das türkisblaue Wasser vermittelt Karibik-Feeling und die Einheimischen sind immer gut gelaunt. Wer braucht da schon Deutschland? Doch schnell nerven ein paar Kleinigkeiten. Das Leitungswasser auf den Kanarischen Inseln ist kein Trinkwasser. Zum Glück gibt es Trinkwasser in Kanistern. Doch die kosten Geld und müssen immer in die Ferienwohnung geschleppt werden. In Deutschland ist das Trinkwasser immer verfügbar. Wir baden sogar darin.

Im Sommer 2015 kommt es zu heftigen Tumulten in einer Mannheimer Flüchtlingsunterkunft. Einige Männer gehen bei der Getränkeausgabe leer aus. Daraufhin versuchen 200 Asylbewerber, das Wasserlager aufzubrechen. Viele Deutsche schütteln da nur noch den Kopf, wenn sich Flüchtlinge wie „Wilde" verhalten – doch die Tumulte sind tatsächlich zu erklären. Viele Flüchtlinge kommen aus Ländern, in denen das Leitungswasser verunreinigt ist. In Deutschland ist das anders. „Die Menschen müssten sich ihr Leitungswasser aus dem Bad holen, wo auch die Toilette ist"[233], erzählt Manfred Asel, Sozialpädagoge aus Mannheim, am 5. August 2015 im *Spiegel*. Die kulturelle Prägung ist einfach so. Woher sollen die Flüchtlinge denn bitte wissen, dass unser Leitungswasser unbedenklich ist?

Aufständische Asylbewerber sind der Renner in den deutschen Gazetten. Im August 2016 randalieren Asylbewerber in einer Unterkunft in München. Der kuriose Grund: Sie werden von einem Caterer beliefert und dürfen nicht selbst kochen! In manchen Kulturen ist es nämlich sehr wichtig, das Essen selbst zuzubereiten. Immer wieder ist auch von Messerstechereien in Flüchtlingsheimen zu lesen. Im April 2017 gehen zwei afghanische Staatsangehörige mit einem Messer aufeinander los. Fest steht für die Ermittler, „dass beide Beteiligten zur Tatzeit erheblich alkoholisiert waren", schreibt der Bayerische Rundfunk am 16. April 2017 auf seiner Website.[234] Berichte wie dieser landen sofort auf Facebook und Twitter – und schon heißt es, dass alle „Asylanten" ein bisschen asozial seien. Die Medien tun zwar immer recht tolerant, doch sie ergötzen sich am Leid der Flüchtlinge. Was eigentlich kein Geheimnis mehr ist, hat der Filmemacher Orban Wallace dokumentiert. In einem ARD-Interview berichtet er, wie ein verzweifelter Vater an der Grenzkontrolle sein Baby hochhält. Plötzlich ist der Mann von Videokameras umzingelt.[235] Es sind Journalisten und Kameraleute, die sich mit ihren Kameras und Fotoapparaten wie Schmeißfliegen auf das Leid des Vaters stürzen. Schicksalsschläge und Skandale sind der Nährboden des heutigen Journalismus.

Eine stabile Regierung verspricht wenig Zündstoff. Die Große Koalition in Deutschland gilt als sichere Bank. Die Mehrheit im Parlament ist deutlich. Und Angela Merkel ist einfach gut darin, Probleme auszusitzen. Eigentlich ist das doch gar nicht so schlecht. Deutschland geht es verhältnismäßig gut, wir haben Frieden und werden satt. Vielleicht sind die Deutschen übersättigt und wissen diesen Luxus nicht mehr zu schätzen. Man kann sich zwar über die deutsche Politik aufregen, man muss es aber nicht. Jeder von uns darf sein kleines Leben genießen, einmal im Jahr in den Urlaub fliegen, sich einmal in der Woche mit Freunden zum Kartenspielen treffen und auf den Autobahnen 200 km/h fahren. Aber Moment – irgendwie sind diese unehrlichen Politiker und faulen Wirtschaftsflüchtlinge ja doch zu nervig. Und schon wird aus dem Bürger ein Beschwerdebürger, der letztendlich zum Wutbürger mutiert. Die AfD verteilt ein paar Brotkrumen, die nicht ins vertraute Heim, sondern ins braune Hexenhaus führen.

„Rechts wird normal", titelt *Spiegel Online*, als Österreichs neue Regierung steht.[236] In Deutschland hingegen ist es normal, dass kaum noch eine Partei Regierungsverantwortung übernehmen möchte. Die SPD ist sich ja eigentlich zu fein für eine Große Koalition. Die Grünen sind der FDP nicht schick genug. Die Linke kann im Westen sowieso nur Opposition. Und die Union hat ein Problem damit, sich als politischer Gewinner für den kleineren Koalitionspartner zu offenbaren. Angela Merkel gilt als Schwarze Witwe, die den Juniorpartner über Jahre auszehrt. Zumindest sieht sich die SPD als Opfer der Großen Koalition der letzten Jahre. Die AfD lauert und lauert. In absehbarer Zeit – das dürfen durchaus noch einige Jahre sein – möchte sie regierungspolitische Verantwortung übernehmen.

Der Rechtsruck ist kein deutsches Phänomen, sondern ein europäischer Trend. Österreich macht's vor. Den deutschen Rechtspopulisten ist ihr Leitungswasser zu „linksversifft". Und nun auf einmal locken die rechten Ösis mit Bergquellen, in denen nicht nur arisch-reines Wasser sprudelt, sondern auch ein Quell rechtspopulistischen Gedankenguts entspringt. Doch Vorsicht, die angepriesene Ambrosia könnte kontaminiert sein.

4 Flüchtlinge im Fadenkreuz

Der unmenschliche Krieg
zwischen links und rechts

*(1) Die AfD ist undemokratisch und rassistisch, sie hetzt
gegen Flüchtlinge und Muslime. Die AfD ist eine Gefahr
für alle, die eine offene und solidarische Gesellschaft wollen. Wir wollen die AfD in die Schranken weisen. Breite
Proteste sind notwendig.[237]*

*(2) Einen Asylantrag soll nur stellen dürfen, wer seine
Identität nachweist. Alle abgelehnten Asylbewerber sind
umgehend in ihre Herkunftsländer zurückzuführen. Hilfs-
weise müssen die Migranten in aufnahmebereite Dritt-
staaten überführt werden.[238]*

Gemeinsam gegen Hetze: Das soll Absatz (1) wohl aussagen. Was tolerant klingt, ist eigentlich eine Mobilisierung mit allen Mitteln. In die
Schranken weisen – das klingt nach einem harschen Umgangston
ohne Ölzweig im Schnabel. In vielen deutschen Städten und Gemeinden gibt es mittlerweile einen „Runden Tisch gegen rechts". In Niederbayern organisiert Die Linke regelmäßig ein solches Treffen. Doch
für die AfD gilt wie für Hunde im Supermarkt: „Wir müssen draußen
bleiben!" Der Runde Tisch sperrt die Rechten nämlich regelrecht aus.
Die AfD reagiert darauf in der *Passauer Neuen Presse* und lädt die
Linken im Gegenzug öffentlich zu einer gemeinsamen Diskussion
ein. Die AfD agiert mal wieder schlau. Das ist nicht nur auf lokaler
Ebene so, sondern auch in ganz Deutschland der Fall.

Absatz (1) stammt aus einer Presseerklärung der Linkspartei.
Anlass ist eine große Demonstration der Linken gegen den AfD-Bun-
desparteitag in Köln 2017. Absatz (2) ist ein aktueller Auszug aus

dem Wahlprogramm der AfD zum Thema Zuwanderung/Asyl. Doch ist der zweite Absatz überhaupt so rechts? Im Dezember 2016 kritisiert Sigmar Gabriel die Rechtslage in Sachen Sozialleistungen: „Es gibt in Europa ein Recht auf Zuwanderung in Arbeit, aber kein Recht auf Zuwanderung in Sozialsysteme ohne Arbeit."[239] Sigmar Gabriel macht sich mit solchen Aussagen in der SPD zwar immer mehr Feinde, doch in Wahrheit ist Gabriel so etwas wie der geläuterte Alexander Gauland – ein bisschen dicker, aber auch ein bisschen sozialer. Ein solcher Hybrid-Politiker zieht in Deutschland.

SPD-Insider munkeln, dass Gabriel seinem Parteifreund Martin Schulz 2017 ganz bewusst die Kanzlerkandidatur überlassen hat, weil er damals schon wusste, dass der schwammige Linkskurs der SPD ein Flop wird. 2021 könnte das Jahr des Sigmar Gabriel werden – denn Andrea Nahles wird bis dahin Schnee von gestern sein. Gabriel entwickelt derweil einfach sein eigenes Parteiprogramm, weil Union und SPD immer mehr zum Einheitsbrei werden. Ob GroKo- oder Merkel-Bashing: Die Union und SPD werden für die Terrorgefahr in Deutschland verantwortlich gemacht. „Merkel hat das Blut meines Sohnes an ihren Händen"[240], sagt die Mutter des Lkw-Fahrers, der 2016 das erste Opfer des Terroristen Anis Amri war. Der Terrorist ermordete am 19. Dezember 2016 elf Menschen auf dem Berliner Breitscheidplatz. Um den Lkw zu stehlen, erschoss Amri den polnischen Fahrer Lukasz Urban. Insgesamt starben zwölf Menschen, rund 70 wurden verletzt.

Die völkische Netzkultur feiert merkelkritische Aussagen. Das nennen die Experten dann Rechtspopulismus. Die Rechten instrumentalisieren Menschen und Ereignisse, um für ihre Ideologie zu werben. Das ist schäbig, aber so ist das Leben. Wenn man mal schaut, welche Grabenkämpfe es regelmäßig in der SPD, CDU und CSU gibt, wird schnell klar, dass das Politikgeschäft prinzipiell eklig ist. Populismus ist ein Werkzeug, das in allen politischen Lagern zum Geschäft gehört.

Studie: Das Herz der CDU schlägt rechts

Um erfolgreich zu sein, muss die Parteispitze die Basis für sich gewinnen. Mit der Basis sind die ganzen unwichtigen Mitglieder gemeint – auch wenn sich das von den Polit-Granden niemand auszusprechen traut. In jeder Partei gibt es Ortsverbände, Kreisverbände, Bezirksverbände und Landesverbände. Der Bundesverband ist so eine Art Mutterschiff. Langjährige Parteisoldaten haben vielleicht irgendwann das Glück, in den Olymp aufzusteigen: „Beam me up, Angie!"

Das Ziel der politischen Sprache ist es, die Gunst der Massen zu gewinnen. Was blumig klingt, bezeichnen unsere Lexika als Populismus. Wenn es Rechtspopulismus gibt, muss es doch also auch Linkspopulismus geben. Doch warum traut sich kaum einer, darüber zu sprechen? Wenn Gregor Gysi und Oskar Lafontaine ihre Reden schwingen, halten viele das für rhetorische Sozialromantik, die eine Welt beschreibt, in der alle Menschen gleich viel besitzen. Doch Die Linke hat nicht nur salonfähige Galionsfiguren wie die beiden alten Herren oder die schöne Sahra Wagenknecht in ihren Reihen, sondern auch die umstrittene „Antifaschistische Aktion", genannt Antifa. Die Linkspartei und die Antifa kooperieren in regelmäßigen Abständen, auch wenn es die Antifa manchmal zu bunt treibt.

Noch vor dem Weihnachtsfest 2017 beschenkt sich Österreich selbst – mit Sebastian Kurz als Kanzler. Die CSU freut sich und schreibt auf Twitter: „Alles Gute und viel Erfolg unserem Freund @sebastiankurz, dem neuen Bundeskanzler der Republik Österreich. #löwenstark!"[241] Das provoziert die Linken natürlich. Katja Kipping, die Parteivorsitzende der Linkspartei, orakelt: „Wer wie die CSU heute Sebastian Kurz zu dieser Regierungsbildung und Rechtsradikalen gratuliert, der ist morgen bereit, hierzulande mit der AfD zu regieren."[242] Kipping möchte der AfD eigentlich eins auswischen, doch in Wahrheit wünschen sich einige Deutsche natürlich eine Koalition aus AfD und CSU.

Kurios ist ein Beschluss des CSU-Parteitags aus dem Jahr 2017. CDU-Mitglieder dürfen künftig auch in die CSU eintreten.[243] Das ist natürlich eine kleine Liebesbekundung an die große Schwesterpartei. Doch es könnte auch eine Falle sein. Denn was passiert, wenn die CSU irgendwann doch bundesweit antritt? Selbst wenn die CSU-Mitgliedschaft dann erlischt, könnte sie ja direkt neu beantragt werden. So hanebüchen ist dieses Szenario nämlich nicht, weil es eine brandneue Studie der Konrad-Adenauer-Stiftung gibt. Das Ergebnis der im Dezember 2017 veröffentlichten Studie ist spannend.[244] Die eigenen Mitglieder sehen die CDU als Partei links von der eigenen Position. Die SPD wirft der Union gerne vor, das sozialdemokratische Selbstbild zerstört zu haben. In Wahrheit hat aber auch die SPD dafür gesorgt, dass die Union – und vor allem die CDU – mehr und mehr in die politische Mitte gerückt ist. Das schmeckt nun auch den CDU-Mitgliedern nicht mehr, wie die Studie der Konrad-Adenauer-Stiftung erstmals belegt.

Für die Studie wurden knapp 7.000 Interviews mit CDU-Mitgliedern ausgewertet. Das Ergebnis lautet wie folgt: „Aus der Perspektive der CDU-Mitglieder befindet sich […] die CDU als Partei deutlich links von der eigenen Position."[245] Kurios ist jedoch, dass die Interviews bereits 2015 geführt wurden – kurz vor der großen Flüchtlingskrise. Vielleicht sind die Wähler nicht nach rechts gerückt, sondern die Parteien – bis auf die AfD – nach links. Unter dieser Prämisse ist es auf einmal schlüssig, dass die AfD an Zustimmung gewinnt. Selbst die SPD denkt um und möchte wieder offen über die „Heimat" diskutieren. Zumindest wenn es nach Sigmar Gabriel geht.

Mannomann, Stresemann?

Jede anständige Partei in Deutschland hat ihre eigene Stiftung. Das ist oftmals ein bisschen Selbstbeweihräucherung, doch in vielen Fällen sinnvoll. Die Friedrich-Ebert-Stiftung der SPD fördert begabte

Menschen und arbeitet daran, den Dialog zwischen Gewerkschaften und Politik zu vertiefen. Die CDU hat ihre Konrad-Adenauer-Stiftung. Die Hanns-Seidel-Stiftung ist die parteinahe Stiftung der CSU. Auch die anderen Parteien wie „Die Grünen" und „Die Linke" haben ihre parteinahen Stiftungen. Nachdem die AfD nun die deutschen Landtage und den Bundestag erobert, möchte sie zu den Altparteien aufschließen. Doch wer die AfD kennt, weiß, dass die Planung einer parteinahen Stiftung provokant und medienwirksam aufgezogen wird.

Ende 2017 kündigt Alexander Gauland an, dass er eine parteinahe Stiftung will.[246] Sie soll den Namen des Außenministers der Weimarer Republik Gustav Stresemann tragen. Gustav Stresemann galt als nationalliberal und friedensorientiert. Er ist sogar Friedensnobelpreisträger. Mit dieser Namensgebung könnte die AfD natürlich ein Zeichen setzen – ein positives. Der Stresemann-Geist soll vielleicht die konstruktive Entwicklung der Partei widerspiegeln. Doch vermutlich ist dieser Gedanke naiv. Die AfD möchte sich einfach einen seriösen Anstrich geben. Koste es, was es wolle. Die AfD sieht sich nicht nationalistisch, sondern patriotisch. Sie möchte ein Europa der Vaterländer. Ein gemeinsames Europa funktioniert aber nur mit Kompromissbereitschaft. Das ist zwar nicht „national", verspricht aber wenigstens innereuropäischen Frieden.

Der FDP passt die Stresemann-Idee der AfD überhaupt nicht. „Es ist nicht nur makaber, sondern vor allem geschichtslos"[247], meint FDP-Vize Wolfgang Kubicki im Gespräch mit der „FAZ". Die parteinahen Stiftungen bringen übrigens eine Menge Steuergelder. Sie erhalten „derzeit jedes Jahr insgesamt deutlich mehr als 500 Millionen Euro", schreibt ebenfalls die „FAZ".[248] Doch selbstverständlich geht es der AfD nicht um Steuergelder. Man sieht sich einfach nur dem nationalliberalen Erbe Deutschlands verpflichtet. Klar ist aber auch: Wenn die anderen Parteien jährlich Steuergelder für ihre parteinahen Stiftungen kassieren, möchte die AfD auch einen Teil vom Kuchen abbekommen. Das ist legitim, das ist sogar gerecht.

Im Laufe der Debatte meldet sich auch irgendwann die Strese-
mann-Familie zu Wort. Der Enkel des ehemaligen Reichskanzlers
und Außenministers erwägt im Dezember 2017 sogar rechtliche
Schritte gegen die AfD. Gegenüber der *Bildzeitung* sagt der Enkel
Walter Stresemann, dass „weder meine Schwester noch ich […] von-
seiten der AfD kontaktiert"[249] wurden. Und weiter: „Wir hätten das
natürlich abgelehnt." Doch Alexander Gauland gibt sich gegenüber
Zeit Online selbstbewusst: „Wir sind die perfekte moderne Kombination aus Patriotismus und Liberalismus."[250]

Das neue Liberalismus-Geschwätz der AfD nervt die FDP natürlich. Die Gelben sehen ihre Felle davonschwimmen. Der tendenzi-
elle Rechtsruck der FDP ist nämlich ein Schuss in den Ofen. Nach
dem Jamaika-Aus im Herbst 2017 sinken die Umfragewerte der FDP.
Kurze Zeit nach der Bundestagswahl ist das anders, weil die FDP als
Anti-„GroKo"-Partei wahrgenommen wird. Das ist die FDP zu dem
Zeitpunkt vielleicht auch, doch die Union hat die FDP trotzdem noch
lieb. Der schwarz-gelbe Traum ist auf lange Sicht noch nicht ausge-
träumt. Mit Prozentpunkten im einstelligen Bereich ist die FDP da
aber keine Hilfe. Zumal die Union schwächelt. Und anscheinend ist
die AfD die neue Konkurrentin der FDP – oder ist es umgekehrt?

In der italienischen Tageszeitung „La Repubblica" lästert FDP-
Chef Christian Lindner über die AfD: „Die AfD ist wie Schimmel
zu Hause. Ist er einmal da, ist es schwierig, ihn loszuwerden."[251] Vielleicht ist es aber auch der sprichwörtliche Amtsschimmel, der da aus
dem Chef der Liberalen spricht. Deutschland ist ein Land der Bürokratie. Viele Menschen haben das Gefühl, dass sie selbst und viele
Politiker nur noch Marionetten sind. Seit dem Erstarken der AfD
macht sich in der Gesellschaft ein neuer Hoffnungsschimmer breit
– weniger Bürokratie, mehr Taten. Es gefällt vielen, wie die AfD den
Politikbetrieb aufmischt. Dass das mit ein bisschen Geduld tatsächlich funktioniert, hat Österreich nun vorgemacht.

Die große Medienshow

Demonstrationen gegen irgendetwas gehören ja fast schon zum deutschen Kulturgut. Oftmals gehen Demos mit einem Streik einher. Berüchtigt sind die Demos der IG Metall. Die Gewerkschaften haben in Deutschland einen riesigen Einfluss. Das unterschätzte übrigens auch der US-Konzern „Wal-Mart" 2006. Die Amis verkauften ihr Deutschlandgeschäft unter anderem deshalb an die Metro. Demonstrationen finden jedoch nicht nur statt, um ein paar Passanten in ihren Bann zu ziehen. Demonstrationen sind eine Show für die Medien. Nur was in der Zeitung steht, ist wichtig. So ticken die Medienmacher, und so ticken die Leser.

Wenn Demos typisch deutsch sind, wäre es doch eigentlich begrüßenswert, wenn auch die Flüchtlinge ihrem Unmut auf der Straße Luft machen. Doch warum sollten die in Deutschland lebenden Flüchtlinge überhaupt Grund dazu haben? Sie bekommen nahrhaftes Essen und in vielen Fällen auch Sozialleistungen. Wer aus sicheren Herkunftsländern kommt, muss natürlich irgendwann wieder zurück. Das Asyl ist laut Definition eine Zuflucht für politisch Verfolgte. Doch diese Zuflucht ist temporär. Man muss kein Mathegenie sein, um zu wissen, dass Deutschland nicht das Geld hat, um so viele Flüchtlinge auf Dauer satt und glücklich zu machen – zumal viele deutsche Rentner sehr knapp bei Kasse sind. „Tafeln versorgen immer mehr Rentner mit Essen"[252], titelt *Spiegel Online* kurz vor Weihnachten 2017. Die Zahl der bedürftigen Senioren habe sich binnen zehn Jahren auf 350.000 verdoppelt. Die Kommentarfunktion zu dem Artikel ist nicht aktiviert. Warum wohl? Im Winter 2018 sorgt die Essener Tafel für Aufregung, weil sie nur noch Neukunden mit deutschem Pass annimmt.[253] Das ist natürlich ein gefundenes Fressen für die wilde Meute im Netz. Ganz plötzlich interessieren sich alle in Deutschland für die Ärmsten der Armen – während sonst das ganze Jahr weggeschaut wird.

Viele Deutsche fragen sich noch immer, warum im Zuge der großen Flüchtlingskrise 2015 auf einmal so viel Geld vorhanden war.

2016 hat die Regierung rund 22 Milliarden Euro zur Bewältigung der Flüchtlingskrise ausgegeben. Darüber berichtete *Die Welt* im Januar 2017 ausführlich.[254] „Wer so etwas nochmal wählt, ist selbst schuld", schreibt der User „Metz P." in die Kommentarfunktion des Artikels.[255] Viele andere User unterstützen diese Meinung mit einem Herzsymbol. Das ist fast schon Ironie, da viele User beim Thema Flüchtlinge eher wütend werden.

Doch auch Politikerinnen können zur Furie werden. „Je länger Merkel am Ruder der CDU bleibt, desto mehr Fleisch werden wir von ihrem Kadaver reißen!"[256] Wer hat's gesagt? Richtig! Wieder ist es die AfD-Frau Beatrix von Storch, die via Twitter gegen die Merkel-Company feuert. Kurze Zeit später ist der Tweet allerdings wieder gelöscht. Außerdem behauptet von Storch wieder einmal, dass nicht sie den Tweet in die virtuelle Welt setzte, sondern ihr Team. In den sozialen Medien ist dank Smartphone schnell etwas geschrieben, es ist auch schnell wieder gelöscht. Doch jeder halbwegs intelligente User macht heutzutage Screenshots von den Fehltritten – und spätestens dann greift der inflationäre Spruch: Das Internet vergisst nicht!

Ende Dezember 2017 kommt es in Bayern zum großen Sturm – zum Shitstorm in den sozialen Medien. Im niederbayerischen Deggendorf gehen 175 Asylsuchende aus Sierra Leone auf die Straße.[257] Sie demonstrieren gegen ihre Abschiebung. Die Presse macht tolle Fotos von der imposanten Demo. Doch das ist nicht alles. Nicht nur die Erwachsenen recken Pappschilder in die Höhe, sondern auch Kleinkinder: „We are refugees, we are not enemies." Es wirkt wie eine Medieninszenierung, beweist ein skurriles YouTube-Video in Spielfilmlänge, gedreht von einer AfD-Funktionärin. In dem Video äußern sich einige Einheimische ausländerfeindlich.[258] Viel Zustimmung gibt es in der Kommentarfunktion des Videoclips – und es tauchen Fragen auf. Warum trägt ein Flüchtling ein Trikot des FC Bayern München? Wer hat die Pappschilder beschriftet? All das ist vielen Menschen nicht klar. Und das soll es auch gar nicht sein. „Sie stam-

men aus Sierra Leone, einem als sicher geltenden Herkunftsland",
schreibt die *Passauer Neue Presse* am 21. Dezember 2017.[259] Sicheres
Herkunftsland – das bedeutet, dass die Menschen zurückkehren
müssen. Auf einem anderen Pressefoto ist ein erwachsener Flüchtling zu sehen, der nicht selbst in das Megafon spricht, sondern das
Mikrofon des Megafons an den Mund eines Kindes hält. Das wirft
kein gutes Licht auf die Asylsuchenden – soll es auch nicht.

Medienberichte und vor allem Bilder zeigen eine Realität von vielen. Das nennt sich Medienrealität. Wir alle sind auf die Medien-
berichterstattung angewiesen, weil wir unmöglich überall anwesend
sein können. Das wollen wir vermutlich auch gar nicht. Mit den Flüchtlingen aus Sierra Leone wird der Leser kaum Mitleid haben, weil der
Presseartikel eine brisante Passage enthält, die aufhorchen lässt. Ziel
der Flüchtlingsdemo war es nämlich auch, die schlechte Qualität des
Essens und die mangelnde Hygiene anzuprangern.[260] Anwesend bei
der Demo sind nicht nur Schaulustige, sondern auch Vertreter der
AfD und der Neonazi-Partei „Der III. Weg". Die *Passauer Neue Presse*
veröffentlicht den Artikel auf Facebook, um eine Diskussion darüber
anzustoßen. Innerhalb weniger Stunden hagelt es Hunderte fremdenfeindliche Kommentare. Das ist Kalkül. Doch es ist auch freie Meinungsäußerung. Die flüchtlingskritischen User genießen das sichtlich. Die Medien packen die Flüchtlinge nicht mehr so in Watte wie
einst 2015. Im Gegenteil: Die Medien prangern an, und alle dürfen
mitmachen. Plötzlich ist die „Lügenpresse" nicht mehr doof.

Godwin's law

Gottlieb Wendehals ist ein deutscher Sänger. „Hier fliegen gleich die
Löcher aus dem Käse", heißt es in seinem Hit „Polonäse Blankene-
se".[261] Gottlieb Wendehals ist der Künstlername des Musikers Werner Böhm. Doch der Wendehals hat nicht nur diese Bedeutung. Es
gibt einen Specht namens Wendehals – und natürlich den Typus Poli-

tiker, der schnell seine Meinung ändert, wenn es ihm Vorteile bringt. Es gibt Menschen in Deutschland, die glauben, dass FDP-Chef Christian Lindner ein solcher Wendehals ist. Und irgendwie würde das auch zum Songtext passen, schließlich fliegen die Löcher ja aus dem *gelben* Käse. Doch ist Christian Lindner wirklich ein Luftikus? Ein Politiker, auf den man sich nicht verlassen kann? Nein, denn Lindner hat der Union und den Grünen gezeigt, wo der liberale Hammer hängt. Lindner ist es außerdem zu verdanken, dass die FDP wieder im Bundestag vertreten ist. Gerhard Schröder war der sogenannte Medienkanzler. Christian Linder wäre gerne der Social-Media-Vizekanzler. Das gelingt aber nur, wenn die Union Gas gibt und die liberalen „Gelben Engel" die AfD zurück in den Abgrund der Hölle stoßen. Oder sind die von der AfD vielleicht sogar die Guten?

Was man an Jamaika hat, weiß man erst, wenn man meilenweit davon entfernt ist. Wenn dann noch zusätzlich die Umfragewerte fallen, gibt es zwei Möglichkeiten. Entweder man baut eine Zeitmaschine oder rudert galant zurück. Das Durchlavieren, ja, das ist eine Stärke des Christian Lindner. Kurz vor den Sondierungsgesprächen zwischen der SPD und der Union bringt Lindner auf einmal wieder Jamaika ins Spiel. Das wirkt zu diesem Zeitpunkt etwas wunderlich, weil Wolfgang Kubicki einige Wochen zuvor einen ähnlichen Vorstoß wagte – den Christian Lindner in Boss-Manier umgehend revidierte.[262] Lindners neuer Jamaika-Vorstoß im Dezember 2017 ist jedoch recht geradlinig. „Diese Wahlperiode macht es keinen Sinn", schreibt Linder wieder mal über Twitter.[263] Und weiter: „Aber die Freien Demokraten würden sich Gesprächen nicht verweigern, wenn eine geänderte politische und personelle Konstellation mehr Erfolg verspricht als 2017." Klingt so, als ob Neuwahlen ohne Merkel für die FDP attraktiver wären, als bis 2021 zu warten. Denn wer weiß, wo die AfD dann steht – vermutlich weit vor der FDP, vermutlich sogar auf Augenhöhe mit der SPD.

Christian Lindner bastelt in Deutschland also fleißig am Aufstieg der FDP. In Österreich hat ÖVP-Chef Sebastian Kurz sein Ziel schon erreicht. Doch wer Erfolg hat, erntet auch viel Hass. In diesem Zusammenhang entpuppt sich „Godwin's law" als interessanter Erklärungsversuch. Wie Mike Godwin 1990 dargelegt hat, steigt mit zunehmender Länge einer Diskussion die Wahrscheinlichkeit für einen Nazi-Vergleich.[264] Diese These, die ein bisschen als Gesetz im ironischen Sinne zu verstehen ist, weist auf die Härte eines Nazi-Vergleichs hin. Nazi-Vergleiche sind also das schwerste Geschütz in der politischen Debatte. Sie sind der letzte verbale Ausweg.

In der heutigen Zeit ist es natürlich langweilig, Nazi-Vergleiche „face to face" zu kommunizieren. Twitter hingegen ist das geeignete verbale Kriegsinstrument – und zur Not kann man die Äußerung ja wieder löschen oder den Fauxpas auf irgendwelche Praktikanten oder einen Hackerangriff schieben. Im Dezember 2017 attackiert der deutsche Schauspieler Armin Rhode Österreichs Kanzler Sebastian Kurz: „An sämtliche Auswahlgremien sämtlicher Kunstakademien: Sollte sich Sebastian Kurz jemals bei Ihnen bewerben – nehmen Sie ihn auf um Himmels Willen, scheißegal, was er vorlegt."[265] Huch, was ist denn daran eigentlich so schlimm? Sebastian Kurz hat mit Kunst doch nichts am Hut. Hier greift das kulturelle Wissen über die deutsche Geschichte. Nur wer das entsprechende Weltwissen hat, versteht die Brisanz der Attacke.

Der Begriff „Anstreicher" bezeichnet den Beruf Maler und Lackierer. Anstreicher ist jedoch auch der Spottname für Adolf Hitler. 1907 bewarb sich Hitler nämlich für die „Allgemeine Malerklasse" der Wiener Akademie der Bildenden Künste um einen Studienplatz. Er wurde abgelehnt, obwohl er nicht untalentiert war. Anstreicher ist jedoch auch die umgangssprachliche Bezeichnung für populistische Politiker. Bertolt Brecht verfasste beispielsweise „Das Lied vom Anstreicher". Wäre Adolf Hitler an der Kunstakademie in Wien angenommen worden, „hätte die Geschichte vielleicht einen anderen Lauf genommen"[266], spekuliert die *Bildzeitung* am 20. Dezember 2017. Armin Rhodes Hitler-Vergleich ist sehr perfide und suggestiv. Die politische Atmosphäre zwischen links und rechts ist sehr vergiftet.

Werden konservativ denkende Menschen mit dem Naziregime verglichen, spielt das den Rechten auf jeden Fall in die Karten. Denn dann sind die Rechten in der Opferrolle, in der sie sich pudelwohl fühlen.

Nazi-Vergleiche sind medial effektiv, doch sie gelten als moralisch verwerflich. Durch Nazi-Vergleiche werden die wahren Gräueltaten der Nazis auf unschöne Weise verharmlost. Mit Adolf Hitler oder anderen Nazis verglichene Personen gelangen darüber hinaus in die Opfer-, vielleicht sogar in die Märtyrerrolle – während sich die Kritiker selbst disqualifizieren. Die gegenseitigen Hasstiraden ähneln der Entzündung eines Scheiterhaufens. Die Linken und Rechten verbrennen die Demokratie. Mit jeder Denunzierung werden die Flammen mehr und mehr entzündet. Wie man in den Wald hineinruft, so schallt es heraus. Der Klügere gibt nach. Diese Volksweisheiten klingen – wie der Name schon sagt – oftmals weise und einleuchtend. Doch wenn persönliche Empfindlichkeiten verletzt werden, kann jeder noch so kühle Kopf zum wuterfüllten Hitzkopf werden.

Nationalismus ist auf jeden Fall aggressiver als Sozialismus. Nationalismus gewinnt diesen Zweikampf immer. Und jeder in der Gesellschaft sollte sich fragen: Ist das wirklich mein Kampf? Muss ich bei den Diffamierungen gegen links und rechts mitmischen? Die deutschen Gazetten sind voll mit AfD, Rechtspopulismus, Attacken aus dem linken Spektrum und frechen Flüchtlingen, die demonstrieren. Die sogenannten Qualitätsmedien haben eigentlich die Aufgabe, Öffentlichkeit herzustellen und objektiv zu berichten. Manchmal ist es gar nicht so sicher, ob Rechtspopulismus ohne Medien überhaupt eine Chance hätte. Die Medien bringen allerdings die Inhalte, die wir kaufen. Nicht die Medien sind die Raubtiere, sondern wir Menschen, die sich verbal zerfleischen oder wie Aasgeier darüber schweben. Die Medien sind Dompteure, die uns dressieren. Und wer Freude daran hat, darf spekulieren, warum das so ist. Anleitungen im Internet gibt es genug.

KAPITEL VI

1 Voyeurismus und Schadenfreude

Warum Sprachtabus ein Schuss in den „Gasofen" sind

„Unser tägliches Brot gib uns heute." Sehr gläubige Menschen sprechen diesen Satz täglich. Die regelmäßigen Kirchgänger sprechen ihn wöchentlich. Viele andere kennen den Satz von Hochzeiten oder Beerdigungen. Und selbst wer keine Lust auf Gott und Kirche hat, geht mit der Familie vielleicht an Weihnachten in den Gottesdienst – weil es sich so gehört. Der Satz kommt aus dem „Vaterunser". Wer das Gebet nicht auswendig kann, läuft Gefahr, sich in der Kirche zu blamieren. Und das öffentlich, denn das Gebet wird meist gemeinsam gesprochen. Doch Gott liebt uns trotz unserer Fehler, heißt es. Dann wäre es ja in Ordnung, das „Vaterunser" nicht zu können und generell alles andere als perfekt zu sein. Ist es aber nicht. Das sagt nicht Gott, sondern die Gesellschaft.

Vielleicht ist es ja nur ein Klischee, dass sich schon vor vielen Jahrhunderten alles um Macht, Sex und Geld drehte. Die weltprämierte Serie „Game of Thrones" fängt das auf jeden Fall geschickt ein. In der fiktiven Mittelalterwelt dreht sich alles um Verrat, Liebe, Machtkämpfe und finstere Intrigen. Das Mittelalterleben scheint lebenswert zu sein, wenn man sich als Mann viele Huren, genug Bier, Wein und ein schnelles Pferd leisten kann. Falls es mal zu Unruhen kommt, sorgen blutige Ritterturniere und lustige Zurschaustellungen für eine schöne Ablenkung. So einfach kann die Welt sein – und so einfach ist sie auch heute noch. Natürlich sind mittlerweile neue Süchte hinzugekommen.

Es gibt die Handysucht, Computerspielsucht und die Sucht nach modernen Medikamenten. Die Magersucht ist zwar kein neuartiges Phänomen, doch es gibt viele Stimmen, die glauben, dass die heutige Sucht nach körperlicher Perfektion dafür mitverantwortlich ist. Sendungen wie *Germany's Next Topmodel* zeigen, wie junge Mädchen auszusehen haben. Der BMI liegt – genauso wie das maximale Alter – zwischen grenzwertigen 18 und 20. Wenn überhaupt. Auch die sozialen Medien vermitteln uns ein Bild von Perfektionismus: Auf Instagram wird perfekt dekoriertes *#pornfood* gepostet. Das ist Essen, das besonders gesund ist und lecker aussieht, das aber auch nur angerichtet und fotografiert wird, um sich online wichtig zu machen. Über Facebook bekommen wir mit, wie unsere Freunde ein vermeintliches VIP-Leben in Saus und Braus führen. Und auf YouTube wird uns gezeigt, wie wir uns stylen und schminken müssen, um beim anderen Geschlecht überhaupt den Hauch einer Chance zu haben.

Der Kabarettist Bülent Ceylan scherzt bei einem seiner Comedy-Auftritte, dass es den Deutschen so richtig geil macht, wenn er gaffen und fotografieren darf. Wohl auch aus diesem Grund finden wir immer mehr geschmacklose Videos auf YouTube, die von Jugendlichen gemacht und hochgeladen werden. In einem Video nimmt ein junger Mann Viagra zu sich. Aufgelöst in einer Flasche Cola und ohne es zu wissen. Seine Kumpels filmen die Aktion. Die versteckte Kamera zoomt nah an den Schritt des Opfers. Es fallen Wörter wie „Diggah" und „Bro". Der unfreiwillige Potenzbolzen sagt überrascht: „Ich habe einen Steifen." Fünf Millionen Klicks und 200.000 Likes sprechen für sich – oder auch gegen die Jugend von heute.[267] Immerhin: Einige User kritisieren den bekannten YouTuber „ApoRed" für diese Aktion. Immerhin verdient er viel Geld damit. Es winkt nämlich nicht nur soziales Prestige, sondern auch viel Kohle durch geschaltete Werbung.

Den Deutschen macht es einfach Spaß, ein bisschen voyeuristisch zu sein. Man belächelt zwar die einsame Oma, die den ganzen Tag aus dem Fenster starrt, um sich über die Nachbarschaft zu amüsieren. Doch in den sozialen Medien dabei zusehen, wie andere Menschen vorgeführt oder erniedrigt werden, das ist für uns alle irgendwie cool. Schüler filmen Prügeleien, geprellte Liebhaber veröffentlichen die Nacktbilder der Ex-Freundin, und andere filmen „Asylanten", wie sie Frauen in der Münchner U-Bahn belästigen. Wie man solche Videos findet? Es genügt, „Asylanten belästigen Frauen" bei YouTube einzugeben. Und schon stoßen wir auf unzählige Privatvideos zu dem Thema. Selbst wenn man Flüchtlinge eigentlich gar nicht so schlimm findet, muss man das Video unbedingt anklicken. Wir wollen ja mitreden.

Diese ganzen Diffamierungs- und Voyeur-Videos gehören zur Popkultur der sozialen Medien. Früher war das Wort „Ficker" eine Beleidigung, heute ist es cool, einer zu sein. Außer man ist ein „Ziegenficker" – auf diese Idee kam Jan Böhmermann in seinem sogenannten „Schmähgedicht", durch das sich der türkische Präsident Recep Tayyip Erdogan wegen eines entsprechenden Vergleichs natürlich beleidigt fühlte. Die Sache löste sogar eine Staatsaffäre aus. Wenn die türkische regierungsnahe Zeitung „Aksam" unsere Bundeskanzlerin aber mit Adolf Hitler vergleicht, dann ist das erlaubt, bisweilen sogar amüsant. Im Ausland sind die Deutschen halt noch immer Nazis. Dagegen wehren sich die Deutschen auch zu wenig. So lässt sich nämlich die übertriebene politische Korrektheit erklären. Wir naschen lieber den zuckrigen Schaumkuss, als uns mit dem Biss in den „Negerkuss" zum Nazi zu machen. Zum Glück gibt es die Anonymität des Internets. Hier darf jeder nach Belieben austeilen, doch noch viel mehr Menschen müssen einstecken.

2 Huso, Nazi und Muselmann

Beleidigungen von Minderheiten und der Hype um Bösewichte

Arschloch, Hurensohn und Mongo – Beleidigungen wie diese sind viel zu plakativ und mittlerweile sowieso inflationär. 1993 ist das noch anders. Damals singen „Die Ärzte" einen Song gegen rechte Gewalt. „Deine Gewalt ist nur ein stummer Schrei nach Liebe", heißt es in dem Lied.[268] Und dann singt die Band das bekannte Statement: „Oh oh oh, Arschloch." In dem Lied singen „Die Ärzte" über Springerstiefel, Selbsthass und darüber, dass sich Rechte nicht artikulieren können. Ja, das ist in den 90ern noch eine heile Welt. „DJ Bobo" und die „Kelly Family" nehmen uns die Sorgen mit plumpen Beats, während die Nazis in schwarzen Springerstiefeln Parolen grölen. Die 90er-Nazis sind grobschlächtig und „wirklich saudumm", wie „Die Ärzte" singen. Über 20 Jahre später funktioniert plump nicht mehr. Selbst Rechtsradikalismus ist heute von Feenstaub überzogen, intellektuell und sanft mitschwingend. „Kanaken raus", zieht nicht mehr. Es muss bunt, sprachkünstlerisch und manipulativ sein.

Das Schmähwort „Kanake" bezieht sich eigentlich auf Südseeinsulaner. Im Polynesischen bedeutet „kanaka" nämlich „Mensch". Heute bezeichnen wir die Ausländer gerne als Kanaken, sofern wir nicht wohlerzogen sind. In der Linguistik gibt es allerdings mittlerweile sogar die „Kanak Sprak" als festen Terminus, der so etwas wie den Kiez-Slang beschreibt. Das mit den Beleidigungen ist immer so eine Sache. Türken dürfen sich selbst als Kanaken bezeichnen. Schwarze dürfen sich gegenseitig Nigger nennen. Im Zweiten Weltkrieg wurden die Deutschen von den Amis als „Krautfresser" beschimpft. Manche Russen bezeichnen die Deutschen noch heute als „Kartoffeln". Beleidigungen sind allerdings immer nur dann effektiv, wenn man sich angegriffen fühlt. Doch in unserer Mediengesellschaft entscheiden mittlerweile die Zeitungen, Fernsehsender und Politiker, was angebracht ist oder auch nicht.

In Job-Ausschreibungen liest man oft, dass Menschen mit Behinderung bevorzugt werden. Und in vielen Parteien gibt es eine Frauenquote. Die Quote bedeutet, dass wichtige Posten auch von Frauen besetzt werden müssen. Das gilt auch für die Listen bei Kommunalwahlen oder Bundestagswahlen. Das ist politisch korrekt und nennt sich Reißverschlusssystem. Politisch korrekt sind die Deutschen gerne. Bierkästen werden erst dann zurückgegeben, wenn alle Flaschen ausgetrunken sind. Das deutsche Bier muss rein sein, auch wenn niemand weiß, ob das wirklich so toll ist. Doch das Reinheitsgebot klingt einfach gut und authentisch. Sich für deutsche Minderheiten wie Rentner einzusetzen, ist gut fürs Karma. Doch wer sich für fremdländische Minderheiten engagiert, ist gleich wieder der naive Gutmensch-Trottel. Und nicht selten löst zu viel Toleranz einen Shitstorm in den sozialen Medien aus. Wer rechts tickt, lebt fast sicherer.

Die Deutschen haben die Rentner, Schwulen und Lesben lieb. Im Dritten Reich war das noch anders. Die Deutschen haben dazugelernt. „Und das ist auch gut so", würde Berlins Ex-Regierungschef Klaus Wowereit sagen. Im Fußball ist das Thema jedoch noch immer ein heißes Pflaster. Es heißt, dass einige Profifußballer Scheinehen führen, um ihre geliebte Karriere zu schützen. In der Politik ist es schick und schillernd, ein bisschen schwul zu sein. „Blutjung, schwul, evangelisch, Sozi"[269], schreibt die „Süddeutsche Zeitung" über den niederbayerischen SPD-Politiker Michael Adam. Mit 23 Jahren wird Adam Bürgermeister in Bodenmais, mit 27 sogar Landrat. Es gibt einen Sex-Skandal und eine Alkoholbeichte, doch die Bayern stehen hinter ihrem schwulen Adam. Michael Adam beendet 2017 seine

Politkarriere und möchte studieren, weil er dafür nie Zeit hatte. Politik kann einen ganz schön verheizen. Das spürt mittlerweile auch die verbrauchte Angela Merkel. Anfang 2018 wünscht sich fast jeder Zweite, dass Merkel nicht bis 2021 weitermacht. Das geht aus einer Umfrage des Meinungsforschungsinstituts *YouGov* hervor.[270]

Ein möglicher Merkel-Erbe ist der CDU-Politiker Jens Spahn. Spahn ist schwul und hat im Dezember 2017 seinen Lebenspartner Daniel Funke geheiratet. Spahn steht zu seiner Homosexualität, gilt jedoch als sehr konservativ. „Ich will in diesem Land keiner Burka begegnen müssen"[271], sagt Spahn im Juli 2016. Das polarisiert und provoziert vor allem im grünen Spektrum. Denn was wäre, wenn Angela Merkel irgendwann weg ist? „Und dann kommt dieser rechte, schwule Jens Spahn vielleicht"[272], orakelt die Grünen-Politikerin Helga Trüpel im Zuge der Jamaika-Sondierungen im Herbst 2017. Sie entschuldigt sich dafür. Doch was daran ist überhaupt die Beleidigung? Dass Jens Spahn schwul ist? Oder dass er rechts ist?

Die FDP hat mittlerweile auf jeden Fall schon angekündigt, dass sie mit Angela Merkel nicht mehr in eine gemeinsame Regierung möchte. „Jens Spahn statt Angela Merkel – das würde für uns als FDP passen"[273], sagt FDP-Mann Michael Theurer kurz vor Silvester 2017. Und eine kurze Zeit später fordert FDP-„Posterboy" Christian Lindner, dass auch kriminelle minderjährige Flüchtlinge abgeschoben werden sollten, sofern deren Familie bekannt ist.[274] Dafür gibt es Applaus von der AfD. „Wir sind das genaue Gegenteil der AfD", sagt Lindner der „dpa".[275] In Deutschland ist es doch mittlerweile eigentlich so: Schwul sein ist gut so, rechts sein (noch) ein No-Go. Die Deutschen möchten so gerne politisch korrekt sein, aber sie vermasseln es. Rechtspopulisten sind immer gleich Nazis, Männer im pinken Hemd schwul und Flüchtlinge fiese Terroristen. Klischees sind keine guten Argumente. Dabei sind es gewiss nicht immer die Rechten, die sich kreative Beleidigungen einfallen lassen.

Salafisten-Look ist in Mode

Wenn es um innovative Beleidigungen geht, ist die Jugend besonders einfallsreich. Da sich die Kommunikation oftmals über Handy und Internet abspielt, muss es schnell gehen. Aus Hurensohn wird Huso. Huso ist ein silbisches Kurzwort, das nicht nur knackiger klingt, sondern auch den Schimpfwortfilter im Internet umgeht. Und dann gibt es da noch das Hurenkind. Doch Vorsicht, das ist nicht unbedingt ein Schimpfwort. Als Hurenkind wird in der Typografie nämlich die letzte Zeile eines Absatzes bezeichnet, wenn sie zugleich die erste Zeile der Folgeseite ist. Das sieht einfach nicht schön aus, also ist es ein Hurenkind. Natürlich ist das Wort auch eine effektive Diffamierung. Wer bei Google „Du Hurenkind" eintippt, findet viele aggressive Wortwechsel. Das ist unterhaltsam. Die Chatsprache ist eigentlich mündlicher Natur, auch wenn sie schriftlich festgehalten wird. Genau das ist der Grund, warum sich viele Menschen in den sozialen Medien nicht im Griff haben. Die Chat-Kommunikation geschieht im Affekt. Man drückt sich mündlich aus, doch was einmal geschrieben ist, bleibt so stehen und kann gegen einen verwendet werden.

Es gibt viele Möglichkeiten, andere Menschen zu beleidigen. Diesem Thema hat sich die Wochenzeitung *Die Zeit* in ihrer 16. Ausgabe im Jahr 2010 gewidmet. In dem entsprechenden Artikel tauchen unter anderem die folgenden Wörter auf: „Ehrenmörder", „Sozialschmarotzer" und „Aids-Mutterschiff". Wer also diese Wörter benutzt, „macht aus [...] Türken Schulabbrecher und Ehrenmörder, [...] aus Arbeitslosen Sozialschmarotzer, aus Homosexuellen Aids-Mutterschiffe".[276] Hartz-IV-Empfänger sind in Deutschland sozial stigmatisiert, was ganz sicher auch an den Boulevardmedien liegt. Ein prominentes Beispiel ist der Langzeitarbeitslose Arno Dübel. Dübel war mehrfach mit frechen Sprüchen auf der Titelseite der *Bildzeitung* und Gast mehrerer Talkshows. Er galt als Gesicht der Sozialleistung „Hartz IV". Die Medien instrumentalisierten Dübels Naivität, um die Berichterstattung zu personifizieren. Arno Dübel war so etwas wie eine Kultfigur. Noch immer sind witzige Clips auf YouTube zu finden – reinklicken lohnt sich.[277]

„Hartz IV" ist allerdings auch zum Spottwort geworden. Das Nachmittagsprogramm auf Sendern wie RTL und Sat1 wird gemeinhin als „Hartz-IV-TV" bezeichnet. Wenn Jugendliche faul sind, sagen sie über sich selbst, dass sie gerne ein bisschen „hartzen". In dem Kontext ist das Wort ein Synonym für „abgammeln" oder „einfach mal nichts tun". Wie schlecht es den wahren Sozialhilfeempfängern geht, interessiert niemanden mehr. Den Wohlstandsdeutschen ist es wichtig, dass kein Schnipsel vor der Tür liegt, alles gerade und ordentlich ist und nicht nur das Bier rein ist – sondern auch ihre Kultur.

Die Türken sind für viele natürlich nicht nur Ehrenmörder, sondern auch „Ölaugen". Was das Wort bedeutet, wissen viele gar nicht. Hier kommt die Erklärung: Wenn sich die Augenfarbe nicht von der Pupille unterscheiden lässt, spricht man von einem solchen Ölauge. Der Begriff wird als herablassendes Synonym für Südländer benutzt. Das machen auch Deutsche, die gerne in der Türkei Urlaub machen. „Weil's nix koschtet", würde der Schwabe sagen. Seit einigen Jahren ist es allerdings sogar als Deutscher riskant, sich einen langen Bart wachsen zu lassen – vor allem wenn man eh schon ein dunkler Typ ist. Ruckzuck ist der „Salafistenbart" geboren. Das modische Vorbild ist vermutlich Pierre Vogel. Klingt nach einem französischen Designer, ist aber ein islamistischer deutscher Hassprediger, wie ihn die Medien gerne bezeichnen. Vogel ist ein ehemaliger Boxer und gilt in der Szene als einflussreich. 2014 erreichte der Trend zum Vollbart seinen Höhepunkt. Frank Ribéry, Kai Diekmann und Leonardo DiCaprio trugen zu der Zeit einen solchen Bart. „Taliban der Mode"[278] titelte damals so manche Zeitung.

Mord und Döner

Klischees scheinen es einfacher zu machen, sich in der Welt zu orientieren. Blondinen sind doof. Männer mit einer großen Nase haben ein großes Genital. Männer mit einem Sportwagen haben ein kleines Genital. Betrunkene sagen die Wahrheit. Computerspieler duschen nicht. AfD-Wähler sind rechts. Flüchtlinge sind kriminell. Deutsche benehmen sich auf Mallorca daneben. Deutsche sind Nazis. Und die Österreicher sind jetzt auch wieder Nazis. Je öfter wir mit Klischees konfrontiert werden, desto mehr brennen sie sich ein. Das macht sie ja auch erst zu Klischees. Wir speichern diese Klischees ab in der Hoffnung, dass sie unsere Welt ein bisschen ordentlicher machen.

„Döner macht schöner!" An diese Binsenweisheit glaubt natürlich niemand, doch sie zeigt, dass die Deutschen ihren Döner lieben. Doch der schöne Döner ist nicht unbefleckt. Erst gibt es Gerüchte, dass in der Dönersoße mal Sperma gefunden wurde. Dann gibt es da noch die „Döner-Morde" – das Unwort des Jahres 2011. Es bezieht sich auf die Rechtsterroristen des NSU. Der NSU brachte mindestens neun Menschen um. Zwei der ermordeten Ausländer arbeiteten in einem Döner-Laden. Das Wort „Döner-Morde" wird 2011 zum Unwort gewählt, weil die Opfer „aufgrund ihrer Herkunft auf ein Imbissgericht reduziert werden"[279], zitiert *Spiegel Online* den Beschluss der Jury im Januar 2012.

2017 wird der Bürgermeister der Stadt Altena in einem Döner-Grill angegriffen. Andreas Hollstein ist CDU-Mitglied und bekannt für seine fremdenfreundliche Flüchtlingspolitik.[280] Ein 56-jähriger Mann attackiert den Bürgermeister mehr oder weniger spontan mit einem Küchenmesser. Das Motiv ist unter anderem, dass der Bürgermeister „200 Asylanten" in die Stadt geholt habe. Nach der Attacke ist Hollstein der Held gegen rechts, sitzt als Gast in großen Talkshows und wird via Twitter von der Bundeskanzlerin geehrt. In den Tagen nach der Tat erhält der Bürgermeister allerdings auch E-Mails

von Menschen, welche die Tat für richtig halten. Das zeigt die Gewalt-
bereitschaft einiger Flüchtlingsgegner.

Doch es wäre nicht richtig, das Thema nur einseitig zu betrachten. Im Dezember 2017 ersticht ein 15-Jähriger ein gleichaltriges
Mädchen in einem Drogeriemarkt in Kandel. Das Mädchen stirbt.
Pikant: Der Jugendliche stammt laut Ermittlern aus Afghanistan.
Eingereist ist er 2016. „Es handelt sich um einen unbegleiteten Asylbewerber"[281], schreibt *Spiegel Online* am 28. Dezember 2017. Die beiden Teenager waren ein Paar, doch das Mädchen trennte sich. Einen
anderen Menschen zu verlassen, hinterlässt seelische Wunden, doch
es ist erlaubt. Der Afghane bedrängte das Mädchen telefonisch und
über die sozialen Netzwerke. „Einer Vorladung der Polizei sei er
mehrfach nicht gefolgt"[282], heißt es auf *Spiegel Online*. Das Mädchen
ist tot, und wieder liegt ein Hauch von Ehrenmord in der Luft. Und
noch schlimmer: Der Asylantrag des Afghanen war schon im Februar 2017 abgelehnt worden.

Die Systemkritiker sprechen oft von „Lügenpresse", wenn die
Medien positiv über Flüchtlinge berichten. Sind die Berichte negativ, hört man den Vorwurf auf einmal nicht mehr. Dann sagen die
Medien nämlich die wahre, wahrste und wahrhaftigste Wahrheit.
Und solche Berichte gehen dann rasch viral auf Facebook. Die Flüchtlingsgegner filtern ihre Welt, wie sie ihnen gefällt. Fakt ist aber auch,
dass es kriminelle Flüchtlinge gibt. Das darf nicht unter den Teppich
gekehrt werden, auch wenn es der ordnungsbewusste Deutsche gerne
so hätte. In diesem Fall ist ein 15-jähriges Mädchen mitten in einer
„dm"-Drogerie eiskalt getötet worden. 20 Kunden waren in diesem
Moment anwesend. Die Eltern des Mädchens zeigten den Mann
schon zwei Wochen vor der Tat an. Das wirft Fragen auf – mal wieder. Aufregung gibt es auch um eine Flüchtlings-Doku im Kinder-
kanal. In der Doku bandelt eine minderjährige Deutsche mit einem
volljährigen Syrer an. Der AfD-Politiker Dirk Spaniel sieht darin
eine Geschmacklosigkeit und eine „Propaganda der Staatsmedien".[283]

Muskelmann und Muselmann

Das Fitnessstudio ist für Sportfreaks ein Gotteshaus. Statt Gebets-
bank heißt es Hantelbank. Und anstelle Oblate und Wein werden Pro-
teinriegel und Mineraldrinks serviert. Aus den Lautsprechern schallt
kein bedächtiges Ave Maria, sondern aufputschende Technomusik.
Und zum Abendessen gibt es koscheres Kalb. Doch es ist nicht alles
Gold, was glänzt. Denn wer nicht hart genug trainiert, ist ein „Spar-
geltarzan" oder „Lauch", vielleicht sogar eine „Bohnenstange". Trai-
nierte Fitnessfreaks bilden eine soziale Einheit – bullige Araber und
Türken sind im Studio anerkannte Alphatiere. Wer in der Umkleide-
kabine das schönste Selfie von sich schießt, gewinnt das Spiel.

Im Internet lassen dann diejenigen die Muskeln spielen, die in der
realen Welt bei einem Boxkampf oder im Armdrücken nicht den
Hauch einer Chance hätten. Aus dem korrekten Türken im Fitness-
studio wird der schäbige „Kameltreiber" oder „Knoblauchfresser".
„Hast du ein Problem?" oder „Was guckst du?" sind Sätze, die wir
Deutschen angeblich besonders oft von Türken hören. Der Ethno-
Comedian Kaya Yanar machte aus den vielen Vorurteilen die Comedy-
Show *Was guckst du?!*. Die Show war ein Riesenerfolg, denn endlich
durften die Deutschen und Türken gemeinsam über sich selbst lachen.

In einer Show bewirbt sich Kaya Yanar per Telefon bei der Frankfurter Polizei, denn schließlich will der Comedy-Star vom Türken
zum Edeltürken aufsteigen, um endlich seinen Bruder aus dem Knast
befreien zu können.[284] Das Publikum lacht bei jeder noch so kleinen
Pointe. Am Ende sagt die Dame am Telefon: „Sie können sich ab Februar bewerben." Und Kaya Yanar kontert: „Aber ich komme erst in
zwei Jahren aus dem Knast!" Die Dame legt auf, das Publikum johlt
und grölt. Warum funktionieren diese Gags? Ganz einfach: Kaya
Yanar nutzt die Vorurteile gegenüber Türken und macht sie zu Gags
und irgendwie zu etwas Positivem – natürlich mit einem gekonnten
Augenzwinkern. Schwächen werden in Stärken umgekehrt. Da sind
die Deutschtürken den Deutschen voraus. Machen die Deutschen

nämlich Gags über Hitler und die eigene Nazivergangenheit, wirkt das meist verklemmt und unbeholfen, gerne auch geschmacklos und brachial.

Der Deutsche muckt also auf, wird zum Muskelmann und macht den Türken zum Muselmann. In Lessings Drama „Nathan der Weise" aus dem Jahr 1779 taucht der berüchtigte Muselmann auch schon auf: „Jud' und Christ und Muselmann und Parsi, alles ist ihm eins."[285] Das klingt nach viel Toleranz und Respekt. Heute ist die Bezeichnung Muselmann eher spöttisch und politisch inkorrekt. 2015 entscheidet das Amtsgericht Hagen allerdings, dass das Wort keine Beleidigung ist.[286] Was viele nicht wissen: Der Muselmann hat auch noch eine ganz andere Geschichte. Eine Geschichte, die ihren Ursprung in den widerlichen Konzentrationslagern der Nazis hat. Menschen, die bis auf die Knochen abgemagert waren, wurden Muselmänner genannt. Es war das letzte Stadium des Hungertodes. Ein Häftling, der in diesem Zustand war, hatte praktisch keine Chance mehr zu überleben. Selbst Mithäftlinge wollten keine Muselmänner in ihrer Nähe haben, waren sie doch das Abbild des Todes: Haut und Gerippe mit aufgeblähten Bäuchen.

Die gleichen Worte können unterschiedliche Bedeutungen haben. So ist es übrigens auch mit dem Wort „Nazi". Das Kurzwort ist bereits während der Weimarer Republik und im Dritten Reich gängig. Es geht um 1920 aus dem Wort „nationalsozialistisch" hervor. Nazi ist aber auch die Kurzform des Namens Ignaz. Diese Koseform meint im Süddeutschen seit jeher einen irgendwie lächerlichen Menschen – ähnlich ist es heute mit den Namen Horst, Kevin und Eugen: „Was bist denn du für ein Horst?" Vielleicht die Antwort: „Seehofer, ehemaliger Ministerpräsident des Freistaats Bayern."

Die Inflation der Nazis

Alle Nazis sind schon da, alle Nazis, alle! Stellt man sich dazu die Melodie des Kinderlieds „Alle Vögel sind schon da" vor, hätte der neue Text fast das Zeug zum Ohrwurm. Zumal es im Original heißt: „Frühling will nun einmarschiern". Tatsächlich lesen wir überall von Nazis. Mit dem Wort wird heutzutage regelrecht um sich geworfen. Die Rechten sind Nazis, AfD-Mitglieder sind Nazis, Glatzköpfe sind Nazis – und wer viel Sport macht, der ist ein „Sportnazi". Das Wort „Nazi" benutzen viele tatsächlich wie ein Suffix, das an ein anderes Wort angehängt wird. Übrigens nicht nur im Deutschen, sondern auch im Englischen. Da gibt es dann zum Beispiel den „Grammar Nazi".

Das Nazi-Regime in Deutschland war sehr regelkonform. Jegliches Verhalten wurde überwacht, Regeln mussten eingehalten werden und die Diktatur war sehr präzise. Sport-, Grammatik- oder Ernährungs-Nazis sind also Menschen, die Fehler bei anderen suchen, um sie dann öffentlich zu rügen. Daran geilen sich diese „Nazis" dann sogar auf, weil sie sich in ihrem Fachgebiet überlegen fühlen. Es ist schon interessant, für was die Nazis heute noch alles herhalten müssen. Wie sagte Harald Schmidt einmal in seiner Show: „Die Nazis waren politisch die Hölle, aber die Uniformen waren irgendwo geil."[287] Das Publikum lachte und feierte den Entertainer für diesen Spruch. Und das alles zeigt: Das Dritte Reich war eben nicht nur die Hölle, sondern auch eine Art Saga, etwas Mystisches, Kultiges und Magisches. Der rasche Aufstieg der NSDAP, der Blitzkrieg und die Brutalität – das fasziniert viele Deutsche noch immer, auch wenn es keiner zugeben mag, nicht zugegeben darf, niemand auch nur daran denken sollte, so etwas in den Mund zu nehmen.

Wenn rechtspopulistische Politiker und AfD-Mitglieder als Nazis bezeichnet werden, ist das dann keine Beleidigung, keine Stigmatisierung von fühlenden Menschen? Selbst die AfD-Wähler sind für viele ja mittlerweile Nazis. Puh, dann gibt es in Deutschland ja seit der Bundestagswahl 2017 doch wieder knapp sechs Millionen AfD-Nazis in Deutschland. Wer frech ist, darf dann gleich noch die knapp drei Millionen CSU-Wähler dazurechnen und ein paar Nicht-wähler. Doch so einfach ist das nicht. Der Deutsche ist mündig und soll selbst entscheiden dürfen, welche Politik gut für ihn ist.

Es mag verständlich sein, dass kriminelle Flüchtlinge vielen Menschen ein Dorn im Auge sind. Es ist übrigens auch egal, wie viele Flüchtlinge tatsächlich kriminell sind. Sobald in Deutschland etwas passiert und ein Flüchtling daran beteiligt ist, berichten die Boulevardmedien mittlerweile auf eine Weise, die der Apokalypse ähnelt. Der so oft ausgerufene Untergang des Abendlandes scheint endlich einzutreffen, weil die Schreiberlinge uns weismachen, dass es bald kein Morgen mehr geben wird. Doch wer auf den Zug aufspringt, sich flüchtlingskritisch äußert und konservative Parolen schwingt, wird von den Medien auch wieder zerfleischt. Der rechte Michel wird sich denken: „Ich sage besser gar nichts mehr, aber wählen werde ich definitiv nicht die Nahles von der SPD. Ätsch, bätsch!"

3 Dissen ist Macht

Wenn andere Leiden
und es trotzdem lustig ist

Einmal im Jahr ist Silvester – und einmal im Jahr bricht in Deutschland der völlige Wahnsinn aus. Unvorsichtige Böllerfreaks sprengen sich die Hände weg. Manche werfen Sprengkörper sogar in Menschengruppen, um zu schauen, was passiert. Ein Mädchen verliert an Silvester 2017 beinahe ihr Augenlicht, weil ihr die Brille geradezu weggesprengt wird. Die Ärzte in den Krankenhäusern stellen sich auf solche Vorfälle Jahr für Jahr ein. Neu sind solche Verletzungen an Silvester also nicht, doch es ist schockierend, dass manche Menschen einen solchen Kick brauchen. Die Verrohung der Gesellschaft zeigt dieses Beispiel: In Berlin-Schöneberg attackiert ein 20-Jähriger einen Polizisten mit einem Böller. 30 bis 40 Mann feuern ihn an, als der junge Mann eine Feuerwerksbatterie in Richtung Polizei feuert. Mit Erfolg, denn ein Beamter wird getroffen. Die Menge applaudiert, als der Täter die Flucht ergreift. Doch den Beamten gelingt es, ihn zu ergreifen. Blöd gelaufen für den 20-Jährigen, doch der Pöbel hatte seinen Spaß und der Täter fünf Minuten Ruhm.[288]

„Des einen Freud', des anderen Leid", heißt es im deutschen Volksmund. Und „Schadenfreude ist die reinste Freude" ist ein weiteres bekanntes Sprichwort. Das klingt ein bisschen nach Romantisierung, wenn andere Menschen zu Schaden kommen und alle darüber lachen. Sicherlich kann es für alle Beteiligten urkomisch sein, wenn im Kreis der Familie ein kleines Missgeschick passiert – sofern sich niemand verletzt und alle gemeinsam darüber lachen. Die Zeiten sind aber vorbei, in denen harmlose Missgeschicke noch die Massen begeistern. Heute muss es hart und schrill zur Sache gehen. Die Pseudo-Dokus auf RTL und Sat.1 machen es vor. Das Konzept nennt sich „Scripted Reality". Laienschauspieler stellen angebliche Betrugsfälle oder andere niedere Begebenheiten nach. Wackelige Handkameras sollen Realismus vorgaukeln. Das ist schlecht gespielt, oftmals hanebüchen und irgendwie „trashig". In den Sendungen wird geschrien und gebrüllt, Männer prügeln sich und Mütter schicken ihre Kinder auf den Strich. Den Zuschauern macht es anscheinend Spaß, die eigenen Abgründe aus sicherer Distanz zu erforschen.

Schon in der Schulzeit gilt es als cool, zu Mitschülern ein bisschen grob zu sein. Die Halbstarken haben Heldenstatus in der Klasse. Wer andere mobbt, wird von den Mädels als Rudelführer wahrgenommen. Selbst die Lehrer schauen oftmals weg, denn man will ja keinen Ärger mit irgendwelchen neureichen Eltern bekommen. Die Rapper machen es vor, wie sich die Teenies verbal so richtig schön in die Pfanne hauen können. Wenn Rapper und Normalos sich gegenseitig schmähen und beleidigen, nennt sich das „dissen". Das Wort entspringt der Jugendsprache, steht aber mittlerweile sogar im Duden. Der Wortstamm „diss" hat seinen Ursprung im Englischen.

Ein bekannter Vertreter des Rap-Genres ist „Eminem". Der US-Amerikaner ist einer der erfolgreichsten Künstler der 2000er-Jahre in den Vereinigten Staaten. Die meisten Rapper haben eine schwarze Hautfarbe, doch Eminem tanzt und rappt sich quasi aus der Reihe. Marshall Bruce Mathers III, so heißt er bürgerlich, ist nämlich weiß. Und trotzdem ist Eminem der „King of Hip-Hop", wie das Magazin „Rolling Stone" 2011 offiziell feststellte. Eminem besticht jedoch nicht nur durch heftigen Diss-Rap, er mischt sich nämlich auch politisch gerne ein. 2017 geht Eminem musikalisch auf Donald Trump los und nennt den Song provokant „The Storm".[289] Prominente Kollegen feiern den Rapper. Dissen macht Spaß.

Das mit dem Dissen kann die AfD hierzulande übrigens auch ganz gut. Frontfrau Beatrix von Storch ist immer für einen medialen Wutausbruch zu haben. Am 31. Dezember 2017 wünscht die Kölner Polizei allen Menschen in Deutschland ein gutes neues Jahr – via Twitter. Das klingt modern, hat für viele Deutsche aber einen Haken. Der Neujahrsgruß ist nämlich zusätzlich in arabischer Sprache verfasst. Das ist ein Versuch der Integration, für manche aber eher eine Provokation. Zumindest zeigt sich Beatrix von Storch sichtlich bestürzt: „Was zur Hölle ist in diesem Land los? Wieso twittert eine offizielle Polizeiseite aus NRW auf Arabisch? Meinen Sie, die barbarischen, muslimischen, gruppenvergewaltigenden Männerhorden so zu besänftigen?"[290] Der Mikroblogging-Dienst Twitter sperrt den Account der AfD-Frau für eine kurze Zeit. Und die Kölner Polizei erstattet Anzeige wegen des Verdachts auf Volksverhetzung.

Die AfD findet das alles gar nicht so schlimm. Die Rechtspopulisten sind doch froh über diese mediale Aufmerksamkeit. Die AfD-Fraktionsvorsitzende Alice Weidel spricht von einem „Zensurgesetz und der Unterwerfung unserer Behörden vor den importierten [...] Messer stechenden Migrantenmobs".[291] Von Einsicht also keine Spur. Im Gegenteil: Viele Internetuser begrüßen die Beharrlichkeit der AfD. „Die AfD braucht diese populistischen Inhalte, da ist das Gesicht sekundär"[292], sagt Parteichef Alexander Gauland Anfang 2018. Dissen macht also nicht nur Spaß. Dissen ist Macht.

Blickwinkel

Bei Streitereien hat jeder Beteiligte meist seinen eigenen Blickwinkel. Automatisch schart man Freunde und Menschen um sich, die einen in der Meinung bestätigen. Die AfD hat unglaublich viele Fürsprecher, weil sie den „Mumm" hat, das ganze deutsche System infrage zu stellen. Viele Menschen halten die Politiker der Großen Koalition für weichgespülte Meinungsverbreiter – für Marionetten. Dass auch die ach so seriösen Medien manchmal nicht genau wissen, welche Realität die richtige ist, zeigen oftmals banale Beispiele. Am Neujahrsmorgen 2018 berichten viele Medien von einer unspektakulären Silvesternacht. „Fast überall friedlich", titelt *ZDF.de*.[293] Die *Bildzeitung* sieht das anders und schreibt: „Abgerissene Finger, Dutzende Verletzte im ganzen Land und sogar zwei Tote."[294] Ein wackeliges Amateurvideo zeigt sogar, wie mehrere Unbekannte aus einem fahrenden Auto heraus Raketen auf Fußgänger schießen. In Düsseldorf versucht ein Autofahrer, in eine Menschengruppe zu fahren – ein Mann wird schwer verletzt, die anderen bleiben verschont. Klingt das nach Friede, Freude, Eierkuchen?

Pustekuchen! Doch im Vergleich zur skandalösen Silvesternacht von 2015 in Köln sind die darauffolgenden Jahreswechsel tatsächlich einigermaßen harmlos. Das liegt natürlich auch an der präventiven Polizeiarbeit. An Silvester 2017 setzt die Bundespolizei über 3.000 zusätzliche Polizisten ein. Die *Bildzeitung* nennt das in einem Artikel vom 2. Januar 2018 die „Anti-Sex-Mob-Strategie".[295] Ja, das Springerblatt berichtet mittlerweile tendenziös über die Flüchtlinge. Vielleicht zu Recht? In dem gleichen Artikel heißt es, dass sich viele Migranten-Gruppen laut Polizei „auffällig, provokant und aggressiv" verhielten. Friedlich klingt anders. Was denn nun? Als Leser kennt man sich bald gar nicht mehr aus, wenn man Tag für Tag die verschiedenen Gazetten durchblättert. Überall steht etwas anderes drin. Vielleicht ist die Wahrheit die Schnittmenge aller Medienartikel. Doch es ist gut möglich, dass es da ein Muster gibt.

Scheinheiligkeit und Schadenfreude

Ein kurioses Ereignis landet meist in den Medien. Je mehr Nachrichtenfaktoren auf ein Ereignis zutreffen, desto höher ist der Nachrichtenwert. Besonders negative Berichte und Sensationsmeldungen finden in den Medien Platz. Wir lesen also Artikel über kriminelle oder gewalttätige Flüchtlinge, aber auch Artikel über hilfsbereite Asylbewerber, die Geld finden und zurückgeben. Anscheinend ist also beides kurios. Das Böse in der Welt fällt allerdings deutlich häufiger auf. Der Negativitätsbias ist ein negativer Verzerrungseffekt. Er besagt, dass negative Ereignisse und Informationen vorrangig wahrgenommen und erinnert werden. Das Böse in der Welt ist ja immer eine Sache der Definition. Manche Menschen finden Flüchtlinge doof, andere Menschen würden am liebsten die Rechten abschieben lassen.

Was die meisten Menschen aber vereint, ist die Gier nach Sensationen. Wenn wir an den Begriff „Voyeurismus" denken, fallen uns meistens irgendwelche perversen Menschen ein, die sich an fremde Schlafzimmer schleichen, hineinschauen und plötzlich an ihrem Geschlechtsteil manipulieren, wie die Polizeiberichte es immer so nett umschreiben. Solche Artikel lesen wir gerne. Es gibt nämlich auch den Medienvoyeurismus. Medienvoyeure gieren regelrecht nach Berichten über Exhibitionisten, Sex-Affären, Vergewaltigungen und Kriminalität. Wenn dann noch Prominente oder Flüchtlinge mit im medialen Boot sitzen, laufen die Gaffer erst so richtig heiß. Es entsteht der Eindruck, dass das Medienpublikum abstumpft. Nachrichten müssen also immer lauter, schriller und bunter sein.

Im Januar 2018 gibt es in Deutschland mal wieder eine Orkan-Warnung. Die *Bildzeitung* bietet direkt einen Live-Ticker an und spricht vom „Orkan-Alarm". Der Artikel ist im Klick-Rating ganz weit oben. Wer durch den Artikel scrollt, entdeckt zerstörte Parkplätze, von Bäumen zerquetschte Luxusschlitten und emsige Feuerwehrleute, die mit Kettensägen hantieren.[296] „Ach, so schlecht geht es mir im Vergleich zu denen ja eigentlich gar nicht", denkt sich der Medienvoyeur, der sein Auto in der sicheren Garage weiß. Ja, wenn es anderen schlecht geht, geht's einem doch gleich viel besser. Und so wird das farblose Leben auf einmal wieder richtig schön bunt.

Die AfD agiert mit ihren Sympathisanten übrigens ganz geschickt auf Augenhöhe. Geteiltes Leid ist schließlich halbes Leid. In den letzten Jahren wurden sehr viele Menschen in Deutschland angezeigt, weil sie in den sozialen Medien gegen Flüchtlinge hetzten. Anfang 2018 geht eine regelrechte Anzeigen-Flut gegen die AfD-Frau Beatrix von Storch bei den Behörden ein – wegen Volksverhetzung, da sie über „barbarische, muslimische, gruppenvergewaltigende Männerhorden" twitterte.[297] Das schweißt die Rechtspopulisten zusammen, denn es zeigt: Eine Beatrix von Storch wird auch nicht besser behandelt als der gemeine Bürger. Prominente Steuersünder wie Uli Hoeneß kommen allerdings in den Genuss einer „Sonderbehandlung", heißt es an den Stammtischen. Sonderbehandlung ist übrigens Nazi-Jargon, doch die Medien benutzten das Wort im Hoeneß-Kontext selbst.

In der Silvesternacht 2017 greift ein junger Mann aus dem Bayerischen Wald ein Zufallsopfer auf äußerst brutale Weise an. „Offenbar hatte ihn der 20-Jährige aus dem Landkreis Regen völlig unvermittelt angegriffen und seine Finger gezielt in seine Augen gedrückt", schreibt der *Bayerische Rundfunk*[298]. Szenen wie diese spielen sich in der realen Welt nur selten ab. In der Erfolgsserie „Game of Thrones" gibt es allerdings auch einen solchen Zweikampf, der im Ausdrücken der Augen endet. Das ist zwar eklig, aber irgendwie will man doch hinschauen. Auf der Internetseite der *Passauer Neuen Presse* ist ein Artikel über denselben brutalen Angriff der Top-Artikel des Tages. Warum interessieren sich so viele Menschen für diese Brutalität?

Ähnlich ist es in den sozialen Medien. Tierschützer teilen auf Facebook brutale Videos, in denen Tiere auf schmerzvolle Weise getötet oder gehäutet werden. Das Ziel: Die Tierschützer wollen anscheinend andere Menschen bekehren. Das missionarische Getue ist allerdings frivol, weil die Ekel-Videos anderen Menschen aufgezwängt werden. Trotzdem schauen sich die meisten User diese Tierquäler-Videos an. Und weil es so widerlich ist, möchte man die eigenen Online-Freunde auch teilhaben lassen – dann wird den anderen wenigstens auch der Tag versaut. Das Leid anderer Wesen animiert. Ob das aus Mitgefühl, Schadenfreude oder Sensationsgier geschieht, darf jeder für sich selbst entscheiden.

Was ein „halber Neger" mit Mut zu tun hat

Provokation ist die effektivste Masche, um mediale Aufmerksamkeit zu erlangen. Das wissen Trash-Promis, Politiker und natürlich auch die Rechten. Die deutschen Bürger würden gerne mal wieder verbal die Sau rauslassen und sich politisch inkorrekt verhalten – doch das dürfen sie nicht! Da bräuchte es jetzt einen Anwalt des kleinen Mannes. Jemand, der sich traut, verbal so richtig danebenzugreifen. Jemand, der die Sesselpupser in Berlin aus der Reserve lockt. Und da taucht der Ritter auf dem weißen Pferd auch schon auf. Doch der Ritter ist eine Ritterin in blauer Rüstung. Es ist die AfD.

Die Rechtspopulisten zeigen nämlich auf, dass Deutschland ein riesiges Problem hat. Zum 1. Januar 2018 ist das Netzwerkdurchsetzungsgesetz in Deutschland Realität. Das Gesetz richtet sich gegen Hetze und Fake News in den sozialen Medien. Vorangetrieben hat es Justizminister Heiko Maas in der Legislaturperiode von 2013 bis 2017. Die sozialen Netzwerke sind seit Januar 2018 angehalten, rechtswidrige Beiträge innerhalb von 24 Stunden zu löschen, wenn sie darauf hingewiesen werden. Viele Experten halten das Gesetz für verfassungswidrig, weil es die Meinungsfreiheit einschränkt. Es ist nämlich zu befürchten, dass die sozialen Netzwerke brenzlige Inhalte pro forma löschen, damit die Sache vom Tisch ist – auch wenn es sich beispielsweise um Satire handeln könnte.

Rechtspopulistische Provokateure werden nun vermutlich erst recht motiviert, Fremdenhass via Twitter und Facebook zu streuen. Das Gesetz verstärkt den Eindruck, dass die Regierung das Volk mundtot machen möchte. „Das Löschgesetz wird zum Brandbeschleuniger"[299], meint *Bild*-Oberchef Julian Reichelt in seiner Kolumne „Bitte keine Meinungspolizei" am 3. Januar 2018. Julian Reichelts knallhartes Fazit lautet: „Das Netzwerkdurchsetzungsgesetz ist am ersten Tag bereits gescheitert. Es gehört sofort wieder abgeschafft."[300]

Der AfD-Bundestagsabgeordnete Jens Maier macht die Probe aufs Exempel. Maier attackiert den Sohn von Tennis-Legende Boris Becker via Twitter: „Dem kleinen Halbneger scheint einfach zu wenig Beachtung geschenkt worden sein, anders lässt sich sein Verhalten nicht erklären."[301] Noah Becker sagte zuvor, Berlin sei im Vergleich zu London eine „weiße Stadt"[302] – eine Anspielung auf offenen Rassismus in der deutschen Hauptstadt. Auch das ist ein Pauschalurteil, dem viele Berliner gerne widersprechen möchten. Jens Maier haut mit seinem Spruch die volle rassistische Breitseite raus. Und kurz danach rudert er wieder zurück: „Verschweigen Sie bitte nicht, dass es ein Mitarbeiter war."[303] Aha – solche Ausreden kennen wir schließlich schon lange von der AfD. Selbst der AfD-Vorsitzende Alexander Gauland kommentiert: „Das ist nicht mein Stil."[304]

Vor langer Zeit sprach die FDP mal großspurig von einem „German Mut". Die FDP möchte den kleinen Mann wieder groß machen – schafft es aber nicht. Stattdessen bringen die Rechtspopulisten „Mut" auf, indem sie die Meinungsfreiheit in Deutschland infrage stellen. Was dürfen wir überhaupt noch sagen? Die AfD provoziert. Das macht sie pointiert und überspitzt. Jens Maier ist Ex-Richter und sicherlich nicht blöd. Manchmal überkommt den Beobachter das Gefühl, dass sich manche AfD-Politiker selbst nicht immer ganz ernst nehmen und sich wie Entertainer trauen, reißerische Sprüche zu klopfen. Manche applaudieren, manche rufen „Buh". Debatten werden angestoßen, die Titelseiten sind voll mit AfD-Gesichtern, und jeder in den sozialen Medien diskutiert eifrig mit. Wer sich juristisch danebenbenimmt, profiliert sich als Vogelfreier, der den Mumm hat, Merkel & Co. zu ärgern.

Die Familie Becker macht das, was die AfD insgeheim gut findet. Sie erstattet Anzeige gegen den AfD-Politiker. Das ist verständlich, doch das bringt den Rechtspopulisten noch wochenlang Presse. Selbst in die Sportteile der Zeitungen schafft es die AfD mittlerweile. Im Januar 2018 zeigen die beiden Landessprecher der AfD Hessen Peter Fischer an. Fischer ist der Präsident des Bundesligaclubs Eintracht Frankfurt. Er bezeichnete die AfD im Vorfeld als „braune Brut".[305] Auch das Wort „Nazis" fiel im Zusammenhang mit der AfD. Es ist eine gefährliche De-Historisierung, Wähler der AfD pauschal als Nazis zu bezeichnen. Das ist Wasser auf die Mühlen der Rechtspopulisten, die ganz plötzlich das Opfer einer Verunglimpfung sind. Der AfD gelingt es, die Stimmung in der Bevölkerung zu destillieren und sogar den typischen Nichtwähler an die Wahlurne zu locken. Den Altparteien geht das zu einfach, dabei haben die Etablierten doch eigentlich selbst genug Köpfchen, um die Menschen mit ihren ach so eloquenten Wahlprogrammen zu erreichen. Manchmal braucht es eben einen Schiffbruch, um aufzuwachen und die Komfortzone zu verlassen. Die SPD wollte sich mit dem Weg in die Opposition selbst läutern, doch Angela Merkel bezirzte die SPD. Die Sozialdemokraten sind der Union hörig – so wie sich der Ex-Beatle John Lennon leider einst von Yoko Ono abhängig machte. Das ist schade.

4 Mensch ärgere dich nicht

Kettenbriefe, Nazi-Slang und schrecklich braune Bosheiten

Myrcella bekommt von ihrer Freundin auf Facebook einen Link zum Anklicken geschickt. Was kann das nur sein? Die Neugierde ist riesig, zumal das Internet ja dazu da ist, die virtuelle weite Welt zu entdecken. Myrcella öffnet den Link. Es scheint ein Spiel zu sein. Ein Labyrinth, durch das eine kleine Kugel auf filigrane Weise navigiert werden muss. Myrcella konzentriert sich, damit sie das Spiel gewinnt. Mit ihren Augen gleitet sie dabei immer näher an den Bildschirm. Es soll ja nichts schiefgehen. Sie ist sehr gespannt, was wohl die Belohnung sein könnte. Gleich hat Myrcella es geschafft. Das Ziel ist nah. Plötzlich springt eine hässliche Hexenfratze ins Sichtfeld – begleitet von einem fürchterlichen Schrei. Myrcella schreit ebenfalls, weil sie sich so sehr erschrocken hat. Zehn Minuten später meldet sich ihre beste Freundin per WhatsApp: „Haha, reingefallen!" Ein lachender Smiley rundet den Hohn gebührend ab. Myrcella ist wütend. Doch sie beruhigt sich wieder. Streiche wie dieser gehören heute einfach zum guten Ton.

Gags, Pranks und andere Albernheiten sind ein fester Bestandteil der Social-Media-Kultur.[306] Wer anderen einen Schrecken einjagt oder sich über andere lustig macht, stellt unmissverständlich klar: „Lege dich nicht mit mir an!" Zu Schulzeiten waren die „Turnbeutelvergesser" die Loser-Typen. Heute sind es diejenigen, über die in den sozialen Medien gelacht wird. Menschen und Bevölkerungsgruppen, die a priori als Verlierer wahrgenommen werden, kommen aus dieser

Schiene gar nicht mehr raus. Denn wer sich über Verlierer lustig macht, bekommt ohne Aufwand sehr viel Anerkennung. Solche Aktionen finden dann wiederum Nachahmer. Und so geht das dann immer weiter. Das hat soziale Vorteile, schließlich wollen wir gut ankommen und uns als soziales Wesen in Gruppen einfügen, vielleicht sogar die Führungsrolle übernehmen.

Wer in der Schule aufgepasst hat, kennt den Begriff „Mimikry" noch aus der Biologie. Überlebensfähige Mutationen setzen sich durch und werden weitervererbt. Die Sumpfschwebfliege hat ein gelb-schwarzes Muster. Damit sieht sie einer Wespe oder Hornisse ähnlich. Die gelb-schwarze Farbgebung gilt als optisches Warnsignal. Die Nachahmer profitieren davon, da Fressfeinde Wespen oder Hornissen aufgrund negativer Erfahrungen meiden. Insekten und vielleicht auch Menschen schätzen die Sumpfschwebfliege also als gefährlich ein, obwohl sie eigentlich ganz harmlos ist. Den Mimikry-Effekt gibt es auch in der Psychologie. Menschen ahmen andere Menschen nach. Das geschieht oftmals sogar unbewusst und automatisch.

Es gibt genug Deutsche, die schwarze Menschen als gefährlich einstufen. Das kann viele Gründe haben. Schwarze könnten kriminell, faul oder gewalttätig sein. Einige sind das auch. Die Pauschalisierung führt aber dazu, dass besorgte Bürger die schwarze Hautfarbe als negative Signalfarbe interpretieren, die wiederum für negative Eigenschaften steht. Dass spezielle Charaktereigenschaften mit einer bestimmten Volkszugehörigkeit einhergehen, ist zwar Rassenideologie. Doch der Deutsche macht das sogar mit sich selbst: Die Schwaben sind sparsam, die Bayern sind besonders katholisch und die Norddeutschen sind direkt und nehmen kein Blatt vor den Mund. Die Italiener sind herzlich. Die Spanier haben viel Temperament. Und die Engländer können nicht kochen. Da wären wir wieder bei den Klischees. Manche davon sind ganz amüsant, andere sind brandgefährlich.

Im Gegensatz zu Tieren können wir Menschen reflektieren und differenzieren. Insekten kann wahrlich nicht vorgehalten werden, dass sie eine Sumpfschwebfliege für eine gefährliche Wespe halten. Beide sind schließlich gelb-schwarz gezeichnet. Schrillen da die Alarmglocken, ist das Instinkt. Wenn Menschen andere Menschen nach ihrer Hautfarbe beurteilen, ist das jedoch schlichtweg dumm. „An ihren Taten sollt ihr sie erkennen", heißt es in der Bibel sinngemäß. Pauschalhetzer verunglimpfen hingegen alle, die ihnen nicht in den Kram passen. Mal sind es Flüchtlinge, dann Schwarze oder doch wieder die Juden. Der ehemalige CDU-Politiker Martin Hohmann, der jetzt für die AfD im Bundestag sitzt, sprach 2003 von „Gottlosen mit ihren gottlosen Ideologien", die laut Hohmann das Tätervolk des „letzten, blutigen Jahrhunderts"[307] waren. Gemeint war das so, dass es überall in der Welt Schurken gibt – in Deutschland, Russland und auch bei den Juden, die sich vor rund 100 Jahren dem Bolschewismus verschrieben haben sollen. Die Karriere in der CDU war nach diesen Sprüchen zwar vorbei, doch Hohmanns Einzug in den Bundestag für die AfD ist das Comeback des Jahres 2017.

Kindische Rote und kreative Braune

„Mama, die lassen mich nicht mitspielen", hat bestimmt schon mal das ein oder andere Kind zu seiner Mutter gesagt. Schmollend, weinerlich und traurig. Das Kind bekommt ein Eis und die Sache ist erledigt. Bei erwachsenen Männern ist das leider nicht so einfach. Seit September 2017 sitzt die AfD im Deutschen Bundestag. Die Fraktion umfasst nach zwei Austritten momentan 92 Abgeordnete. Fast alle sind Männer und recht stramme Burschen. Jeder weiß inzwischen, wie die Rechtspopulisten ticken – doch können sie auch kicken?

Das lässt sich rasch herausfinden. Es gibt nämlich den FC Bundestag. Der Verein spielt für gute Zwecke, auch international. Gegründet wurde der FC Bundestag 1961. Das Parlamentsteam ist seit jeher eigentlich interfraktionell besetzt und bestreitet rund 20 Spiele im Jahr. Doch die SPD möchte die AfD-Kicker nicht mitspielen lassen.

Angestoßen hat die Idee der SPD-Mann Dirk Wiese.[308] Den kennt man eigentlich nicht, doch eine Pressemitteilung mit der AfD bringt meist ein bisschen „Fame". Ein Politiker der Linken schlägt sogar einen Eignungstest vor – und zwar unter der Leitung von Trainer Boateng.[309] Auch das bringt der AfD wieder Presse. Es kann doch nicht so schwer sein, die AfD-Politiker einfach mitspielen zu lassen. Sonst gründen die Rechtspopulisten womöglich irgendwann noch ihr eigenes Team – und es heißt, die haben einen starken rechten Fuß.

Immerhin gibt es zu Weihnachten zumindest in Deutschland eine fußballfreie Zeit. Räucherhäuschen machen das Wohnzimmer im Winter so richtig schön heimelig. Spezielle Räucherkerzen sorgen für einen himmlischen Duft. Und das Schöne ist: Es qualmt dann sogar aus dem Mini-Schornstein. Doch die Idylle trügt. Denn ein Mann aus Sachsen kommt auf eine abstoßende Idee. Er lässt sich einfach das Vernichtungslager Auschwitz von einem Freund nachbauen – als Räucherhäuschen. Stolz wie Oskar präsentiert der Mann das Bauwerk auf Facebook und schreibt: „So, da werden wir mal das Räucherhaus anfeuern."[310] Unzählige Facebook-Freunde belohnen das mit einem Like. Immerhin ein Facebook-Nutzer denkt klar und zeigt den Mann aus Sachsen an. Es kommt zum Prozess und die KZ-Eskapade gelangt in die Medien. Schnell stellt sich heraus, dass der Sachse ein bekannter Neonazi ist. Im März 2017 gerät er in einen Streit mit drei Studenten. „Einem Studenten brach er den Kiefer, ein anderer fiel und erlitt eine Platzwunde, der dritte wurde vom Hund gebissen", berichtet die „Frankfurter Rundschau" im Januar 2018.[311]

Dem Sachsen wird vorgeworfen, sich über die wahren Opfer des KZ Auschwitz lustig gemacht zu haben. Das Räucherhäuschen ist sogar mit LED-Leuchten aufgepeppt, die „Arbeit macht frei" als Schriftzug zeigen. Das Anfeuern des Räucherhäuschens kann natürlich als Anspielung auf die Verbrennung der vergasten Häftlinge anspielen. Der Mann meint dazu nur: „Meine Einstellung ist meine Einstellung. Die spielt hier aber keine Rolle." Soll man solche irrwit-

zigen Aktionen tatsächlich zur Anzeige bringen oder die Ewiggest-
rigen einfach machen lassen? Die meisten Leser amüsieren sich natürlich über solche Artikel, weil es schon irgendwie verrückt ist, was
sich manche Menschen so einfallen lassen. Doch es braucht Menschen, die den Mut haben, so etwas an die Öffentlichkeit zu bringen.
Wer sich über den Massenmord an den Juden auf makabre Weise
lustig macht, gehört vor den Kadi gezerrt. Der Deutsche ist ein
Beschwerdebürger. Manchmal ist das auch ganz gut so.

Die Rechten sind wirklich kreativ. Jedes Kind kennt das Spiel
„Monopoly". Bei den Rechten heißt es „Pogromly" – eine Anspielung auf die Reichspogromnacht 1938. Ziel der Nazi-Version ist es,
die Städte judenfrei zu machen. „Gehe zum Juden" ist das Äquivalent zu „Gehe ins Gefängnis" im echten Spiel. Widerlich ist die folgende Spielkarte: „Du hast auf ein Judengrab gekackt. Leider hast du
dir dabei eine Infektion zugezogen. Arztkosten 1000 RM." Schon
klar, aber die Flüchtlinge sind die Asozialen, während die Deutschen
Stil und Niveau haben. Das „Pogromly" ist übrigens eine Erfindung
des NSU. Vermutlich vertrieben sich die Rechtsradikalen an ver-
schneiten Wintertagen die Zeit mit dem Spiel. Außerdem verhökerte
der NSU es in der rechtsextremen Szene, um an Geld zu kommen.
Bizarr, widerlich – und dennoch wollen immer mehr von uns genau
diese verrückten Geschichten lesen.

Absichtliches Missverstehen

Die einst so stolzen Sozialdemokraten haben es momentan echt nicht
einfach. Vor allem in Bayern. Die Umfragewerte sind im Keller und
die AfD kommt der SPD gefährlich nahe. Auch die CSU kommt der
AfD näher und näher – allerdings ideologisch. Die Flüchtlingsfrage
bewegt schließlich die Gemüter. Das Wort Flüchtlingsfrage erinnert
übrigens an die Judenfrage, die im Dritten Reich den organisierten
Holocaust an den Juden beschrieb.

„Flüchtlingsfrage" ist allerdings kein Wort der Rechten. Seit einigen Jahren taucht es nämlich auch vermehrt in der medialen Berichterstattung auf. Der *Tagesspiegel* berichtet schon 2015 von der „Solidarität in der Flüchtlingsfrage".[312] Und 2018 titelt die *Schwäbische Zeitung*: „In der Flüchtlingsfrage fehlt es an Konsequenz."[313] Die „Flüchtlingsfrage" ist zu einem politischen und medialen Schlagwort geworden. Dennoch wirkt es nicht sonderlich galant. Es ist beschmutzt. Das beweist der CSU-Europapolitiker Manfred Weber. Im Januar 2018 sagt er auf der CSU-Klausur in Seeon: „Im Jahr 2018 ist das zentrale europäische Thema die finale Lösung der Flüchtlingsfrage."[314] Die einschlägige Formulierung erinnert ganz klar an die „Endlösung der Judenfrage". Weber ist ein Mann, den man eigentlich nur in Bayern kennt – bis zu dieser Verbalattacke. Plötzlich kommen die Wachleute der politischen Korrektheit aus ihren Löchern gekrochen. Und die Journalisten der großen Medienhäuser reihen sich ein. RTL, die *FAZ* und *Die Welt* berichten über den Skandal, der vielleicht gar keiner ist.

Die neudeutsche Sprachpolizei hat in diesen Tagen richtig Lust auf das bewusste Missverständnis. Wissenschaftlich lässt sich das einwandfrei erklären. In der Linguistik gibt es die Theorie vom Sprachhandeln. Differenziert wird zwischen der Illokution und der Perlokution. Die Illokution meint die Kommunikationsabsicht, während die Perlokution die Absicht beschreibt, die mit der Kommunikation verfolgt wird. Der angedichtete Nazi-Kontext entspringt vielleicht vielmehr den Zuhörern, die Weber eine populistische Absicht unterstellen. Es ist also ein absichtliches Missverstehen. Die Medien machen da gerne mit, weil der Nazi-Kontext natürlich viel skandalträchtiger ist. Es kann ja sein, dass Manfred Weber niemanden ärgern wollte, sondern einfach nur präzise ausdrückte, was Sache ist. Das rechnen ihm die Leser übrigens hoch an, was die unzähligen Kommentarspalten im Internet zeigen. Der ironische Tenor vieler Menschen ist: „Vielleicht sollte die deutsche Sprache ganz verboten werden, denn schließlich wurde sie auch von 1933 bis 1945 gesprochen." Tatsächlich ist die *hysterische* Political Correctness unerträglich – Shitstorms entstehen, die von sachlichen Debatten nur noch ablenken. Manchmal entsteht das Gefühl, dass das auch so gewollt ist. Wenn sich die Menschen über sich selbst ärgern, bekommen sie schließlich weniger vom politischen Tagesgeschäft mit.

Mit WhatsApp zum Führer werden

Niemand auf der Welt möchte mit einem Voodoo-Zauber belegt werden. Vor allem in Filmen sehen wir immer wieder, wie Menschen mithilfe von Voodoo-Puppen übel mitgespielt wird. In Wirklichkeit dienen diese Puppen jedoch vor allem der Heilung. Doch sei's drum: Flüche und Magie machen einfach Angst. Läuft eine schwarze Katze von links nach rechts, soll das Unglück bringen. Scherben hingegen verheißen Glück. In jeder Tageszeitung gibt es ein Horoskop. Viele brauchen das anscheinend, um sich an etwas Höheres klammern zu können. Wer sich an sein Horoskop hält, wird vielleicht mit einem guten Karma belohnt.

Das Internetzeitalter ist Fluch und Segen zugleich. Fast jeder Deutsche besitzt eine eigene E-Mail-Adresse. Das ist praktisch, doch nach und nach trudeln immer mehr Spam-Mails ein. Wir erhalten Angebote für mehr Potenz, die Aussicht auf eine reiche Erbschaft und natürlich Kettenbriefe. Der Sinn von Kettenbriefen ist klar: Der Empfänger ist angehalten, einen solchen Brief mindestens an zehn weitere Kontakte weiterzuschicken. Wer sich nicht daran hält, wird sterben oder nie wieder Sex haben – heißt es in den Briefen zumindest. Das Risiko wollen viele nicht eingehen, also leiten sie den Unrat weiter. Sicher ist sicher. Und auf diese Weise verbreiten sich Kettenbriefe ratzfatz.

Die E-Mail-Kettenbriefe sind mittlerweile out. Schließlich gibt es nun WhatsApp. Über WhatsApp können wir nicht nur sehr lange Nachrichten an unsere Freunde verschicken, wir können die Nachrichten auch mit vielen bunten Smileys aufhübschen. Smileys sind quasi kleine Comic-Gesichter, die unsere Stimmung transportieren sollen. Das klappt natürlich nicht immer, und gerne gibt es mal das ein oder andere Missverständnis. Die bewährten Kettenbriefe gibt es nun auch bei WhatsApp. Jeder kennt diese Freunde, die jeden Mist weiterleiten. Man ist zwar genervt, doch irgendwie macht es süchtig, wenn das Display aufblinkt. Das zeigt: Jemand denkt an mich.

Vor einigen Jahren kursierte sogar ein Nazi-Kettenbrief im Internet. Kurios: Der Angeschriebene wird mit Erhalt des Kettenbriefs „gehitlert".[315] Das erinnert an das Prinzip des Anstupsens auf Facebook. User können andere User anstupsen, um den ersten Kontakt herzustellen. Daraus können Liebesbeziehungen entstehen, oder man wird blockiert. Alles ist möglich. Der Nazi-Kettenbrief ist lukrativ. Denn wer den Brief an mindestens zehn Kameraden weiterleitet, hat die Chance, „ein Führer zu werden". Anschließend erscheint eine Reihe von Hakenkreuzen auf dem Bildschirm. Bei WhatsApp gibt es natürlich kein Hakenkreuz-Smiley. Es ist jedoch möglich, ein Hakenkreuz mithilfe anderer Zeichen nachzubilden. Der Erhalt des Nazi-Kettenbriefs ist natürlich kein krimineller Akt, doch die Weiterleitung ist verboten.

Die neue Technik birgt viele Gefahren. Via WhatsApp können auch Sprachnachrichten verschickt werden. Das ist natürlich sehr praktisch, um Freunden einen komplexen Sachverhalt mit der eigenen Stimme mitzuteilen, anstatt einen ellenlangen Roman zu verfassen. Seit einiger Zeit kursiert eine Sprachnachricht auf WhatsApp, die einem Kettenbrief ähnelt. Der Inhalt der Nachricht ist brutal und jagt vor allem Kindern Angst ein. Die Rede ist von grausamen Methoden mit viel Blut. Wer die Nachricht nicht innerhalb von 20 Minuten an 20 weitere Empfänger weiterleitet, wird umgebracht. Beängstigend ist das vor allem, weil sie sprachlich aufgezeichnet ist. Schließlich transportiert die Stimme sehr viele Emotionen und kann beeinflussend wirken. Da solche Kettenbriefe äußerst belastend sein können, möchte man nun auch andere damit belasten und die eigenen Ängste abladen. Auch das ist ein Grund, dass solche Psychospielchen weitergeleitet werden. Geteiltes Leid ist mal wieder halbes Leid.

Ein Vorteil von WhatsApp ist die Erstellung von Gruppen. Auf diese Weise können sich mehrere User gleichzeitig austauschen. Das ist praktisch, bekommt aber schnell einen Schmuddel-Charakter. Denn oftmals werden in solchen Gruppen harte Pornos und Nazi-Sprüche miteinander geteilt. Im Februar 2017 kommt ein solcher Fall ans Licht. In einer WhatsApp-Gruppe schicken sich gleich 179 Schüler rechtsradikale Sprüche und Judenwitze. Die Gruppe nennt sich „Arische Bruderschaft".[316] Die Polizei fand heraus, dass hinter der Gruppe keine Organisation stand. Das beweist wieder einmal, dass viele Jugendliche den Eigenantrieb haben, mit dem Dritten Reich zu kokettieren – ohne die Gräueltaten der Nazis oder deren Ideologie tatsächlich zu verherrlichen. Die Schüler grüßen sich in der Gruppe mit dem Hitlergruß. Vermutlich, weil sie das irgendwie cool finden und die Symbolik ein perfides Zusammengehörigkeitsgefühl schafft. Aufgedeckt wurde die Gruppe übrigens nicht von der Polizei, sondern von den Eltern eines 14-jährigen Gruppenmitglieds. Das hatte üble Folgen für den Jungen, der einsehen musste, dass er kein Nazi ist, sondern einfach nur ein frecher Bazi.

1 Die Sprache der Rechten

Wahrheiten, Manipulationen und die deutsche Wiedergeburt

Ein junger Mann vergnügt sich in einer Disco. Irgendwann ist es drei Uhr morgens und der Partyboy möchte nach Hause. Es ist Winter und er muss seine Jacke an der Garderobe abholen. Dort hat sich bereits eine Riesenschlange gebildet. Die Garderobe wird von einem schwarzen Ehepaar verwaltet. Die Partygäste geben ihre Marken ab und die Jacke wird ausgehändigt. Das zieht sich. Und so hat der junge Mann das Gefühl, dass die Zeit nicht vergeht. Neben ihm stehen zwei Typen, die noch genervter wirken: „Hier geht ja gar nichts voran", schimpft einer von ihnen. Der Partyboy hört zu und scherzt: „Ja, die schütteln bestimmt erst die Mäntel aus, bevor sie die Kleidung rausgeben." Die beiden Typen lachen. Und schon ist der Partyboy der Rudelführer. Weil er einen rassistischen Witz reißt, obwohl er es gar nicht so gemeint hat.

Ein blöder Spruch kann immer mal rausrutschen. Wer daraus lernt und Einsicht zeigt, darf sich glücklich schätzen. Und unabhängig davon sollten wir Deutschen vielleicht auch lernen, uns selbst nicht immer so ernst zu nehmen. Es ist nicht notwendig, dass wir per se Schuldgefühle haben, nur weil die Nazis Scheusale waren. Viele Menschen haben die Zeit nicht miterlebt und haben keine rassistischen

Gefühle in sich. Umgekehrt ist es natürlich wichtig, dem Rechtsextremismus keine Chance zu lassen. Die Gratwanderung ist schwierig. Zu viel Political Correctness nervt die Leser und Wähler. Das führt zu Trotzreaktionen. Das Stimmungsbild in der Bevölkerung ist nämlich eindeutig: Niemand von uns möchte das Gefühl haben, von der Regierung mundtot gemacht zu werden.

Oftmals bauschen die Medien irgendwelche Sprüche von Politikern künstlich auf, um den erhofften Skandal zu entfachen, der viele Klicks und hohe Quoten bringt. Die Rezipienten ärgern sich einerseits über die Medien, finden das andererseits aber auch spannend. Die Menschen könnten die Medien natürlich abstrafen, indem der Fernseher ausgeschaltet bleibt und keine Zeitung mehr ins Haus kommt. Doch dann bekommt man ja gar nichts mehr mit. Also wählt man halt die AfD, weil sie hemmungslos provoziert und den Medien vermeintlich Paroli bietet. Diese Erklärung ist natürlich zu einfach und erklärt nicht den Wahlerfolg der AfD in seiner Gesamtheit. Es gibt in Deutschland viele Menschen, die ein geschlossenes rechtsradikales Weltbild haben – und die AfD aus programmatischen Gründen ganz bewusst wählen. Für viele ist die AfD aber auch wählbar, weil sie das Establishment attackiert. Nicht nur die Altparteien, sondern eben auch die etablierten Medien.

Die AfD spielt die Medien geschickt aus. Jeder Artikel – auch wenn er kritisch ist – erhöht die Wichtigkeit der Rechtspopulisten. Die Medien müssen jedoch wirtschaftlich denken, also wäre es unlogisch, wenn sie sich die Rechtspopulisten als Aufmacher entgehen lassen würden. Die Medien und die Rechten gehen also Hand in Hand – ungewollt und ungeliebt.

Das Geschwafel um die sogenannte rechte Politik hängt einem bestimmten Teil der Bevölkerung allerdings zum Hals raus. Oft heißt es, dass „rechts sein" generell ein Verbrechen ist. Wenn ein Sigmar Gabriel, der ja bekanntlich ein SPD-Politiker ist, von Heimat und Leitkultur spricht, loben die Medien ihn allerdings in den Himmel. Einen AfD-Politiker würde man dafür ins Fegefeuer schicken. Das spüren die Deutschen, und das finden sie ungerecht. Das Volk ist sehr schlau, auch wenn es nicht im Bundestag sitzt, auch wenn es nicht Teil einer Chefredaktion ist, auch wenn es keine Vorstände führt. Und so schlagen sich viele Menschen auf die Seite der Systemkritiker. Die AfD ist eine Rebellin – noch. Denn nun hat sich die Alternative für Deutschland politisch etabliert und könnte sich selbst in der Klüngelei der großen Politik verlieren.

Einen kleinen Vorgeschmack gibt es bereits 2017. Die AfD schlittert in den sogenannten „Schnittchen-Skandal". Der Fraktionsgeschäftsführer im Bundestag, Hans-Joachim Berg, soll hohe Catering-Kosten verursacht haben.[317] Doch eigentlich ist das ein Mini-Skandal, vielleicht sogar ein Anfängerfehler. Immerhin ist die AfD ganz neu im Parlament. Da passiert so etwas schon mal. Immerhin zeigten auch große Parteien wie die CDU, dass der Umgang mit Geld nicht so einfach ist. Die Spendenaffäre hängt der CDU noch immer nach. Dafür sorgen schon die Medien, die regelmäßig neue Dokumentarfilme zu dem Thema produzieren. Skandale sind das, was die Medien brauchen, um selbst zu überleben. Da kommen die Rechten nun mal gerade recht.

Die Sprache der Rechten ist einfach gestrickt. Und das ist gar nicht mal negativ gemeint. Die simplen Sätze, bunten Bilder und wunderbaren Wortspiele erreichen uns. Die Fernsehwerbung macht das vor und zeigt: Es ist wirklich sehr einfach, uns mit Sprache und ein paar Bildern zu manipulieren. Die Milchschnitte eignet sich als leichter Sportsnack, die Fertigpizza genießen wir bei Kerzenlicht und italienischer Musik – und animierte Katzen erklären uns, welche Süßigkeiten gut für uns sind.

Die Menschen in der Werbung sind hübsch. Das fällt vor allem in der Werbung für Fastfood auf. Prominente Testimonials wie Heidi Klum oder Jérôme Boateng sollen für einen positiven Imagetransfer sorgen. Frei nach dem Motto: Wir essen so etwas auch und wir sind fit. In Sachen Babynahrung hat Alete ein gutes Image und nutzt das auch aus. Das Produkt „Kinderkeks" ist laut einer Online-Abstim mung die Werbelüge des Jahres 2017 – weil der Keks 25 Prozent Zucker enthält und als babygerecht ausgewiesen ist.[318] Haribo macht Kinder froh, obwohl der Zuckeranteil gigantisch ist. Sind ja nur lustige Gummibärchen, verklickert uns die witzige Werbung mit Markenbotschafter Michael „Bully" Herbig. Vielleicht wollen wir ja auch manipuliert werden, um beim Naschen ein gutes Gewissen zu haben. Ein Blick in die Kühl- und Wandschränke reicht meistens. Oftmals stellen wir fest, dass wir Produkte kaufen, die wir nicht brauchen, die uns vielleicht nicht einmal guttun. So ist es auch mit Sprache. Nicht jede Sprache ist gut für die Seele.

Das rechte Gewissen

Die Sprache der modernen Rechten hat einen wunderbaren Wiedererkennungswert. Seit dem Zweiten Weltkrieg sind viele Jahrzehnte vergangen – und doch ist die Nazi-Sprache einfach nicht totzukriegen. Man kann sogar sagen, dass die Sprache der Rechten gerade ihre Wiedergeburt erlebt. Noch moderner, noch suggestiver und noch manipulativer. Die Renaissance des Nazi-Codes ist vor allem den sozialen Medien zu verdanken. Nie war es so einfach, Millionen Menschen mit knackiger Propaganda, krassen Parolen und amüsanten Bildchen den Mund wässrig zu machen. Denn die Menschen bekommen wieder Lust darauf, die Ausländer aus Deutschland und Österreich zu jagen. Das ist immerhin besser, als sie zu vergasen, könnten die Zyniker argumentieren. Doch wo beginnt rechts? Und wie viel rechts ist erlaubt?

Die toleranten Deutschen träumen davon, die Flüchtlinge zu integrieren. In Deutschland gibt es schließlich einen klaren Fachkräftemangel. Selbst führende Ökonomen warnen vor den Auswirkungen. Da wäre es doch schön, wenn die jungen Flüchtlinge eine bodenständige Ausbildung machen und dann hier bleiben könnten. Das deutsche Integrationsgesetz ermöglicht nämlich die sogenannte Ausbildungsduldung. Selbst wenn ein Asylantrag abgelehnt wird, haben Menschen den Anspruch auf Erteilung einer Duldung, „wenn sie eine Berufsausbildung in einem staatlich anerkannten Ausbildungsberuf in Deutschland aufnehmen oder aufgenommen haben"[319]. Doch nun taucht eine Statistik auf, die wiederum den besorgten Bürgern in die Karten spielt. Für Analphabeten unter Flüchtlingen werden nämlich spezielle Sprachkurse angeboten. Trotz kleiner Lerngruppen und bis zu 1.300 Unterrichtsstunden hätten nach dem Kurs vier von fünf Flüchtlingen so wenig Deutsch gesprochen, dass sie keine Chance auf einen Aushilfsjob oder eine Ausbildung hätten, berichtet die *Süddeutsche Zeitung*, die sich auf die *Bild am Sonntag* vom 7. Januar 2018 beruft.[320]

Nun wollen wir uns das folgende Szenario vorstellen. Ein Mann oder eine Frau, es darf sich gerne jeder angesprochen fühlen, veröffentlicht den Artikel der *Bild am Sonntag* über die schlechten Deutschkenntnisse einiger Flüchtlinge auf seinem oder ihrem privaten Facebook-Profil – kommentarlos und ohne jegliche Wertung. Würden dann nicht auch vier von fünf Menschen denken, dass diese Person rechts ist? Denn Kritik an der Integration der Flüchtlinge scheint nicht legitim zu sein. Das Generalurteil „rechts" macht es nämlich sehr einfach, schnell Personen oder Meinungen einzuordnen, anstatt sich mit den Fakten auseinanderzusetzen.

Dieses Szenario lässt sich nach Belieben weiterspinnen. Das Meinungsforschungsinstitut Civey hat herausgefunden, dass 78 Prozent der Deutschen einen obligatorischen Alterstest für Flüchtlinge wollen.[321] Hintergrund der Diskussion ist die tödliche Messerattacke auf ein 15-jähriges Mädchen in Kandel. Der afghanische Täter soll gleich alt gewesen sein – doch mittlerweile gibt es Zweifel. Ist man rechts, wenn man einen solchen Alterstest gut findet? Laut Civey-Umfrage wünschen sich 97 Prozent der AfD-Wähler einen solchen Test, bei der FDP sind es 93 Prozent. Es folgen die Anhänger der Union, SPD, Linken und schließlich die Anhänger der Grünen. Das ähnelt schon ein wenig der Vorstellung von rechts und links im Deutschen Bundestag. Auch wenn die Grünen schon lange nicht mehr so links sind wie die Linkspartei. Die programmatische Annäherung an die CDU ist nämlich zu offensichtlich. Es gibt tatsächlich immer mehr Anzeichen, dass Regierungen, die von der CDU und CSU geführt werden, in Zukunft lieber mit den Grünen koalieren, anstatt sich die unbequemen Liberalen von der FDP anzutun. Das von Christian Lindner kalkulierte Jamaika-Aus hat Spuren hinterlassen, vielleicht sogar Wunden.

Rechts zu sein ist zunächst kein Verbrechen. Und wenn doch, dann gibt es mittlerweile sehr, sehr viele Verbrecher in Deutschland. Der CSU-Landesgruppenchef Alexander Dobrindt spricht von einer „konservativen Revolution der Bürger"[322]. Das ist eine Feststellung, die keine fabulierte Erfindung der CSU ist. Dobrindts Zitat soll ganz einfach die Bedürfnisse der Menschen in diesem Land zusammenfassen. Anscheinend formiert sich wieder eine patriotische Bewegung in der BRD. Patriotismus ist in Deutschland ein Unwort, während fast alle Hollywood-Blockbuster mit US-Schauplätzen patriotisch angehaucht sind. Die Vereinigten Staaten sind stolz auf ihren „Independence Day" aus dem Jahr 1776, der nicht nur Glamour, sondern auch viel Blut auf dem Buckel hat. Die Amis sind einfach besser im Selbstmarketing.

Viele der Rechten in Deutschland stehen ganz bestimmt nicht hinter der kompromisslosen Vernichtungspolitik der Nazis im Dritten Reich. Die Gleichsetzung von „rechts = rechtsextrem" ist plakativ – und eigentlich auch eine Form von Hetze. Doch das Wort Hetze benutzen wir eigentlich immer nur im Kontext des Rechtsextremismus. Gibt es nicht vielleicht auch Linke, die gegen die Rechten hetzen, um den Rechten eine ideologische Nazi-Uniform anzudichten? Auf diese Weise spaltet sich Deutschland nämlich selbst in zwei Lager. Die großen Parteien wie die SPD und CDU verfechten ihre alteingesessenen Ideologien, während die AfD urplötzlich mit einem neuen Programm daherkommt, das die Nation und Familie wieder in den Vordergrund zu stellen meint. Die CSU macht das jetzt auch wieder so, weil sie spürt, wie die Bayern ticken. Es ist das Spiel mit der Henne und dem Ei. Vielleicht sind die Parteien mit ihrer Flüchtlingspolitik dafür verantwortlich, dass die Deutschen wieder rechts ticken. Vielleicht sind aber auch die Menschen in diesem Land dafür verantwortlich, dass zumindest einige Parteien wieder Tradition und Heimat in ihr Wahlprogramm aufnehmen. Die AfD drängt sich den Menschen ja nicht auf. Die Menschen machen freiwillig mit, weil sie sich durch die Botschaften angesprochen fühlen.

Kinder und Idioten sagen die Wahrheit

Das Thema Migration erhitzt die Gemüter schon seit vielen Jahren. 2010 gab es die AfD beispielsweise noch gar nicht. Dass mit Thilo Sarrazin damals ausgerechnet ein SPD-Mann den Finger in die Wunde legte, war durchaus überraschend. „Deutschland schafft sich ab" heißt Sarrazins Buch, das noch immer aktuell und eine Lektüre wert ist. Auf Seite 360 der zweiten Auflage heißt es:

> *„Dass die autochthonen Deutschen innerhalb kurzer Zeit zur Minderheit in einem mehrheitlich muslimischen Land mit einer gemischten, vorwiegend türkischen, arabischen und afrikanischen Bevölkerung werden, wäre die logische und zwingende Konsequenz aus dem Umstand, dass wir als Volk und Gesellschaft zu träge und zu indolent sind, selbst für ein bestanderhaltendes, unsere Zukunft sicherndes Geburtenniveau Sorge zu tragen, und diese Aufgabe quasi an Migranten delegieren."*[323]

Wohlgemerkt, das Zitat stammt aus dem Jahr 2010. Thilo Sarrazin möchte uns damit sagen, dass die Geburtenrate der ‚echten Deutschen' auf einem niedrigen Niveau stagniert oder sogar sinken könnte, während die Migranten in der Zukunft sukzessive sehr viele Kinder zeugen, die dann natürlich mehrheitlich muslimisch geprägt sein würden. Die neuen Rechten der AfD spielen mit dieser Zukunftsangst zwar auch, drücken sich aber nicht so hochgestochen aus wie Thilo Sarrazin. Viel lieber kokettiert die AfD mit der schockierenden Vorstellung, dass das Oktoberfest in einigen Jahren von Muslimen überbevölkert sein wird. Das lässt sich im Übrigen auch wunderbar bildlich darstellen und in den sozialen Medien verbreiten.

Ist Thilo Sarrazin nun ein schlauer Mann? Oder vielleicht einfach nur ein „Idiot“? Die Aufklärung ist einfach. Am 26. November 2010 verlor der SPD-Politiker Heiko Maas die Nerven. Via Twitter bezeichnete er den Ex-Bundesbank-Vorstand Thilo Sarrazin als „Idiot“. Und das sah so aus: „Beim Besuch der islamischen Gemeinde Saarbrücken ist mir gerade wieder klar geworden, was für ein Idiot Sarazin ist.“[324] Den Nachnamen hat Heiko Maas im Original tatsächlich falsch geschrieben. Das macht keinen guten Eindruck. 2018 kocht die Geschichte plötzlich wieder hoch. Denn im Januar 2018 ist der Tweet auf einmal verschwunden. Da Heiko Maas den Tweet nach Angaben eines Sprechers nicht selbst löschte, fragt die *Bildzeitung*: „Wurde Maas Opfer seines eigenen Lösch-Gesetzes?“[325] Der Hintergrund dieser Provokation ist die Wirksamkeit des Netzwerkdurchsetzungsgesetzes zum 1. Januar 2018.

Das Gesetz besagt, dass „offensichtlich strafbare“ Inhalte innerhalb von 24 Stunden nach Eingang einer Beschwerde vom Betreiber gelöscht werden müssen. Der idiotische Tweet aus dem Jahr 2010 verschwand vermutlich, weil ausgebuffte Twitter-User den Beitrag einfach meldeten – eigentlich ja sieben Jahre zu spät! Das zeigt die Lächerlichkeit des Gesetzes. Facebook und Twitter entscheiden nun, was strafbar ist und was nicht. Das ist hanebüchen und alles andere als transparent.

Dieses Mal sind es also nicht die Rechtspopulisten, die eine solche Zensur gesetzlich erwirkten, sondern in erster Linie die Sozialdemokraten der SPD – allen voran Heiko Maas. Die Union half natürlich fleißig mit. Schließlich braucht es Mehrheiten. Das Gesetz soll die Rechten ausbooten. Die aber drehen den Spieß einfach um und instrumentalisieren das Gesetz erfolgreich. In radikalen Fällen ist das NetzDG wohl angebracht und mehr als nur eine Überlegung wert, doch es wird in Zukunft genug Beispiele geben, in denen die Meinungsfreiheit beschnitten wird. Auch Thilo Sarrazin äußerte sich Anfang 2018 zum umstrittenen NetzDG. Er glaubt, dass das Lösch-Gesetz in einem halben Jahr wieder „begraben" sein wird. Und Thilo Sarrazin ist ja schließlich ein Mann, der das Talent hat, in die Zukunft Deutschlands zu blicken.

Hautfarbe stigmatisiert

Die politische Lage in Deutschland ist momentan so heiß, dass sich die Umfrageinstitute eine goldene Nase verdienen. Die Menschen interessieren sich wieder für ihr Land, denn die Merkel-Ära ist bald vorbei. Beinahe wöchentlich erscheinen neue Ergebnisse der berühm-ten Sonntagsfrage: „Wenn am nächsten Sonntag Bundestagswahl wäre, welche der folgenden Parteien würden Sie dann wählen?" Irgendwie ist das ja verrückt. Da fand erst im September 2017 eine Bundestags-wahl statt, aus der ein Parlament hervorgegangen ist, das eigentlich vier Jahre halten soll – und irgendwie kommt die politische Stim-mung in Deutschland trotzdem nicht zur Ruhe. Im Januar 2018 ver-handeln die Union und SPD miteinander. Es geht darum, die nächste und vermutlich vorerst letzte Große Koalition zu besiegeln. Im März 2018 gelingt die Regierungsbildung, auch wenn das viele SPD-Mitglieder und einen Mann namens Kevin geradezu wütend macht. Aber die Sozialdemokraten müssen an sich denken. Die Große Koa-lition muss halten, denn Neuwahlen würden der SPD zu diesem Zeit-punkt das Genick brechen. Es ist aber auch wahrscheinlich, dass die SPD 2021 – nach vier Jahren der Dürre mit Angela Merkel – völlig „ausgemerkelt" in den nächsten Bundestagswahlkampf zieht und dann noch weniger Stimmen holt. Die SPD scheint tot. Doch Tot-gesagte leben bekanntlich länger.

Mit dem Tod ist allerdings nicht zu spaßen. Im Januar 2018 ist wieder mal ein mit Migranten besetztes Schlauchboot im Mittelmeer untergegangen. 64 Menschen sterben, 86 Menschen überleben. Der Vorfall kommt in den Zeitungen nur noch als Randnotiz vor. Das interessiert die Deutschen leider nur noch so, als würden in China vielleicht drei Säcke Reis umfallen. Das war 2015 noch ganz anders, denn anfangs stellten sich die Medien ganz klar hinter die Flüchtlingspolitik der Regierung. Und auch die Deutschen zeigten sich anfangs überaus hilfsbereit. Die mediale Berichterstattung ist auch immer ein Spiegelbild der Gesellschaft. Die Medien würden niemals Inhalte bringen, die niemanden interessieren oder inhaltlich abgelehnt werden. Die Stimmung im Land ist gekippt. Mittlerweile gilt es als sensationell, wenn sich Flüchtlinge tatsächlich integrieren. So zumindest bereiten das die Medien auf. Ein Flüchtlingsjunge, der eine Karriere als Arzt macht? Gibt es!

Spiegel Online berichtet im Januar 2018 über einen solchen Fall und titelt: „Ist das ein richtiger Arzt, fragt das deutsche Ehepaar."[326] Ein ehemaliger unbegleiteter Flüchtlingsjunge wird Arzt und deutscher Staatsbürger. Klingt traumhaft. Zu Beginn des Artikels geht es erst einmal darum, dass ein älterer Patient den perfekt integrierten Arzt keines Blickes würdigt. „Der 80-jährige Deutsche wollte keinesfalls von einem Schwarzen behandelt werden", heißt die Rätsels Lösung. Man liest sich den Artikel durch und bekommt Lust, ihn online zu kommentieren. Ist aber mal wieder verboten, weil das Nachrichtenmagazin böse Kommentare fürchtet. Deshalb hier ein kleiner Tipp an die Medienhäuser: Das macht die User noch wütender, weil sie sich gegängelt fühlen. Die offiziellen Foren der Online-Zeitungen lassen sich doch eigentlich wunderbar moderieren – und User, die sich danebenbenehmen, können immer noch gesperrt werden. Auch Rechte sollten die Chance bekommen, ihre Meinung vernünftig vorzubringen. Sonst machen sie das nämlich nur noch in geschlossenen Facebook-Gruppen.

Der Artikel über den Mediziner ist eigentlich ganz gut, weil der Arzt mit Migrationshintergrund etwas Schlaues sagt. Es reiche nämlich nicht, Deutscher zu sein. „Man muss auch deutsch aussehen." Das müsste ja dann bedeuten, dass die Integration der ganzen Flüchtlinge auf Dauer sowieso niemals funktionieren wird. Die traurige Wahrheit wäre: Flüchtlinge, wie wir sie kennen, brauchen keinen Stern auf der Brust. Die Hautfarbe verrät und stigmatisiert sie. Damit spielen die Rechtspopulisten. Die Angst vorm schwarzen Mann ist kein Kinderspiel mehr. Sie ist real, weil wir in den sozialen Medien täglich Bilder von Flüchtlingshorden sehen, die uns angeblich die Steuergelder und Frauen wegnehmen wollen. „The struggle is real", heißt es in der Social-Media-Sprache gerne. Und so machen die Wähler vorsichtshalber ihr Kreuz bei der AfD. Sicher ist sicher – auch wenn wir nur manipuliert werden.

Die NSDAP war so erfolgreich, weil es Adolf Hitler gelang, seine Macht offenkundig zu zeigen. Hitler und seine Männer bestimmten die Straße. Die Paraden waren militärisch und aggressiv aufgezogen. Das würde heute nicht mehr klappen, weil das zu plakativ und überzeichnet wäre. Und sowieso haben sich die Zeiten geändert. Die Menschen sind lieber in der Virtualität unterwegs, haben die Stöpsel im Ohr und bekommen von der Umgebung kaum noch was mit. Das hat auch Auswirkungen auf den Wahlkampf. Vor vielen Jahren war es wichtig, in den Fußgängerzonen mit Wahlkampfständen präsent zu sein. Heute ist das verlorene Liebesmüh. Wer die User in den sozialen Medien abholt, kann auch die Nichtwähler erreichen. Die Rechtspopulisten dominieren den Kampf um die politischen Worte in den sozialen Medien. Das liegt weniger am Inhalt. Schrill und provokant muss es sein.

Affenzirkus

In den Zeitungen lesen wir oft was von einem Skandal oder Eklat. Da wird irgendwas als Rassismus ausgegeben, und als Leser reibt man sich teilweise verwundert die Augen. Die Medien tun gerne so, als würden sie für die ganze Republik sprechen. Wenn wir also einen solchen Rassismus-Eklat vorgesetzt bekommen, diesem aber nicht zustimmen, gibt es nur zwei Möglichkeiten: Entweder mit uns stimmt etwas nicht oder die Medien lügen. Anfang 2018 wird im britischen H&M-Onlineshop ein stinknormaler Kapuzenpulli für Kinder angeboten. Auf dem Pulli steht: „Coolest Monkey in the Jungle", also coolster Affe im Dschungel. Und jetzt kommt der Skandal: Ein *schwarzer* Junge präsentiert das Monkey-Kleidungstück und schaut lässig wie ein Model in die Kamera. Das „kleine Negerlein", das zum Modeln gezwungen wird? Sofort entsteht ein Shitstorm in den sozialen Medien. Sehr viele Menschen machen H&M große Vorwürfe, weil sie die Werbung als rassistisch empfinden. Doch das sehen nicht alle so. Es gibt einen Gegensturm der Entrüstung. Schließlich könnte der „Skandal" ja nur mal wieder eine medienwirksame Skandalisierung sein. Jeder will den modischen Pulli haben. Nach dem Skandal schießt der Preis in die Höhe – manche Menschen verlangen bis zu 1.600 Euro auf Ebay.[327]

Die *Bildzeitung* fragt: „Zerbricht das Milliarden-Imperium H&M an diesem Foto?"[328] Der Shitstorm im Internet ist gigantisch. Doch die Mutter des schwarzen Models war bei dem Shooting dabei und hält die Vorwürfe für überzogen: „Beruhigt euch mal wieder!" Denn selbst Promis mischen sich in die Debatte ein und rufen zu einem Boykott auf. Das wirkt überzogen. Es macht sogar den Eindruck, dass sich einige Prominente mal wieder selbst ins Gespräch bringen wollen.

Sind wir denn nur dann gute Deutsche, wenn wir die H&M-Kampagne als rassistische Frechheit einstufen? Es gibt ein interessantes Interview mit dem Schauspieler Morgan Freeman, das vor vielen Jahren im Magazin der *Süddeutschen Zeitung* stand. Freeman meint in dem Interview, dass er sich bei einem Wort wie „Nigger" nicht angesprochen fühle.

Stellen Sie sich vor, Sie sind schwarz. Sie können damit gut leben, sind vielleicht sogar glücklicher als viele andere, die weiß sind. Was wäre, wenn Sie auf einmal herausfinden, dass Ihre weißen Freunde in Ihrer Gegenwart ganz bewusst Themen vermeiden, die Sie aufgrund Ihrer Hautfarbe kränken könnten? In Wahrheit ist es doch so, dass Sie kein Problem haben, Ihre Freunde aber schon, weil sie über so etwas nachdenken. Und diese übervorsichtige politisch korrekte Art ist auch eine Form von Rassismus. Indem Rassismus durch Verbote vermieden werden soll, wird das Vorhandensein einer Diffamierung gleichzeitig als indirekter Sprechakt insinuiert.

Boris Becker, Hans Sarpei und Kevin-Prince Boateng stellen sich hinter den H&M-Jungen mit dem umstrittenen Pulli. Im Internet bricht ein wahrer Shitstorm aus. H&M reagiert und nimmt das Angebot komplett aus dem Sortiment. Interessant ist ein ähnliches und sehr spannendes Beispiel aus dem Fußball. 2017 provoziert der ARD-Kommentator Tom Bartels mit einem Affen-Spruch. Der deutsche Nationalspieler Antonio Rüdiger reagiert nach einem Zweikampf theatralisch. Bartels kommentiert, der DFB-Profi solle „nicht den Affen" machen.[329] Das Internet rastet aus, beschimpft Tom Bartels als rassistisch, und Bartels – ja, er entschuldigt sich natürlich ganz brav. *Focus Online* schreibt am 30. Juni 2017: „Als Kommentator kann er Rüdiger nicht anders behandeln, nur weil der Verteidiger eine andere Hautfarbe als die meisten anderen deutschen Nationalspieler hat."[330] Richtig! Denn würde Bartels sich so einen Spruch nur bei Rüdiger verkneifen, wäre das ja auch wieder irgendwie rassistisch.

Sehr viele Menschen ärgern sich über diese übertriebene Political Correctness. Deutschland teilt sich in zwei Gruppen. Die eine ärgert sich über jeden Spruch, der rassistisch sein könnte. Die andere möchte frei denken und reden dürfen. Früher zog sich eine echte Mauer durch Deutschland, die das Land teilte und deren Nachwirkungen wir immer noch spüren. Seit dem Mauerfall ist Deutschland frei und vereint, heißt es. In Wahrheit bildet sich seit einigen Jahren wieder eine neue Mauer, eine verbale Mauer. Die Gesellschaft spaltet sich. Immer mehr Zustimmung bekommen die deutschen Staatsbürger, die mehr wollen, als nur in Deutschland zu wohnen und brav ihre Steuern zu zahlen, während die große Politik in Berlin eh macht, was sie will. Die Menschen möchten eine heimatverbundene Sprache sprechen, eine Sprache, die frei von Nazi-Sünde ist, unvorbelastet ist und bei der sich beim Sprechen wieder ein Gefühl von Stolz einstellt. Die Sprachtabus scheinen überhand zu nehmen, und die große Politik setzt das um, was die Reputation im Ausland erhöht. Die Flüchtlingskrise ist der Steigbügelhalter der neuen deutschen Nationalität. Möglicherweise sind einige Flüchtlingskritiker gar nicht fremdenfeindlich, doch die Krise kommt ihnen gelegen, um ein Problem anzusprechen, das im Grunde schon eine gefühlte Ewigkeit existiert. Deutschland sitzt nach wie vor in der Nazi-Falle – und ein Teil der heutigen Generation möchte damit nichts mehr zu tun haben.

Die Wiedergeburt

Wenn Kinder die deutsche Sprache erlernen, ist die Sprache nicht nur unschuldig, sondern sehr süß. Im Laufe des Lebens lernen wir jedoch auch negativ behaftete Wörter kennen. Doch was ist Sprache überhaupt? Die Schriftsprache ist ja eigentlich eine Anreihung von Buchstaben. Jede Buchstabenkette hat eine andere Bedeutung. Kinder lernen rasch, was die bestimmten Buchstabenketten im Alltag bedeuten. Mit Buchstabenketten sind Wörter gemeint. Die Bedeutung von Wörtern beruht auf Konventionalität. In unserem Gedächtnis werden die Wörter dann mit Bedeutungen verknüpft, und nach und nach fällt uns die Artikulation immer einfacher. Das nennt sich Assoziativität. Das Problem ist, dass auch harmlose Wörter in bestimmten Zusammenhängen eine negative Bedeutung haben können.

Konzentrationslager ist ein Wort, das sehr negativ aufgeladen ist. Es erinnert uns nämlich an den brutalen Holocaust an den Juden. Am 11. Januar 2018 lässt *Spiegel Online* mit einer fast schon typischen Skandal-Schlagzeile aufhorchen: „Österreichs Innenminister will Flüchtlinge an einem Ort ‚konzentrieren‘."[331] Der FPÖ-Innenminister Herbert Kickl habe lautet *Spiegel Online* einen Begriff aus NS-Zeiten gewählt. Na und? Eigentlich möchte Kickl einfach nur Zentren schaffen, in denen Asylbescheide leichter zugestellt werden können. Die Medien müssen sich verständlicherweise empören, weil sie ja auch von irgendetwas leben müssen. Die Leser möchten sich an Skandalen ergötzen.

Am Wort „konzentrieren" kann es ja nicht liegen. Schließlich nehmen wir abends konzentriertes Vitamin C mit viel Wasser zu uns, das wir frühmorgens wieder ausscheiden. Der Morgenurin nennt sich übrigens konzentrierter Urin. Die Medien und Beschwerdebürger unterstellen dem FPÖ-Minister also generell eine Nazi-Einstellung – ganz egal, was er von sich gibt. Auch die BBC berichtet darüber. Das liegt natürlich auch an Kickls Biografie, der seine Karriere als Redenschreiber für Jörg Haider begann. Die Causa Kickl zeigt: Es kommt immer auf den Kontext und den Sprecher an, ob ein Wort wie „konzentrieren" einen nazistischen Beigeschmack hat. Das könnte auch gewollt sein, denn vielleicht kokettiert der FPÖ-Innenminister damit, um seine mediale Bühne zu bekommen.

Wenn sich Geschwister gegenseitig provozieren, machen sie das ja nicht ohne Grund. Da geht es schon um gezielte Nadelstiche. Zur Provokation gehören immer zwei. Ein bisschen Schauspiel ist meist auch dabei. In der öffentlichen Kommunikation verhält sich das ähnlich. Die Medien fühlen sich durch brisante Aussagen oftmals gar nicht mal provoziert, doch sie geben das vor. „Juhu, wieder ein Nazi-Skandal", ruft dann bestimmt der ein oder andere Redakteur durch den Newsdesk. „Ne, das ist doch gar kein Skandal." Der Redakteur bleibt vehement: „Da machen wir einfach einen draus." Und schon steht der angebliche Skandal im Internet. Solche Pseudo-

Skandale lieben die Leser aus zwei Gründen. Erstens regen sich die Menschen prinzipiell viel zu gerne darüber auf, wenn irgendjemand mal wieder einen ungeheuerlichen Nazispruch oder Asylantenspruch bringt. Sich aufregen ist schließlich deutsches Kulturgut. Zweitens ärgern sich die Menschen, weil die Medien mal wieder aus einer banalen Aussage einen Naziskandal stricken – und die überzogene Sensibilisierung für politische Korrektheit damit mehr und mehr vorantreiben. Oftmals meinen es die Medien natürlich gut, weil es deren Aufgabe ist, zur Sozialisierung und Willensbildung beizutragen. Moralische Verfehlungen müssen schließlich aufgedeckt und in einigen Fällen sanktioniert werden. Die Medien gefallen sich in ihrer Rolle als vierte Gewalt, doch die Sache hat einen Haken. Medienhäuser agieren wie Unternehmen und denken wirtschaftlich und gewinnorientiert. Aus diesem Grund geht es den Medien in erster Linie darum, Inhalte zu verkaufen – Skandale, Sex-Geschichten, Mord und skurrile Todesfälle: Wir Menschen gieren danach.

Sprachverbote entstehen erst dann, wenn eine bestimmte Grenze überschritten wird. Das kann man sich wie eine Geschwindigkeitsüberschreitung im Straßenverkehr vorstellen. Plötzlich blitzt es und die Polizei rückt an. Im Sprachgebrauch nennt sich das dann Sprachpolizei. Und die kann leider Gottes jeder Mensch in diesem Land sein. Die Political Correctness ist ein nicht wirklich greifbares Gesetz, das von der Gesellschaft geprägt wird. Die Deutschen wünschen sich einen sprachlichen Reset-Knopf. Eine Sprache ohne Verbote und Tabus. Eine Sprache ohne Schuldgefühle und ohne die Angst, bei der kleinsten Verfehlung sozial hingerichtet zu werden. Die sozialen Medien sind der Scharfrichter. Und den gelangweilten Usern macht es Spaß, ein – Achtung – gnadenloser „Political-Correctness-Nazi" zu sein.

Die Deutschen finden Gefallen daran, wieder rechts zu sein. Mit Österreich hat sich nun ein Verbündeter uniformiert, der den Rechtsruck salonfähig macht – ohne dass sich ein Dritter Weltkrieg abzeichnet. Dafür sorgen weltweit schon ganz andere Mächte. Bayern reicht Österreich die rechte Hand, und das wird in Zukunft funktionieren.

Die Sprache der Rechten ist nicht unbedingt die Sprache der Nationalsozialisten. Die SPD und CDU sind zu einheitlich geworden. Die SPD ist noch immer irgendwie links, hat jedoch den Sinn für soziale Gerechtigkeit aus den Augen verloren. Die CDU ist weit nach links gerückt. Die Schwesterpartei CSU hat das erkannt, war aber bislang zu brav. Das ändert sich mit Markus Söder.

Es wird immer von einem gefährlichen Rechtsruck in der Bevölkerung gesprochen. Von den dummen Rechten, die ihr Kreuz bei der AfD machen. In Wahrheit ist die Große Koalition zu weit nach links gerückt. Die Flüchtlingskrise 2015 hat bei der Regierung und vielen Menschen ein Gefühl der Verantwortung ausgelöst. Deutschland wollte der Welt zeigen, dass die Deutschen keine ausländerfeindlichen Nazis mehr sind. Mehr noch: Die Regierung sah sich in der Verantwortung, möglichst viele Flüchtlinge aufzunehmen, um politische Karmapunkte zu sammeln. Es war die Gelegenheit für die Große Koalition, Verantwortung zu übernehmen.

Mit der Flüchtlingspolitik und der multikulturellen Ausrichtung sind viele Menschen in Deutschland und Österreich nicht einverstanden. Die Bürger fühlen sich wie kleine Kinder, die von der Regierung vorgebetet bekommen, was sie machen und wie sie sich verhalten sollen. Doch die Kinder sind älter geworden und nun in der Pubertät. Sie testen ihre Grenzen aus und möchten mit aller Gewalt herausfinden, was gut für sie ist. Rechts sein ist der Versuch, eine politische Revolution voranzutreiben, die erst einmal alles zerstören will, um dann etwas Neues aufzubauen. Die Sprache der Rechten ist provokant, oftmals politisch unkorrekt und ein sozialer Abnabelungsprozess.

Wer die Sprache der Rechten bestraft und ächtet, provoziert Trotzreaktionen. Wer die Sprache der Rechten romantisiert, bekommt von den Linken eine Backpfeife. Und so entsteht Gewalt, die zu Gegengewalt führt. Respekt und Akzeptanz sind Tugenden, an denen alle Menschen wachsen können. Es wäre schön, „den Dialog mit Andersdenkenden [...] mit großer Ernsthaftigkeit und großem Engagement, aber nicht mit dem drohenden Zeigefinger [zu] führen"[332]. Zum Dialog gehört natürlich nicht nur ein harmonisch-neutestamentliches Miteinander, sondern eine ordentliche Streitkultur, von der die freiheitlich-demokratische Grundordnung nun einmal lebt. Wir müssen in Zukunft noch mehr debattieren und noch intensiver streiten, um diese Grundordnung, die uns immerhin schon seit vielen Jahrzehnten Frieden beschert, zu bewahren. Am besten persönlich und nicht „Zahn um Zahn" über die sozialen Medien. Unsere Gesellschaft wird sich dieser Herausforderung stellen müssen, denn sie entscheidet, welche Politik unser Land in Zukunft prägt. Zwei Parteien möchten Volkspartei bleiben, eine andere möchte es werden. Wie wird es kommen? Und was ist gut für uns? Ein Blick in die Vergangenheit ist manchmal auch ein Blick in die Zukunft.

Endnoten

1   O. V.: http://www.juedische-allgemeine.de/article/view/id/31237, abgerufen am 11. April 2018.

2   O. V.: https://www.stern.de/politik/ausland/donald-trump-und-der-bade mantel-skandal-7316664.html, abgerufen am 9. März 2018.

3   Anna Eube: https://www.welt.de/icon/mode/article161868985/Fuer-den-Bademantel-muss-sich-Trump-nicht-schaemen.html, abgerufen am 9. März 2018.

4   O. V.: http://www.zeit.de/politik/ausland/2016-11/us-wahl-donald-trump-berater-twitter-verbot, abgerufen am 9. März 2018.

5   Till Bender: https://www.dgbrechtsschutz.de/recht/arbeitsrecht/kuendi gung/negerkuss-ist-kein-grund-fuer-fristlose-kuendigung, abgerufen am 13. März 2018.

6   Andrea Neumeier/Anna Zimmermann: http://www.pnp.de/lokales/landkreis_regen/regen/2817134_Nach-Diskussionen-um-Negerball-Erster-Megaball-gut-besucht.html, abgerufen am 13. März 2018.

7   Gisela Keller: https://www.suedkurier.de/region/bodenseekreis-ober schwaben/friedrichshafen/Naturwart-versteht-Debatte-um-Begriff-Neger-bad-nicht;art372474,9449841, abgerufen am 13. März 2018.

8   Axel Hacke/Michael Sowa: *Der weiße Neger Wumbaba. Kleines Handbuch des Verhörens*. München: Kunstmannn 2004, S. 12.

9   O. V.: http://www.spiegel.de/politik/deutschland/joachim-herrmann-nennt-robert-blanco-wunderbaren-neger-a-1050797.html, abgerufen am 15. März 2018.

10   Thomas Schmoll: https://www.welt.de/vermischtes/article139087113/Nicht-Herr-Neger-ist-rassistisch-das-Logo-ist-es.html, abgerufen am 15. März 2018.

11   O. V.: http://meedia.de/2015/10/07/wie-peinlich-ist-das-denn-jung-von-matt-schickt-luegenpresse-mobil-fuer-springer-zur-pegida-demo, abgerufen am 15. März 2018.

12   O. V.: http://www.spiegel.de/panorama/justiz/koeln-bericht-ueber-silves ter-2015-belastet-polizei-und-stadt-a-1141368.html, abgerufen am 15. März 2018.

13   Ursula Scheer: http://www.faz.net/aktuell/feuilleton/debatten/henriette-rekers-unverschaermter-vorschlag-mit-der-armlaenge-13999586.html, abgerufen am 15. März 2018.

14   Thomas Tuma: http://www.spiegel.de/spiegel/spiegel-gespraech-das-ehe paar-kachelmann-ueber-deutsche-justiz-a-877599.html, abgerufen am 15. März 2018.

15 Ursula Scheer: http://www.faz.net/aktuell/feuilleton/debatten/henriette-rekers-unverschaermter-vorschlag-mit-der-armlaenge-13999586.html, abgerufen am 15. März 2018.

16 Andreas Hoidn-Borchers/Franziska Reich: https://www.stern.de/politik/deutschland/rainer-bruederle-der-spitze-kandidat-3201892.html, abgerufen am 15. März 2018.

17 O. V.: https://www.bild.de/news/inland/sex-uebergriffe-silvesternacht/erklaerstueck-zettel-44075080.bild.html, abgerufen am 15. März 2018.

18 Marie Groß/Roman Lehberger/David Walden: http://www.spiegel.de/panorama/justiz/koelner-verdaechtiger-will-anmachzettel-gefunden-haben-a-1071327.html, abgerufen am 15. März 2018.

19 Christin Otto: https://www.welt.de/vermischtes/article158056372/Ein-Flirtkurs-fuer-Fluechtlinge-von-Security-bewacht.html#Comments, abgerufen am 15. März 2018.

20 O. V.: https://www.focus.de/politik/videos/gewalt-in-der-silvester nacht-protokoll-der-schande-polizei-veroeffentlicht-liste-der-belaes-tigungen-von-koeln_id_5202430.html, abgerufen am 15. März 2018.

21 O. V.: https://www.stern.de/politik/deutschland/-kleine-kopftuchmaed chen--sarrazins-aeusserungen-laut-gutachten-rassistisch-3335338.html, abgerufen am 15. März 2018.

22 https://www.youtube.com/watch?v=KwT0JdkW-uE, abgerufen am 15. März 2018.

23 O. V.: http://www.zeit.de/gesellschaft/zeitgeschehen/2010-08/sarrazin-juden-gene-migration, abgerufen am 15. März 2018.

24 https://www.gutefrage.net/frage/judenstrick-rauchen, abgerufen am 15. März 2018.

25 Laura Lugbauer: *Passauer Neue Presse* vom 19. September 2015, S. 17.

26 Laura Lugbauer: *Passauer Neue Presse* vom 19. September 2015, S. 17.

27 Peter Kliemann: *Glauben ist menschlich. Argumente für die Torheit vom gekreuzigten Gott.* Stuttgart: Calwer Verlag, 2001.

28 O. V.: http://www.pnp.de/nachrichten/bayern/2652516_Statistik-48-Pro zent-mehr-Vergewaltigungen-in-Bayern.html, abgerufen am 16. März 2018.

29 https://www.youtube.com/watch?v=ky2s-mOQlQI, abgerufen am 25. März 2018.

30 O. V.: https://www.ots.at/presseaussendung/OTS_20170110_OTS0041/kronen-zeitung-pauschalverunglimpfung-von-fluechtlingen, abgerufen am 16. März 2018.

31 O. V.: https://www.br.de/nachrichten/oberbayern/inhalt/asylbewerberaus hang-esoterikladen-toeging-staatsanwaltschaft-100.html, abgerufen am 17. März 2018.

32   O. V.: http://www.pnp.de/lokales/landkreis_altoetting/neuoetting_toe ging/2641819_Per-Aushang-Ladeninhaberin-verbietet-Asylanten-den-Zutritt.html, abgerufen am 17. März 2018.

33   Conny Bischofberger: http://www.krone.at/586563, abgerufen am 17. März 2018.

34   http://www.der-postillon.com/search?q=Nazi, abgerufen am 17. März 2018.

35   O. V.: http://www.der-postillon.com/2016/02/mann-hasst-fluchtlinge-weil-es.html, abgerufen am 17. März 2018.

36   O. V.: http://www.der-postillon.com/2015/09/nazis-rachen-sich-fluchtlin gen-indem.html, abgerufen am 17. März 2018.

37   O. V.: http://www.der-postillon.com/2011/04/studie-abschiebung-von-nazis-wurde.html, abgerufen am 17. März 2018.

38   O. V.: http://www.der-postillon.com/2016/09/duesselstadt.html, abgerufen am 17. März 2018.

39   O. V.: https://www.bild.de/politik/inland/islam/debatte-spd-aetzt-gegen-seehofer-vorstoss-55125700.bild.html, abgerufen am 17. März 2018.

40   Lisa Caspari/Ferdinand Otto: http://www.zeit.de/politik/deutschland/2017-09/andrea-nahles-spd-opposition-bundesregierung, abgerufen am 17. März 2018.

41   O. V.: https://www.bild.de/politik/inland/islam/debatte-spd-aetzt-gegen-seehofer-vorstoss-55125700.bild.html, abgerufen am 17. März 2018.

42   O. V.: https://www.welt.de/politik/deutschland/article174603526/Horst-Seehofer-Der-Islam-gehoert-nicht-zu-Deutschland.html, abgerufen am 17. März 2018.

43   O. V.: https://www.bild.de/politik/inland/islam/debatte-spd-aetzt-gegen-seehofer-vorstoss-55125700.bild.html, abgerufen am 17. März 2018.

44   Hans-Werner Eroms: Stilistische Phänomene der Syntax. In: Ulla Fix/Andreas Gardt/Joachim Knape (Hrsg.): *Rhetorik und Stilistik. Ein internationales Handbuch historischer und systematischer Forschung.* Berlin/New York: Walter de Gruyter: 2009, S. 1594–1610.

45   O. V.: https://www.tagesspiegel.de/mediacenter/fotostrecken/medien/bildergalerie-die-titanic-gegen-den-rest-der-welt/6865712.html?p68657 12=7, abgerufen am 17. März 2018.

46   https://www.facebook.com/focus.de/posts/10153345103749410, abgerufen am 17. März 2018.

47   https://www.youtube.com/watch?v=HFKCbiwBaZw, abgerufen am 17. März 2018.

48   Mats Schönauer: http://www.bildblog.de/77939/clickbait-aus-leidenschaft, abgerufen am 17. März 2018.

49   Mats Schönauer: http://www.bildblog.de/77939/clickbait-aus-leidenschaft, abgerufen am 17. März 2018.

50   O. V.: http://www.spiegel.de/politik/deutschland/afd-beatrix-von-storch-schliesst-waffeneinsatz-gegen-kinder-nicht-aus-a-1074933.html, abgerufen am 17. März 2018.

51   O. V.: http://www.spiegel.de/politik/deutschland/afd-beatrix-von-storch-schliesst-waffeneinsatz-gegen-kinder-nicht-aus-a-1074933.html, abgerufen am 17. März 2018.

52   Bettina Link: https://www.merkur.de/lokales/regionen/hitlergruss-geld strafe-stadtrat-359629.html, abgerufen am 17. März 2018.

53   O. V.: https://www.br.de/nachrichten/gabriel-bedauert-angriff-auf-schulz-100.html, abgerufen am 17. März 2018.

54   O. V.: https://www.bild.de/politik/inland/bundestagswahl2017/afd-lockt-schulz-in-die-selfie-falle-53185946.bild.html, abgerufen am 17. März 2018.

55   O. V.: http://www.sueddeutsche.de/bayern/wahlkampfauftritt-in-kulm bach-die-csu-basis-hat-guttenberg-verziehen-1.3647463, abgerufen am 17. März 2018.

56   https://www.youtube.com/watch?v=Ngm-rX_XZv0, abgerufen am 17. März 2018.

57   https://www.youtube.com/watch?v=Ngm-rX_XZv0, Minute 1:00 ff., abgerufen am 17. März 2018.

58   Philipp Wittrock: http://www.spiegel.de/politik/deutschland/rueck tritt-des-schaeuble-sprechers-minister-gnadenlos-a-728073.html, abgerufen am 17. März 2018.

59   https://www.youtube.com/watch?v=5qVvVyL5fl0, abgerufen am 17. März 2018.

60   Kevin Hagen: http://www.spiegel.de/politik/deutschland/gruene-jugend-jamila-schaefer-ueber-patriotismus-im-fussball-a-1097391.html, abgerufen am 17. März 2018.

61   Kevin Hagen: http://www.spiegel.de/politik/deutschland/gruene-jugend-jamila-schaefer-ueber-patriotismus-im-fussball-a-1097391.html, abgerufen am 17. März 2018.

62   Bernhard Junginger: https://www.augsburger-allgemeine.de/politik/ Gipfel-der-Gewalt-Warum-griff-die-Polizei-so-spaet-ein-id41999221.html, abgerufen am 17. März 2018.

63   Monika Deutz-Schroeder/Klaus Schroeder: http://www.faz.net/aktuell/ politik/die-gegenwart/studie-zum-linksextremismus-13443452.html, abgerufen am 17. März 2018.

64   https://www.youtube.com/watch?v=Io3VpyL4RoE, abgerufen am 17. März 2018.

65   Tim Neshitov: http://www.sueddeutsche.de/medien/journalismus-wie-viel-aktivismus-vertraegt-der-journalismus-1.3643402, abgerufen am 17. März 2018.

66   Identitäre Bewegung Berlin-Brandenburg: https://www.facebook.com/
      identitaereBerlinBrandenburg/posts/1271197059583976, abgerufen am
      17. März 2018.

67   Thomas Vitzthum: https://www.welt.de/politik/deutschland/article17454
      0183/Wahl-der-Kanzlerin-Ueber-30-Abgeordnete-der-Koalition-ver
      weigern-Merkel-die-Stimme.html, abgerufen am 17. März 2018.

68   O. V.: https://www.br.de/nachrichten/zahl-der-reichsbuerger-in-deutsch
      land-dramatisch-gestiegen-100.html, abgerufen am 17. März 2018.

69   O. V.: https://www.stern.de/kultur/musik/xavier-naidoo-im-stern--
      deutschland-ist-kein-freies-land-5956266.html, abgerufen am 17. März
      2018.

70   Laura Hertreiter: http://www.sueddeutsche.de/kultur/pop-und-politik-
      und-wieder-gruesst-der-rechtspopulismus-1.3488256, abgerufen am
      17. März 2018.

71   Nora Gantenbrink/Hannes Roß: https://www.stern.de/kultur/musik/
      xavier-naidoo-im-interview--deutschland-ist-kein-souveraenes-
      land-6564592.html, abgerufen am 17. März 2018.

72   O. V.: https://www.stern.de/kultur/musik/xavier-naidoo-im-stern--
      deutschland-ist-kein-freies-land-5956266.html, abgerufen am 17. März
      2018.

73   Rüdiger Soldt: http://www.faz.net/aktuell/gesellschaft/menschen/
      xavier-naidoos-auftritt-vor-reichsbuergern-13210732.html, abgerufen
      am 17. März 2018.

74   Steven Geyer: http://www.fr.de/panorama/xavier-naidoo-naidoos-weg-in-
      die-rechte-ecke-a-455029, abgerufen am 17. März 2018.

75   O. V.: http://www.t-online.de/unterhaltung/musik/id_72122732/heino-der-
      rocker-cool-oder-peinlich-.html, abgerufen am 17. März 2018.

76   O. V.: http://noch.info/2015/09/stasi-und-kgb-angela-merkel-ist-tochter-
      von-adolf-hitler, abgerufen am 17. März 2018.

77   O. V.: http://noch.info/2015/09/stasi-und-kgb-angela-merkel-ist-tochter-
      von-adolf-hitler, abgerufen am 17. März 2018.

78   O. V.: https://www.focus.de/panorama/videos/skandal-in-dresden-afd-
      mann-hoecke-kritisiert-holocaust-mahnmal-als-schande_id_6513062.
      html, abgerufen am 17. März 2018.

79   Joachim Petrick: https://www.freitag.de/autoren/joachim-petrick/
      hoecke-verschwurbelt-walsers-1998er-wort, abgerufen am 17. März 2018.

80   Torsten Krauel: https://www.welt.de/politik/deutschland/article172231576/
      Philipp-Jenninger-ist-tot-Ein-Nachruf.html, abgerufen am 17. März 2018.

81   Philipp Jenninger verstarb am 4. Januar 2018 in seiner württembergischen
      Heimat.

82   O. V.: https://www.welt.de/wirtschaft/article160308550/Ariel-wirbt-mit-
      Hitler-Code-88.html, abgerufen am 17. März 2018.

83   O. V.: https://www.bild.de/politik/ausland/wladimir-putin/ist-ein-unsterb
      licher-vampir-gruseliges-aus-dem-netz-43825516.bild.html, abgerufen am
      17. März 2018.

84   O. V.: https://www.welt.de/newsticker/dpa_nt/infoline_nt/brennpunkte_
      nt/article168398014/Erika-Steinbach-kommt-
      fuer-die-AfD-wie-gerufen.html, abgerufen am 17. März 2018.

85   Julian Röpcke: https://www.bild.de/politik/inland/bundestagswahl2017/
      russen-bot-netz-verbreitet-afd-propaganda-53313520.bild.html, abgerufen
      am 17. März 2018.

86   https://www.bushostelreykjavik.com/last-mcdonalds-in-iceland, abgerufen
      am 18. März 2018.

87   O. V.: http://www.zeit.de/gesellschaft/zeitgeschehen/2013-11/polizist-zers-
      tueckelt-mann-kannibale, abgerufen am 18. März 2018.

88   O. V.: https://www.bild.de/politik/ausland/donald-trump/internet-ver
      schwoerungstheorie-melania-trump-bodydouble-53584700.bild.html,
      abgerufen am 18. März 2018.

89   https://www.youtube.com/watch?v=7Hz6Fa7JtcI, abgerufen am 18. März
      2018.

90   Thomas Andre: http://www.spiegel.de/kultur/tv/the-man-in-the-high-
      castle-auf-amazon-prime-es-regiert-das-boese-a-1063437.html, abgerufen
      am 18. März 2018.

91   https://www.youtube.com/watch?v=veSot3-oePA, abgerufen am 18. März
      2018.

92   Ann-Katrin Müller/Ralf Neukirch: http://www.spiegel.de/politik/deutsch
      land/joschka-fischer-sieht-afd-in-tradition-der-nsdap-a-1173855.html,
      abgerufen am 18. März 2018.

93   https://www.zfp-web.de/unternehmen/erinnern-und-gedenken, abgerufen
      am 18. März 2018.

94   http://das-rutenfest.de/froher-auftakt.html, abgerufen am 18. März 2018.

95   O. V.: https://www.schwaebische.de/landkreis/landkreis-ravensburg/
      ravensburg_artikel,-rutenfest-ex-nsdap-zentrale-wird-zum-renner-_
      arid,10420963.html, abgerufen am 18. März 2018.

96   O. V.: https://www.schwaebische.de/landkreis/landkreis-ravensburg/
      ravensburg_artikel,-rutenfest-ex-nsdap-zentrale-wird-zum-renner-_
      arid,10420963.html, abgerufen am 18. März 2018.

97   Sibylle Emmrich: https://www.schwaebische.de/landkreis/landkreis-
      ravensburg/ravensburg_artikel,-das-sagen-ravensburger-zum-abzeichen-
      streit-_arid,10219611.html, abgerufen am 18. März 2018.

98   Frederik Weinert: *Mit Hitler zum Medienskandal. Skandal oder Skandali-
      sierung? Eine medien- und kommunikationslinguistische Analyse von
      NS-Vergleichen und Verweisen auf den Nationalsozialismus als Auslöser für
      öffentliche und massenmediale Empörung.* Passau, 2017, S. 132.

99   O. V.: http://www.spiegel.de/panorama/shirt-von-zara-mit-gelbem-stern-skandal-um-kindermode-im-kz-look-a-988325.html, abgerufen am 18. März 2018.

100   Georg Diez: http://www.faz.net/aktuell/feuilleton/pop/neuer-deutscher-pop-boehse-enkelz-1178006.html, abgerufen am 18. März 2018.

101   Burkhard Müller-Ullrich: http://www.deutschlandfunk.de/ewig-mar kiert.691.de.html?dram:article_id=215478, abgerufen am 18. März 2018.

102   O. V.: http://www.spiegel.de/sptv/reportage/a-204921.html, abgerufen am 18. März 2018.

103   https://www.gamereactor.de/News/423483/Keine+Hakenkreuze+in+deut scher+Verkaufsversion+von+Call+of+Duty+WWII, abgerufen am 18. März 2018.

104   Hans Hoff: https://www.welt.de/regionales/nrw/article131726187/Nur-aus-dem-Ernst-wird-die-wahre-Komik-geboren.html, abgerufen am 18. März 2018.

105   Özlem Evans: https://www.bild.de/unterhaltung/leute/buelent-ceylan/ich-kann-alles-ausser-tuerkisch-26184760.bild.html, abgerufen am 18. März 2018.

106   D. Cremer/B. Lüke/A. Thelen: https://www.bild.de/unterhaltung/tv/nazi-skandal-3553210.bild.html, abgerufen am 18. März 2018.

107   Stefan Niggemeier: http://www.stefan-niggemeier.de/blog/670/hoechst strafe-fuer-dj-tomekk, abgerufen am 18. März 2018.

108   Markus Langner: https://www.bild.de/regional/leipzig/big-brother-bewohner/rene-spricht-ueber-seinen-rauswurf-18281674.bild.html, abgerufen am 18. März 2018.

109   https://www.youtube.com/watch?v=g86fZZwaru4, abgerufen am 18. März 2018.

110   https://www.youtube.com/watch?v=g86fZZwaru4, abgerufen am 18. März 2018.

111   http://www.ww2militaria.biz/de/militaria-fotos.php?volk=deutschland& kategorie=wein, abgerufen am 18. März 2018.

112   https://www.gutefrage.net/frage/darf-ich-mich-an-halloween-als-hitler-verkleiden, abgerufen am 18. März 2018.

113   https://www.youtube.com/watch?v=l5QLziJftAE, abgerufen am 18. März 2018.

114   https://www.youtube.com/watch?v=Rv8aMNcFMjo, abgerufen am 18. März 2018.

115   O. V.: http://www.handelsblatt.com/politik/deutschland/bundestag-startet-mit-eklat-pruegeln-sollten-wir-uns-hier-nicht/20497266.html, abgerufen am 18. März 2018.

116   O. V.: https://www.n-tv.de/politik/Schaeuble-vergleicht-Putin-mit-Hitler-article12570306.html, abgerufen am 18. März 2018.

117 O. V.: http://www.sueddeutsche.de/politik/hitler-vergleich-schaeuble-ver
teidigt-aeusserungen-zur-ukraine-krise-1.1928422, abgerufen am 18. März
2018.

118 Sven Felix Kellerhoff: https://www.welt.de/geschichte/article126439623/
Was-an-Schaeubles-Putin-Hitler-Vergleich-stimmt.html, abgerufen am
18. März 2018.

119 Christoph Müller: http://www.deutschlandfunk.de/wir-haben-herta-
daeubler-gmelin-korrekt-zitiert.694.de.html?dram:article_id=58368,
abgerufen am 18. März 2018.

120 O. V.: https://www.abendblatt.de/politik/deutschland/article107222468/
Zeitung-Daeubler-Gmelin-vergleicht-Bushs-Politik-mit-Hitlers-Methoden.
html, abgerufen am 18. März 2018.

121 O. V.: https://www.schoeffen.de/assets/Download/pdf_Bundesverband/
2014_Pressemitteilung_1.pdf, abgerufen am 18. März 2018.

122 Philipp Wittrock: http://www.spiegel.de/politik/deutschland/antisemiti
sches-flugblatt-duisburger-linke-verbreitet-hetze-gegen-israel-a-759367.
html, abgerufen am 18. März 2018.

123 https://www.youtube.com/watch?v=Q9YRbIjrF88&t, abgerufen am
18. März 2018.

124 O. V.: https://www.welt.de/politik/deutschland/article106212633/Pirat-
vergleicht-Erfolg-seiner-Partei-mit-dem-der-NSDAP.html, abgerufen am
18. März 2018.

125 O. V.: https://www.morgenpost.de/politik/inland/article106216599/
NSDAP-Vergleich-von-Berlin-Pirat-Delius-war-daemlich.html, abgerufen
am 18. März 2018.

126 O. V.: http://www.spiegel.de/politik/deutschland/skinhead-vergleich-
schroeder-stellt-sich-hinter-trittin-a-122627.html, abgerufen am 18. März
2018.

127 Elisabeth Schlammerl: http://www.faz.net/aktuell/sport/fussball/
bundesliga/juergen-klinsmann-leere-versprechungen-1786023.html,
abgerufen am 18. März 2018.

128 O. V.: https://www.saarbruecker-zeitung.de/saarland/merzig-wadern/
merzig/luthers-legendaere-sentenzen_aid-6754684, abgerufen am 18. März
2018.

129 https://www.youtube.com/watch?v=bCcELocalEY, abgerufen am 18. März
2018.

130 O. V.: https://www.bild.de/politik/2010/ist-empoert-kuendigt-boykott-
an-11706464.bild.html, abgerufen am 18. März 2018.

131 O. V.: http://www.spiegel.de/politik/deutschland/hartz-iv-debatte-wester
welle-warnt-vor-vollversorgerstaat-a-677163.html, abgerufen am 18. März
2018.

132 O. V.: http://www.sueddeutsche.de/muenchen/fastenpredigt-auf-dem-nockherberg-empoerung-ueber-kz-vergleich-1.21378, abgerufen am 18. März 2018.

133 Wolfgang Görl: http://www.sueddeutsche.de/muenchen/nockherberg-umstrittener-kz-vergleich-der-eklat-nach-der-predigt-1.25 023, abgerufen am 18. März 2018.

134 Ulrich Gutmair: http://www.taz.de/!5369162, abgerufen am 19. März 2018.

135 Michael Wuliger: http://www.juedische-allgemeine.de/article/view/d/27420, abgerufen am 19. März 2018.

136 Ulrich Gutmair: http://www.taz.de/!5369162, abgerufen am 19. März 2018.

137 O. V.: http://www.spiegel.de/spiegel/print/d-7893705.html, abgerufen am 19. März 2018.

138 https://www.gutefrage.net/frage/darf-ein-lehrer-hitler-imitieren, abgerufen am 19. März 2018.

139 O. V.: http://www.spiegel.de/lebenundlernen/schule/dresden-schuelerin-zeigt-mitschueler-wegen-nazi-spruechen-an-a-1176932.html, abgerufen am 19. März 2018.

140 O. V.: https://www.tagesspiegel.de/weltspiegel/holocaust-vergleich-ex-managerin-verklagt-siemens-wegen-mobbings/1668268.html, abgerufen am 19. März 2018.

141 *Lettre International* 86, erschienen am 1. Oktober 2009, S. 197–201.

142 O. V.: https://www.n-tv.de/politik/Schwere-Vorwuerfe-gegen-Sarrazin-article541260.html, abgerufen am 19. März 2018.

143 Alexander Marguier in: *Frankfurter Allgemeine Sonntagszeitung* vom 29. November 2009, S. 55.

144 O. V.: http://www.pnp.de/lokales/landkreis_dingolfing_landau/2722127_19-Jaehriger-leugnet-Holocaust-auf-Facebook-50-Sozialstunden.html, abgerufen am 19. März 2018.

145 https://disqus.com/home/discussion/pnpde/19_jahriger_leugnet_holo caust_auf_facebook_50_sozialstunden, abgerufen am 19. März 2018.

146 Vers 3415.

147 Jörg Rößner: https://www.welt.de/politik/deutschland/article170444151/Hitler-Unterschrift-auf-gefaelschtem-Asylbescheid.html, abgerufen am 19. März 2018.

148 O. V.: https://www.aerzteblatt.de/nachrichten/73297/WHO-Millionen-leiden-an-Depressionen, abgerufen am 19. März 2018.

149 Stefanie Maeck: http://www.spiegel.de/gesundheit/psychologie/dankbar keit-die-wurzel-fuer-gesundheit-und-wohlbefinden-a-1124119.html, abgerufen am 19. März 2018.

150   O. V.: https://www.welt.de/wissenschaft/article174543067/Weltgluecks
      report-In-Finnland-leben-die-gluecklichsten-Menschen.html, abgerufen
      am 19. März 2018.

151   Johannes Radke/Toralf Staud: https://www.tagesspiegel.de/politik/
      dorstfeld-in-dortmund-das-hauptquartier-der-neonaziszene/7000792.
      html, abgerufen am 19. März 2018.

152   R. Stocker/H. Zeller: http://www.sueddeutsche.de/muenchen/dachau/
      wirbel-um-plakatverbot-uefa-weiter-in-der-kritik-1.1012182, abgerufen am
      19. März 2018.

153   O. V.: https://www.tz.de/sport/fc-bayern/bayern-fans-haben-probleme-
      uefa-weil-dachau-sind-tz-952463.html, abgerufen am 19. März 2018.

154   Sebastian Tews: https://www.bild.de/unterhaltung/leute/birgit-schrowan
      ge/eisernes-kreuz-um-den-hals-33288708.bild.html, abgerufen am 19. März
      2018.

155   O. V.: http://www.pnp.de/nachrichten/bayern/2728178_Jugendliche-
      zerstoeren-komplettes-Inventar-in-Asylunterkunft.html, abgerufen am
      19. März 2018.

156   https://www.youtube.com/watch?v=gDEzypl_RcA, abgerufen am 19. März
      2018.

157   O. V.: http://www.faz.net/aktuell/gesellschaft/menschen/karl-lagerfeld-
      empoert-mit-aussage-zu-fluechtlingen-15290646.html, abgerufen am
      19. März 2018.

158   O. V.: https://www.n-tv.de/politik/Til-Schweiger-attackiert-CSU-General
      sekretaer-article15747861.html, abgerufen am 19. März 2018.

159   Iris Rosendahl/Florian Kain: https://www.bild.de/politik/inland/til-
      schweiger/erklaert-tv-ausraster-bei-maischberger-42248172.bild.html,
      abgerufen am 19. März 2018.

160   Simone Windhoff/Dennis Weinacht: https://www.bild.de/regional/
      saarland/til-schweiger/wegen-facebook-post-vor-gericht-53848266.bild.
      html, abgerufen am 19. März 2018.

161   O. V.: https://www.n-tv.de/leute/Schweiger-muss-wegen-Posting-vor-
      Gericht-article20132322.html, abgerufen am 19. März 2018.

162   Lars Martens/Jasmin Körber: https://www.br.de/puls/themen/welt/volks
      verhetzung-facebook-prozess-passau-102.html, abgerufen am 19. März
      2018.

163   https://www.augsburger-allgemeine.de/community/forum/bayern-und-
      region/Facebook-Hetze-gegen-Asylbewerber-25-Jaehriger-muss-7500-
      Euro-zahlen-id34978817/35007577--id35007577.html, Seite nicht mehr
      abrufbar.

164   http://www.fussball-gegen-nazis.de/files/styles/ngn_teaser/public/
      2014-09-23-hellersdorf.jpg?itok=_BajyzlH, abgerufen am 19. März 2018.

165   O. V.: https://www.br.de/nachrichten/designierter-spd-generalsekretaer-
      fordert-digitalministerium-102.html, abgerufen am 19. März 2018.

166   O. V.: http://www.taz.de/!5460895, abgerufen am 19. März 2018.

167   O. V.: http://www.spiegel.de/politik/deutschland/erika-steinbach-macht-
      wahlkampf-fuer-die-afd-a-1157170.html, abgerufen am 19. März 2018.

168   O. V.: http://www.zeit.de/politik/deutschland/2018-03/islam-deutsch
      land-horst-seehofer-juergen-trittin-petra-pau-reaktion, abgerufen am
      19. März 2018.

169   Jakob Tscharntke: https://www.journalistenwatch.com/2017/02/17/
      hoecke-und-die-selbstzerlegung-der-afd, abgerufen am 19. März 2018.

170   Thomas Wagner: http://www.deutschlandfunk.de/hetzender-pastor-hass-
      im-namen-des-herrn.1769.de.html?dram:article_id=335199, abgerufen am
      19. März 2018.

171   O. V.: http://www.spiegel.de/politik/deutschland/markus-soeder-lehnt-
      kernforderungen-der-spd-ab-a-1182603.html, abgerufen am 19. März 2018.

172   O. V.: https://www.traunsteiner-tagblatt.de/startseite_artikel,-ochse-
      macht-sich-aus-dem-staub-vor-dem-schlaechter-_arid,369524.html,
      abgerufen am 19. März 2018.

173   O. V.: http://www.spiegel.de/lebenundlernen/uni/40-000-fluechtlinge-
      werden-bis-2020-studium-aufnehmen-a-1179291.html, abgerufen am
      19. März 2018.

174   O. V.: https://www.merkur.de/politik/islamfeindlichkeit-in-bayern-
      markus-rinderspacher-spd-warnt-vor-negativen-stimmungen-in-
      bayern-9374548.html, abgerufen am 19. März 2018.

175   Georg Martin: https://www.journalistenwatch.com/2017/02/21/die-
      buerger-werden-gepluendert, abgerufen am 19. März 2018.

176   Kurt Kister: http://www.sueddeutsche.de/politik/nach-gescheiterten-
      sondierungen-eine-neuauflage-von-jamaika-funktioniert-nicht-
      1.3757186, abgerufen am 19. März 2018.

177   Robert Roßmann/Lisa Schnell: http://www.sueddeutsche.de/politik/
      seehofer-ruf-nach-konsequenzen-1.3095743, abgerufen am 19. März 2018.

178   Johann Wolfgang von Goethe: http://gutenberg.spiegel.de/buch/-3664/4,
      abgerufen am 19. März 2018.

179   https://twitter.com/marcuspretzell/status/810941651258580992?lang=de,
      abgerufen am 19. März 2018.

180   O. V.: http://www.pi-news.net/2015/08/hh-asylanten-duerfen-offiziell-
      schwarzfahren, abgerufen am 19. März 2018.

181   https://www.mimikama.at/allgemein/hvv, abgerufen am 19. März 2018.

182   O. V.: http://www.zeit.de/news/2017-11/22/kunst-mahnmal-nachbau-
      neben-hoeckes-haus-22154202, abgerufen am 19. März 2018.

183 Burkhard Steffen: https://www.volksstimme.de/lokal/wolmirstedt/
     kabarett-witze-heiligen-mittel, abgerufen am 19. März 2018.

184 O. V.: http://www.rp-online.de/panorama/deutschland/breitbart-schickt-
     lukas-podolski-als-fluechtling-uebers-mittelmeer-aid-1.7023983, abgerufen
     am 19. März 2018.

185 O. V.: http://www.rp-online.de/panorama/deutschland/breitbart-schickt-
     lukas-podolski-als-fluechtling-uebers-mittelmeer-aid-1.7023983, abgerufen
     am 19. März 2018.

186 M. Langner/T. Mehlhorn: https://www.bild.de/regional/chemnitz/
     fluechtling/fluechtling-onaniert-in-schwimmhalle-44254848.bild.html,
     abgerufen am 19. März 2018.

187 http://akphoto2.ask.fm/299/270/861/-19996996-2088bdj-bsjktbpgas9rkgk/
     original/avatar.jpg, abgerufen am 19. März 2018.

188 https://www.youtube.com/watch?v=V6-0kYhqoRo&t, abgerufen am
     20. März 2018.

189 https://www.mimikama.at/allgemein/der-asylantenueberfall, abgerufen am
     20. März 2018.

190 http://offene-meinungen-aus-sachsen-anhalt.de/pinews-der-kommissar-
     und-das-schweigen-der-politisch-korrekten-laemmer, abgerufen am
     20. März 2018.

191 M. Deutschmann: https://www.bild.de/regional/dresden/die-linke/
     linke-chef-fluechtet-aus-sachsen-54028206.bild.html, abgerufen am
     20. März 2018.

192 Doreen Reinhard: http://www.zeit.de/politik/deutschland/2015-06/
     freital-fluechtlingsheim-proteste-stellungskrieg, abgerufen am 20. März
     2018.

193 Matthias Kamann/Sabine Menkens: https://www.welt.de/politik/deutsch
     land/article155979969/Erschreckendes-Ausmass-der-Gewalt-gegen-die-
     AfD.html, abgerufen am 20. März 2018.

194 O. V.: https://www.tagesspiegel.de/politik/zentrum-fuer-politische-schoen
     heit-hoecke-nennt-mahnmal-aktivisten-terroristen/20631946.html,
     abgerufen am 20. März 2018.

195 https://www.youtube.com/watch?v=kCatPwK42EI&t, abgerufen am
     20. März 2018.

196 Marcus Bensmann/Justus von Daniels: https://correctiv.org/recherchen/
     neue-rechte/artikel/2017/12/01/er-passt-besser-die-npd, abgerufen am
     20. März 2018.

197 O. V.: https://www.welt.de/politik/deutschland/article171200477/Berli-
     ner-Gruene-fordert-Lehrerinnen-mit-Kopftuch.html, abgerufen am
     20. März 2018.

198   O. V.: http://www.spiegel.de/fotostrecke/markus-soeder-seine-besten-zitate-fotostrecke-155827-7.htm, abgerufen am 20. März 2018.

199   O. V.: https://www.stern.de/politik/deutschland/markus-soeder--die-bizarre-twitter-welt-des-bayerischen-finanzministers-7053458.html, abgerufen am 20. März 2018.

200   https://www.youtube.com/watch?v=jVXiyJquD2U, abgerufen am 20. März 2018.

201   Ralf Neukirch: http://www.spiegel.de/politik/deutschland/markus-soeder-ein-machtmensch-fast-am-ziel-a-1181703.html, abgerufen am 20. März 2018.

202   O. V.: https://www.bild.de/sport/fussball/nationalmannschaft/gaucho-taenzer-in-argentinien-als-nazis-beschimpft-36840460.bild.html, abgerufen am 20. März 2018.

203   O. V.: https://www.welt.de/politik/article170761256/Es-ist-besser-nicht-zu-regieren-als-falsch-zu-regieren.html, abgerufen am 20. März 2018.

204   https://de.statista.com/themen/125/religion, abgerufen am 20. März 2018.

205   https://fowid.de/meldung/religionszugehoerigkeiten-deutschland-2015, abgerufen am 20. März 2018.

206   Thomas de Maizière: http://www.zeit.de/politik/deutschland/2017-04/thomas-demaiziere-innenminister-leitkultur/seite-2, abgerufen am 20. März 2018.

207   Rudi Wais: https://www.augsburger-allgemeine.de/politik/Markus-Soeder-will-keinen-europaeischen-Superstaat-id43526061.html, abgerufen am 20. März 2018.

208   Christian Bangel: http://www.zeit.de/politik/deutschland/2013-09/AFD-bundestagswahl, abgerufen am 20. März 2018.

209   Dirk Hoeren/Florian Kain/Franz Solms-Laubach: https://www.bild.de/geld/mein-geld/mdb/diaeten-erhoehung-54162006.bild.html, abgerufen am 20. März 2018.

210   Dirk Hoeren/Florian Kain/Franz Solms-Laubach: https://www.bild.de/geld/mein-geld/mdb/diaeten-erhoehung-54162006.bild.html, abgerufen am 20. März 2018.

211   Dirk Hoeren/Florian Kain/Franz Solms-Laubach: https://www.bild.de/geld/mein-geld/mdb/diaeten-erhoehung-54162006.bild.html, abgerufen am 20. März 2018.

212   Ulrich Gutmair: http://www.taz.de/!5468042, abgerufen am 20. März 2018.

213   Verfassungsschutzbericht 2016: https://www.verfassungsschutz.de/embed/vsbericht-2016-kurzzusammenfassung.pdf, S. 26, abgerufen am 20. März 2018.

214 Franz Josef Wagner: https://www.bild.de/politik/inland/franz-josef-wagner/betrifft-juden-hass-in-berlin-54170164.bild.html, abgerufen am 20. März 2018.

215 Claudia Kramer-Santel/Elmar Ries: http://www.wn.de/Welt/Politik/3089188-Der-neue-Antisemitismus-Vorbehalte-gegen-Juden-werden-auch-in-Deutschland-immer-offener-geaeussert, abgerufen am 20. März 2018.

216 Filipp Piatov: https://www.bild.de/politik/inland/politik-inland/deutsche-medien-ueber-israel-und-juden-54169934.bild.html, abgerufen am 20. März 2018.

217 Pascal Beucker: http://www.juedische-allgemeine.de/article/view/id/18517, abgerufen am 20. März 2018.

218 Lisa Caspari/Ferdinand Otto: http://www.zeit.de/politik/deutschland/2017-09/andrea-nahles-spd-opposition-bundesregierung, abgerufen am 20. März 2018.

219 Dirk Kurbjuweit: http://www.spiegel.de/spiegel/angela-merkel-sollte-sich-zurueckziehen-a-1183550.html, abgerufen am 20. März 2018.

220 O. V.: http://www.faz.net/aktuell/politik/inland/postmoderne-sozial demokraten-gabriel-fordert-kurskorrektur-von-spd-15343693.html, abgerufen am 20. März 2018.

221 O. V.: https://www.welt.de/politik/deutschland/article171644490/Gabriel-fordert-Debatte-ueber-Heimat-und-Leitkultur.html, abgerufen am 20. März 2018.

222 O. V.: http://www.spiegel.de/politik/deutschland/spd-sigmar-gabriel-regt-debatte-ueber-heimat-und-leitkultur-an-a-1183536.html, abgerufen am 20. März 2018.

223 O. V.: https://www.n-tv.de/politik/Gabriel-bedauert-Aussagen-ueber-Schulz-article20280582.html, abgerufen am 20. März 2018.

224 O. V.: https://www.politico.eu/list/politico-28-2018-ranking/christian-lindner, abgerufen am 20. März 2018.

225 O. V.: https://www.bild.de/politik/inland/christian-lindner/umfrage-klatsche-fuer-fdp-chef-54115834.bild.html, abgerufen am 20. März 2018.

226 O. V.: https://de.reuters.com/article/deutschland-koalition-umfrage-id DEKBN1E20JS, abgerufen am 20. März 2018.

227 O. V.: https://www.bild.de/politik/inland/christian-lindner/umfrage-klatsche-fuer-fdp-chef-54115834.bild.html, abgerufen am 20. März 2018.

228 Paul Starzmann: https://www.vorwaerts.de/artikel/kinderkanzler-ex-nazi-oesterreich-rechts-aussen-rueckt, abgerufen am 20. März 2018.

229 Jacques Schuster: https://www.welt.de/debatte/kommentare/article17164 9886/Eine-Zaesur-fuer-Europas-Fluechtlingspolitik.html, abgerufen am 20. März 2018.

230 https://www.politikforen.net/archive/index.php/t-83307.html, abgerufen am 20. März 2018.

231 O. V.: https://www.welt.de/politik/deutschland/article173741409/Insa-Umfrage-AfD-erstmals-vor-SPD.html, abgerufen am 20. März 2018.

232 O. V.: http://www.spiegel.de/politik/ausland/oesterreich-asyl bewerber-sollen-geld-und-handys-abgeben-a-1183779.html, abgerufen am 20. März 2018.

233 Kevin Hagen: http://www.spiegel.de/politik/deutschland/fluechtlinge-in-mannheim-so-kam-es-zum-streit-ums-wasser-a-1046828.html, abgerufen am 20. März 2018.

234 Martin Breitkopf: https://www.br.de/nachrichten/oberbayern/inhalt/traunreut-messerstecherei-asylbewerber-102.html, abgerufen am 20. März 2018.

235 Mediathek ttt – titel, thesen, temperamente: http://www.daserste.de/information/wissen-kultur/ttt/videosextern/wie-aufwuehlend-muss-nach-richtenjournalismus-sein-100.html, abgerufen am 20. März 2018.

236 Hasnain Kazim: http://www.spiegel.de/politik/ausland/oesterreichs-neue-regierung-rechts-wird-normal-kommentar-a-1183924.html, abgerufen am 20. März 2018.

237 Christine Buchholz: https://www.die-linke.de/themen/no-afd/news/gemeinsam-gegen-rechte-hetze, abgerufen am 21. März 2018.

238 https://www.afd.de/zuwanderung-asyl, abgerufen am 21. März 2018.

239 O. V.: http://www.sueddeutsche.de/wirtschaft/spd-gabriel-fordert-kuer zung-des-kindergelds-fuer-eu-auslaender-1.3299395, abgerufen am 21. März 2018.

240 O. V.: https://www.welt.de/politik/deutschland/article171704233/Terror anschlag-in-Berlin-Merkel-hat-Blut-meines-Sohnes-an-den-Haenden.html, abgerufen am 21. März 2018.

241 O. V.: https://www.derwesten.de/politik/sebastian-kurz-31-ist-jetzt-juengs ter-regierungschef-europas-id212885439.html, abgerufen am 21. März 2018.

242 https://www.facebook.com/linkspartei/videos/10154826418735683, abgerufen am 21. März 2018.

243 O. V.: https://presse-augsburg.de/presse/csu-erlaubt-cdu-mitgliedern-kuenftig-parteieintritt, abgerufen am 21. März 2018.

244 O. V.: http://www.faz.net/aktuell/politik/inland/cdu-mitglieder-sehen-sich-rechts-von-ihrer-partei-zeigt-kas-studie-15349981.html, abgerufen am 21. März 2018.

245 Joseph Hausner: https://www.focus.de/politik/deutschland/studie-der-konrad-adenauer-stiftung-cdu-mitglieder-sehen-sich-klar-rechts-von-der-partei_id_8034114.html, abgerufen am 21. März 2018.

246 O. V.: https://www.tagesschau.de/inland/afd-stiftung-105.html, abgerufen am 21. März 2018.

247 O. V.: http://www.faz.net/aktuell/politik/inland/enkel-walter-strese mann-will-keine-afd-stiftung-15352213.html, abgerufen am 21. März 2018.

248 Justus Bender/Eckart Lohse/Markus Wehner: http://www.faz.net/aktuell/ politik/inland/f-a-z-exklusiv-afd-plant-gustav-stresemann-stiftung-153 50038.html, abgerufen am 21. März 2018.

249 Tilman Steffen: http://www.zeit.de/politik/deutschland/2017-12/partei nahe-stiftung-afd-gustav-stresemann-gruendung-klage, abgerufen am 21. März 2018.

250 Nico Schmidt: http://www.zeit.de/politik/deutschland/2017-12/afd-stif tung-gustav-stresemann-usa-finanzierung, abgerufen am 21. März 2018.

251 O. V.: https://www.merkur.de/politik/lindner-afd-ist-wie-schimmel-zuhause-zr-9463160.html, abgerufen am 21. März 2018.

252 O. V.: http://www.spiegel.de/wirtschaft/soziales/armut-essensausgabe-bei-tafeln-ansturm-der-aelteren-a-1184438.html, abgerufen am 21. März 2018.

253 O. V.: http://www.faz.net/aktuell/politik/inland/tafel-essen-bundes regierung-schaltet-sich-ein-15464058.html, abgerufen am 21. März 2018.

254 O. V.: https://www.welt.de/politik/deutschland/article161565378/Fluecht lingskrise-kostet-Deutschland-jaehrlich-22-Milliarden-Euro.html, abgerufen am 21. März 2018.

255 O. V.: https://www.welt.de/politik/deutschland/article161565378/Fluecht-lingskrise-kostet-Deutschland-jaehrlich-22-Milliarden-Euro.html, abgerufen am 21. März 2018.

256 O. V.: https://www.n-tv.de/politik/Von-Storch-irritiert-mit-Merkel-Tweet-article20194091.html, abgerufen am 21. März 2018.

257 O. V.: https://www.welt.de/politik/deutschland/article171787427/Protest-marsch-von-Fluechtlingen-aus-Sierra-Leone-in-Bayern-Wie-Deutsch land-Einwanderer-behandelt.html, abgerufen am 21. März 2018.

258 https://www.youtube.com/watch?v=7Pm3kp4UjXQ, abgerufen am 21. März 2018.

259 O. V.: https://plus.pnp.de/ueberregional/politik/2775645_Fluechtlinge-gehen-auf-die-Strasse.html, abgerufen am 21. März 2018.

260 Andreas Glas: http://www.sueddeutsche.de/bayern/hungerstreik-von-fluechtlingen-wenn-acht-leute-auf-quadratmetern-leben-kann-man-von-hygiene-nicht-mehr-reden-1.3799474, abgerufen am 21. März 2018.

261 https://www.youtube.com/watch?v=tL-8d1f638w, abgerufen am 21. März 2018.

262 O. V.: http://www.faz.net/aktuell/politik/inland/christian-lindner-wider spricht-kubicki-jamaika-kein-thema-mehr-15325630.html, abgerufen am 21. März 2018.

263 O. V.: https://www.bild.de/politik/inland/christian-lindner/faselt-ploetz lich-wieder-von-jamaika-54268976.bild.html, abgerufen am 21. März 2018.

264 Pieke Biermann: http://www.deutschlandfunkkultur.de/historisch-unsen sible-reflexe-warum-nazi-vergleiche.1005.de.html?dram:article_id=395362, abgerufen am 21. März 2018.

265 Maximilian Kettenbach: https://www.merkur.de/politik/armin-rohde-hitler-anspielung-ueber-oesterreichs-kanzler-sebastian-kurz-zr-9469264. html, abgerufen am 21. März 2018.

266 Rolf Kleine: https://www.bild.de/politik/inland/kurz-sebastian/armin-rhode-geht-auf-kurz-los-54261092.bild.html, abgerufen am 21. März 2018.

267 https://www.youtube.com/watch?v=sNcH1Pclcxs&ts, abgerufen am 21. März 2018.

268 https://www.youtube.com/watch?v=bPFxnbeJOO4, abgerufen am 21. März 2018.

269 Andreas Glas: http://www.sueddeutsche.de/bayern/michael-adam-der-fall-eines-politischen-wunderkinds-1.3434510, abgerufen am 21. März 2018.

270 O. V.: https://www.welt.de/politik/deutschland/article171923278/Angela-Merkel-Jeder-Zweite-wuenscht-sich-vorzeitigen-Abgang-der-Kanzlerin. html, abgerufen am 21. März 2018.

271 O. V.: http://www.faz.net/aktuell/politik/fluechtlingskrise/cdu-politiker-jens-spahn-ich-will-in-diesem-land-keiner-burka-begegnen-muessen-14364122.html, abgerufen am 21. März 2018.

272 Daniel Wüstenberg: https://www.stern.de/politik/deutschland/helga-true pel--gruene-giftet-gegen--rechten-schwulen-jens-spahn--7696632.html, abgerufen am 21. März 2018.

273 O. V.: http://www.t-online.de/nachrichten/deutschland/innenpolitik/id_82967932/nach-jamaika-aus-fdp-fordert-jens-spahn-statt-angela-merkel.html, abgerufen am 21. März 2018.

274 O. V.: http://www.faz.net/aktuell/politik/kandel-lindner-fuer-abschie bung-minderjaehriger-krimineller-asylbewerber-15367922.html, abgerufen am 21. März 2018.

275 O. V.: http://www.handelsblatt.com/politik/deutschland/landtagswahlen-2018-wir-sind-das-gegenteil-der-afd/20803076-2.html, abgerufen am 21. März 2018.

276 *Die Zeit* 16/2017, S. 16.

277 https://www.youtube.com/watch?v=pypwopo3BD0&t, abgerufen am 21. März 2018.

278   Jan-Philipp Hein: https://www.shz.de/deutschland-welt/panorama/
      taliban-der-mode-der-trend-geht-zum-vollbart-id7854091.html, abgerufen
      am 21. März 2018.

279   Christian Fuchs: http://www.spiegel.de/panorama/gesellschaft/doener-
      mord-wie-das-unwort-des-jahres-entstand-a-841734.html, abgerufen am
      21. März 2018.

280   Dominik Peters: http://www.spiegel.de/politik/deutschland/andreas-
      hollstein-wer-ist-der-angegriffene-buergermeister-von-altena-a-1180630.
      html, abgerufen am 21. März 2018.

281   O. V.: http://www.spiegel.de/panorama/justiz/kandel-15-jaehriges-opfer-
      hatte-sich-von-taeter-getrennt-a-1185312.html, abgerufen am 21. März
      2018.

282   O. V.: http://www.spiegel.de/panorama/justiz/kandel-15-jaehriges-opfer-
      hatte-sich-von-taeter-getrennt-a-1185312.html, abgerufen am 21. März
      2018.

283   Joachim Huber: https://www.tagesspiegel.de/medien/fluechtlings-doku-
      beim-kika-unbegleitete-zuschauer/20833464.html, abgerufen am 21. März
      2018.

284   https://www.youtube.com/watch?v=dGlkZ4PVkyU, abgerufen am 21. März
      2018.

285   Gotthold Ephraim Lessing: http://gutenberg.spiegel.de/buch/nathan-der-
      weise-1179/9, abgerufen am 21. März 2018.

286   Mike Fiebig: https://www.derwesten.de/staedte/hagen/muselmann-ist-
      laut-amtsgericht-hagen-keine-beleidigung-id11228292.html, abgerufen am
      21. März 2018.

287   https://www.youtube.com/watch?v=Q9YRbIjrF88&t, abgerufen am
      21. März 2018.

288   O. V.: https://www.bild.de/regional/berlin/polizei/attackiert-mit-boellern-
      54340628.bild.html, abgerufen am 21. März 2018.

289   https://www.youtube.com/watch?v=TXGZJk0nQs4, abgerufen am 21. März
      2018.

290   O. V.: http://www.zeit.de/news/2018-01/01/parteien-afd-politikerin-musli
      mische-maennerhorden---twitter-sperrt-storch-01185802, abgerufen am
      21. März 2018.

291   https://www.afd.de/alexander-gauland-meinungsfreiheit-ging-2017-zu-
      ende, abgerufen am 21. März 2018.

292   O. V.: https://www.welt.de/newsticker/dpa_nt/infoline_nt/brennpunkte_
      nt/article172038532/Gauland-Die-AfD-braucht-populistische-Inhalte.
      html, abgerufen am 21. März 2018.

293   https://www.zdf.de/nachrichten/heute/silvesternacht-verlaeuft-weit
      gehend-friedlich-100.html, abgerufen am 21. März 2018.

294 O. V.: https://www.bild.de/news/inland/silvester/deutsche-opfer-silvester-54344010.bild.html, abgerufen am 21. März 2018.

295 Franz Solms-Laubach: https://www.bild.de/politik/inland/sex-ueber griffe-silvesternacht/bundespolizei-verhindert-sex-mob-attacken-54350606.bild.html, abgerufen am 21. März 2018.

296 O. V.: https://www.bild.de/news/inland/winter/orkan-alarm-burglind-ueber-deutschland-54358798.bild.html, abgerufen am 21. März 2018.

297 O. V.: https://www.shz.de/deutschland-welt/politik/muslim-tweet-strafanzeigen-gegen-afd-politikerin-von-storch-id18704761.html, abgerufen am 21. März 2018.

298 https://www.br.de/nachrichten/oberbayern/inhalt/finger-in-augen-gedrueckt-muenchner-verliert-vermutlich-augenlicht-100.html, abgerufen am 18. April 2018.

299 Julian Reichelt: https://www.bild.de/politik/inland/gesetze/kommt-jetzt-die-meinungspolizei-54367844.bild.html, abgerufen am 21. März 2018.

300 Julian Reichelt: https://www.bild.de/politik/inland/gesetze/kommt-jetzt-die-meinungspolizei-54367844.bild.html, abgerufen am 21. März 2018.

301 O. V.: https://www.n-tv.de/politik/AfD-Politiker-beleidigt-Beckers-Sohn-Noah-article20212279.html, abgerufen am 21. März 2018.

302 O. V.: https://www.focus.de/kultur/musik/sohn-von-boris-becker-noah-becker-klagt-ueber-rassismus_id_8189970.html, abgerufen am 21. März 2018.

303 https://twitter.com/jensmaierafd/status/948557849029902337?lang=de, abgerufen am 21. März 2018.

304 O. V.: https://www.abendzeitung-muenchen.de/inhalt.auch-gauland-mischt-sich-ein-afd-politiker-beschimpft-noah-becker-als-kleinen-halb neger.618956f4-653d-4cf1-b59a-ee17b653b151.html, abgerufen am 21. März 2018.

305 O. V.: http://www.hessenschau.de/sport/fussball/eintracht-frankfurt/fischer-kontert-afd-kritik-kein-platz-fuer-braune-brut,fischer-vs-afd-100.html, abgerufen am 21. März 2018.

306 https://www.youtube.com/watch?v=mxUixkjBRa8, abgerufen am 21. März 2018.

307 Martin Hohmann: https://www.heise.de/tp/features/Der-Wortlaut-der-Rede-von-MdB-Martin-Hohmann-zum-Nationalfeiertag-3431873.html, abgerufen am 21. März 2018.

308 O. V.: https://www.stern.de/politik/deutschland/spd-abgeordneter-dirk-wiese--keine-afd-politiker-beim-fc-bundestag-7810616.html, abgerufen am 21. März 2018.

309   Javier Cáceres: http://www.sueddeutsche.de/sport/politik-im-sport-boa
      teng-soll-dem-fc-bundestag-helfen-1.3814282-2, abgerufen am 21. März
      2018.

310   Bernhard Honnigfort: http://www.fr.de/politik/urteil-zu-volksverhet
      zung-auschwitz-als-raeucherhaus-a-1420495, abgerufen am 21. März 2018.

311   Bernhard Honnigfort: http://www.fr.de/politik/urteil-zu-volks
      verhetzung-auschwitz-als-raeucherhaus-a-1420495, abgerufen am 21. März
      2018.

312   Hans Monath: https://www.tagesspiegel.de/politik/europa-und-die-fluecht-
      linge-mehr-solidaritaet-oder-die-eu-zerbricht/11971398.html, abgerufen
      am 21. März 2018.

313   Ulrich Mendelin: https://www.schwaebische.de/ueberregional/politik_
      artikel,-in-der-fl%C3%BCchtlingsfrage-fehlt-es-an-konsequenz-_
      arid,10796965.html, abgerufen am 21. März 2018.

314   O. V.: http://www.spiegel.de/politik/deutschland/manfred-weber-fordert-
      die-finale-loesung-der-fluechtlingsfrage-a-1186493.html, abgerufen am
      21. März 2018.

315   O. V.: https://www.rosenheim24.de/rosenheim/rosenheim-stadt/rosen-
      heim-ort43270/kettenbrief-gehitlert-nachrichten-whatsapp-4917603.html,
      abgerufen am 21. März 2018.

316   O. V.: https://www.focus.de/panorama/welt/gruppe-arische-bruderschaft-
      schueler-verherrlichen-in-whatsapp-gruppe-den-nationalsozialismus_
      id_6607033.html, abgerufen am 21. März 2018.

317   https://twitter.com/fj_murau/status/949589986218795008?lang=de,
      abgerufen am 21. März 2018.

318   O. V.: http://www.faz.net/aktuell/finanzen/meine-finanzen/richtig-einkau-
      fen/alete-babykeks-erhaelt-negativpreis-als-dreisteste-werbeluege-15314
      042.html, abgerufen am 21. März 2018.

319   Nina Giaramita: https://www1.wdr.de/nachrichten/fluechtlinge/fluechtlin-
      ge-ausbildung-duldung-100.html, abgerufen am 21. März 2018.

320   O. V.: http://www.sueddeutsche.de/news/politik/migration-analphabeten-
      unter-fluechtlingen-schaffen-deutschtest-nicht-dpa.urn-newsml-dpa-
      com-20090101-180107-99-530724, abgerufen am 21. März 2018.

321   O. V.: https://www.welt.de/politik/deutschland/article172223695/Fluecht-
      linge-78-Prozent-befuerworten-Alterstests-fuer-minderjaehrige-Gefluech-
      tete.html, abgerufen am 21. März 2018.

322   Ruth Ciesinger: https://www.tagesspiegel.de/politik/konservative-revolu
      tion-der-buerger-alexander-dobrindt-haelt-die-waehler-fur-dumm/
      20815466.html, abgerufen am 21. März 2018.

323   Thilo Sarrazin: *Deutschland schafft sich ab. Wie wir unser Land aufs Spiel
      setzen.* München: Deutsche Verlags-Anstalt, 2010.

324 Jannis Brühl: http://www.sueddeutsche.de/digital/netzwerkdurchsetzungs-gesetz-maas-und-der-verschwundene-idioten-tweet-1.3816834, abgerufen am 21. März 2018.

325 Karolina Pajdak: https://www.bild.de/politik/inland/heiko-maas/netzwerk durchsetzungsgesetz-tweet-justizminister-geloescht-54402846.bild.html, abgerufen am 21. März 2018.

326 Bruno Schrep: http://www.spiegel.de/panorama/gesellschaft/integration-in-deutschland-wie-ein-unbegleiteter-fluechtling-arzt-wurde-a-1186289. html, abgerufen am 21. März 2018.

327 O. V.: https://www.express.de/news/panorama/bis-zu-1600-euro-auf-ebay-mega-geschaeft-mit-dem--h-m--skandalpulli--coolest-monkey---29720682, abgerufen am 21. März 2018.

328 Michael Manske: https://www.bild.de/news/ausland/h-und-m/zerbricht-h-und-m-an-diesem-foto-54450522.bild.html, abgerufen am 21. März 2018.

329 Dennis Freikamp: https://www.berliner-zeitung.de/sport/-mach-mal-nicht-den-affen--tom-bartels-entschuldigt-sich-fuer-spruch-ueber-ruedi ger-27885956, abgerufen am 21. März 2018.

330 Till Kupitz: https://www.focus.de/sport/fussball/wm-2018/tom-bartels-mit-affen-spruch-zu-dfb-profi-ruediger-die-entschuldigung-des-ard-kommen tators-war-das-falsche-zeichen_id_7301363.html, abgerufen am 21. März 2018.

331 O. V.: http://www.spiegel.de/politik/ausland/oesterreich-herbert-kickl-will-fluechtlinge-an-einem-ort-konzentrieren-a-1187354.html, abgerufen am 21. März 2018.

332 Peter Kliemann: *Glauben ist menschlich. Argumente für die Torheit vom gekreuzigten Gott.* Stuttgart: Calwer Verlag, 2001, S. 275.

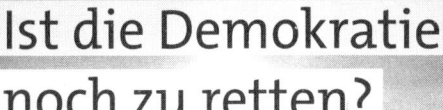